朝鮮現代紀念幣
標準目錄

绍骥先生属
康子春　志东题

——中国钱币学会理事、
北京市钱币学会副秘书长
贰零贰零年叁月于北京

Coins Of Dprk Standard Catalogue

朝鲜现代纪念币标准目录

钱币司令 编著

经济日报出版社

图书在版编目（CIP）数据

朝鲜现代纪念币标准目录 / 钱币司令编著 . -- 北京：经济日报出版社 , 2021.12
ISBN 978-7-5196-0814-9

Ⅰ.①朝… Ⅱ.①钱… Ⅲ.①纪念币－朝鲜民主主义人民共和国－目录 Ⅳ.① F823.125-65

中国版本图书馆 CIP 数据核字 (2021) 第 273367 号

朝鲜现代纪念币标准目录

作　　者	钱币司令
责任编辑	周　璠
责任校对	王　心　王明明
出版发行	经济日报出版社
地　　址	北京市西城区白纸坊东街2号 A座综合楼710（邮政编码:100054）
电　　话	010-63567684（总编室）
	010-63584556（财经编辑部）
	010-63567687（企业与企业家史编辑部）
	010-63567683（经济与管理学术编辑部）
	010-63538621 63567692（发行部）
网　　址	www.edpbook.com.cn
E - mail	edpbook@126.com
经　　销	全国新华书店
印　　刷	北京建宏印刷有限公司
开　　本	710mm×1000mm　1/16
印　　张	42.25
字　　数	660千字
版　　次	2022年1月第1版
印　　次	2022年1月第1次印刷
书　　号	ISBN 978-7-5196-0814-9
定　　价	99.00元

版权所有　盗版必究　印装有误　负责调换

序

  中国、蒙古、朝鲜、日本，乃至东亚、东南亚的其它地区和中国周边的其它国家和地区，在历史的长河中，逐步形成了地域文化，即东方文化范畴，其中自然包括东方的钱币文化。在很长的历史时期里，这些地区较多地接受了中国钱币文化的影响，甚至长期使用中国钱币，所以东方钱币文化有时候也被称为中国钱币文化。

  唐、宋以后，这些国家和地区开始逐步铸造和发行本国、本地区的钱币，其中日本、越南等地的钱币发行种类和数量比较多，因此收藏和研究的人数也比较多，所见谱录也相对比较多。

  古代朝鲜半岛的钱币相对比较少，谱录也相对少见。然而中、朝是近邻，关系密切，文化交流也多。尤其是我国改革开放政策的实施，新中国钱币的发展，对朝鲜影响很大，当代朝鲜的钱币发行种类和数量，已经超过历史上任何一个时期。

  1987年以后，朝鲜几乎每年都有新的钱币发行，至今，不仅有普通流通的货币，而且有不同币材的纪念币、纪念章；不仅有普制币、精制币和样币，而且各有不同的主题内容、不同的工艺技术、不同的规格形制。对于收藏者而言，不同的版别，包括非常规的错版币、珍稀币，都是关注的对象，所以编著一本《朝鲜现代纪念币标准目录》，是钱币收藏者、研究者的需要，更是时代的需要。

张绍龙（钱币司令），青年才干，长期专注于当代贵金属纪念币的收集和研究，当他接触到当代朝鲜纪念币的时候，首先敏感到应该有一本标准目录作为集藏和研究的工具书。目标既定，便全力以赴，很快成书，他编著的《朝鲜现代纪念币标准目录》于2020年7月由中华文献出版社正式出版。成书后仍不满足，随即又进一步收集资料，使之补充完善，锦上添花，在不到一年的时间里，他的第二版《朝鲜现代纪念币标准目录》已经完成，即将由经济日报出版社出版。绍龙的实践，说明了一个事实，那就是：专一精神。有了专一的精神，持之以恒，精益求精，是事业成功的必由之路。

　　在张绍龙的身上可以看到年青人的朝气，有这样一批又一批的年青人加入我们的队伍，中国的钱币事业一定前程似锦。所以我愿意为之呐喊，为之鸣锣开道。

戴志强
首任中国钱币博物馆馆长
国家文物鉴定委员会委员
辛丑春字于续斋

前 言

《朝鲜现代纪念币标准目录》之上,看到了朝鲜现代纪念币非常庞杂,种类极多,版别若干,还有自成一系的样币发行模式;由于朝方过去总是把创汇创收作为主要方向之一,所以整体纪念币发行的系统性较差,使之收藏起来不易入门,不易整理,难以研究。加之商业化出口创汇运作方式,朝方发行机构又有所区别,因此朝鲜纪念币显得既严肃,又神秘,还有些随意。

以新潮之语言之,朝鲜币颇为魔幻,除了反映在纪念币本身题材选取上,也反映在比较质朴的设计功力上,但这就是朝鲜发行纪念币的事实与现实,并不妨碍我们收藏研究朝鲜现代纪念币,更能从其钱币上看到丰富多彩的政治、经济与文化信息,何况因历史因素很多朝韩文化古迹与文化效应多有中国的影子,在扩充目录的同时,去谈谈这些纪念币上的故事,这正是朝鲜现代纪念币上的文化之旅。

朝鲜因为纪念币发行并不系统,我们无法完全通过其现代纪念币串联起全部的朝鲜历史,但不同的纪念币与纪念主题与所反映的时代风貌各有不同,包括铸币工艺甚至钱币版别也体现出朝鲜经济水平发展的进程,从纪念币角度看币里币外的故事,也是非常有趣的一种角度。

朝鲜纪念币因为文化上的差异与资料的缺失,很多纪念币亟待正名,因为有些朝鲜现代纪念币甚至收藏者都不知道具体主题是什么。本书的英汉互译更为模糊不清的朝鲜币一一正名,部分专有名词也不是拿汉语拼音来凑数。与以往钱币目录工具书比较侧重经济价值与钱币珍稀程度的归纳不同,本书更看重的是,诸如独岛系列,具体每一座岛都是什么岛,独岛系列其中一枚纪念币的币面人物是被称为独岛伟人的安龙福,他有什么故事。再如朝鲜民族文化遗产系列,纪念币上每一种是朝鲜历史上的什么文化遗产与什么具体文物,先前港版目录书出版之时受制于人力物力,没有把这些文化题材内容一一展开,也比较遗憾。本次承蒙经济日报出版社的信任,在扩充朝鲜现代纪念币目录与文化内容的基础上而全新出版,也是倍感荣幸的。

  在朝鲜现代纪念币的收藏研究上想出成绩并不容易,任何一个国家的钱币研究都离不开货币历史资料与书籍,当代纪念币更离不开各种实物资料,什么年份发行了什么币种,使用了什么工艺,有什么版别,有什么特殊之处,有什么真伪之分,发行前后有什么背景故事,纪念的主题是怎么回事等等,这都是需要钱币工具书与钱币知识文化类书籍的记录。

  以往的钱币类书籍,不外乎几种,从钱币史一类到官方钱币发行记录型书籍,往往讲明发行原理与记载各种发行历史,再就是纯粹的钱币图录工具书或某类专项钱币归纳一体的收藏研究用书;当然其中最不堪的要数"百科体"钱币书,"百科体"钱币书操作如下,如纪念某类主题的纪念币,书中多放置钱币主题的百科说明与各类相关图片,洋洋洒洒若干字,完全脱离了钱币去谈具体主题,不讲币的工艺,不讲币的背景,不讲发行前后的故事或对比其他币种,唯独只反复讲这苍白又枯燥主题,看似科普实则令读者费力,作者却省事,此风一开一发不可收拾,令人无奈。还有部分不错的目录书,本为工具书却过多地强调一些钱币的经济价值与珍稀程度,反而弄巧成拙失了客观。

  钱币学与钱币史一类书籍尤其某些专项钱币辨析的精深之作,对于职业从业者而言如获至宝,但对很多钱币圈以外之人或感枯燥无比,尤其在当下的快餐文化时代,雅俗共赏才是正道。

  本书浅谈朝鲜纪念币的发行背景与原理,以目录书为基底,除去为部分朝鲜现代纪念币正名之作用外,更扩充更多币里币外的文化内容、发行故事、亲历事件,间或辨析真伪等;不属于典型的各类钱币书,堪称杂糅之作,不知这种"非典型"钱币书能否引起一些圈内圈外的共鸣与兴趣。

  任何一个国家的钱币收藏研究都离不开钱币工具书,有关朝鲜现代纪念币的书籍却是不多,除去《克劳斯钱币目录》就是一些涉及世界各国纪念币的书籍中只言片语的段落而已。

朝鲜现代纪念币话题性曾经也很强，不仅仅是其饱含"魔幻"的主题与故事，更有当年因世界级投资大鳄吉姆·罗杰斯（小詹姆斯·毕兰德·罗杰斯）的疯狂购买与收藏朝鲜现代纪念币而造成的"朝鲜币神话"，经济大鳄连续高调购买与收藏多年，令许多收藏者与投资者都跟风争相收购朝鲜现代纪念币，过去没有过多的工具书，什么纪念币是什么主题，从属于什么系列，珍稀程度如何，有何文化内涵与发行背景，确实令不少人一头雾水。

本书作为国内首部中英文对照朝鲜现代纪念币工具书，同时也在书中提出了朝鲜现代纪念币的编号系统，方便参考使用。时下钱币收藏领域，第三方评级鉴定机构盛行，也更需要钱币工具书以作参考之用，这也是本书的价值所在。本书原港版书是以纯粹的钱币工具书属性为主，亦被第三方评级鉴定机构等作为指定用书。

钱币收藏研究与鉴赏是一种高等文化活动，也是一种学术研究活动，涉及中外不同钱币时，往往需要具备世界各国的政治、经济、文化与历史等知识，更是一种可以提高文化修养与精神风貌的文化娱乐活动。

★ 朝鲜的现代纪念币是怎么回事？ ★

朝鲜现代纪念币的收藏研究，说起来并不容易，资料非常有限，很多其中的学问甚至无迹可寻。看似都是东方文化，但总有很大差异，况且朝鲜喜欢不按套路出牌，朝鲜现代纪念币的发行也经常给藏家带来一些惊喜或无奈，很多题材也是非常"奇幻"的。

天下熙熙，皆为利来；天下攘攘，皆为利往。任何一个门类的收藏品可能都会如此，关注程度往往与其经济价值划等号，文化价值很多时候也许次之，真正研究者更是寥寥。

回顾过往，其实朝鲜现代纪念币也曾因缘际会地迎来过高光时刻，笔者甚至把其总结为"朝鲜币神话"，朝鲜现代纪念币发行中的魔幻故事即由此而来。

唯物辩证法中关于事物发展的原因和动力就是内因和外因相互作用所产生

的，这种相互作用就曾经奇妙地产生了"朝鲜币神话"；关于朝鲜现代纪念币几点优势刚好就道明与总结了其曾被瞩目的原因。首先朝鲜特殊的国体与政体带来无以伦比的神秘之感，朝韩半岛的局势也是扑朔迷离，如此自然奇货可居；其次或因朝鲜自身经济改革与飞速发展形成与东南亚国家或中国的各类钱币收藏进程中近似的局面，因富裕起来的民众会收藏本国各类过去常人难以企及，多因经济因素或外销创汇作用的纪念币，尤其是贵金属纪念币，不一定全面暴涨，至少局部时期洛阳纸贵。这方面不光中国改革开放之后出现过贵金属纪念币集藏热，还有东南亚一些国家，如泰国，老挝，越南，柬埔寨与尼泊尔等国一些稀少的贵金属纪念币至今罕见，价值颇高。但这类东南亚国家的贵金属纪念币也有一个特点，几乎都为新加坡造币公司所代铸，整体设计优秀，工艺水平领先，且多年来沉淀充分，最后朝鲜现代纪念币上的各类纪念主题，尤其令亚洲国家的收藏者并不陌生，因朝鲜历史文化上与亚洲诸国多有相似之处，历史上也同属于大中华文化圈之一，朝鲜更是有一种"小中华"情结，历史上某些时刻更以"华夏道统"所自居。

有趣的是，朝鲜发行现代纪念币，其自身并不完全把收藏者所更加关注的各类政治主题纪念币作为推销主力，反倒是这些历史文化相关题材的纪念币成为朝方力推的项目，尤其贵金属材质的，不光材质珍贵，朝方造币单位更是在发行数量的稀少程度上大做文章；只是手段有限，欲速则不达，很多时候有些运作不当，一些模棱两可或不准确的数据给自己带来了极大的"乌龙"性灾难，或因这些不严谨不正规，造成了一些本身已经非常稀少的纪念币得不到足够重视与价值体现。

朝鲜现代纪念币另外的大事件就是过去经济大鳄、美国证券界最成功的实践家之一的吉姆·罗杰斯的高调收藏，为朝鲜现代贵金属纪念币带来的强烈的名人效应，如同一针强心剂，在当时诸多网站与报章相继报道，也算是当年一种钱币集藏领域内的头部流量。

朝鲜本国的国情与现状自然造成了其国内钱币收藏群体寥寥无几，一些纪念币章更是为"党政军"部门所备，除了少部分包含介绍风土人情主题的纪念币可作为本国旅游纪念品之用外，更多的纪念币还是要开创国际市场与出口创汇为主。过去朝鲜现代纪念币品种相对单调，但随着对世界收藏市场的了解与深耕，朝方也开启了各类全新系列主题纪念币的发行，题材更为丰富多彩，有些比较成功，有些也默默无闻。但很显然过去主要以出口创汇为目的的朝鲜现代纪念币，由于一些神秘感与负面作用，且朝鲜币的铸造工艺确实与世界主流造币厂之工艺有不小差距，所以难以维系自己的一些往日的辉煌。但无论收藏市场表现的好与坏，那不过是市场行情的变化，潮去潮来罢了，并不妨碍我们去鉴赏朝鲜现代纪念币上的精彩与品读和研究各类朝鲜现代纪念币上的主题文化故事。这些朝鲜现代纪念币上的历史与文化，才正是这些钱币的魅力之所在。

★ 朝鲜现代纪念币有何特点？ ★

朝鲜现代纪念币才诞生30余年，1987年为朝鲜现代纪念币发行元年，本身是比较年轻的纪念币，因其国情特殊，发行比较粗犷，不易整理归纳，一直是钱币收藏研究领域里一处比较独特的风景线，甚至很多收藏与研究当代外国纪念币者都把朝鲜的现代纪念币单独作为一个类别来看待，区别于其他国家，足见其另类与特殊性。

其实这也是随着国内外对世界各国当代纪念币集藏研究的水平加深所致，至少在过去朝鲜现代纪念币还没有那么"各色"。

当然究其原因也是朝鲜方面发行政策所致，毕竟作为一个主权国家的法定面值纪念币，弘扬本国文化、彰显国家精神，本应是其属性所在，但朝鲜现代纪念币的发行目的除去这些，更重要的是把纪念币作为出口换取外汇的一种商品；并且还经常"耍小聪明"一般去研究集藏者心理，时不时地投其所好，发行各种包含政治为题的纪念币。另外还经常走一些高端路线，发行部分数量极为稀少的各种贵金属纪念币，但也经常走币海战术，一些非贵金属纪念币，尤其一些铜币与铝币则大肆反复发行，虽然发行量没有具体公布，但以其以销定产的模式，势必也不会是天量，只是价值低廉，大有薄利多销之势，令人感觉无穷无尽罢了。

如果以一句话来概括朝鲜现代纪念币的基本特点，则可总结为：品种较多，发行量不多，设计独特，工艺不佳，价格适中，集藏不便，资料不全，背景神秘，主题魔幻且潜力不明。当然朝鲜现代纪念币品种若干，发行背景各不相同，发售之中亦各有不同的故事，且贵金属纪念币与非贵金属纪念币受众群体各不相同，因此以上概括难免有失偏颇。

朝鲜现代纪念币还有更为有趣的一面，国名一面主要图案分为两种，即朝鲜国徽与大同门城楼，当然还有不含这两者的其它图案，如朝鲜半岛全图等，但在整体发行的朝鲜现代纪念币中所占比例颇低，可以说朝鲜现代纪念币的国名一面是以朝鲜国徽与大同门城楼为主的，这也是很多钱币收藏者与研究者的费解之处。另外朝鲜现代纪念币的奇特现象是同一纪念主题的钱币却分为两个序列分别发行，这就是面值不同亦或相同，但钱币正面①也是有朝鲜国徽与大同门城楼之别的，如此这般操作一石激起若干版别，令人浮想联翩。其实，这要从朝鲜的特殊国情与朝鲜在世界的位置与形象这些背景来解析，就会发现这既包涵朝方的委曲求全之策，又是其纪念币的一大特点。其实无论币面国名之处是朝鲜国徽还是大同门城楼，朝鲜的纪念币均为国营属性，都是官方行为。至于为何有如此情况，包括所发行的很多纪念币正面的朝鲜国徽改用大同门城楼作为图案，这是因为大同门更具文化属性，如此设置其实也有减少政治意味的作用，大同门城楼是朝鲜平壤的古地标，始建于高句丽时期，选用大同门增加文化气息还减少了严肃之感。国际背景是朝鲜从朝鲜战争爆发开始，一直以来就受到西方国家的各式各样的经济制裁与限制，甚至全球最大的国际贸易电子商务平台之一的亿贝（Ebay）至今还不许其卖家们上架销售朝鲜现代纪念币。当然上有政策下有对策，本身朝韩双方的英文国名不写北南的话，外国人似乎也不易察觉。一般来说朝鲜中央银行造币厂的铸币均有国徽，而朝鲜富强钱币公司②与朝鲜仁丰钱币公司③则多用大同门城楼。这样对外不再光以朝鲜央行造币厂之名义，而成立各类钱币会社，以此降低政治意味也是为了更好地开展业务。受到经济制裁与封锁的朝鲜为了采购物资，必须要有国际结算货币，自然需要更多的外汇。而发行纪念币也顺理成章地成为朝鲜创汇手段的之一，也许带来的经济效益有限，但毕竟集腋成裘。

---

① 即国名一面，亦是俗称的"背面"
② 一说其母公司为永邦造币公司
③ 这类公司按朝方习惯应称为做会社

与很多国家一样，早期的朝鲜现代纪念币也并非全部国产，如中国早期彩色贵金属金银纪念币委托瑞士代铸类似[①]，朝鲜也委托他国代理铸造过部分贵金属纪念币，当然这部分品种数量有限，且时至今日这种情况早已经被禁止。过去出于对铸币工艺的追求，也出于对未来营销上的合作；目前已知的德国部分造币厂与瑞士休格纳造币厂等均为朝鲜代铸过纪念币。

　　朝鲜本国铸币工艺虽然近年有所进步，但毕竟朝方粗犷的行事也是威名远播；就连纪念币经官方盖章的发行文件上也偶有看到个别纪念币的参数与实际上略有出入的失误。

　　今天朝鲜现代纪念币上已不许出现该国领导阶层即金家人物的头像。

★　朝鲜现代纪念币的文化内涵　★

　　朝鲜现代纪念币的发端是1987年，至今不过三十余年，与世界各国现代纪念币在发行资历上相比尚欠火候，同时因其铸币工艺水平有限、设计人员的匮乏，带来的直观反映就是铸币整体水平上的欠缺。一方面是物质决定意识，也就是思路上的匮乏，如朝鲜几乎没有一些抽象主题含有更多现代艺术感设计的纪念币；另一方面就是即使有这些超前或天马行空的设计得到许可，但以朝鲜目前的铸币水平也无法实现，诸如一些镂空、异形与超高浮雕等复合工艺纪念币。

　　朝鲜现代纪念币的主题选取上，还是其本国文化占较大比重。朝鲜半岛因其历史上本为一体，朝韩文化自然是其首选之道。因为与中国的历史关系，部分纪念币上也出现诸多中国文化元素，最典型的莫过于通行世界的中国生肖文化。朝鲜本国的文化遗产，本国的发明创造，本国的历史名人题材自然更多。及至当代主题，则本国的政治文化主题也相对较多，包括纪念独立解放以来的各类事件，反抗帝国主义、国家建设、重大"党政军"事件与周年庆乃至金家

---

① 中国还委托澳大利亚代铸过本色铂金纪念币

高层人物，都有纪念币发行以纪念之。世界性题材或他国文化题材亦有，很多不外乎合作开发与主动创汇。诸如纪念他国历史名人，相关事件，乃至文化遗产等物，再就是奥运会与世界杯等世界性话题的体育类纪念币。

翻阅本书会发现，朝鲜对本国文化遗产主题有一种崇高的骄傲感[①]，如《东医宝鉴》《大东舆地图》《八万大藏经》与《直指心经》等纷至沓来，历史人物从神话传说的檀君到高句丽开国国君东明圣王高朱蒙以及高丽开国国君王建，还有诸多历史名将以及广为人知抗倭英雄龟船发明者[②]李舜臣，还有近代反抗侵略者的诸多英烈，但似乎尚未有朝鲜李氏王朝的王室宗族人物相关纪念币[③]。

朝鲜的历代文物[④]也纷纷在纪念币上可寻觅其踪影，世界闻名的高丽青瓷更成为朝鲜现代纪念币的主题名片之一。

《阿里郎》主题与各类民间舞蹈、民俗童玩主题的纪念币，让我们看到朝鲜民间传统文化的过去与当下，这方面中、朝、韩三国类似，三国都有朝鲜族，朝鲜族人民的各类特色童玩相近；韩国也把"羌羌水月来"等自己的非物质文化遗产搬上纪念币，共同诉说着朝鲜民族的文化风貌。

随着访朝旅游的外国人次增加，包括中国游客也是朝鲜旅游的最大主顾，朝方以其自然景观与人文景观，如"金刚山""开城"等旅游胜地冠以旅游留念之名发行系列纪念币，是对其本国文化一种不错的宣传，并且极具朝鲜特色，也使其收获了一部分不好政治题材纪念币的西方藏家的青睐，更为访朝游客提供了不错的伴手礼与土特产。

随着朝鲜本国的经济发展与改革开放，也许未来朝鲜纪念币的风貌会大有改变。

与流通货币属性的钱币不同的是，纪念币虽然有法定面值货币的名义，但面值只属象征意义，尤其是贵金属纪念币。因此对于纪念币的研究，无法从其

---

① 至于韩国对本国文化遗产的崇拜则有些过度，因其经常有冒名别国先申请各类历史文化遗产的行为

② 实际应为改造者

③ 也许对待"前朝"人物各国态度均差不多，但是韩国则不然，世宗大王早已登上韩国流通纸币

④ 很多也是藏于韩国并被韩国列为国宝的文物

流通情况与购买力方面入手，这是与流通货币截然不同之处。纪念币则必须通过发行背景、发行时间、纪念主题与铸币工艺等多方面来探究其原委与文化内涵。虽然朝鲜的现代纪念币也许无法完整地展现一部朝鲜半岛的古今历史，确足矣令我们了解良多，透过纪念币看到朝鲜更多的国家内涵与文化特色。

目录

1959年	常规币（Coin） CC (CCN/CCT/CCO)	...1
	样币（Essai） CCS (CCSN/CCST/CCSO)	...2
1974年	常规币（Coin） CC (CCN/CCT/CCO)	...2
	样币（Essai） CCS (CCSN/CCST/CCSO)	...3
1978年	常规币（Coin） CC (CCN/CCT/CCO)	...3
	样币（Essai） CCS (CCSN/CCST/CCSO)	...3
1987年	常规币（Coin） CC (CCN/CCT/CCO)	...6
	样币（Essai） CCS (CCSN/CCST/CCSO)	...10
1988年	常规币（Coin） CC (CCN/CCT/CCO)	...10
1989年	常规币（Coin） CC (CCN/CCT/CCO)	...14
1990年	常规币（Coin） CC (CCN/CCT/CCO)	...17
1991年	常规币（Coin） CC (CCN/CCT/CCO)	...18
1992年	常规币（Coin） CC (CCN/CCT/CCO)	...21
1993年	常规币（Coin） CC (CCN/CCT/CCO)	...23
1994年	常规币（Coin） CC (CCN/CCT/CCO)	...25
1995年	常规币（Coin） CC (CCN/CCT/CCO)	...25

1996年	常规币（Coin） CC（CCN/CCT/CCO）........................... 34
	错币（Mint Error） CCE（CCEN/CCET/CCEO）................ 49
1997年	常规币（Coin） CC（CCN/CCT/CCO）........................... 51
1998年	常规币（Coin） CC（CCN/CCT/CCO）........................... 59
	错币（Mint Error） CCE（CCEN/CCET/CCEO）................ 72
1999年	常规币（Coin） CC（CCN/CCT/CCO）........................... 74
2000年	常规币（Coin） CC（CCN/CCT/CCO）........................... 78
	错币（Mint Error） CCE（CCEN/CCET/CCEO）................ 86
2001年	常规币（Coin） CC（CCN/CCT/CCO）........................... 87
	样币（Essai） CCS（CCSN/CCST/CCSO）..................... 120
	错币（Mint Error） CCE（CCEN/CCET/CCEO）............... 124
2002年	常规币（Coin） CC（CCN/CCT/CCO）.......................... 125
	样币（Essai） CCS（CCSN/CCST/CCSO）..................... 155
	错币（Mint Error） CCE（CCEN/CCET/CCEO）............... 165
2003年	常规币（Coin） CC（CCN/CCT/CCO）.......................... 165
	样币（Essai） CCS（CCSN/CCST/CCSO）..................... 180
	错币（Mint Error） CCE（CCEN/CCET/CCEO）............... 184
2004年	常规币（Coin） CC（CCN/CCT/CCO）.......................... 185
	样币（Essai） CCS（CCSN/CCST/CCSO）..................... 220
	错币（Mint Error） CCE（CCEN/CCET/CCEO）............... 231
	错币样币（Essai） CCES（CCESN/CCEST/CCESO）........... 233
2005年	常规币（Coin） CC（CCN/CCT/CCO）.......................... 233
	样币（Essai） CCS（CCSN/CCST/CCSO）..................... 265
	错币（Mint Error） CCE（CCEN/CCET/CCEO）............... 273
2006年	常规币（Coin） CC（CCN/CCT/CCO）.......................... 274
	样币（Essai） CCS（CCSN/CCST/CCSO）..................... 278
2007年	常规币（Coin） CC（CCN/CCT/CCO）.......................... 279
	样币（Essai） CCS（CCSN/CCST/CCSO）..................... 315

年份	类别	页码
	错币（Mint Error） CCE (CCEN/CCET/CCEO)	345
2008年	常规币（Coin） CC (CCN/CCT/CCO)	346
	样币（Essai） CCS (CCSN/CCST/CCSO)	363
2009年	常规币（Coin） CC (CCN/CCT/CCO)	372
	纪念章(Medal) CCM (CCMN/CCMT/CCMO)	382
2010年	常规币（Coin） CC (CCN/CCT/CCO)	386
	样币（Essai） CCS (CCSN/CCST/CCSO)	413
2011年	常规币（Coin） CC (CCN/CCT/CCO)	421
	错币(Mint Error) CCE (CCEN/CCET/CCEO)	436
2012年	常规币（Coin） CC (CCN/CCT/CCO)	436
	样币（Essai） CCS (CCSN/CCST/CCSO)	453
2013年	常规币（Coin） CC (CCN/CCT/CCO)	455
	样币（Essai） CCS (CCSN/CCST/CCSO)	469
2014年	常规币（Coin） CC (CCN/CCT/CCO)	470
	样币（Essai） CCS (CCSN/CCST/CCSO)	486
2015年	常规币（Coin） CC (CCN/CCT/CCO)	494
	样币（Essai） CCS (CCSN/CCST/CCSO)	523
	臆造币（Fantasy） CCF (CCFN/CCFT/CCFO)	529
	臆造币样币（Fantasy） CCFS (CCFSN/CCFST/CCFSO)	532
2016年	常规币（Coin） CC (CCN/CCT/CCO)	533
	错币(Mint Error) CCE (CCEN/CCET/CCEO)	557
2017年	常规币（Coin） CC (CCN/CCT/CCO)	557
2018年	常规币（Coin） CC (CCN/CCT/CCO)	577
	错币(Mint Error) CCE (CCEN/CCET/CCEO)	593
2019年	常规币（Coin） CC (CCN/CCT/CCO)	594
	错币(Mint Error) CCE (CCEN/CCET/CCEO)	613
	样币（Essai） CCS (CCSN/CCST/CCSO)	614
	臆造币(Fantasy) CCF （CCFN/CCFT/CCFO)	616

2020年　常规币（Coin）　CC（CCN/CCT/CCO） 619

无年份（No Date） 620

　　常规币（Coin）　CC（CCN/CCT/CCO） 620

　　样币（Essai）　CCS（CCSN/CCST/CCSO） 633

　　纪念章(Medal)　CCM（CCMN/CCMT/CCMO） 633

关于钱币编码及目录的说明

本书目录分类模式

年份-面值

非贵金属币-贵金属币

常规币-样币-错币-纪念章-臆造币

编号规则

编号为"分类码-顺序码"形式，分类码以作者钱币司令（Coin Commander）的简称CC为开头，具体钱币种类表现文字简称在后，顺序号按分类码设置为从0001开始的4位顺序编号即CCX-XXXX形式。

朝鲜纪念币大同门正面

朝鲜纪念币国徽正面

一般朝鲜常规币国名一面有国徽与大同门图案之分，国徽（National Emblem）简称N，分类码为CCN；大同门（Taedongmun）简称T，分类码为CCT；部分币面无国徽与大同门图案之分，简称O，分类码为CCO。

常规币以外，臆造币等情况特殊，N与T标注不代表具体造币厂归属。这些币章国名一面亦有国徽与大同门图案之分，亦使用N与T增加其后以示区分，分类码为CCXN与CCXT。其他如错币样币等的分类码类似。样币（Essai（Sample））简称S；错币（Mint Error）简称E；纪念章（Medal）简称M；臆造币（Fantasy）简称F，则分类码为CCS/CCE/CCM/CCF。

对于同一种类钱币的版别标注，如有版别者，将在顺序号之后以小写a,b,c等顺序标注。即CCN-XXXa或CCT-XXXa与CCN-XXXb与CCT-XXXb。

表1　朝鲜现代纪念币分类码列表

常规币（Coin）	CC	(CCN/CCT/CCO)
样币（Essai）	CCS	(CCSN/CCST/CCSO)
错币(Mint Error)	CCE	(CCEN/CCET/CCEO)
纪念章(Medal)	CCM	(CCMN/CCMT/CCMO)
臆造币(Fantasy)	CCF	(CCFN/CCFT/CCFO)

需要说明的一点是，虽然朝鲜现代纪念币发行始于1987年，无论非贵金属还是贵金属纪念币均始于1987年发行，2017年也有朝鲜纪念币发行30周年的主题纪念币发行。但始发于20世纪50年代末的一套流通币，因其"外汇硬币"的特殊属性，部分后期不再流通，也使其成为事实上的流通纪念币，颇具朝鲜时代特色。

1959年

常规币（Coin） CC (CCN/CCT/CCO)

朝鲜1959年1钱普制铝币
1钱（Chon）
CCN-0001

朝鲜1959年1钱单星普制铝币
1钱（Chon）
单星（Star）：外汇，社会主义
（Foreign Exchange, Socialist）
CCN-0002

朝鲜1959年1钱双星普制铝币
1钱（Chon）
双星（Double Star）：外汇，资本主义（Foreign Exchange,Capitalistic）
CCN-0003

朝鲜1959年5钱普制铝币
5钱（Chon）
CCN-0004

朝鲜1959年10钱普制铝币
10钱（Chon）
CCN-0005

朝鲜1959年10钱单星普制铝币
10钱（Chon）
单星（Star）：外汇，社会主义（Foreign Exchange,Socialist）
CCN-0006

朝鲜1959年10钱双星普制铝币
10钱（Chon）
双星（Double Star）：外汇，资本主义（Foreign Exchange,Capitalistic）
CCN-0007

样币（Essai） CCS (CCSN/CCST/CCSO)

朝鲜1959年1钱普制纪念铝样币
1钱（Chon）
CCSN-0001

朝鲜1959年5钱普制纪念铝样币
5钱（Chon）
CCSN-0002

朝鲜1959年10钱普制纪念铝样币
10钱（Chon）
CCSN-0003

1974年

常规币（Coin） CC (CCN/CCT/CCO)

朝鲜1974年5钱普制铝币
5钱（Chon）
CCN-0008

朝鲜1974年5钱单星普制铝币
5钱（Chon）
单星（Star）：外汇，社会主义（Foreign Exchange,Socialist）
CCN-0009

朝鲜1974年5钱双星普制铝币
5钱（Chon）
双星（Double Star）：外汇，资本主义（Foreign Exchange,Capitalistic）
CCN-0010

样币（Essai） CCS (CCSN/CCST/CCSO)

朝鲜1974年5钱普制纪念铝样币
5钱（Chon）
CCSN-0004

1978年

常规币（Coin） CC (CCN/CCT/CCO)

朝鲜1978年50钱千里马普制铝币
50钱（Chon）
千里马（Chollima）
CCN-0011

朝鲜1978年50钱双星千里马普制铝币
50钱（Chon）
千里马（Chollima）
双星（Double Star）：外汇，资本主义（Foreign Exchange,Capitalistic）
CCN-0013

朝鲜1978年50钱单星千里马普制铝币
50钱（Chon）
千里马（Chollima）
单星（Star）：外汇，社会主义（Foreign Exchange,Socialist）
CCN-0012

样币（Essai） CCS (CCSN/CCST/CCSO)

朝鲜1978年50钱千里马普制纪念铝样币
50钱（Chon）
千里马（Chollima）
CCSN-0005

关于"双星""单星"外汇币姓资姓社？

★★★

　　1959、1974和1978年发行的流通硬币中，均存在无星币与单星、双星特别版本三种常规币，为何有如此区分？即是所谓的"外汇硬币"，并且广泛馈赠外宾，单、双星版本有馈赠属性，并没有正用币那样广泛的流通，装帧版本的年份也是三种年份组成4枚一套的装帧模式，一般有红色与蓝色两种包装。

　　钱币正面是国徽，另一面是面值与主题，即1钱、5钱与10钱的面值阿拉伯数字，50钱的图案是千里马雕像。钱币相同的情况下，分为无星、单星与双星。一般来说，单星赠与或兑换给社会主义国家外宾留念与使用，双星赠与或兑换给资本主义国家外宾留念与使用。当然以上这种"姓资姓社"的模式，一般情况下，也不能排除某一主义阵营国家的来宾们出于兴趣，把单、双星版本均收归己有，显然朝鲜也不会完全禁止；亦有另一种兑换模式，即"看外汇不看主义阵营"，就是看外宾们使用何种主义阵营国家的货币来兑换，从而分别给予单、双星硬币，而并非看外宾所属国籍与所持护照，这种持外汇兑换就是按单星社会主义与双星资本主义标准执行。

　　从朝方留下来的记录所知，单星版本铸造量与使用时间高于双星版本。但无论单、双星哪种版本，因为这种"外汇硬币"与装帧馈赠的特殊属性，可以说它们既是流通币又是流通纪念币，更似我国过去一些不参与流通的装帧对外发行的特殊年份分币与长城币。

　　无星常规版本亦有加字纪念样币发行，应属于非常规特殊的朝鲜纪念币滥觞。

　　题外话，今天去朝鲜旅游的外国游客可以使用当地货币嘛？流通的朝鲜元需要如何兑换？关于这个问题，我们在朝鲜国家旅游局得到了答案[①]，"当地货币不开放让旅客进行交易。旅客在朝鲜的通用货币为欧元、人民币及美元，其中又以人民币及欧元最为普及，这两种货币在朝鲜境内大部分交易场所被广泛使用。建议大家多准备一些小面额的纸币或零钱（硬币），少了找零的困扰会让你的购物体验更加愉快。另外，旅行支票及信用卡是无法在朝鲜境内使用的，所以旅朝期间请准备足够的现金供开销购物所需。"

　　当然部分朝鲜现代纪念币在中朝两国或者其他国家地区也有购买渠道。

---

① 以下为朝鲜国家旅游局原话

千里马铜像

朝鲜各类纪念币的正式发行

至1987年,一个振奋人心的年份,迎来了朝鲜正式发行纪念币的开端,是为朝鲜现代纪念币元年。

国情因素使然,朝鲜第一批纪念币肯定是政治主题挂帅的。当然1987年还发行了朝鲜最早的体育主题纪念币,一枚纪念1986墨西哥世界杯的银币,奥运会主题则始于1988年的卡尔加里冬季奥运会纪念银币。整个20世纪八九十年代这一时期的朝鲜精制金、银币做工比较粗犷,时代特征明显,甚至有些精制币的工艺可能还不如主流铸币大国的普制币工艺。

1987年

常规币（Coin） CC（CCN/CCT/CCO）

朝鲜1987年人民大学习堂普制铝币
1元（Won）
人民大学习堂（Grand People's Study House）
CCN-0014

金日成广场上的人民大学习堂

朝鲜人民大学习堂是位于首都平壤金日成广场上的一座建筑物，与人民文化宫及国际友谊展览馆类似，都是带有朝鲜历史建筑风格的现代建筑；有十层楼之高，青瓦为顶也是一些朝鲜建筑物惯用的手法；其历史悠久，朝鲜光复之前仅为平壤市图书馆，光复后升级为中央图书馆，至1982年现址落成，金日成将其命名为人民大学习堂，本质上是国家级图书馆；馆内还具备对于朝鲜而言十分先进的多媒体电子阅读室与教学室，更有文化礼堂等设施，确实名副其实是人民学习的重要场所。

人民大学习堂

朝鲜这枚流通硬币上将人民大学习堂的恢宏气势展现得一览无余，虽然早期铸工粗糙，但设计上仍有看点，完全对称的人民大学习堂建筑物于币面扑面而来，主题极为醒目，设计简洁，除了必要的建筑物名称说明外，没有一丝一毫多余；结合朝鲜的铸币水平来看，不失为一枚还算优秀的流通币。这也是朝鲜现代钱币中首枚1元面值的流通硬币，属于非辅币型流通硬币①，不同于以往流通硬币的面值均为"钱"这种小面值，如过去最大面值的1978年千里马图案铝币也仅为50钱面值。

值得一提的是，根据朝鲜的国情与多次货币改革，此币虽为流通币属性，但其较低的面值与优秀的设计及相对较早的年份，经常被钱币收藏者或钱币商将其与无星、单星或双星的朝鲜流通套币组合收藏或装帧发售。

---

① 世界各国对辅币定义略有差异

朝鲜1987年金日成故居-万景台普制铜镍合金纪念币

1元（Won）

金日成故居-万景台（President Kim Il Sung's Birthplace in Mangyondae）

CCN-0015

朝鲜首枚领导人故居纪念币——万景台故居

金日成的故居名为万景台，位于朝鲜首都平壤市的万景台区。此地的山峰名为万景峰，山脚下的村落名为万景台，金日成就出生在此并度过童年。万景台故居形制完整，主体建筑为两幢房子，是其正房与库房，周遭有低矮的篱笆围栏，这些历史生活遗迹也有较好的保存。此处至今已成为朝鲜革命的圣地。

金日成主席被朝鲜称为永恒的太阳，币面设计上故居背景上方也散发着万丈光芒。金日成故居万景台的形象也在此后涉及金家故居的主题纪念币中反复出现。

此币分为普制与精制两种工艺，工艺不同面值亦有所不同。

金日成故居－万景台

朝鲜1987年凯旋门普制铜镍合金纪念币

1元（Won）

凯旋门（The Arch of Triumph）

CCN-0016

朝鲜平壤凯旋门

我们都知道法国有凯旋门，朝鲜也有一座凯旋门，朝鲜的凯旋门位于首都平壤凯旋广场，此地还有一座著名的牡丹峰，凯旋门就在其山脚下，这座凯旋门本身是一座纪念碑，其建于1982年，由花岗岩砌成，整体非常宏大，柱檩与拱门体现出一些朝鲜传统建筑的文化风采。作为20世纪80年代的首批朝鲜纪念币铸币，能够把铜镍合金币面之上的凯旋门细节铸成如此状态，也是朝方铸币工艺上的经典之作了。

平壤凯旋门这座地标式建筑也在后来朝鲜各类主题的现代纪念币上多次出现。

平壤凯旋门

朝鲜1987年主体思想塔普制铜镍合金纪念币
1元（Won）
主体思想塔（The Tower of Juche Idea）
CCN-0017

主体思想为朝鲜立国基础

主体思想塔也是位于朝鲜首都平壤市中心的纪念碑，最初是因金日成诞辰70周年而建造，主体思想塔顾名思义是纪念金日成主席所提出的"主体思想"的。主体思想塔也是后来朝鲜各类主题纪念币上多次出现的主题与建筑。

主体思想塔

朝鲜1987年金日成故居-万景台精制铜镍合金纪念币
5元（Won）
金日成故居-万景台（President Kim Il Sung's Birthplace in Mangyondae）
CCN-0018

朝鲜1987年凯旋门精制铜镍合金纪念币
5元（Won）
凯旋门（The Arch of Triumph）
CCN-0019

朝鲜1987年主体思想塔精制铜镍合金纪念币

5元（Won）

主体思想塔（The Tower of Juche Idea）

CCN-0020

关于"镍币三雄"

  以上3枚铜镍合金纪念币及其精制版本，它们面值不同，工艺不同，但材质与主题图案一致，铜镍合金币有时也被收藏者简称为"镍币"。本书也引入一些中外朝鲜现代纪念币收藏领域的概念与名词，因此三枚币包含重大的政治意义，也与朝鲜的领导人乃至国家历史息息相关，自然被收藏者视作一套来收藏；所以有人用了"三雄"这种明显拟人的称谓，来表达对此三枚币的喜爱与重视，至于始作俑者，已不可考。但早期发行随意性较大，并非均按3枚一套，收藏者也多按自己的喜好去定义和收藏，所以现在收藏凑齐此3枚币有一定难度，尤其精制版本更甚，随着收藏难度增加，久而久之"镍币三雄"的称谓也逐渐被认可或约定俗成。

  值得一提的是1987年朝鲜现代钱币序列中首次发行了1元面值的非辅币型流通硬币[①]，同时该年也发行非贵金属与贵金属材质纪念币。

---

① 当时朝鲜货币概念与今日不同，50钱及以下面值作为辅币

朝鲜1987年1986墨西哥世界杯精制纪念银币

500元（Won）

999银（27克）

墨西哥世界杯（1986 FIFA World Cup Mexico）

CCN-0021

朝鲜首枚贵金属纪念币

  过去资料有限，交流不畅，朝鲜当代发行的贵金属纪念币，谁才是首枚一直被猜来猜去。通过朝鲜方面2018年发行的"纪念币发行30周年"的纪念币，币面"1987-2017"字样，我们可知朝鲜现代纪念币是1987年首发，非贵金属中首发者就是"镍币三雄"。至于贵金属币，以目前已知的资料，这枚1987年发行的纪念1986墨西哥世界杯的银币才是朝鲜现代首枚贵金属纪念币，并为精制工艺。

  值得一提的是，朝鲜并没有参加1986年墨西哥世界杯，韩国倒是参加了这一届世界杯；朝鲜最早参加过的一届世界杯是1966年英格兰世界杯并且晋级八强，取得了还不错的成绩。

样币（Essai） CCS（CCSN/CCST/CCSO）

朝鲜1987年1元合面普制纪念合面铝样币
1元（Won）
合面（Two Obverses）
CCSN-0006

这枚样币与朝鲜1987年人民大学习堂普制铝币国名面值一面形式相同，只是此样币双面均为1元面值，均有样币字样，是为合面币，但其中一面没有年份。

1988年

常规币（Coin） CC（CCN/CCT/CCO）

朝鲜1988年朝鲜建国40周年-千里马精制纪念金币
100元（Won）
9999金（1/10盎司）
朝鲜建国40周年-千里马（40th Anniversary of the Founding of the DPRK-Chollima）
CCN-0022

朝鲜1988年朝鲜建国40周年-千里马精制纪念金币
250元（Won）
9999金（1/4盎司）
朝鲜建国40周年-千里马（40th Anniversary of the Founding of the DPRK-Chollima）
CCN-0023

朝鲜千里马

朝鲜的千里马真的无处不在,如果朝鲜只有一种马匹,那一定是千里马。朝鲜的千里马并非狭义上可以日行千里的良驹,而是一种比喻,更是一种国家的精神与象征,平壤千里马雕像所代表的正是千里马精神。所以朝鲜以千里马雕像为主的图案无处不在,建筑物上,宣传画上,硬币上,纸币上与纪念章上等等,而这些带有千里马主题之物,也同时伴随各种主题,千里马可以是建国象征,可以是革命的象征。但朝鲜发行的生肖马年纪念币却未有使用过千里马雕像作为图案。

朝鲜1988年卡尔加里冬奥会-冰球精制纪念银币

500元(Won)
999银(27克)
卡尔加里冬奥会-冰球(Calgary 1988 Olympic Winter Games-Ice Hockey)
CCN-0024

曾有人误以为此币为朝鲜首枚现代纪念银币,这枚是朝鲜首枚奥运主题与首枚冬奥会主题的纪念币。朝鲜现代纪念币发行之初,发行了许多体育币,如世界杯与奥运会(冬奥会)纪念币等。

朝鲜1988年1990意大利世界杯精制纪念银币

500元(Won)
999银(27克)
意大利世界杯(1990 FIFA World Cup Italy)
CCN-0025

1988年

朝鲜1988年戈尔希·福克号建造30周年精制纪念银币

500元（Won）

999银（27克）

戈尔希·福克号建造30周年（30th Anniversary of the 'Gorch Fock'）

CCN-0026

　　戈尔希·福克号很有名气，其实有两艘戈尔希·福克号于世间，币面的"1958-1988"显示了戈尔希·福克号建造30周年的年代信息。戈尔希·福克号是一种高桅横帆船，最早属德国海军的舰船序列，1916年在日德兰海战中损毁。船名的戈尔希·福克是德国著名作家约翰·基瑙的笔名。而币面这艘戈尔希·福克号，是它的现代复刻版本，建造于1958年，至1988年建造30周年之际还进行了环球航行。除了朝鲜也有其他国家发行相关主题的纪念币，也被用作流通纸币上的图案或出现在一些金银条之上；朝鲜纪念币上也出现过不只一次。德国，贝宁，萨摩亚，多哥，库克均有相关主题贵金属纪念币发行，德国的纸币、邮票与欧洲的0欧元纪念钞上亦有其形象。这艘复刻版福克号有时也被称为戈尔希·福克2号[①]。

　　朝鲜发行了许多各国航海船舶主题的纪念币，多是历史名船、名舰，这与早期部分该主题纪念币与欧洲币商合作开发有关，与之类似的还有一些著名火车主题的纪念币。

　　戈尔希·福克号建造30周年还有同图纪念金币。

过去的戈尔希·福克号

今天的戈尔希·福克号

① Gorch Fock II

朝鲜1988年联合国粮农组织-人皆有食精制纪念银币

500元（Won）

999银（27克）

联合国粮农组织-人皆有食（FAO-Food for All）

CCN-0027

联合国粮食及农业组织（Food and Agriculture Organization of the United Nations, FAO）简称"粮农组织"，于1945年10月16日正式成立，是联合国系统内最早的常设专门机构，是各成员国间讨论粮食和农业问题的国际组织。

1988年

朝鲜1988年朝鲜建国40周年-千里马精制纪念金币

500元（Won）

9999金（1/2盎司）

朝鲜建国40周年-千里马（40th Anniversary of the Founding of the DPRK-Chollima）

CCN-0028

朝鲜1988年朝鲜建国40周年-千里马精制纪念金币

1000元（Won）

9999金（1盎司）

朝鲜建国40周年-千里马（40th Anniversary of the Founding of the DPRK-Chollima）

CCN-0029

朝鲜首套建国周年纪念金币

这套朝鲜建国40周年-千里马主题纪念金币，4枚一套，过去多在日本钱币收藏市场售卖。

朝鲜1988年戈尔希·福克号建造30周年精制纪念金币
2500元（Won）
999金（1/2盎司）
戈尔希·福克号建造30周年（30th Anniversary of the 'Gorch Fock'）
CCN-0030

1989年

常规币（Coin） CC（CCN/CCT/CCO）

朝鲜1989年第十三届世界青年与学生联欢节精制铜镍合金纪念币
5元（Won）
第十三届世界青年与学生联欢节（The 13th World Festival of Youth and Students）
CCN-0031

世界青年与学生联欢节

过去每年6月30日是世界青年与学生联欢节（World Festival of Youth and Students），本是不定期举办的左派国际综合性青年活动。这个活动由匈牙利布达佩斯的世界民主青年联盟（World Federation of Democratic Youth）主办，国际学生联盟（International Union of Students）协办，主题是反对侵略和战争，歌颂和平与友谊，联欢节上活动丰富多彩。朝鲜是第十三届世界青年与学生联欢节的举办国，活动非常盛大，不算前苏联与俄罗斯在内也是目前为止唯一举办过的亚洲国家。此纪念币主题一面为第十三届世界青年与学生联欢节会徽，和平鸽与平壤字样非常明显，本身精制工艺，作为20世纪80年代末朝鲜铸造的一枚精制铜镍合金币，虽然今天看来工艺略显粗糙，但已是朝鲜当时国产铸币工艺的顶峰。

第十三届世界青年与学生联欢节朝鲜宣传海报

朝鲜1989年"四月之春"国际友谊艺术节精制纪念银币

30元（Won）

999银（17克）

"四月之春"国际友谊艺术节（The April Spring Friendship Art Festival）

CCN-0032

"四月之春"国际友谊艺术节

"四月之春"国际友谊艺术节，此主题纪念币的发行也能看出早期朝鲜现代纪念币的题材丰富多彩。这本是纪念金日成诞辰而设立的艺术节，1982年举办第一届，为何纪念币到1989年才发行？毕竟1987年朝鲜才首次发行纪念币，所以1989年发行已属于比较提前了。这枚银币以歌唱者手持话筒形象为主，精制工艺的银币，足见朝鲜早期发行纪念币中对此主题的重视。

"四月之春"国际友谊艺术节

"四月之春"国际友谊艺术节朝鲜宣传海报

"四月之春"国际友谊艺术节在世界上有一定知名度，不少艺术家与艺术团体纷纷参与献艺，中国亦有文艺团体如中国艺术团访问朝鲜时参与"四月之春"国际友谊艺术节演出。

朝鲜1989年金刚山仙女精制纪念银币

500元（Won）

999银（31克）

金刚山仙女（Fairy of Mt.Kumgang Playing Flute）

CCN-0033

关于金刚山仙女

金刚山仙女是朝鲜现代纪念币上重要的主题之一，有仙女形象的币章也不在少数，本身金刚山仙女也是朝鲜民间重要的神话传说人物。金刚山仙女并非只有一位，按朝鲜的传说足有八位，所以

朝鲜纪念邮票上的金刚山仙女

《金刚山八仙女》也常作为艺术作品或一些神话故事中的保留内容。金刚山仙女尤其吹笛仙女的形象出现在不少朝鲜纪念币之上，包括阿里郎系列与金刚山系列纪念币。

1989年

朝鲜1989年1988卡尔加里冬奥会-花样滑冰精制纪念银币
500元（Won）
999银（27克）
卡尔加里冬奥会-花样滑冰（Calgary 1988 Olympic Winter Games-Figure Skating）
CCN-0034

朝鲜1989年1992巴塞罗那奥运会-铁饼精制纪念银币
500元（Won）
999银（27克）
巴塞罗那奥运会-铁饼（Barcelona 1992 Olympic Games-Discus）
CCN-0035

这枚应是朝鲜首枚夏季奥运会主题纪念币。

朝鲜1989年1990意大利世界杯精制纪念银币
500元（Won）
999银（27克）
意大利世界杯（1990 FIFA World Cup Italy）
CCN-0036

朝鲜1989年阿美利哥·维斯普西-美洲以他命名精制纪念银币

500元（Won）

999银（27克）

阿美利哥·维斯普西-美洲以他命名
（Amerigo Vespucci-America is Known By His Name）

CCN-0037

阿美利哥·维斯普西-美洲以他命名

美洲"America"就是以阿美利哥来命名的，这位航海家本身是个意大利商人。出自大航海时代的他，有着极其敏锐的直觉，在别人都认为南美洲东海岸只是亚洲的东部之时，只有他认定这是一块新大陆，这种准确的直觉甚至超越了哥伦布。

这枚阿美利哥·维斯普西纪念银币设计比较简洁干练，是朝鲜航海家主题纪念币的常用手法，朝鲜现代纪念币中抛开名船、名舰那些系列，航海家与冒险家这类主题的纪念币并不多。此币币面是阿美利哥·维斯普西，背景是南、北美洲地图。

阿美利哥·维斯普西画像

1990年

常规币（Coin） CC（CCN/CCT/CCO）

朝鲜1990年世界濒危野生动物-丹顶鹤精制纪念银币

500元（Won）

999银（27克）

世界濒危野生动物-丹顶鹤（Endangered World Wildlife-Red-crowned Crane）

CCN-0038

这枚应是朝鲜首枚濒危野生动物保护主题的纪念币。

1991年

朝鲜1990年1992巴塞罗那奥运会-乒乓球精制纪念银币
500元（Won）
999银（27克）
巴塞罗那奥运会-乒乓球
（Barcelona 1992 Olympic Games-Table Tennis）
CCN-0039

朝鲜1990年1992巴塞罗那奥运会-体操精制纪念金币
1500元（Won）
999金（8克）
巴塞罗那奥运会-体操（Barcelona 1992 Olympic Games-Gymnastics）
CCN-0040

1991年

常规币（Coin）　CC（CCN/CCT/CCO）

朝鲜1991年1992巴塞罗那奥运会-马术精制纪念银币
200元（Won）
999银（15克）
巴塞罗那奥运会-马术（Barcelona 1992 Olympic Games-Equestrian）
CCN-0041

朝鲜1991年1992巴塞罗那奥运会-排球精制纪念银币

500元（Won）

999银（27克）

巴塞罗那奥运会-排球（Barcelona 1992 Olympic Games-Volleyball）

CCN-0042

朝鲜1991年第一艘装甲舰-李舜臣龟船精制纪念银币

500元（Won）

999银（27克）

第一艘装甲舰-李舜臣龟船（The First Armoured Ship-Ri Sun Sin Geobukseon）

CCN-0043

朝鲜民族英雄李舜臣

　　李舜臣是朝鲜李朝时期的爱国名将，举世闻名，至今仍被朝韩两国誉为民族英雄。李舜臣的人生巅峰都在抗日的战场上，最后也战死沙场，为朝鲜民族所铭记。

　　闲山岛海战与鸣梁海战是李舜臣利用龟船打的大胜仗，尤其鸣梁海战更是以少胜多的海战，军舰不够民船来凑，利用天时地利硬是反败为胜，甚至被誉为是世界海战史上的奇迹。这些都是壬辰卫国战争①中的重要组成部分，防止丰臣秀吉对朝鲜的侵占。但不幸的是，李舜臣在露梁海战与抗日援朝的明朝将领邓子龙遭遇伏击，突围失败，两位名将皆战死沙场；最后露梁海战更是以中朝压倒性的胜利给予日本以沉重的打击，加之丰臣秀吉病逝，日本停止进攻朝鲜，全线撤军，丰臣秀吉攻破朝鲜图谋中国的计划彻底破产。

　　李朝时期对于李舜臣的评价极高，追封其孝忠仗义迪毅协力宣武功臣，更加封德丰府院君；李舜臣的谥号忠武，又称忠武公；后世李舜臣的名字往往与忠武公不可分割。当时中国也给予李舜臣极高的评价与肯定，今天藏于韩国统营市立博物馆②的韩国国宝第440号八赐

---

① 万历朝鲜之役

② 统营忠烈祠距此不远

韩国首尔忠武公李舜臣将军像铜像前还有龟船塑像

库克群岛与昂里·康潘《李舜臣》漫画联名开发纪念银币

库克群岛银币上的李舜臣形象

品,就是壬辰倭乱后中国明朝的万历皇帝赐予的[①]。再如韩国学者文智成在论文《韩国人对陈璘的回忆机制:神宗皇帝八赐品》中所言"八赐品给李舜臣的生平带来光环,也激发了当今韩国人的自信"。

关于李舜臣,这位举世皆知的朝鲜民族英雄,他的拿手好戏更是被誉为倭寇克星的龟船。关于李舜臣名字的拼写确实有很多种,朝鲜币面上出现有"Ri Sun Sin",其他包括韩国内在的写法有"Yi Sun-sin""Yi Sun-Shin"与"Yi Soon-Shin"等。

当然各种好评中对于李舜臣也有一些神话,我们往往说的李舜臣发明龟船,其实并非如此,龟船早就存在于朝鲜,只是李舜臣与属下针对当时的海战对龟船加以改造,使之更适合战斗。但其在壬辰倭乱中的抗倭事迹,至今被朝韩两国所歌颂,是名副其实的民族英雄。今日韩国海军还有以李舜臣谥号"忠武"所命名的军舰级别,忠武公李舜臣级驱逐舰(Chungmugong Yi Sun-sin-class destroyer)就是代号KDX-Ⅱ的韩国海军多用途防空导弹驱逐舰。朝鲜还有一套以李舜臣为龟船发明者为题的纪念币。

朝鲜通常宣传世界第一艘铁甲舰是李舜臣的龟船,并且除了朝鲜发行各种李舜臣与龟船主题的纪念币外,还设立李舜臣勋章与奖章,用以奖励朝鲜人民军海军官兵所用;韩国的流通币与纪念币中也均有李舜臣的身影。

各国影视作品与动漫作品中亦有一些李舜臣的形象出现,如韩国广播公司[②]拍摄的《不灭的李舜臣》连续剧,再如美国漫画家昂里·康潘的《李舜臣》系列漫画[③]。

[①] 韩国学者亦有不同看法,如教授张庆姬则论证八赐品为李舜臣死后,明朝将领水军都督陈璘为缅怀李舜臣所赠予的;历史上八赐品的确是陈璘回国后于李舜臣营中发现
[②] KBS ,韩国放送公社
[③] 库克群岛发行的李舜臣银币就以此漫画中的李舜臣形象为原型设计并联名开发

韩国975忠武公李舜臣级驱逐舰　　韩国李舜臣精制纪念银币

韩国流通货币100元硬币与500元纸币上的李舜臣与龟船

1992年

常规币（Coin） CC（CCN/CCT/CCO）

朝鲜1992年永远的领袖金日成诞辰80周年-故居万景台精制铜镍合金纪念币
10元（Won）
永远的领袖金日成诞辰80周年-故居万景台（80th Birth Anniversary of Eternal Leader Comrade Kim Il Sung-President Kim Il Sung's Birthplace in Mangyondae）
CCN-0044

朝鲜1992年亲爱的领袖金正日诞辰50周年精制铜镍合金纪念币

10元（Won）

亲爱的领袖金正日诞辰50周年（50th Birth Anniversary of Great Leader Comrade Kim Jong Il）

CCN-0045

金家领袖人物头像纪念币

这是朝鲜现代纪念币中最早出现金家领导人头像的纪念币，分为精制铜镍合金币与精制银币；此后金家领袖与金家人物还有很多纪念币发行，至今朝方已基本不再发行金家人物之纪念币，哪怕推出朝鲜历史人物与他国领导人主题纪念币也没有再度发行金家人物纪念币，对此类纪念币主题管制非常严格。

朝鲜1992年永远的领袖金日成诞辰80周年-故居万景台精制纪念银币

50元（Won）

999银（17克）

永远的领袖金日成诞辰80周年-故居万景台（80th Birth Anniversary of Eternal Leader Comrade Kim Il Sung-President Kim Il Sung's Birthplace in Mangyondae）

CCN-0046

金家领袖故居

朝鲜现代纪念币中最早出现的金家领导人故居纪念币，1987年"镍币三雄"中首发，至1992年再度发行，分别为普制铜镍合金币与精制铜镍合金币及精制银币；之后还有各种故居主题与相关题材的纪念币发行，其后还有纪念币上把领袖故居与象征领袖的花卉相结合的设计。

朝鲜1992年亲爱的领袖金正日诞辰50周年精制纪念银币
50元（Won）
999银（17克）
亲爱的领袖金正日诞辰50周年（50th Birth Anniversary of Great Leader Comrade Kim Jong Il）
CCN-0047

1993年

常规币（Coin） CC（CCN/CCT/CCO）

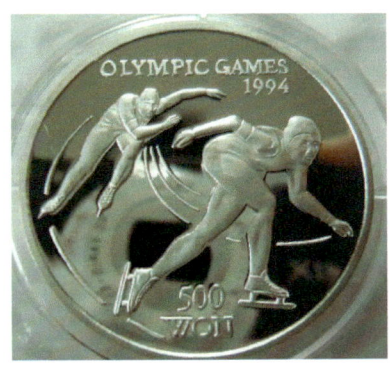

朝鲜1993年1994利勒哈默尔冬奥会-速滑精制纪念银币
500元（Won）
999银（27克）
利勒哈默尔冬奥会-速滑（Lillehammer 1994 Olympic Winter Games-Speed Skating）
CCN-0048

朝鲜1993年1994利勒哈默尔冬奥会-雪车精制纪念银币
500元（Won）
999银（27克）
利勒哈默尔冬奥会-雪车（Lillehammer 1994 Olympic Winter Games-Bobsleigh and Tobogganing）
CCN-0049

1993年

朝鲜1993年史前动物-雷龙精制纪念银币
500元（Won）
999银（1盎司）
史前动物-雷龙（Prehistoric Animals-Brontosaurus）
CCN-0050a
CCN-0050b

简述现代纪念币的版别问题

朝鲜史前动物雷龙银币的版别分析；朝鲜雷龙纪念银币属于朝鲜现代纪念币中出现版别比较典型的例子之一，此两枚银币的浮雕喷砂程度与图案细节有明显的差异。版别简单来说就是一个币出现同图却不同细节的版本。对钱币版别从古至今的分辨，也是由粗至细，现代贵金属纪念币虽属机器铸币，但也容易产生一定的版别，尤其类似朝鲜这种铸币水平有限的国家。一般来说，出现版别比较典型的情况不外乎铸造的不同批次或造币厂不同。造币厂不同，虽然他们铸造同一种钱币，但使用有差异的铸币模具或者一些造币厂厂标有差异；而造币批次不同更适用于朝鲜纪念币中雷龙纪念银币的版别情况，因所铸属于同一种钱币，但因为铸造批次时间上的先后顺序，铸币模具使用后产生的磨损程度不同，随着冲压模具磨损变化等问题的出现，有些模具还需要重新修模，这也是很多国家造币厂造币过程中降低成本的正常方式之一，正常修模是造币厂铸币过程中的常态，尤其在流通硬币中也经常出现，但修模中对模具的深浅与细节形态的修整，往往会给后续批次的铸币带来与较早批次铸币的差异，所以有些钱币收藏中追求"初打币"也在于初铸币往往质量更精湛[1]。很多时候这种铸币差异是显而易见的，过去尤其在铸造量巨大的流通硬币上出现，如袁像银币[2]同一年份也版别若干。很多就是各种情况皆有之，如各地造币厂采取不同的模具铸造，不同年份模具混配或对模具进行修整等等。

朝鲜现代造币水平整体落后于世界主流水平，虽然近年有所进步亦有很大差距，不少朝鲜现代纪念币的版别之分还时有出现。

---

① 亦有例外
② 俗称"袁大头"

1994年

常规币（Coin） CC (CCN/CCT/CCO)

朝鲜1994年金日成逝世-伟大领袖金日成同志永远和我们在一起精制纪念银币

20元（Won）

999银（1盎司）

金日成逝世-伟大领袖金日成同志永远和我们在一起（Demise of President Kim Il Sung-The Great Comrade Kim Il Sung Will Always Be with Us）

CCN-0051

20世纪90年代是金家领袖人物头像纪念币集中出现的年代！

1995年

常规币（Coin） CC (CCN/CCT/CCO)

朝鲜1995年祖国解放50周年-12世纪高丽青瓷镶嵌辰砂彩葡萄童子纹瓢形注子·承盘精制纪念银币

5元（Won）

999银（12克）

祖国解放50周年-12世纪高丽青瓷镶嵌辰砂彩葡萄童子纹瓢形注子·承盘（50th Anniversary of the Korea's Liberation-12th Century Koryo Celadon Gourd-shaped Ewer and Stand with Inlaid Grape and Child Design）

CCN-0052

朝鲜高丽青瓷"初登场"

朝鲜高丽青瓷图案首次登陆纪念币是在这枚祖国解放50周年硬币之上,虽然主题并非高丽青瓷并且青瓷花瓶也与解放主题无直接关联,但并不妨碍这是一枚精彩的纪念币。后边的年月里朝鲜还会发行许多有关高丽青瓷的纪念币,成为专门的高丽青瓷系列,另有朝鲜民族文化遗产系列纪念币尤其充分展示了高丽青瓷之美。此币上这种镶嵌辰砂彩葡萄童子纹瓢形注子·承盘,之后也会在其它朝鲜纪念币上再度呈现,这件高丽青瓷目前保存于韩国国立中央博物馆,博物馆编号"德寿19",是韩国的国宝之一。

高丽青瓷名为青色瓷器,但亦有各种色彩的点缀,此银币上的这尊青瓷注子,其实器皿表面并非是纯粹青色,为何叫镶嵌辰砂,其实这也是古代的一种制瓷工艺,方便呈现彩色装饰,也被称为铜画青瓷。比如这尊瓷器上葡萄图案部分与壶口和葡萄藤编成的把手上装饰着白堆点的图案都是这种技法的表现形式。一般这种工艺是以含铜的颜料描绘图案后在火上烤炙,铜材料部分蒸发后使图案呈现出颜色的技术办法。韩国方面认为在瓷器上使用这种工艺始于12世纪的高丽制瓷匠人。一般认为大约在9世纪末至10世纪早期,中国的越窑青瓷生产技术已传播到朝鲜[①]。

后续朝鲜高丽青瓷纪念币继续发行,逐步形成一个独有的"高丽青瓷"系列,亦成为朝鲜现代纪念币中"最炫民族风"的代表作之一。

高丽青瓷镶嵌辰砂彩葡萄童子纹瓢形注子·承盘

---

① 高丽王朝时期

朝鲜1995年平壤国际体育文化节普制铜镍合金纪念币
10元(Won)
平壤国际体育文化节(Pyongyang International Sport and Culture Festival)
CCN-0053

朝鲜1995年平壤国际体育文化节普制彩色铜镍合金纪念币
10元(Won)
平壤国际体育文化节(Pyongyang International Sport and Culture Festival)
CCN-0054

朝鲜现代纪念币中最早的彩色币

平壤国际体育文化节的彩色版铜镍合金币是朝鲜现代纪念币中最早的彩色币,有中国大熊猫图案的中国钱币博览会乃至各国钱币博览会系列彩色纪念币,包括各类动植物系列彩色纪念币都要在1996年及以后才逐步发行。我们知道世界首枚彩色纪念币是1992年帕劳发行的海洋生物保护系列的开门币—海洋生物保护年主题纪念币,分为银币与铜镍合金币两种,均由瑞士休格纳造币厂代铸,由于彩色工艺币发端,技术比较成熟,除了彩色一面浅浮雕美中不足外,总体非常精彩。反观朝鲜此币,虽于帕劳彩色币之后发行,但属朝鲜国产工艺,着色着实粗糙,且并非国际主流彩色币工艺,但也充分反映出朝鲜现代纪念币的鲜明时代特色。

世界首枚彩色币——帕劳1992年海洋生物保护年精制彩色纪念币银币

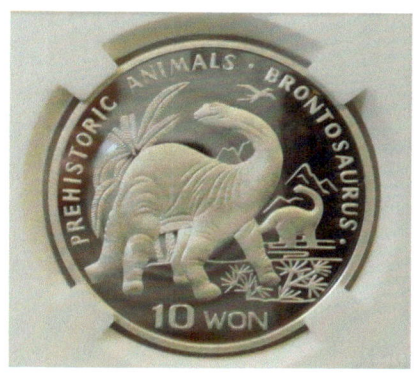

朝鲜1995年史前动物-雷龙精制纪念银币
10元(Won)
999银(1盎司)
史前动物-雷龙(Prehistoric Animals-Brontosaurus)
CCN-0055

朝鲜史前动物雷龙纪念币不光有版别之分,还有各种材质与年份不同之作。

朝鲜1995年祖国解放50周年精制纪念银币
10元(Won)
999银(28克)
祖国解放50周年(50th Anniversary of the Korea's Liberation)
CCN-0056

朝鲜政治类主题纪念银币"八纲"之由来

从20世纪90年代中期开始,一些有关朝鲜党政军主题的政治类纪念币多了起来,彼时中外也有一些钱币收藏家专门集藏朝鲜政治类主题纪念币,而多年后形成一个相关收藏理念即"八纲"又作"八刚"纪念银币。

"八纲"纪念银币是一个朝鲜现代纪念币收藏群体的专有术语,并非指某一套朝鲜独立发行的系列纪念币,而是把朝鲜前后多年发行的主题范围类似的八种纪念银币总结归纳而形成钱币的收藏概念。"八纲"纪念银币的说法据悉最早来源于新加坡的钱币收藏圈,哪八种纪念币属于此类也是由他们总结,形成于2010年左右亦或更早;新加坡钱币收藏圈自然华人为主,汉语说法与写法基本一致,他们最初称之为"八大刚",至于这个"刚"字,是"刚"或"纲"并无统一概念,是收藏朝鲜纪念币中的"刚需",还是朝鲜纪念币"以此为纲"不得而知,笔者认为书面写作"八纲"更为贴切。

"八纲"纪念银币的种类如下:

1. 1995 祖国解放50周年纪念银币
2. 1995 朝鲜劳动党成立50周年纪念银币
3. 1996 打倒帝国主义同盟成立70周年纪念银币
4. 2005 祖国解放60周年纪念银币
5. 2005 朝鲜劳动党成立60周年纪念银币
6. 2008 朝鲜建国60周年纪念银币
7. 2010 先军革命领导50周年纪念银币
8. 2010 朝鲜劳动党成立65周年纪念银币

值得一提的是部分"八纲"纪念币是没有面值的[①]!

---

① 极少部分朝鲜政治类与领导人物类主题纪念币没有面值,但官方宣传与定义这类也均属于纪念币

朝鲜1995年朝鲜劳动党成立50周年精制纪念银币
20元(Won)
999银(1盎司)
朝鲜劳动党成立50周年(50th Anniversary of the Workers' Party of Korea)
CCN-0057

劳动党建党纪念塔

朝鲜1995年国际友谊展览馆精制镀金纪念铜币

50元（Won）

国际友谊展览馆（International Friendship Exhibition Hall）

CCN-0058

朝鲜国际友谊展览馆

朝鲜国际友谊展览馆是一座朝鲜建筑风格的当代建筑物，20世纪70年代末建成，分为主馆与别馆，还有凿穿山洞而形成的内部空间。国际友谊展览馆内展出世界五大洲首脑、政界及商界名人赠给金日成主席及金正日将军的各类礼品。该馆于1978年8月26日开馆，其建筑形式与结构颇为特殊，虽然是朝鲜传统风格，但整个展馆没有使用一根木料，也没有安一扇真正的窗户，但是外观看起来却极像古典砖木结构建筑。作为一枚20世纪90年代的纪念币，币面设计上突出国际友谊展览馆的磅礴气势，但周遭的点缀物刻画就比较随意了，铜币采用精制加镀金工艺，使得小小一枚铜币金光闪闪，也算是早期比较经典的朝鲜纪念币之一。

国际友谊展览馆

朝鲜1995年1996亚特兰大奥运会-短跑精制纪念银币

100元（Won）

999银（7克）

亚特兰大奥运会-短跑（Atlanta 1996 Olympic Games-Sprint）

CCN-0059

朝鲜1995年动物-鸳鸯精制彩色纪念银币

100元（Won）

999银（7克）

鸳鸯（Aix Galericulata）

CCN-0060

曾经广为流传却极其质朴的填色彩色币

朝鲜动物类主题彩色纪念币发端于20世纪90年代中期，这种彩色工艺更类似一种珐琅彩人工填色，与同时期西方刚刚兴起并逐渐成为主流的彩色币着色工艺差距较大，但这类原始且质朴的彩色手段并非仅仅朝鲜选择，同时期亚非拉等第三世界国家中铸币水平有限者都有选取这类彩色工艺的例子，如多哥，贝宁，越南，西撒哈拉，刚果与古巴等，数不胜数。主流西方铸币大国亦有选用类似工艺使用至今的，比较著名的有法国的《小王子》系列与Hello Kitty系列彩色纪念银币，库克亦有一系列Hello Kitty主题彩色纪念银币采用类似工艺，但是英国皇家造币厂代铸的，也可谓另一种复古的主流。这种着色比较典型的手段是，主题图案都有明显的框架轮廓，方便进行填色。这种彩色技术多被中小国家在20世纪90年代中后期应用，亦有21世纪初期继续使用的。随着主流彩色币的彩色移印技术的推广，工艺成熟与成本降低，这类填色彩色工艺因其色彩表现相对生硬，除了个别国家或致敬过往铸币乃至一些以此工艺表达主旨而使用外，现已较少在铸币中采用，或以更好、更细腻的珐琅彩上色工艺作为一种局部处理贴合钱币主旨的彩色币表现形式。

这种填色彩色工艺包括半透明珐琅彩彩色工艺是朝鲜彩色纪念币所使用的最主要技术手段，至今亦如此。

多哥动物系列彩色纪念银币采用完全相同的填色彩色工艺

库克Hello Kitty系列纪念银币采用工艺先进的填色彩色工艺

古巴也是这类彩色工艺的拥趸，至今铸币仍旧使用

朝鲜1995年动物-阿德利企鹅精制彩色纪念银币

100元（Won）

999银（7克）

阿德利企鹅（Pygoscelis Adeliae）

CCN-0061

朝鲜1995年联合国粮农组织成立50周年-人皆有食精制纪念银币

500元（Won）

999银（17克）

联合国粮农组织成立50周年-人皆有食（50th Anniversary of the FAO-Food for All）

CCN-0062

朝鲜1995年1998法国世界杯精制纪念银币

500元（Won）

999银（1盎司）

法国世界杯（1998 FIFA World Cup France）

CCN-0063

朝鲜1995年1996亚特兰大奥运会-马术精制纪念银币

500元（Won）

999银（1盎司）

亚特兰大奥运会-马术（Atlanta 1996 Olympic Games-Equestrian）

CCN-0064

1995年

朝鲜1995年1996亚特兰大奥运会-以此为记,必将得胜精制彩色纪念银币
500元（Won）
999银（1盎司）
亚特兰大奥运会-以此为记，必将得胜（Atlanta 1996 Olympic Games-In Hoc Signo Vinces）
CCN-0065

朝鲜1995年亚洲动物-老虎精制彩色纪念银币
500元（Won）
999银（31克）
亚洲动物-老虎（Fauna of Asia-Tiger）
CCN-0066

朝鲜1995年亚洲动物-绿头鸭精制彩色纪念银币
500元（Won）
999银（31克）
亚洲动物-绿头鸭（Fauna of Asia-Mallard）
CCN-0067

朝鲜1995年亚洲动物-雄鹰精制彩色纪念银币
500元（Won）
999银（31克）
亚洲动物-雄鹰（Fauna of Asia-Eagle）
CCN-0068

朝鲜1995年亚洲动物-鹦鹉精制彩色纪念银币
500元（Won）
999银（31克）
亚洲动物-鹦鹉（Fauna of Asia-Parrot）
CCN-0069

朝鲜1995年亚洲动物-大熊猫精制彩色纪念银币
500元（Won）
999银（31克）
亚洲动物-大熊猫（Fauna of Asia-Panda）
CCN-0070

朝鲜的大熊猫纪念币

朝鲜发行各种中国大熊猫主题纪念币，横跨很多系列，有动物保护主题以及各类钱币展熊猫加字模式等，从非贵金属材质到贵金属材质纪念币均有发行，回溯过往，发行颇多，可谓极其看重中国收藏市场。中国熊猫投资金、银币常态化发行在20世纪80年代末90年代初，朝鲜紧追其后，20世纪90年代，朝鲜熊猫为题的纪念币频频推出。

朝鲜1995年朝鲜劳动党成立50周年精制纪念金币
1000元（Won）
999金（1盎司）
朝鲜劳动党成立50周年（50th Anniversary of the Workers' Party of Korea）
CCN-0071

此币与"八纲"纪念银币同图，"八纲"纪念币系列，亦有同图主题金币等其他材质纪念币。

1995年

朝鲜1995年亚洲动物-老虎精制彩色纪念银币
2500元（Won）
999银（5盎司）
亚洲动物-老虎（Fauna of Asia-Tiger）
CCN-0072

朝鲜1995年亚洲动物-大熊猫精制彩色纪念银币
2500元（Won）
999银（5盎司）
亚洲动物-大熊猫（Fauna of Asia-Panda）
CCN-0073

1996年

常规币（Coin） CC（CCN/CCT/CCO）

朝鲜1996年新加坡国际钱币展销会10周年普制彩色铜镍合金纪念币
5元（Won）
新加坡国际钱币展销会10周年（10th Anniversary of the Singapore International Coin Fair）
CCN-0074

朝鲜1996年新加坡国际钱币展销会10周年精制彩色铜镍合金纪念币
5元（Won）
新加坡国际钱币展销会10周年（10th Anniversary of the Singapore International Coin Fair）
CCN-0075

新加坡国际钱币展销会

新加坡国际钱币展销会一般在每年3月举行，2010年后在新加坡滨海湾金沙举办。新加坡钱币展销会由美国熊猫公司主办，每年举办一次。新加坡币展为免费入场，除了现场交易外，还有免费讲座、钱币鉴定、每日幸运抽奖等环节，是亚太地区规模及影响力较大的国际钱币展销会之一，亚太地区造币企业、知名钱币经销商及收藏者多参加该展销会。后期朝鲜发行有关新加坡国际钱币展销会的纪念币，则以新加坡滨海湾金沙整体建筑为背景体现。

朝鲜1996年打倒帝国主义同盟成立70周年-朝鲜劳动党是伟大领袖金日成同志的党精制纪念铜币

5元（Won）

打倒帝国主义同盟成立70周年-朝鲜劳动党是伟大领袖金日成同志的党（70th Anniversary of the Down-with-Imperialism Union-The Workers' Party of Korea Is the Party of the Great Leader Comrade Kim Il Sung）

CCN-0076

朝鲜1996年打倒帝国主义同盟成立70周年-朝鲜劳动党是伟大领袖金日成同志的党精制纪念银币

10元（Won）

999银（1盎司）

打倒帝国主义同盟成立70周年-朝鲜劳动党是伟大领袖金日成同志的党（70th Anniversary of the Down-with-Imperialism Union-The Workers' Party of Korea Is the Party of the Great Leader Comrade Kim Il Sung）

CCN-0077

打倒帝国主义同盟

　　打倒帝国主义同盟是朝鲜已故领导人金日成所创立的，赶上成立重大周年，会在平壤及地方城市举行各种演出与舞会。这个抵抗日本帝国主义的同盟组织是金日成于1926年10月17日在中国吉林省桦甸所创建的。打倒帝国主义同盟还是朝鲜人民革命军的前身，组织成立一年后改组为反帝青年同盟。

　　打倒帝国主义同盟旗帜设计鲜明，辨识度较高，纪念币以旗帜与冉冉升起的太阳为主题，也象征打倒帝国主义同盟的光荣与历程。打倒帝国主义同盟旗帜在平壤建党纪念塔的塔身浮雕也有体现，就是那座50米高以锤子、镰刀和毛笔雕塑形象为主的纪念塔，足见打倒帝国主义同盟在今天朝鲜的历史价值与政治意义。此银币也被收藏家归纳为"八纲"纪念银币之一。

朝鲜1996年第25届巴塞尔国际钱币博览会-朝鲜金星贸易会社普制彩色铜镍合金纪念币
20元（Won）
第25届巴塞尔国际钱币博览会-朝鲜金星贸易会社（The 25th Basel European Coin Convention-Korea Kumbyol Tarding Company）
CCN-0078

朝鲜1996年第25届巴塞尔国际钱币博览会-朝鲜金星贸易会社精制彩色铜镍合金纪念币
20元（Won）
第25届巴塞尔国际钱币博览会-朝鲜金星贸易会社（The 25th Basel European Coin Convention-Korea Kumbyol Tarding Company）
错误（Mint Error）：电话号码"981"（Telephone Number "981"）
CCN-0079

朝鲜1996年金刚山水电站精制纪念银币
20元（Won）
999银（31克）
金刚山水电站（Kumgangsan Hydropower Station）
CCN-0080

朝鲜国徽与水电站

朝鲜的国徽在大部分朝鲜钱币上国名一面有所呈现，国徽布局紧凑，整体呈椭圆形，上有发光五星，下有国名字样，两侧为稻穗，类似于我们说的嘉禾。国徽中心的图案部分为水坝水电站建筑与白头山组合，足见水坝水电站在朝鲜政治生活中的重要意义。国徽上的水电站没有具名，朝鲜也并不止一座大型水电站，除了金刚山水电站还有白头山英雄青年一号发电站与熙川水电站等。水电站在朝鲜是一个重要的政治符号，也有极强的军事战略价值，与"四个现代化"建设类似，象征着国家的工业化和社会主义的繁荣；单独为其发行纪念币也足见重大意义，币面布局紧凑，主题元素与国徽中心面类似，中心是朝鲜的五星军徽，朝鲜各军种不同的军徽军旗都是在此五星军徽基础上加以点缀修饰的，军徽背景就是放着光芒的巨大火炬，下方还有嘉禾枝叶点缀，整体景观建筑背景是白头山与水坝水电站和高压线等组合。

该枚纪念币的币面信息较少，政治军事意味较重，又以组合构图为主，下方朝文的意思仅为纪念金刚山水电站。这座临近金刚山建设而得名的金刚山水坝始于1986年，金刚山水电站也囊括于此，更是朝鲜的第三个七年规划（1987~1993）中的重要建设之一，当年建设此水坝还引来了不小的朝韩局势紧张，韩国更是通过外交等途径呼吁停建此水坝。从时间上看，1996年发行的该纪念币正是纪念金刚山水电站兴建10周年的大日子。

朝鲜1996年香港回归中国-99年历史沧桑-签约精制纪念银币
100元（Won）
999银（7克）
香港回归中国-99年历史沧桑-签约（Hong Kong's Return to China-99 Years Hong Kong-Sign）
CCN-0081

朝鲜1996年香港回归中国-99年历史沧桑-香港旧貌精制纪念银币
100元（Won）
999银（7克）
香港回归中国-99年历史沧桑-香港旧貌（Hong Kong's Return to China-99 Years Hong Kong-Old Hong Kong）
CCN-0082

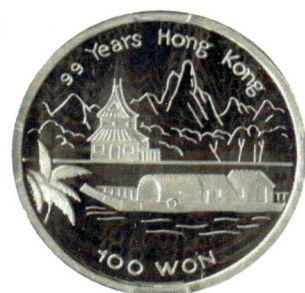

朝鲜1996年香港回归中国-99年历史沧桑-香港天际线精制纪念银币

100元（Won）

999银（7克）

香港回归中国-99年历史沧桑-香港天际线（Hong Kong's Return to China-99 Years Hong Kong-Hong Kong Skyline）

CCN-0083

1996年

朝鲜的香港回归中国纪念币

因极其看重中国收藏市场，有关中国文化主题或者中国当代重大事件与周年庆典等，朝鲜往往会发行各类纪念币，有些是中朝相关，有些则是纯粹的中国主题。

朝鲜的香港回归中国纪念币，始于1996年，不但香港回归前和回归当年有发行，回归后的周年庆也有发行，直到2007年朝鲜对很多主题的纪念币再度发行各类铜样币与铝样币之时，也不忘记加入十年前发行的香港回归中国主题纪念币[①]。香港回归中国主题纪念币，也分为不同系列，材质也从非贵金属币到贵金属币皆有，不同系列中有币面主题全英文，还有币面主题带中文汉字，可谓种类多样。

张保仔帆船

1996年朝鲜这套香港回归中国主题纪念币以香港过往99年的历史沧桑为主题，图案也是横跨过去与现在，以签订不平等条约与香港旧貌叙述着香江百年，及至当代香港回归中国，香港特别行政区迎来了巨大的发展与成就，之前是亚洲四小龙，今天有高楼大厦拔地而起的城市天际线。港人治港的同时，现代化的香港还保留了诸多过去的特色，香港的城市天际线既有中银大厦等摩天大楼，还有维多利亚港上那极具复古特色的"张保仔"[②]帆船。

这套以香港99年历史沧桑为题的香港回归中国纪念币也分为金、银币不同材质，银币根据面值不同还分为本色与彩色。

到1997年香港回归中国当年，朝鲜再度发行各种主题图案的香港回归中国纪念币，本色银币主题一面更是全中文信息，以天坛与香港的城市天际线为图；并且还将1996年这套香港99年历史沧桑纪念币以1997年号同图发行。而后2001年香港回归中国4周年，朝鲜也继续发行相关周年主题纪念币。

① 一般不把朝鲜2007年这种香港回归中国纪念币视作重归10周年纪念币

② 张保仔为清朝中期大海盗，其妻郑一嫂亦是知名海盗，后张保仔为清廷所招安，成为水师军官。粤港澳地区广泛流传其各种传说

朝鲜1996年动物-考拉精制彩色纪念银币
100元（Won）
999银（7克）
考拉（Koala）
CCN-0084

朝鲜1996年亚洲动物-大熊猫精制彩色纪念银币
100元（Won）
999银（7克）
亚洲动物-大熊猫（Fauna of Asia-Panda）
CCN-0085

朝鲜1996年世界冒险家-鲁滨逊·克鲁索精制彩色纪念银币
100元（Won）
999银（7克）
世界冒险家-鲁滨逊·克鲁索（The World of Adventure-Robinson Crusoe）
CCN-0086

朝鲜世界冒险家系列纪念币

朝鲜选择鲁滨逊·克鲁索主题作为世界冒险家系列纪念币的人物再合适不过了，虽然他只是一个虚拟人物；鲁滨逊·克鲁索是丹尼尔·笛福所著《鲁滨逊漂流记》的主人公，鲁滨逊·克鲁索与他的食人族朋友星期五的故事因此书广为流传。后来还有后续的鲁滨逊小说诞生，也有相关的卡通动漫作品与影视作品出现。

朝鲜的世界冒险家系列纪念币后来不再推出，发行很零散，除了鲁滨逊与罗宾汉这样的虚拟或传说人物外，还有当代的南极探险家罗尔德·阿蒙森与罗伯特·斯科特。

鲁滨逊·克鲁索画像

1996年

朝鲜1996年世界冒险家-罗宾汉精制彩色纪念银币
100元（Won）
999银（7克）
世界冒险家-罗宾汉（The World of Adventure-Robin Hood）
CCN-0087

朝鲜把罗宾汉作为世界冒险家之一而发行纪念币，这种冒险家的称谓似乎有些牵强，罗宾汉其实也是虚拟人物，他是英国民间传说的英雄式人物，劫富济贫、行侠仗义才是他的主业，虽然居住在舍伍德森林，但似乎没有过多冒险者的经历。其实罗宾汉是个杂糅出来的英雄人物，在英国民间流传了近千年，历史非常悠久；而后来把罗宾汉推向全世界的有法国文豪级大作家亚历山大·仲马的知名之作《侠盗罗宾汉》，也有美国作家霍华德·保罗所著的《罗宾汉在诺丁堡的探险故事》，当然英国本土也有很多相关之作，当代也有一些罗宾汉主题的文艺作品，更有相关的卡通动漫作品与影视作品出现；大名鼎鼎的迪士尼更是于1973年就推出了《罗宾汉》动画片。

可以看得出，朝鲜世界冒险家系列纪念银币是与朝鲜本国文化毫无关联的一个纪念币系列，这种精制彩色银币也是朝鲜一贯的填色彩色风格，但看得出无论精制币面还是彩色着色都相对精良，从铸造工艺到主题选取上便可得出，这是一套朝鲜主要对口西方国家销售创汇的纪念银币。

罗宾汉画像

朝鲜1996年香港回归中国-99年历史沧桑-签约精制纪念金币
100元（Won）
999金（1/10盎司）
香港回归中国-99年历史沧桑-签约（Hong Kong's Return to China-99 Years Hong Kong-Sign）
CCN-0088

朝鲜1996年香港回归中国-99年历史沧桑-香港旧貌精制纪念金币
100元（Won）
999金（1/10盎司）
香港回归中国-99年历史沧桑-香港旧貌（Hong Kong's Return to China-99 Years Hong Kong-Old Hong Kong）
CCN-0089

朝鲜1996年香港回归中国-99年历史沧桑-香港天际线精制纪念金币
100元（Won）
999金（1/10盎司）
香港回归中国-99年历史沧桑-香港天际线（Hong Kong's Return to China-99 Years Hong Kong-Hong Kong Skyline）
CCN-0090

朝鲜1996年香港回归中国-99年历史沧桑-签约精制彩色纪念银币
250元（Won）
999银（15克）
香港回归中国-99年历史沧桑-签约（Hong Kong's Return to China-99 Years Hong Kong-Sign）
CCN-0091

朝鲜1996年香港回归中国-99年历史沧桑-香港旧貌精制彩色纪念银币
250元（Won）
999银（15克）
香港回归中国-99年历史沧桑-香港旧貌（Hong Kong's Return to China-99 Years Hong Kong-Old Hong Kong）
CCN-0092

1996年

朝鲜1996年香港回归中国-99年历史沧桑-香港天际线精制彩色纪念银币
250元（Won）
999银（15克）
香港回归中国-99年历史沧桑-香港天际线（Hong Kong's Return to China-99 Years Hong Kong-Hong Kong Skyline）
CCN-0093

朝鲜1996年开城-新义州铁路竣工90周年精制彩色纪念金币
250元（Won）
999金（1/4盎司）
开城-新义州铁路竣工90周年（90th Anniversary of the Kaesong-Sinuiju Railroad）
CCN-0094

朝鲜有关铁路、公路纪念币

铁路是一个国家重要的经济命脉，朝鲜当然也不例外，尤其朝鲜这种资源有限且多山地的国家，铁路与公路都极其重要，所以朝鲜发行一些各国知名火车机车系列纪念币，亦有自己的铁路、公路相关纪念币，开城-新义州铁路竣工90周年必然是十分重要的日子。

朝鲜的铁路修建始于近代，近代中国沦为半封建半殖民地国家，脱离大清宗藩体系的朝鲜自然也好不到哪去，很快也沦为日本保护国，后更被迫日韩合并。

说起来朝鲜第一条铁路就是在日本渗透势力的背景下修建的，19世纪末日本驻朝公使大鸟圭介就撺掇朝方修建京仁线和京釜线铁路，顾名思义就是京城到仁川与京城到釜山的铁路，当然这个京城是朝鲜的京城，也就是今天的首尔①；后来因为财务与甲午战争有所耽搁，最终朝鲜第一条铁路京仁线于1899年竣工。当然今天看来这既是朝鲜的第一条铁路，也是韩国的第一条铁路，或说是朝鲜半岛的第一条铁路。

而今天首尔已不在朝鲜的国土范围以内，所以对于铁路的称谓也有所变化，一如这枚纪念金币的铁路主题是开城-新义州铁路，这条铁路在1996年就已竣工90周年，作为1906年竣工的老铁路，论资格也没比京仁线与京釜线铁路差多少②，比京釜线全线通车也只晚一年而已。

开城-新义州铁路的这种称谓正是因朝韩现状所致，本身这条铁路正式的称谓是京义线铁路，通过名称可以知道，这是京城也就是当时的汉城到义州的，今天这条铁路并不跨越

---

① 旧称汉城
② 还有差不多同时期修建的京元线：京城-元山铁路等；

三八线，只是以开城到新义州作为主要路线；过去有朝韩通车的铁路贯串朝鲜半岛，但因朝韩局势问题，被长期暂停，不过通过双方和谈亦有恢复的可能。

开城-新义州铁路竣工90周年，也等于京义线铁路竣工90周年，为此发行纪念金币可见朝鲜之重视，唯因工艺设计水平有限与金币篇幅所限，精制彩色金币的彩色着色颇为幼稚，精制币的镜面工艺水平更是有限，远山近树与几乎像素化的人物、动物同火车形象组合起来颇有些主题不明！

朝鲜1996年1998法国世界杯-埃菲尔铁塔精制彩色纪念银币
500元（Won）
999银（1盎司）
法国世界杯-埃菲尔铁塔（1998 FIFA World Cup France-Eiffel Tower）
CCN-0095

朝鲜1996年1998法国世界杯-守门员精制彩色纪念银币
500元（Won）
999银（1盎司）
法国世界杯-守门员（1998 FIFA World Cup France-Goalkeeper）
CCN-0096

朝鲜1996年1998法国世界杯精制彩色纪念银币
500元（Won）
999银（31克）
法国世界杯（1998 FIFA World Cup France）
CCN-0097

1996年

朝鲜1996年亚特兰大奥运会-从亚特兰大到悉尼精制彩色纪念银币
500元（Won）
999银（1盎司）
亚特兰大奥运会-从亚特兰大到悉尼（Atlanta 1996 Olympic Games-From Atlanta to Sydney）CCN-0098

朝鲜1996年亚洲动物-老虎精制全息彩色纪念银币
500元（Won）
999银（31克）
亚洲动物-老虎（Fauna of Asia-Tiger）
CCN-0099

朝鲜的"伪"全息幻彩纪念币

  全息幻彩工艺的纪念币，其实也是一个笼统的俗称，并不是指学名。科学定义上的全息技术是利用干涉和衍射原理记录并再现物体真实的三维图像。简单的说就是不仅反应平面的图像而是反应出一种立体图像，等同于扩大了所处表面的信息存储空间，说白了就是一个平面可以出现两个或以上的图案，非常适合纪念币主题内容上的扩容。在20世纪90年代比较新颖，但同时需要指出的是，随着技术进步，技术水平较高的全息幻彩已经可以在凹凸不平的高浮雕币面使用。

  朝鲜早期的幻彩纪念币，主要还是"贴片"的"伪"幻彩工艺。说其"伪"全息幻彩工艺就在这里，如朝鲜亚洲动物全息幻彩这个系列的几种纪念银币，有老虎与大熊猫的不同形态，还有老虎与大熊猫合为一体的全息图，但这种只是币面通过加贴幻彩彩片完成的，币面本身没有浮雕与任何特殊工艺，加贴物与20世纪八九十年代儿童玩具一类的幻彩卡片或幻彩尺子等极为类似，一贴了事；其实过去工艺水平有限，很多西方铸币大国也做过类似的全息幻彩币。再之后"贴片"工艺改为更薄的"贴膜"幻彩，这一类工艺有些是为了更多地展示主题信息，有些则是为了主题图案轮廓形成五彩斑斓的效果，随着技术进步最终能够在高浮雕币面以雕刻的形式展示幻彩。

  朝鲜之后也不再推出这类"全息幻彩"工艺的纪念币了。

蒙古2008年大脚怪精致全息幻彩纪念银币——贴片全息幻彩工艺，展示大脚怪跑动的场景

安道尔2011年教皇约翰保罗二世精制全息幻彩纪念银币——贴膜幻彩工艺

帕劳2016年羊鲍精制镶嵌珍珠全息幻彩纪念银币——全息幻彩工艺作用于凹凸不平的浮雕表面

1996年

朝鲜1996年亚洲动物-大熊猫精制全息彩色纪念银币
500元（Won）
999银（31克）
亚洲动物-大熊猫（Fauna of Asia-Panda）
CCN-0100

朝鲜1996年亚洲动物-老虎与大熊猫精制全息彩色纪念银币
500元（Won）
999银（31克）
亚洲动物-老虎与大熊猫（Fauna of Asia-Tiger and Panda）
CCN-0101

朝鲜1996年鱼类动物-花斑神仙鱼精制彩色纪念银币
500元（Won）
999银（1盎司）
鱼类动物-花斑神仙鱼（Fish Animals-Dappled Pterophyllum eimekei）
CCN-0102

朝鲜1996年鱼类动物-马夫鱼精制彩色纪念银币
500元（Won）
999银（1盎司）
鱼类动物-马夫鱼（Fish Animals-Heniochus Acuminatus）
CCN-0103

朝鲜1996年鱼类动物-黄尾副刺尾鱼精制彩色纪念银币
500元（Won）
999银（1盎司）
鱼类动物-黄尾副刺尾鱼（Fish Animals-Paracanthurus Hepatus）
CCN-0104

朝鲜1996年鱼类动物-长尾神仙鱼精制彩色纪念银币
500元（Won）
999银（1盎司）
鱼类动物-长尾神仙鱼（Fish Animals-Long-Tail Pterophyllum Zimekei）
CCN-0105

朝鲜1996年鱼类动物-三间鼠鱼精制彩色纪念银币
500元（Won）
999银（1盎司）
鱼类动物-三间鼠鱼（Fish Animals-Chromobotia Macracanthus）
CCN-0106

朝鲜1996年鱼类动物-珍珠马甲鱼精制彩色纪念银币
500元（Won）
999银（1盎司）
鱼类动物-珍珠马甲鱼（Fish Animals-Trichogaster Leeri）
CCN-0107

币面带编号的朝鲜1996年鱼类动物系列纪念银币

　　币身带编号往往是个麻烦事，更多时候需要二次再加工，提高成本的同时，也增加残次品率，如果只是光边钱币的币边编号还好，打上号码就可以了，但币面编号有时候严重影响美观，哪怕是极具收藏价值和极为稀少的币，也很少币面带编号[1]。

　　朝鲜往往特立独行，要做一些"费力不讨好"的事情，实则这套币面带编号的鱼类动物银币是朝鲜同LCC合作出品的，币面不光有LCC商标字样，更在图案一面有占比较大的编号与总发行量，确实不走寻常路。除了鱼类图案下方巨大的编号，还有每一枚币总发行了1950枚的巨大数字；币面的文字则是鱼类动物的拉丁学名，不过马虎的朝鲜在发行中还把其中一枚币上的鱼类学名名称弄错。

---

[1] 一些特殊情况带编号的样币等除外

朝鲜1996年世界冒险家-罗尔德·阿蒙森与罗伯特·法尔孔·斯科特精制彩色纪念银币
500元（Won）
999银（1盎司）
世界冒险家-罗尔德·阿蒙森与罗伯特·法尔孔·斯科特（The World of Adventure-Roald Amundsen and Robert Falcon Scott）
CCN-0108

朝鲜世界冒险家系列纪念币里的现实人物

与鲁滨逊及罗宾汉不同,朝鲜这套世界冒险家系列纪念币,还有其他面值规格的作品,冒险家也可以有二人主题,如南极探险家罗尔德·阿蒙森与罗伯特·法尔孔·斯科特,选取他们也因为他们之间虽从属不同国别的探险队,但却有超越生死的友谊与关联,他们的名字至今仍留在南极极点。提到他们二位就不得不提到南极极点,虽然百年来探险考察南极的冒险家有很多,但都没有人到达南极极点,并且根据观测,南极极点还会有所移动。

到了20世纪初,随着人类生产力的提高,各种装备的进步与理论知识的净化,给拿下南极极点带来了可能。当时有两支南极探险队,都志在必得最先到达南极极点,他们就是罗尔德·阿蒙森与罗伯特·法尔孔·斯科特分别所带领的挪威与英国的探险队。当时不比现在的交通设备,仅到达南极地区就需要很久,而到达南极范围后,两支队伍还有所相遇,并且友好互访,但对探索南极极点仍旧友好竞争着。最先到达南极极点的是相对幸运的挪威探险家罗纳尔·阿蒙森的队伍,天公作美,他们没有赶上极其恶劣的天气,损失较少的他们于1911年12月14日踏上南极极点并插上挪威国旗;而罗伯特·法尔孔·斯科特这位英国的海军军官要到1912年1月18日才踏上南极极点。回程路途更加艰险,率先抵达的罗纳尔·阿蒙森甚至给罗伯特·法尔孔·斯科特留有信件,以防自己不测时好把他们的消息报告给全世界。但更加遗憾的是,罗伯特·法尔孔·斯科特没有被幸运之神所眷顾,不光第二个到达南极极点,回程还赶上了更加恶劣极端的天气,最终殒命南极大陆,此时他还带着罗纳尔·阿蒙森的回信。命运使然,罗纳尔·阿蒙森安全返程,但多年后在探险北极的过程中殒命,两位探险家生命终结在地球一南一北的极地。虽然他们一先一后到达南极极点,但无论谁领先,探索精神都是无以伦比的,他们探索到的南极极点,今天建设有世界纬度最高的考察站,这就是以他们名字命名的阿蒙森—斯科特站。

除了朝鲜,很多国家也发行了罗尔德·阿蒙森与罗伯特·法尔孔·斯科特的纪念币,以纪念二位探险家的伟大历程;尤其2011年是罗纳尔·阿蒙森探险队也就是人类踏上南极极点的100周年。

过去多见于南极纪念钞组合装帧中的2011年发行的罗纳尔·阿蒙森纪念币,不过此币并非正式法定面值纪念币,虽有名为南极海外交易公司的组织背书发行,但至多是代用币属性的南极纪念钞,这枚硬币因其无法定面值亦不属于任何国家,并且该组织未有发行硬币一类纪念币(章),所以暂时无法确定此币(章)发行背景,亦有臆造的成分在其中,因发行较早,今时亦有大量仿冒假币出现。

以南极名义发行的罗纳尔·阿蒙森纪念币

托克劳2011年罗纳尔·阿蒙森抵达南极极点百年镶嵌施华洛世奇水晶精制纪念银币

纽埃2012年罗伯特·法尔孔·斯科特逝世百年精制彩色纪念银币

错币（Mint Error） CCE（CCEN/CCET/CCEO）

朝鲜1996年第25届巴塞尔国际钱币博览会-朝鲜金星贸易会社精制彩色铜镍合金纪念币文字错币

20元（Won）

第25届巴塞尔国际钱币博览会-朝鲜金星贸易会社（The 25th Basel European Coin Convention- Korea Kumbyol Tarding Company）

错误（Mint Error）：电话号码"981"（Telephone Number "981"）

CCEN-0001

巴塞尔国际钱币博览会与这枚带有联系方式的名片纪念币

  瑞士的巴塞尔国际钱币博览会是欧洲地区规模最大的国际钱币展销会，也是当代举办较早、历史非常悠久的钱币博览会之一，因为是在年初举办，所以几乎成为全世界钱币新品的试验田，很多国家官方造币厂与相关造币企业均在此博览会发布新品与展示新技术等成果，是主流造币厂商们的豪门盛宴。该博览会固定在每年1月底或2月初举行，发布新品已成惯例。后来年初举办与发行新品的钱币盛宴改为德国柏林世界钱币展览会WMF（World Money Fair），至今如此。中国金币总公司2002年起首次参加巴塞尔国际钱币博览会，朝鲜更早在20世纪90年代就开始参与其中，足见朝鲜在发行纪念币上出口创汇"走出去"的战略决策，并且发行巴塞尔国际钱币博览会主题之纪念币，还破天荒地把联络方式加在纪念币之上，足见其钱币文化之迫切与渴望交流交易。

  当然还有一个小插曲，电话号码出错产生的错币风波。本身这枚币设计上已经足够独特，作为一枚铜镍合金纪念币，并不贵重，币面铸造联系方式等同于这是一张朝鲜钱币名片，我们经常说钱币是一个国家的名片，现在这枚纪念币真的是名片，还是带有官方造币厂联系方式的名片。此币国名一面列有朝鲜金星贸易会社与朝鲜中央银行字样，图案一面也有朝鲜金星贸易会社名称，足见此会社之重要，我们知道很多朝鲜纪念币也是通过其国内会社的名义对世界其他国家销售的。钱币正面中心是朝鲜国徽，国徽以下就是联系方式，确实是破天荒的形式。这三行联系方式分别为TLX:5965 ZUKP、FAX:381-4624与TEL:381-4148[①]。与

---

① 传真与电话均未加00850朝鲜国际电话区号前缀

流传说法不同的是第一个TLX并不是电报的意思，而是电话，电传是一种类似电报与传真的模式，还兼顾电话功能，在过去海外贸易中非常常见，是互联网时代电子商务到来之前非常重要的联络方式，需要靠电传机收发，今天互联网如此发达，5G时代也已到来，现已很少用到，在欠发达国家或地区与军事等特殊用途中还会用到。FAX传真与TEL电话都是我们很熟悉的通讯模式，今天也是主流通讯方式之一。既然作为展示联络方式的纪念币，至于为何没有带有@的电子邮件地址，这是朝鲜当时国力使然，20世纪90年代中后期，电子邮件还并十分流行，电子商务概念也远远有到来。中国互联网应用上的第一封电子邮件一般被认为是20世纪80年代中后期的1986或1987年发向国际，但这只是象征意义，民众普及还非常遥远。至于朝鲜，有条地提供会员间互相发送电邮的业务直到2000年左右才由"实利银行"网站提供[①]，所以20世纪90年代中后期，朝鲜也不具备电子邮件的应用能力。

此币为何会出现错误，因为此币铸造分批次进行，本身为普制彩色铜镍合金币，后续批次铸币工艺也进步为精制彩色铜镍合金币，错误就出在精制币的国名一面，传真 381-4624 与电话381-4148号码，把"381"铸成了"981"，是后续批次铸币修模所致，还是马虎而成，不得而知；而且铸币工艺与细节上也大相径庭，无论是铸币文字的粗细程度，到彩色工艺色泽差异，乃至浮雕细部的处理都有很大区别。如普制版本海面、山体、海鸟乃至图案面金星贸易会社名称都是凹槽模式上色的，而精制错币版本并非凹槽式填色且色泽更为饱满鲜艳，而图案一面海鸟与金星贸易会社名称都是喷砂本色，既不凹陷也不上色。而国徽国名一面，明显的币文粗细差异，以及底部嘉禾枝叶还有实心与空心之分，普制版嘉禾实心，精制错币版嘉禾空心；当然最大的差异就是传真与电话号码上的正确与错误，此币也被钱币藏家与坊间戏称为"电话币"！

---

① 邮箱后缀@silibank.com

1996年

朝鲜马夫鱼纪念银币正用币与错币对比

朝鲜1996年鱼类动物-马夫鱼精制彩色纪念银币文字错币

500元（Won）

999银（1盎司）

鱼类动物-马夫鱼（Fish Animals-Heniochus Acuminatus）

错误（Mint Error）：Henilochus Acuminatus

CCEN-0002

知错就改的朝鲜鱼类动物错币

朝鲜"电话币"的出错版本已经让我们体会到朝鲜铸币上的一些马虎程度,尤其铸造批次有所差异的钱币,可能因为修模等原因出现一些"低级错误";钱币文字出错更是马虎升级的一种表现。这套朝鲜与LCC合作开发的鱼类动物纪念银币,币面鱼类名称采用拉丁学名标注,可能是因为对这些学名名称的不熟悉,出现了拼写错误,但更为神奇的是,朝鲜并非让这种错误持续下去,之后的铸币还改正了这些先前拼写的错误;因为这是一套币面带编号的钱币,可以此得出铸造先后的顺序,这套鱼类动物纪念银币之中如第"184"号的马夫鱼学名拼写是错误的"Henilochus acuminatus",而正确的马夫鱼的学名拼写是"Heniochus acuminatus";等到第"1703"号币的学名拼写就正确了,总发行量是1950枚,因为参考样本有限,无法知晓具体何时改正了这种拼写错误,但基本可知是靠后批次才发现错误拼写并修改的,也算是知错就改吧。

1997年

常规币(Coin) CC (CCN/CCT/CCO)

朝鲜1997年抗美援朝保家卫国-中国人民志愿军精制纪念铜币
5元(Won)
抗美援朝保家卫国-中国人民志愿军(The War to Resist U.S. Aggression and Aid Korea-Chinese People's Volunteer Army)
CCN-0109

朝鲜1997年1998法国世界杯-守门员精制纪念银币
5元(Won)
999银(27克)
法国世界杯-守门员(1998 FIFA World Cup France-Goalkeeper)
CCN-0110

朝鲜1997年第11届新加坡国际钱币展销会-大熊猫精制彩色纪念银币
5元（Won）
999银（27克）
新加坡国际钱币展销会-大熊猫（The 11th Singapore International Coin Fair-Panda）
CCN-0111

朝鲜也有"加字"熊猫银币

朝鲜有很多中国大熊猫主题图案的纪念币，这些纪念币不光以动物类属性为题，还会把熊猫形象与其他主题相结合，如与各种钱币展销会结合，颇有些类似中国熊猫金、银币系列中的某些纪念主题"加字猫"纪念币的风范。

朝鲜1997年祝贺97香港回归中国精制纪念银币
10元（Won）
999银（31克）
香港回归中国（Hong Kong's Return to China）
CCN-0112

朝鲜1997年抗美援朝保家卫国-中国人民志愿军精制纪念银币
10元（Won）
999银（1盎司）
抗美援朝保家卫国-中国人民志愿军（The War to Resist U.S. Aggression and Aid Korea-Chinese People's Volunteer Army）
CCN-0113

朝鲜1997年抗美援朝-朝中友谊塔精制彩色纪念银币

10元（Won）

999银（1盎司）

抗美援朝-朝中友谊塔（The War to Resist U.S. Aggression and Aid Korea-DPRK-China Friendship Tower）

CCN-0114

最正宗的抗美援朝纪念币

抗美援朝是朝鲜战争的一个重要组成部分，是中国援助朝鲜以及中国人民志愿军出国作战。朝鲜历史上也是命运多舛的国家，从被保护国到沦为合并殖民地，直到二战胜利终于迎来了国家独立，但好景不长又爆发了南北内战也就是朝鲜战争。

对于朝鲜战争，世界各国有不同的表达形式，很多国家也发行了相关纪念币。在朝鲜这是本国争取独立解放的一场战争，尤其朝鲜发行纪念币更依靠中国收藏市场，这种重大的中朝关联主题肯定要发行各类纪念币。20世纪90年代末朝鲜开始发行铸造抗美援朝主题纪念币，此币两枚一套，有银币、铜币等材质，还有本色与彩色之分，主题一面全为中文汉字信息；版别种类较多，仅发行之初的1997与1998年就分别发行同图不同年份的各版纪念币多枚。

中朝友谊塔

此两枚纪念币一枚以中朝友谊塔为主要图案，友谊塔左右两侧放置中朝国旗，顶部中文汉字"抗美援朝纪念"，另一枚以中国人民志愿军形象为主，辅以鸭绿江断桥与战火等背景图案，右上中文汉字"抗美援朝保家卫国"，主题一面都是全中文汉字币文，可见当时朝鲜对中国钱币收藏市场的看重及设计上更贴近中国化，包括早期此纪念币的证书都是全中文汉字形式。

朝鲜抗美援朝纪念币的中文证书 [①]

---

① 当时亦有中朝文字互译版本证书

朝鲜1997年开城高丽人参精制彩色纪念银币

10元（Won）

999银（1盎司）

开城高丽人参（Kaesong Koryo Insam）

CCN-0115a

CCN-0115b

朝鲜半透明珐琅彩与不透明珐琅彩的纪念币版别差异

朝鲜的纪念币根据铸造批次的先后不同，有些由于修模等因素造成的币面前后有差异是为钱币版别，甚至出现了币面文字的对与错的版本；而本身属于铸币后再加工的彩色工艺也因彩色着色的不同而出现各类版别差异。同样是朝鲜1997年开城高丽人参彩色纪念银币，但因铸造批次的问题，币文粗细亦有差异，可差异有限，但着色工艺与细节前后并不相同且差异较大，属于明显的版别差异。前者彩色部分珐琅彩呈现半透明状，整体虽然有颗粒感，但比较饱满有凸起感；后者彩色不透明却比较精细，没有颗粒感比较均匀，但基本平面无凸起感，这就是使用的彩色工艺填色原料不同，所以存在较大的版别差异。

先进工艺下杂质较少的半透明珐琅彩因其颜色亮丽剔透，也被很多主流造币强国所选用以点缀钱币起到画龙点睛之作用，能呈现出与正常丝网彩色印刷完全不同的彩色效果。

除了不同的纪念币版本外，开城高丽人参本身也世界知名，是知名药材，更是一种极为有价值的药用食材，朝鲜从古至今也对其进行广泛利用与开发。从朝鲜历史上的高丽时期，就有人采挖这种人参而因此得名高丽参，后逐步开始人工种植，通过历代的研究与总结，朝鲜认为开城的土质、水质及气候最适合人参的生长，此地人参品质最好，药效最佳，所以开城成为高丽人参的品牌原产地。朝鲜更是将开城高丽人参作为拳头产品生产与开

开城高丽人参相关产品

法国2002年雨果《悲惨世界》精制彩色纪念银币的半透明珐琅彩工艺

发，认为其疗效广泛，除了本身的人参药材制品外更开发出食品、饮料、酒类与化妆品等各类产品。

帕劳2006年火山精制彩色纪念银币的色彩版别；彩色覆盖与本色喷砂的范围截然不同

朝鲜1997年国色天香精制彩色纪念银币
10元（Won）
999银（31克）
国色天香（National Beauty and Heavenly Fragrance）
CCN-0116a
CCN-0116b

朝鲜1997年世界自然基金会成立35周年-大熊猫精制彩色纪念银币
10元（Won）
999银（1盎司）
世界自然基金会成立35周年-大熊猫
（35th Anniversary of the WWF-Giant Panda）
CCN-0117

朝鲜1997年97上海国际邮票钱币博览会-大熊猫精制彩色纪念银币

10元（Won）

999银（1盎司）

97上海国际邮票钱币博览会-大熊猫

（97 Shanghai International Stamp & Coin Exposition-Panda）

CCN-0118

1997年

从朝鲜纪念币上看中国的钱币博览会

世界各国都有为本国各类博览会发行纪念币章的惯例，钱币博览会更加不例外，本身专业对口。朝鲜早就看重中国的钱币收藏市场，并广泛参加世界各国的钱币博览会（钱币展），为各国钱币博览会发行相关题材的纪念币也是朝鲜现代纪念币发行的老传统，20世纪90年代朝鲜已发行多种币展主题纪念币。

上海国际邮票钱币博览会与今天的北京国际钱币博览会本为一个序列，都是中国最为官方、最为正式的国际钱币博览会，是经商务部和中国人民银行批准，由中国金币总公司、中国印钞造币总公司、中国钱币博物馆联合举办，承载着展示钱币精品、交流行业信息、传播钱币文化的钱币类专业

中国1997年97上海国际邮票钱币博览会大熊猫镶金加字纪念银币

中国1995年95国际邮票钱币博览会大熊猫加字纪念银币

展会。1995年首届国际邮票钱币博览会于北京举办，一年一届举办至今；其中除1997年于上海举办和2000年于广州举办外，均于北京举办，包括上海和广州在内的个别年份钱币博览会还带有邮票博览会，组合成为国际邮票钱币博览会，后来与邮票博览会分家仅为国际钱币博览会。中国亦有发行各届国际邮票钱币博览会主题纪念币，2020年因新冠疫情原因当年暂停举办。

随着收藏市场的发展与经济文化生活的活跃，包括中国国际钱币展销会[①]在内，还有各种大中小规模的省市乃至地方级别的钱币博览会与展销会出现并活跃着。

---

① 有北京，上海，广州与香港等会场

朝鲜1997年香港回归中国-99年历史沧桑-签约精制纪念银币
100元（Won）
999银（7克）
香港回归中国-99年历史沧桑-签约（Hong Kong's Return to China-99 Years Hong Kong-Sign）
CCN-0119

朝鲜1997年香港回归中国-99年历史沧桑-香港旧貌精制纪念银币
100元（Won）
999银（7克）
香港回归中国-99年历史沧桑-香港旧貌（Hong Kong's Return to China-99 Years Hong Kong-Old Hong Kong）
CCN-0120

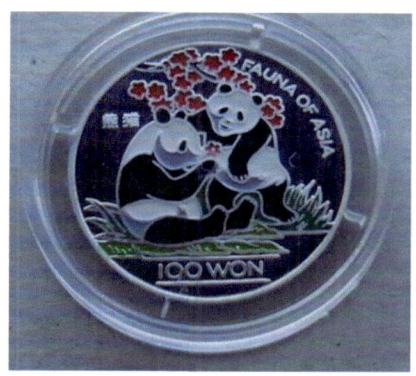

朝鲜1997年香港回归中国-99年历史沧桑-香港天际线精制纪念银币
100元（Won）
999银（7克）
香港回归中国-99年历史沧桑-香港天际线（Hong Kong's Return to China-99 Years Hong Kong-Hong Kong Skyline）
CCN-0121

朝鲜1997年亚洲动物-大熊猫精制彩色纪念银币
100元（Won）
999银（7克）
亚洲动物-大熊猫（Fauna of Asia-Panda）
CCN-0122

朝鲜1997年2000悉尼奥运会-澳洲地图-跑道精制彩色纪念银币
100元（Won）
999银（7克）
悉尼奥运会-澳洲地图-跑道
（Sydney 2000 Olympic Games-Map of Australia-Runway）
CCN-0123

朝鲜1997年2000悉尼奥运会-澳洲地图-跑道精制纪念银币
250元（Won）
999银（15克）
悉尼奥运会-澳洲地图-跑道
（Sydney 2000 Olympic Games-Map of Australia-Runway）
CCN-0124

朝鲜1997年2000悉尼奥运会-澳洲地图精制纪念银币
250元（Won）
999银（15克）
悉尼奥运会-澳洲地图
（Sydney 2000 Olympic Games-Map of Australia）
CCN-0125

朝鲜1997年香港回归中国-99年历史沧桑-签约精制彩色纪念银币
250元（Won）
999银（15克）
香港回归中国-99年历史沧桑-签约
(Hong Kong's Return to China-99 Years Hong Kong-Sign)
CCN-0126

朝鲜1997年香港回归中国-99年历史沧桑-香港旧貌精制彩色纪念银币

250元（Won）

999银（15克）

香港回归中国-99年历史沧桑-香港旧貌（Hong Kong's Return to China-99 Years Hong Kong-Old Hong Kong）

CCN-0127

朝鲜1997年香港回归中国-99年历史沧桑-香港天际线精制彩色纪念银币

250元（Won）

999银（15克）

香港回归中国-99年历史沧桑-香港天际线（Hong Kong's Return to China-99 Years Hong Kong-Hong Kong Skyline）

CCN-0128

1998年

常规币（Coin） CC（CCN/CCT/CCO）

朝鲜1998年抗美援朝-朝中友谊塔精制纪念铜币

5元（Won）

抗美援朝-朝中友谊塔（The War to Resist U.S. Aggression and Aid Korea-DPRK-China Friendship Tower）

CCN-0129

朝鲜1998年生肖虎年-无畏象征：老虎精制纪念银币

10元（Won）

999银（1盎司）

生肖虎年-无畏象征：老虎（Year of the Tiger-Intrepid Symbol:Tiger）

CCO-0001

朝鲜的生肖纪念币

朝鲜的现代纪念币中，生肖主题纪念币众多，涵盖金银铜铝等材质，更有双金属异形与镶金等多种形式，发行模式也有一年一枚、一年多枚或一年一套等形式，也推出过官方的生肖纪念章。生肖文化是中华文化圈一大共通的民俗文化，随着中华文明的四处传播，不光中国有生肖属相传统，很多亚洲国家也有生肖属相这一民俗习惯。

生肖属相是经久传不衰的民俗文化，影响力早已遍及全球，与过去不同的是，西方国家随着亚洲移民的逐渐增多，近年也开始逐步发行生肖主题的纪念币，以飨藏者；一方面看重亚洲收藏市场，一方面也看重本国亚裔收藏市场。

朝鲜的生肖纪念币至今仍在每年发行着。

朝鲜1998年人造地球卫星"光明星1号"精制纪念银币

10元（Won）

999银（1盎司）

人造地球卫星"光明星1号"（Artificial Earth Satellite Kwangmyongsong-1）

CCN-0130

既是卫星又是导弹的光明星

朝鲜有光明星节，光明星节本身是朝鲜人民庆祝金正日诞辰日的节日，光明星也代表着领导人，因此朝鲜的人造地球卫星以"光明星"命名以示重视，随着光明星卫星序列增加，纪念币也逐步发行成为系列纪念币。

"光明星1号"也称"大浦洞1号"，这既是一种人造地球卫星，也可作为中程弹道导弹使用；既是航空航天的国之重器，也是军事武器。该卫星从1990年开始研制，至1998年首次试验发射，朝鲜过去一直是先军政治方针，因此极度重视卫星与导弹的研制与发射，也发行了很多卫星与导弹为主题的纪念币。

朝鲜1998年朝鲜民俗童玩一组-放风筝精制纪念银币
10元（Won）
999银（1盎司）
朝鲜民俗童玩一组-放风筝
(Korean Folk.I-Kite-Flying)
CCN-0131

朝鲜1998年朝鲜民俗童玩一组-放风筝仿古纪念银币
10元（Won）
999银（1盎司）
朝鲜民俗童玩一组-放风筝
(Korean Folk.I-Kite-Flying)
仿古工艺再加工（Rework）
CCN-0132

朝鲜1998年朝鲜民俗童玩二组-跳板精制纪念银币
10元（Won）
999银（1盎司）
朝鲜民俗童玩二组-跳板（Korean Folk.II-Seesawing）
CCN-0133

朝鲜1998年朝鲜民俗童玩三组-摔跤精制纪念银币
10元（Won）
999银（1盎司）
朝鲜民俗童玩三组-摔跤（Korean Folk.III-Wrestling）
CCN-0134

朝鲜1998年朝鲜民俗童玩四组-荡秋千精制纪念银币
10元（Won）
999银（1盎司）
朝鲜民俗童玩四组-荡秋千
（Korean Folk.IV-Swinging）
CCN-0135

朝鲜1998年朝鲜民俗童玩五组-跳绳精制纪念银币
10元（Won）
999银（1盎司）
朝鲜民俗童玩五组-跳绳（Korean Folk.V-Ropeskipping）
CCN-0136

朝鲜把民俗童玩搬上纪念币

民俗童玩也是朝鲜现代纪念币中一个重要的主题，图案反复使用至后期有所更新，有些其他主题的纪念币系列亦有加入童玩形象的，这是从20世纪90年代跨世纪反复发行至今，种类版式繁多，从非贵金属纪念币到贵金属纪念币均有。民俗童玩是一种翻译的归纳称谓，朝鲜的传统游戏种类繁多，非常丰富，相关纪念币也发行繁多，但设计图的选用上一直比较传统。第一套民俗童玩纪念币设计是以放风筝、跳板、摔跤、荡秋千和跳绳五个项目为主，是为第一类民俗童玩用图；直到2014年第二类民俗童玩用图的出现，以放风筝、抽陀螺、踢毽子和跳格子四个项目为主。两类民俗童玩画面风格不同，第一类偏向传统写实，把童玩项目的玩法展示得淋漓尽致；第二类偏向卡通可爱，儿童人物面部表情丰富，极为欢快。

值得一提的是朝鲜1998年这一套5枚的民俗童玩纪念银币，还有一种仿古硫化版本，每一种图案都有对应的仿古银币，其实朝鲜本国并没有发行制造过仿古硫化工艺的纪念银币，并且这种币面可见的仿古版本银币其实就工艺而言，也是在精制银币的基础上硫化再加工产生的，并非造币厂一体成型之产品，属于非官方的钱币商仿古工艺再加工行为。

朝鲜民俗童玩项目

朝鲜民俗童玩项目

何为仿古工艺银币

在一些钱币概念中，仿古币是与精制币同等的工艺档次，其虽不需要精制镜面加工，但仿古工艺也着实并不简单，需要反复硫化等特殊工艺深加工才可完成。

仿古币有自己专属的英文名词，即Antique finish，而第三方钱币评级公司对仿古的认定比较混乱，有使用PF（PR）的也有使用MS的，或者在PF(PR)后边加注Matte[①]等等。

典型的仿古工艺银币－蒙古草原动物仿古纪念银币

一般常见的仿古工艺就是给银币做好均匀的币面硫化层，世界级标准的仿古银币，币表通体具有暗淡及柔和的仿古光泽，仿古硫化的黑暗色泽并不影响主题图案的美观，还有突出图案主题的作用。因这种细节表现程度之高，仿古工艺银币适合人物、动物乃至建筑物等各类主题的高浮雕纪念币。

很多世界知名钱币奖项的入围与获奖币都是仿古工艺银币。

① 亚光与唐砂等含意

何谓第三方钱币评级鉴定

何谓第三方钱币评级鉴定？这是时下兴起的一种对钱币[②]与纪念章等收藏品的鉴评模式；这类鉴评亦有扩大范围之现象，包括各类纪念卡、邮票、纸

② 包含硬币与纸币

品、书籍甚至金石古玩等皆可评级鉴定，各种被鉴定物一般被密封其中，并有标签、编号与条码等讯息可进行追溯与查询。

钱币评级鉴定这种第三方服务模式源自于美国，一般认为起源自20世纪70年代。其实钱币评级是一种对"评级鉴定"的简称，所谓"评级"，其第一要著是保证被鉴定钱币之真伪[1]。在其真币的前提下，其次才是对所见鉴评之币进行品相与种类的定级与分类；如前文所言，精制币、普制币与仿古币各有不同的表示形式，或有不同的后缀予以区别，同时一些特殊情况，如增加镶嵌或镀金等工艺之钱币，也要对这类特殊工艺或镶嵌物等进行准确描述。

一般来说评级公司的鉴评流程是真伪评定在先，其次对钱币种类信息进行确认与录入系统，最后按品相相应定级评分[2]；通过真伪评定与分数评级之钱币会被装入透明的评级盒内并密封，此后除非暴力开盒，否则正常情况下评级盒无法打开[3]，但并不影响欣赏把玩钱币；密封评级盒中同时附有独一无二之钱币评级标签，包含被评级鉴定之币的各类信息与评级分值，并提供追溯查询，有独一无二的编号或二维码等讯息，可在评级公司网站进行查找钱币信息与细节图像。正常评级公司在评级鉴定活动中提供一些相关质保，如鉴评出错后的经济保障，或评级前的钱币养护及评级后的部分附加值服务等。

评级公司是舶来品，国际上比较知名的评级公司有来自美国的PCGS、NGC与ANACS（排名不分先后），均为采用70分满分制评级标准的谢尔登评级制度[4]。

PCGS（Professional Coin Grading Services）与NGC（Numismatic Guaranty Corporation）分别成立于20世纪80年代中后期。PCGS于1986年成立于美国，NGC于1987年成立于美国，此两家评级公司规模都是全球化的，是其他同业评级公司所望尘莫及的，它们均为超过千万枚硬币提供评级认证服务。而ANACS（American Numismatic Association Certification Services）资格较老，因其前身可追溯至美国钱币协会（ANA）于1972年成立的鉴定服务组，且至少在20世纪70年代中后期，ANACS已经开始盈利性鉴评服务，虽然其属于资格最老牌之钱币评级公司，但经反复收购易主之后，行业境况远不如

---

[1] 曾有坊间传闻评级公司只鉴定品相，不鉴定真伪，但那只是谣传；另已有一些评级鉴定公司开展仅鉴定真伪而不对品相定级打分的评级鉴定业务
[2] 有些评级鉴定公司还提供钱币养护还原等增值服务
[3] 现已有各种可以随时开启之开放式钱币评级盒，多适用于可把玩之钱币
[4] 谢尔登评级制度始于1948年

"世界三大"①中另外两家。

PCGS 评级　　　　　　　　　　NGC 评级

除了以上这几家美国的钱币评级公司，中国亦有若干家钱币评级公司，所擅长业务亦包含中外各类钱币，服务上也各具特色，堪称百花齐放，如信泰、公博、众诚、华夏、华龙、源泰，以及带有官方背景的国衡与中钞②等等。

简单说一下评分制度，一般现代钱币多采用谢尔登70分评级制，中国非机制古钱币（含方孔制钱与其他形式古钱币）多采用100分满分制，西方古币（含部分丝路钱币等）则以复合型的细节综合评分制为主。

附：部分评级公司70分满分制详情描述

等级　　描述

PO-1：可识别日期与类型

FR:2：大部分磨损，尽管仍有部分细部可见

AG:3：边缘缺损，大部分钱文虽有破损但仍清晰可读

G:4：边缘轻微磨损，细部磨平，周围钱文接近完整

G-6：边缘完整，细部磨平，周围钱文完整

---

① 过去钱币圈内普遍认为"PCGS、NGC与ANACS"为世界三大钱币评级公司

② 中金国衡钱币鉴定为中国金币总公司所属，是中国钱币学会唯一指定鉴评机构；中钞鉴定为中钞国鼎公司所属，中钞国鼎为中国印钞造币总公司旗下的全资子公司

VG-8：图案磨损，有轻微细部

VG-10：图案磨损，有轻微细部，较为清晰

F-12：部分深凹区域仍有细部，钱文全部清晰可见

F-15：凹陷区域较多细部，钱文全部清晰可见

VF-20：有些部分可见细部，全部钱文完整且清晰

VF-25：较多可见细部及钱文

VF-30：细部几乎完整，存在磨平区域

VF-35：细部完整但有磨损，凸起部分磨平

EF-40：细部完整，大部分凸起部分轻微磨平

EF-45：细部完整，部分凸起部分磨平

AU-50：细部完整，币面大部分磨损，凸起部分轻微磨平

AU-55：细部完整，币面磨损不超过一半，凸起部分基本完好

AU-58：细部完整，凸起部分轻微磨损

MS/PR-60：无磨损。可能有许多重度划痕/细线，压印不完整

MS/PR-61：无磨损。多处划痕/细线，压印可能不完整

MS/PR-62：无磨损。较少划痕/细线，压印可能不完整

MS/PR-63：有些数量/大小的划痕/细线，压印可能不完整

MS/PR-64：少处划痕/细线或几处严重划痕/细线，压印应为平均水平或以上

MS/PR-65：轻微划痕/细线，尽管中心区域没有，压印在平均水平以上

MS/PR-66：中心区域有少处轻微划痕/细线，压印良好

MS/PR-67：几乎只有轻微压印瑕疵，压印非常良好

MS/PR-68：几乎只有少许压印瑕疵，仅允许最为轻微的压印瑕疵

MS/PR-69：几乎只有极少的压印瑕疵，近乎必要的完整压印

MS/PR-70：压印时完整压印（一般也称为满分完美品）

除上述 1-70 等级制之外，下面描述的后缀也添加到某些系列的部分等级中，以扩大数字等级。

颜色：红色(RD)——原始红色超过95%

颜色：红褐色(RB)——原始红色介于5%与95%之间

颜色：棕色(BN)——少于5%的原始红色

币面：超高浮雕——高浮雕（1950-1970精制钱币）正背面的凸面均为重度凝霜，主要凸面没有无凝霜的区域。凹面与凸面形成强烈对比。

评级中无等级代码

82：边缘缺损

83：剥落

84：穿孔及堵塞

86：无法核实其真伪

90：伪造

91：可疑

92：经过清洗——币面因刺激性、磨损性清洗而受损

93：造币金属板瑕疵——金属不纯或造币金属瑕疵

94：币面涂改——抛光、刺激性清洗以及掩盖（使用糊状物质掩盖瑕疵或篡改外观）

95：划痕

96：退款——无服务——我们不认证的钱币（即奖章，部分私下造成的问题等）或无法认证（即尺寸过大的钱币）。已退还费用。

97：环境毁损——即腐蚀、涂层（涂漆）、过度调色等

98：毁损——故意币面毁损，即涂鸦、去除污点等

99：PVC（Poly-Vinyl-Chloride，即聚氯乙烯）残留物——一种塑化剂，用於生产乙烯基，可浸出装盒到钱币上，最终损毁币面

　　以上为硬币打分参考，纸币亦有自己70分满分制的评级标准，在此不做赘述；邮票与其它藏品亦有符合其特质的特殊定级与评分标准。

　　当然第三方钱币评级鉴定公司并非万能，钱币收藏研究者还需加强自身鉴评水平，不能"唯分数论"！

钱币养护前后

1998年

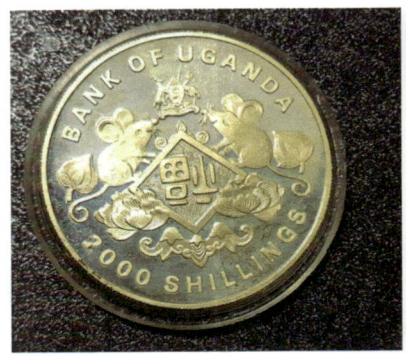 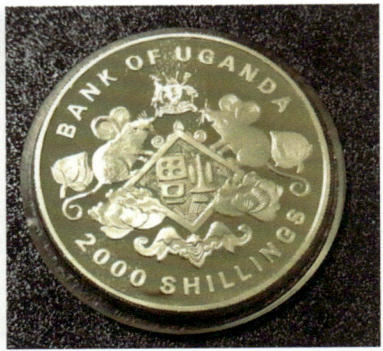

钱币养护前后

钱币养护前后

评级币

朝鲜1998年亚洲动物-大熊猫精制彩色纪念银币
100元（Won）
999银（7克）
亚洲动物-大熊猫（Fauna of Asia-Panda）
CCN-0137

朝鲜1998年2000千禧龙精制长方形纪念银币
250元（Won）
999银（20克）
千禧龙（Millennium-Dragon）
CCN-0138

1998年

朝鲜的千禧年与生肖结合纪念币

在1998至2000年左右的时间里世界各国都发行了很多千禧年主题的纪念币，既然展望新千年，设计上也极尽天马行空，各种异型与镂空，乃至镶嵌与组合各类特殊道具之钱币纷纷登场。朝鲜亦不例外，对于新千年也是充满期待，早在1998年就开发了千禧年纪念币，1998年是虎年，但2000年千禧年是龙年，朝鲜提前把生肖登场，以千禧龙发行具有一定传统东方特色的长方形纪念银币，更将币文中文繁体汉字"龙"名列其间。

千禧年纪念币之名场面圣多美和普林西比1998年发行的千禧年倒计时纪念币，从1998年倒计时至2000年跨年为止，进入新千年后倒计时电子屏幕停止显示。

圣多美和普林西比千禧年倒计时纪念币

朝鲜1998年动物-黑枕黄鹂精制长方形彩色纪念银币
250元（Won）
999银（15.5克）
黑枕黄鹂（Oriolus Chinensis）
CCN-0139

朝鲜1998年动物-树麻雀精制长方形彩色纪念银币

250元（Won）

999银（15.5克）

树麻雀（Passer Montanus）

CCN-0140

朝鲜1998年动物-大山雀精制长方形彩色纪念银币

250元（Won）

999银（15.5克）

大山雀（Parus Major）

CCN-0141

朝鲜1998年动物-玉斑凤蝶精制长方形彩色纪念银币

250元（Won）

999银（15.5克）

玉斑凤蝶（Papilio Helenus）

CCN-0142

朝鲜1998年动物-绿弄蝶精制长方形彩色纪念银币

250元（Won）

999银（15.5克）

绿弄蝶（Choaspes Benjaminii）

CCN-0143

朝鲜1998年动物-鹤顶粉蝶精制长方形彩色纪念银币

250元（Won）

999银（15.5克）

鹤顶粉蝶（Hebomoia Glaucippe）

CCN-0144

朝鲜1998年四季-春季精制彩色纪念银币
250元（Won）
999银（15克）
四季-春季（The Four Seasons-Spring）
CCN-0145

朝鲜1998年四季-夏季精制彩色纪念银币
250元（Won）
999银（15克）
四季-夏季（The Four Seasons-Summer）
CCN-0146

朝鲜1998年四季-秋季精制彩色纪念银币
250元（Won）
999银（15克）
四季-秋季（The Four Seasons-Autumn）
CCN-0147

朝鲜1998年四季-冬季精制彩色纪念银币
250元（Won）
999银（15克）
四季-冬季（The Four Seasons-Winter）
CCN-0148

错币（Mint Error） CCE（CCEN/CCET/CCEO）

1998年

朝鲜1998年朝鲜民俗童玩一组-放风筝精制纪念银币合背错币

10元（Won）

999银（1盎司）

朝鲜民俗童玩一组-放风筝（Korean Folk.I-Kite-Flying）

无年份（No Date）

错误（Mint Error）：合背（Two Reverses）

CCEO-0001

朝鲜1998年朝鲜民俗童玩二组-跳板精制纪念银币合背错币

10元（Won）

999银（1盎司）

朝鲜民俗童玩二组-跳板（Korean Folk.II-Seesawing）

无年份（No Date）

错误（Mint Error）：合背（Two Reverses）

CCEO-0002

朝鲜1998年朝鲜民俗童玩三组-摔跤精制纪念银币合背错币

10元（Won）

999银（1盎司）

朝鲜民俗童玩三组-摔跤（Korean Folk.III-Wrestling）

无年份（No Date）

错误（Mint Error）：合背（Two Reverses）

CCEO-0003

朝鲜1998年朝鲜民俗童玩四组-荡秋千精制纪念银币合背错币

10元（Won）

999银（1盎司）

朝鲜民俗童玩四组-荡秋千（Korean Folk.IV-Swinging）

无年份（No Date）

错误（Mint Error）：合背（Two Reverses）

CCEO-0004

朝鲜1998年朝鲜民俗童玩五组-跳绳精制纪念银币合背错币

10元（Won）

999银（1盎司）

朝鲜民俗童玩五组-跳绳（Korean Folk.V-Ropeskipping）

无年份（No Date）

错误（Mint Error）：合背（Two Reverses）

CCEO-0005

合背、合面币与骡币

　　朝鲜有很多错币，有题材选取上的问题，有铸币工艺模具上的问题，还有币文名称出错的问题等等，但合背与合面币明显错误，无可辩驳；这也与西方国家一些离奇出错的骡币颇有些类似，所谓"骡币"，典型的就是错配了铸币模具，合两国币为一身，所以合背与合面币也可以说是广义上的本国骡币。

　　至于钱币的正背面，我们经常会认错，其实就钱币定义而言，有国名一面的才是钱币的正面，正面有些国家是元首头像，有些国家是国徽或者其他国际标志；而背面则一般为主题图案一面，而非专业人士经常会对正背面反向认知。所以很多时候为了避免正背面描述出现偏差与混淆，干脆以国名面与图案面来描述。

　　而合背与合面币中的"合"就是两面合在一起的意思，也就是两面相同；可能是两个背面（图案面）是为合背，而两个正面（国名面）是为合面，所以如朝鲜民俗童玩系列纪念币的合背币就是两面都是童玩图案的币。

　　出现这类情况不外乎模具错误，其实就是用错了模具，出现了错配情况，最典型的模具使用混搭失误的例子就是骡币，之所以称之为骡币，联想骡子诞生即可知。典型的骡币是两个国家的币合二为一，如部分英系国家或地区的纪念币均由一个造币厂统一代为铸造，这就增加了错用模具出现两国币"二合一"的概率。比如世界上非常有名，发行量也很少的骡币，就是马恩岛和圣赫勒拿-阿森松合二为一的骡币，这本是1978年阿森松独立25周年所发行的纪念币，但因为造币厂错配模具，使得该币一面马恩岛一面圣赫勒拿-阿森松而成了跨国骡币。再就是投资属性的纪念金银币发行量巨大或不限量，产量较高而容易生产中出现疏忽纰漏，如英国发行的不列颠尼亚女神投资纪念银币与生肖纪念银币，都属于普制投资属性银币，但女王头像一面的钱币纹饰细节是有差异的，可能是铸造量过大，铸币工人失误所致，也出现过如不列颠尼亚女神银币的女王头像一面模具用在了生肖银币上，而生肖银币的女王头像模具用在了不列颠尼亚女神银币上。类似的错配，在兵荒马乱的清末民国时期的机制币造币厂也时有出现。

而朝鲜这种铸币失误更为夸张，错币两面图案完全相同，不是两个图案面组合一币，就是两个国名面组合一币，这种模具错配的错误过于明显，是否有意为之因资料有限，故无法下结论。

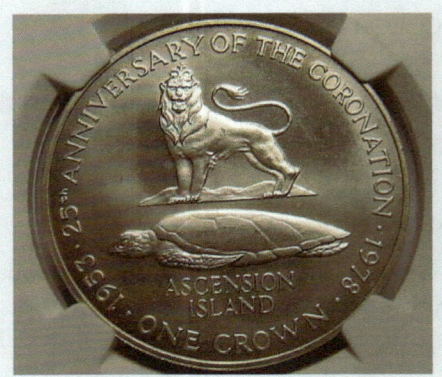

马恩岛和圣赫勒-拿阿森松骡币

1999年

常规币（Coin） CC（CCN/CCT/CCO）

朝鲜1999年918-1392高丽航海商船历史精制纪念银币
5元（Won）
999银（20克）
918-1392高丽航海商船历史（918-1392 History of Seafaring Merchantman Koryo Period）
CCN-0149

朝鲜1987年发行与此币同款图案之纪念邮票

1999年

朝鲜1999年人造地球卫星"光明星1号"精制纪念银币
10元（Won）
999银（1盎司）
人造地球卫星"光明星1号"（Artificial Earth Satellite Kwangmyongsong-1）
CCN-0150

朝鲜1999年朝鲜鸟类动物-白腹黑啄木鸟精制纪念银币
10元（Won）
999银（1盎司）
朝鲜鸟类动物-白腹黑啄木鸟（Birds of Korea-Dryocopus Javensis）
CCN-0151

朝鲜1999年青龙精制纪念银币
10元（Won）
999银（1盎司）
青龙（Blue Dragon）
CCN-0152

来自高句丽王室古墓的四象形象-青龙、白虎、朱雀、玄武

所谓青龙、白虎、朱雀、玄武经常被人称之为四大神兽，其实传统的叫法为四象，这是古代中国根据星宿方位演变而来的一种四象崇拜，被广泛引入风水领域。后世有人把这种星宿往世俗文化上发展，于是有了左青龙右白虎上朱雀下玄武等说辞，甚至广泛用于纹身。朝鲜过去作为中华文化圈的一员，对传统四象形态自然有所崇拜与信奉，也发行了一些有关四象的纪念币，材质涵盖非贵金属到贵金属纪念币。四象题材中青龙是开端，于20世纪90年代末开始发行。

关于朝鲜的一系列四象主题纪念币，四象的形象设计颇得人心，甚至铸币水平有限也并不妨碍这四大神兽的精彩，至于何人设计其实不然，这些都是源自高句丽王室古墓壁画。高句丽是在中国东北与朝鲜半岛共同存在过的一个政权，所以中国东北地区亦有其为数不少的墓葬区，其中集安市的高句丽五盔坟墓室壁画是极具代表性的，艺术造诣极高。墓室内部绘有的四象也就是纪念币上四象形象的由来，墓室东壁绘青龙、西壁绘白虎、南壁绘朱雀、北壁绘玄武。其中青龙形象还经常被用在朝鲜生肖龙年的各类纪念币上，四象在朝鲜有时也被称为四神。

1999年

图瓦卢四象精制彩色纪念银币

集安市高句丽五盔坟墓室壁画玄武

朝鲜1999年生肖兔年-福兔精制彩色纪念银币
10元（Won）
999银（1盎司）
生肖兔年-福兔（Year of the Rabbit-Fortune Rabbit）
CCN-0153

朝鲜1999年动物-黑熊精制彩色纪念银币

100元（Won）
999银（7克）
黑熊（Black Bear）
CCN-0154

朝鲜1999年动物-棕熊精制彩色纪念银币

100元（Won）
999银（7克）
棕熊（Brown Bear）
CCN-0155

朝鲜1999年动物-北极熊精制彩色纪念银币

100元（Won）
999银（7克）
北极熊（Polar Bear）
CCN-0156

朝鲜1999年亚洲动物-大熊猫精制彩色纪念银币

100元（Won）
999银（5盎司）
亚洲动物-大熊猫（Fauna of Asia-Panda）
CCN-0157

贝多芬

朝鲜1999年路德维希·凡·贝多芬精制纪念银币
250元（Won）
999银（15克）
路德维希·凡·贝多芬（Ludwig van Beethoven）
CCN-0158

2000年

常规币（Coin） CC（CCN/CCT/CCO）

朝鲜2000年青龙精制纪念铝币
1元（Won）
青龙（Blue Dragon）
CCN-0159

朝鲜2000年青龙精制纪念铜币
1元（Won）
青龙（Blue Dragon）
CCN-0160

朝鲜2000年金刚山仙女精制铜镍合金纪念币
1（Won）
金刚山仙女（Fairy of Mt.Kumgang Playing Flute）
CCN-0161

朝鲜2000年金正日与弗拉基米尔·弗拉基米罗维奇·普京会晤精制纪念铜币
1（Won）
金正日与弗拉基米尔·弗拉基米罗维奇·普京会晤（Great Leader Comrade Kim Jong Il Meets President Vladimir Vladimirovich Putin）
CCN-0162

领导人会晤系列

朝鲜过去习惯发行历代领导人与他国领导人握手会晤的纪念币，随着年代的更迭，发行渐多也堪称一个系列了。

后来朝鲜改变政策，基本不再发行金家人物之纪念币，这个系列才算告一段落。至后来，甚至有他国钱币商臆造金正恩与各国领导人会晤的纪念铜币，还混过了克劳斯世界硬币大奖赛单项奖评选以致入围，此是后话。

2000年

朝鲜2000年亚洲动物-大熊猫精制彩色纪念银币
2元（Won）
999银（7克）
亚洲动物-大熊猫（Fauna of Asia-Panda）
CCN-0163

朝鲜2000年金刚山观光旅游纪念-妙吉祥大佛精制纪念银币
5元（Won）
999银（27克）
金刚山观光旅游纪念-妙吉祥大佛（Memories of Mt.Kumgang-Myogilsang Buddhist）
CCO-0002

金刚山观光旅游纪念币

与一般收藏者印象不同的是，朝鲜金刚山观光主题纪念币首次发行并非是2011年版、与开城风光形制类似的那10枚套铜币；早在2000年朝鲜已经开始发行金刚山观光旅游主题的纪念币，还有一种不带年份之金刚山观光旅游纪念银币，据悉是2005年所铸造，图案亦与2011年版铜币不同①。金刚山坐落于朝鲜东海岸中部，是朝鲜的六大名山之一，四季景色各异，是绝佳的旅游胜地，一般划分为外金刚，内金刚与海金刚。既然是金刚山观光旅游纪念币，所展示的币面主题也与金刚山有关，这一组已知就两种主题，妙吉祥大佛与朝鲜始祖檀君，并且还特意说明是5000年前的朝鲜始祖檀君。这座石刻于山体的摩崖造像妙吉祥大佛位于金刚山的内金刚范围，是朝鲜历史上的高丽时期②建造而成的。大佛依山而建，形态高耸，法相庄严也十分适合在纪念币上进行展示。

———————
① 2017年版与2011年版图案相同
② 918年－1392年

金刚山妙吉祥大佛

朝鲜2000年"蒙巴顿"级SR-N4气垫船精制纪念银币

5元（Won）
999银（15克）
"蒙巴顿"级SR-N4气垫船
（Mountbatten SR-N4 Hovercraft）
CCN-0164

"蒙巴顿"级SR-N4气垫船由英国桑德斯·罗公司制造，首部载人并横渡英吉利海峡的气垫船也是该公司制造的，是SR-N4气垫船的前辈SR-N1气垫船。

朝鲜2000年青龙精制纪念银币

5元（Won）
999银（15克）
青龙（Blue Dragon）
CCN-0165

朝鲜2000年濒危野生动物-亚洲飞鼠精制纪念银币

5元（Won）

999银（20克）

濒危野生动物-亚洲飞鼠
（Endangered Wildlife-Asiatic Volant）

CCN-0166

朝鲜2000年濒危野生动物-朝鲜虎精制纪念银币

5元（Won）

999银（15克）

濒危野生动物-朝鲜虎
（Endangered Wildlife-The Korean Tiger）

CCN-0167

朝鲜2000年野生动物-朝鲜虎精制纪念银币

10元（Won）

999银（31克）

野生动物-朝鲜虎（Wildlife-Tiger）

CCN-0168

朝鲜2000年玄武精制纪念银币

10元（Won）

999银（31克）

玄武（Hyonmu）

CCN-0169

玄武的两种拼写写法

朝鲜的纪念币上对于名词的拼写经常出现前后不一致的情况，如玄武就有音译转写法"Hyonmu"与比较意译的"蛇与龟"写法"Snake and Tortoise"。玄武又名龟蛇，是四象之一，本身是一种龟蛇同体的形象。在西方的神话怪兽中，基本没有这种形态的物种，因此英文中确实没有特别形象的写法。虽然拼写方式有差异，但朝鲜纪念币上的玄武形象基本是一致的。

朝鲜2000年金正日与弗拉基米尔·弗拉基米罗维奇·普京会晤精制纪念银币
10（Won）
999银（31克）
金正日与弗拉基米尔·弗拉基米罗维奇·普京会晤（Great Leader Comrade Kim Jong Il Meets President Vladimir Vladimirovich Putin）
CCN-0170

朝鲜2000年金正日与金大中会晤精制纪念银币
10（Won）
999银（31克）
金正日与金大中会晤（Great Leader Comrade Kim Jong Il Meets President Kim Dae Jung）
CCN-0171

朝鲜2000年北南离散家属会面精制纪念银币
10（Won）
999银（31克）
北南离散家属会面（Reunion of Separated Families and Relatives from North and South）
CCN-0172

朝鲜2000年北南离散家属会面-离散55年精制纪念银币

10（Won）

999银（31克）

北南离散家属会面-离散55年（Reunion of Separated Families and Relatives from North and South-55th Anniversary of the Separation）

CCN-0173

最悲伤的朝鲜现代纪念币——北南离散家属会面

　　朝鲜发行的北南离散家属会面主题的纪念币是2000年开始的，还有一种主题是以离散55年为题，对于家属离散的起始年份即认定为1945年。

　　双方开启北南离散家属的再度会面已经是2000年，时任韩国总统金大中实现了对朝鲜的历史性访问，朝鲜方面与之会晤的领导人为金正日，双方达成了一系列协议，其中包含北南离散家属会面等等。这也就是朝鲜纪念币上，首次北南离散家属会面的日期2000年8月15日！

　　韩国广播公司[①]于20世纪80年代开始为韩国离散家庭寻找亲属而播出的特别电视直播节目《寻找离散家属》于2015被联合国教科文组织将节目档案列入世界记忆遗产名录。

---

① KBS，韩国放送公社

朝鲜2000年统一之花精制纪念银币

10（Won）

999银（31克）

统一之花（Unity of Flowers in Full Bloom）

CCN-0174

　　期望朝鲜统一，一直是朝鲜现代纪念币中不变的主题。

和平与统一也是朝鲜纪念币的一大主题

　　虽然部分朝鲜现代纪念币体现出鲜明的"团结紧张，严肃活泼"的政治属性，但和平与统一也是另一大重要主题，虽然朝鲜半岛上双方的和平与统一都是从自身角度出发，但追求和平与统一的信念是不变的。与其他国家纪念和平的纪念币类似,朝鲜的和平与统一主题纪念币也不外乎以花草植物与和平鸽等图案为主,正是种下统一之花,待其绽放弥香。值得一提的是,在朝鲜"统一之花"还指被称之为朝鲜"统一之花"的舞蹈演员赵明爱。

朝鲜很多现代纪念币上都有类似标语似的主题,在钱币收藏与研究过程中经常被简化,其实言简意赅。统一之花纪念币上的朝鲜文全文为"早日让统一之花盛开"!

朝鲜2000年《6·15共同宣言》精制纪念银币

10(Won)

999银(31克)

《6·15共同宣言》(6·15 Joint Declaration)

CCN-0175

三千里江山图案下的《6·15共同宣言》

《6·15共同宣言》也是2000年时任韩国总统金大中访问朝鲜时,与朝鲜领导人金正日会晤从而双方达成的一系列协议之一。《6·15共同宣言》对于朝鲜半岛上的北南双方都是极具历史性意义的,开辟了双方合作的新篇章,缓和了朝鲜半岛的紧张局势,提出发展民族竞技,实现共同繁荣等。

值得一提的是,2000年同年发行的《6·15共同宣言》纪念币与三千里锦绣江山纪念币均使用表达朝鲜三千里国土江山的主题图案,均为中心放着光芒的朝鲜半岛全图,周遭围绕着象征朝鲜国土的人文与自然景观,如金刚山、白头山、瞻星台与独岛等;只是所附币文"《6·15共同宣言》"与"三千里锦绣江山"不同。

朝鲜2000年三千里锦绣江山精制纪念银币

10(Won)

999银(31克)

三千里锦绣江山(One Korea-A Golden Tapestry of 3000Ri)

CCN-0176a 光边(Plain Edge)

CCN-0176b 齿边(Reeded Edge)

CCN-0176c 无面值(No Face Value)

朝鲜《6·15共同宣言》纪念币与三千里锦绣江山纪念币图案类似，但版别版式众多！一般标有《6·15共同宣言》文字者为《6·15共同宣言》纪念币；标有三千里锦绣江山文字者则视为三千里锦绣江山纪念币。"三千里锦绣江山"是钱币圈中一种翻译与惯称，比较准确，也朗朗上口；如按币面的英文含义，直译应为"一个朝鲜，锦绣河山三千里"。

错币（Mint Error） CCE（CCEN/CCET/CCEO）

朝鲜2000年统一之花精制纪念银币合背错币
10（Won）
999银（31克）
统一之花（Unity of Flowers in Full Bloom）
无年份（No Date）
错误（Mint Error）：合背（Two Reverses）
CCEO-0006

朝鲜2000年北南离散家属会面精制纪念银币合背错币
10（Won）
999银（31克）
北南离散家属会面（Reunion of Separated Families and Relatives from North and South）
错误（Mint Error）：合背（Two Reverses）
CCEO-0007

2001年

常规币（Coin） CC（CCN/CCT/CCO）

朝鲜2001年旅日朝侨归国-白头山精制纪念铝币
1元（Won）
旅日朝侨归国-白头山（Repatriation of Koreans in Japan-Mt.Paektu）
CCN-0177

旅日朝侨归国系列纪念币

《旅日朝鲜侨民归国权利不容侵犯》这是中国《人民日报》1959年刊载的报道，可见旅日朝侨归国问题是个历史性遗留问题。从中国清朝末年说起，甲午战争中国战败，朝鲜离开大清帝国的藩属体系，而后朝鲜名为独立[①]实则被日本势力所不断渗透，使日本成为其事实上的保护国。最后的结果就是1910年日韩签订《日韩合并条约》，日本正式将朝鲜并入版图。也就是从这时开始至1945年二战胜利日本战败，日本从朝鲜半岛掳走了大量的青壮年劳动力，他们就成为旅日朝侨中的绝大部分群体。

朝鲜旅日朝侨归国50周年纪念邮票

战后日本和朝鲜至今未有建立外交关系，所以旅日朝侨归国的问题，最初双方都派出红十字会来进行协调。经过反复磋商，达成共识，在1959年首批旅日朝侨归国。朝鲜方面极为重视，后来也发行了相关题材的纪念币与纪念邮票。

旅日朝侨归国也是一部分侨民的归宿，作为重要的政治事件，朝鲜发行纪念币与纪念邮票进行纪念；旅日朝侨主题系列纪念币还包括旅日学生归国在内，共分为四种，图案包含白头山、平壤凯旋门与朝鲜重要的客货两用船只万景峰号等场景。

---

① 大韩帝国

朝鲜2001年亲爱的领袖金日成精制纪念铝币

1元（Won）

亲爱的领袖金日成（Eternal Leader Comrade Kim Il Sung）

CCN-0178

金日成（1912-1994），朝鲜民主主义人民共和国建国主要领导人以及朝鲜劳动党、朝鲜人民军、主体思想的创建者。

朝鲜2001年伟大领袖金正日精制纪念铝币

1元（Won）

伟大领袖金正日（Great Leader Comrade Kim Jong Il）

CCN-0179

金正日（1941-2011），朝鲜民主主义人民共和国第二代最高领导人，曾任朝鲜劳动党中央委员会总书记、朝鲜国防委员会委员长、朝鲜人民军最高司令官及朝鲜劳动党中央军事委员会委员长等职务。

朝鲜2001年共产主义革命家金正淑精制纪念铝币

1元（Won）

共产主义革命家金正淑（Communist Revolutionary Kim Jong Suk）

CCN-0180

金正淑（1917-1949）朝鲜独立运动家和政治家，抗日女英雄，共产主义革命家。

朝鲜对国家领导人即金家成员的称谓一般带有特定的形容词，体现出非常鲜明的朝鲜特色与政治意味。朝鲜早期发行的带有金家人物形象主题的纪念币已成为朝鲜现代纪念币收藏中的大热选项！

朝鲜2001年朝中亲善-金日成主席与周恩来总理相会精制纪念铝币

1元（Won）

朝中亲善-金日成主席与周恩来总理相会（DPRK-China Friendship-Eternal Leader Comrade Kim Il Sung Meets Premier Chou Enlai）

CCN-0181

朝鲜的周恩来纪念币

　　中朝友谊万古长青，中朝两国1949年10月6日建交，朝鲜是同新中国最早建交的一批国家之一。从两国高层的频繁互访，到民间的经贸与人文交流，应该说中朝双方一直保持着良好战略沟通的国家关系。2019年是中朝建交70周年，这一年朝鲜方面也发行了相关纪念币与纪念邮票进行纪念。

　　中朝双方老一辈领导人出访频繁，周恩来与邓小平等国家领导人也多次登上朝鲜的纪念币，直到近年还有发行。周恩来总理主题的纪念币有中朝亲善两国领导人会晤主题的，亦有其本人诞辰100周年为主题的，值得一提的是朝鲜的周恩来总理诞辰100周年纪念币最初是1997年发行的，但直到2001年还有发行图案与主题相同的纪念周恩来总理诞辰100周年的纪念币。

朝鲜2001年邓小平精制纪念铝币

1元（Won）

邓小平（Teng Hsiaoping）

CCN-0182

朝鲜的邓小平纪念币

　　中朝友谊万古长青，两国高层的频繁互访，中国的领导人也备受朝方瞩目，邓小平也多次登上朝鲜的纪念币，近年亦有发行。与周恩来主题类似，邓小平主题也有其诞辰100周年的系列纪念币。值得一提的是，与中国其他领导人主题纪念币不同的是，邓小平主题的纪念币，很多国家也有发行，还

利比里亚1997年邓小平精制纪念银币

多与香港回归中国关联在一起。邓小平的名字与香港分不开是因为1982年邓小平在北京会见时任英国首相的玛格丽特·希尔达·撒切尔夫人,开始与英国政府就香港前途问题进行谈判,这拉开香港回归中国的序幕。

很多国家都在1997年前后发行邓小平主题的纪念币,一方面因香港回归中国,另一方面又因1997年邓小平逝世。

2001年

朝鲜2001年玄武精制纪念铝币
1元(Won)
玄武(Hyonmu)
CCN-0183

朝鲜2001年抗美援朝保家卫国-中国人民志愿军精制纪念铝币
1元(Won)
抗美援朝保家卫国-中国人民志愿军
(The War to Resist U.S. Aggression and Aid Korea-Chinese People's Volunteer Army)
CCN-0184

朝鲜2001年抗美援朝-朝中友谊塔精制彩色纪念铝币
1元(Won)
抗美援朝-朝中友谊塔(The War to Resist U.S. Aggression and Aid Korea-DPRK-China Friendship Tower)
CCN-0185

朝鲜2001年亚洲动物-鹦鹉精制彩色纪念铝币

1元（Won）

亚洲动物-鹦鹉（Fauna of Asia-Parrot）

CCN-0186

朝鲜2001年亚洲动物-绿头鸭精制彩色纪念铝币

1元（Won）

亚洲动物-绿头鸭（Fauna of Asia-Mallard）

CCN-0187

朝鲜2001年1999生肖兔年-福兔精制彩色纪念铝币

1元（Won）

生肖兔年-福兔（Year of the Rabbit-Fortune Rabbit）

CCN-0188

反复穿越未来的朝鲜福兔小白兔纪念币

这是一枚已于1999年发行过的己卯生肖兔年纪念币，因其形态可爱，小白兔还举着一颗写有汉字"福"字的爱心，又与新春、属相与吉祥寓意关联也被称之为福兔。朝鲜福兔小白兔不光给人们带来新春的祝福与吉祥，其最大的爱好居然是"穿越未来"！因为钱币图案一面的1999年并无变化，但钱币国名一面的年份却有2001与2007等年份，甚至2007年各主题的系列样币发行之际也仍有这枚纪念币样币的一席之地，主题也仍旧是纪念1999年的己卯兔年，足见朝鲜发行纪念币的魔幻一面。

朝鲜2001年亲爱的领袖金日成精制纪念铜币
1元（Won）
亲爱的领袖金日成（Eternal Leader Comrade Kim Il Sung）
CCN-0189

朝鲜2001年伟大领袖金正日精制纪念铜币
1元（Won）
伟大领袖金正日（Great Leader Comrade Kim Jong Il）
CCN-0190

朝鲜2001年共产主义革命家金正淑精制纪念铜币
1元（Won）
共产主义革命家金正淑（Communist Revolutionary Kim Jong Suk）
CCN-0191

朝鲜2001年朝中亲善-金日成主席与周恩来总理相会精制纪念铜币
1元（Won）
朝中亲善-金日成主席与周恩来总理相会（DPRK-China Friendship-Eternal Leader Comrade Kim Il Sung Meets Premier Chou Enlai）
CCN-0192

朝鲜2001年朝中人民的友谊万古长青-金正日与江泽民相会精制纪念铜币

1元（Won）

朝中人民的友谊万古长青-金正日与江泽民相会（DPRK-China Friendship Last Forever-Great Leader Comrade Kim Jong Il Meets President Chiang Tsemin）

CCN-0193

朝鲜2001年邓小平精制纪念铜币

1元（Won）

邓小平（Teng Hsiaoping）

CCN-0194

朝鲜2001年高句丽建国始祖东明圣王高朱蒙精制纪念铜币

1元（Won）

高句丽建国始祖东明圣王高朱蒙（Founder of Korea's First Feudal Kingdom King Tong Myong Ko Jumong）

CCN-0195

初代高句丽国王东明圣王

　　东明圣王其实是后世给其的追谥，东明圣王本身姓高，名朱蒙，也就是叫做高朱蒙。别看高朱蒙已经是传说中的人物了，但他的父母与子嗣也都大名鼎鼎，不少还登上了朝鲜的纪念币，成为朝鲜重要的历史人物题材纪念币的一部分。东明圣王高朱蒙的父亲是解慕漱，这位更厉害，被认为天帝之子；母亲是柳花夫人，是河伯的女儿；东明圣王的原配夫人是礼氏夫人，第二任夫人也就是帮助其创立高句丽的召西奴；其余两位夫人的子嗣分别有琉璃王、沸流王与温祚王。

东明圣王高朱蒙不光朝鲜纪念他，韩国方面也极为重视，韩国文化广播公司①的台庆45周年纪念剧就是投资巨大的大型电视连续剧《朱蒙》。该剧以东明圣王高朱蒙的丰功伟绩为主要内容，贯串高句丽建国等高潮部分，曾创下最高收视率，仅次于《大长今》。

朝鲜有多种纪念东明圣王高朱蒙的纪念币，还有纪念其陵墓的东明王陵主题纪念币。

----

① MBC，韩国文化放送株式会社

东明圣王高朱蒙画像

朝鲜2001年金刚山观光旅游纪念-妙吉祥大佛精制纪念铜币

1元（Won）

金刚山观光旅游纪念-妙吉祥大佛（Memories of Mt.Kumgang-Myogilsang Buddhist）

CCN-0196

朝鲜2001年金刚山仙女精制纪念铜币

1元（Won）

金刚山仙女（Fairy of Mt.Kumgang Playing Flute）

CCN-0197

朝鲜2001年百年诺贝尔奖-首届诺贝尔奖和平奖获奖者-弗雷德里克·帕西精制纪念铜币

1元（Won）

百年诺贝尔奖-首届诺贝尔奖和平奖获奖者-弗雷德里克·帕西（100th Anniversary of the Nobel Prize-First Nobel Peace Prize-Frederic Passy）

CCN-0198

诺贝尔奖系列

诺贝尔奖牌

朝鲜发行的诺贝尔奖纪念币是2001年以诺贝尔奖100周年为主题的,共计六种,分别纪念五个奖项中的六位首届诺贝尔奖获奖者。诺贝尔奖是瑞典化学家阿尔弗雷德·诺贝尔的遗嘱中提出的,首次颁发于1901年,一开始颁发的五个奖项分别为诺贝尔物理学奖、诺贝尔化学奖、诺贝尔生理学或医学奖、诺贝尔文学奖与诺贝尔和平奖[①]。

首届诺贝尔奖只有五个奖项,但因第一届诺贝尔奖的和平奖获得者为两人,所以共计六位诺贝尔奖得主,即首届诺贝尔奖和平奖获奖者弗雷德里克·帕西与让·亨利·杜南;首届诺贝尔奖化学奖获奖者雅可比·亨利克·范霍夫;首届诺贝尔文学奖获奖者苏利·普吕多姆;首届诺贝尔奖物理学奖获奖者威廉·康拉德·伦琴;首届诺贝尔奖医学奖获奖者埃米尔·阿道夫·冯·贝林。这六枚纪念他们的纪念币上分别留有各位诺贝尔奖获得者的形象与所在领域的背景图案信息。

值得一提的是,在诺贝尔奖方面朝鲜与中日邻国不同,日本的诺贝尔奖获奖者众多,中国的诺贝尔奖获奖者华裔身份者亦不少,而中国籍获奖者也有莫言与屠呦呦,而朝鲜至今无缘诺贝尔奖项,但这并不影响朝鲜发行诺贝尔奖100周年的纪念币。其实诺贝尔奖也算与朝鲜有千丝万缕的关系,时任韩国总统的金大中于2000年获得诺贝尔和平奖,正是与朝鲜有关,因其与朝鲜领导人金正日实现历史性会面与联合发布《6·15共同宣言》,同时签署各项协议,缓和朝鲜半岛局势,包括开启了北南离散家属会面,这些推进朝鲜半岛和平的举动使其获得诺贝尔和平奖实至名归。

---

① 后来又增加瑞典中央银行纪念阿尔弗雷德·诺贝尔经济学奖,即俗称的"诺贝尔经济学奖",其实这个奖项与阿尔弗雷德·诺贝尔本人已无关

朝鲜2001年抗美援朝保家卫国-中国人民志愿军精制纪念铜币
1元(Won)
抗美援朝保家卫国-中国人民志愿军(The War to Resist U.S. Aggression and Aid Korea-Chinese People's Volunteer Army)
CCN-0199

朝鲜2001年抗美援朝-朝中友谊塔精制纪念铜币
1元(Won)
抗美援朝-朝中友谊塔(The War to Resist U.S. Aggression and Aid Korea-DPRK-China Friendship Tower)
CCN-0200

朝鲜2001年香港回归祖国普天同庆-香港回归4周年精制纪念铜币

1元（Won）

香港回归祖国普天同庆-香港回归4周年（4th Anniversary of the Hong Kong's Return to China）

CCN-0201

朝鲜2001年1999生肖兔年-福兔精制纪念铜币

1元（Won）

生肖兔年-福兔（Year of the Rabbit-Fortune Rabbit）

CCN-0202

朝鲜2001年亚洲动物-鹦鹉精制纪念铜币

1元（Won）

亚洲动物-鹦鹉（Fauna of Asia-Parrot）

CCN-0203

朝鲜2001年亚洲动物-绿头鸭精制纪念铜币

1元（Won）

亚洲动物-绿头鸭（Fauna of Asia-Mallard）

CCN-0204

朝鲜2001年朝鲜鸟类动物-白腹黑啄木鸟精制纪念铜币

1元（Won）

朝鲜鸟类动物-白腹黑啄木鸟（Birds of Korea-Dryocopus Javensis）

CCN-0205

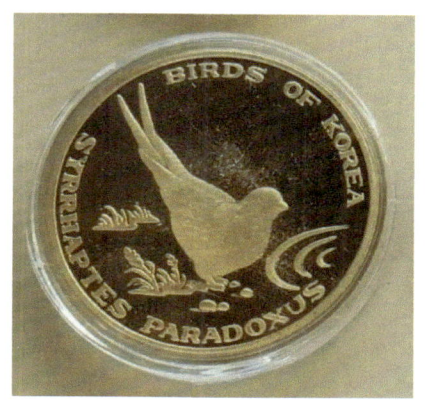

朝鲜2001年朝鲜鸟类动物-毛腿沙鸡精制纪念铜币

1元（Won）

朝鲜鸟类动物-毛腿沙鸡（Birds of Korea-Syrrhaptes Paradoxus）

CCN-0206

朝鲜2001年朝鲜鸟类动物-蓝翅八色鸫精制纪念铜币

1元（Won）

朝鲜鸟类动物-蓝翅八色鸫（Birds of Korea-Pitta Brachyura）

CCN-0207

朝鲜2001年朝鲜鸟类动物-黑琴鸡精制纪念铜币

1元（Won）

朝鲜鸟类动物-黑琴鸡（Birds of Korea-Lyrurus Tetrix）

CCN-0208

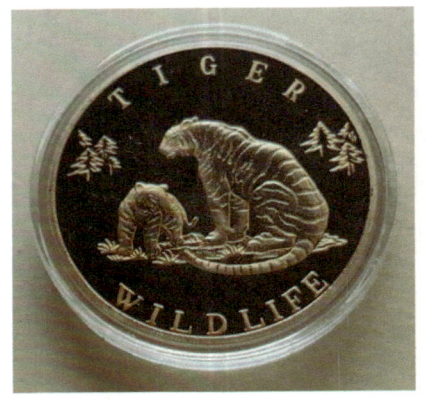

朝鲜2001年野生动物-朝鲜虎精制纪念铜币
1元（Won）
野生动物-朝鲜虎（Wildlife-Tiger）
CCN-0209

朝鲜2001年青龙精制纪念铜币
1元（Won）
青龙（Blue Dragon）
CCN-0210

朝鲜2001年玄武精制纪念铜币
1元（Won）
玄武（Hyonmu）
CCN-0211

朝鲜2001年2000悉尼奥运会-跳水精制纪念铜币
1元（Won）
悉尼奥运会-跳水（Sydney 2000 Olympic Games-Diving）
CCN-0212

朝鲜2001年富强钱币会社成立-大同门精制纪念铜币

1元（Won）
富强钱币会社成立-大同门（Pugang Mint Establishment-Taedongmun）
CCN-0213

大同门与大城山城南门

朝鲜的大同门可能是朝鲜现代纪念币收藏者们最熟悉的朝鲜建筑物了，因中央银行造币厂以外的钱币会社的铸币一般国名面不使用朝鲜国徽者多使用大同门。

大同门是朝鲜的象征性建筑之一，也是历史悠久的古建筑与古文物，其位于首都平壤；虽然改建与重修反反复复，但却是始建于公元6世纪中期的高句丽时期，是平壤的古代地标之一。原来是其长安城的东门，已经历过无数次的改建，现存的建筑一般认为是17世纪中期左右再度修建的。更具识别性的是大同门上还悬挂带汉字的牌匾"挹灏楼"与"大同门"。

大同门

正因为选取大同门作为朝鲜纪念币国名一面的图案，富强钱币会社成立主题纪念币之一也选取了大同门作为主图，也算实至名归。

值得一提的是出于铸币工艺因素，在朝鲜现代纪念币国名一面的大同门上，其实也是上下两方匾额，但基本上只有下方匾额比较模糊地看得出"大同门"三个汉字匾文，也许大规格币还好，小规格币基本上看不清此处匾文。

大城山城南门也是始建于高句丽时期，大城山城也位于平壤，从位置上看正好拱卫平壤都城，本身是一种堡垒式军事用途的建筑，其南门尤为壮丽，富强钱币会社成立纪念币选用其为主图之一，币面大城山城南门上方还有骑马武士形象，这也是源自此南门门楼内丹青装饰画作的内容之一。

朝鲜2001年富强钱币会社成立-大城山城南门精制纪念铜币

1元（Won）
富强钱币会社成立-大城山城南门（Pugang Mint Establishment-Nam Gate of Taesongsan Fortress）
CCN-0214

富强钱币会社成立看朝鲜造币机构的名称

我们比较熟悉的朝鲜的造币机构名称有中央银行造币厂（Mint of Central Bank）、富强钱币会社（Pugang Mint）和近年新改组成立的仁丰钱币会社（Inphung Mint），在一些钱币证书上还能看到永邦钱币会社(Ryonbong Mint)[1]等[2]。在过去中央银行造币厂与富强钱币会社都为人所熟知的最显著的区别就是国名一面央行造币厂是朝鲜国徽，而富强钱币会社是大同门，但如果这就是不同朝鲜造币机构的名称之分，那未免想得太简单了。

在朝鲜现行的国情与体制下，纪念币的发行与铸造无论最终在国际发售的机构被冠以何种名称，是造币厂还是钱币会社（公司）其实都是朝鲜的官方行为，或者说都是国营行为。虽然看上去朝鲜的纪念币发行机构"各自为政"，大部分同一种主题的纪念币还会分为不同国名面图案发行，即央行造币厂版用国徽而其他钱币会社版用大同门，这也是朝鲜现代纪念币一大显著特色。后来这种策略虽有改变，但也会相同主题纪念币由央行与其他钱币会社分别开发，主题相同或近似而图案开始各不相同，国徽与大同门作为国名面的区别仍在用[3]，这也是世界上各国发行纪念币中独树一帜的朝鲜模式。

朝鲜国内的造币机构，可以说即神秘又特殊，不在其中难以将其规模与形制诉说清楚；即便是朝方造币单位外派的人员，洽谈业务时对本国造币单位的具体情况介绍上也是有所保留。

复杂的朝鲜各类会社机构也经常引来国际上的广泛关注，曾经英国的《金融时报》有过相关资料的报道，也能看出一些端倪。我们知道朝鲜的现代纪念币更多是为了对外出口创汇的，因为朝鲜需要更多的外汇来进行国际结算，这样获取更多自己不具备或不充足的物资。还有一方面原因，因为朝鲜面临严峻的经济制裁与相关限制，所以改头换面以企业的名义去参与更多经济活动。英国《金融时报》的报道中提出富强钱币会社只是富强会社的一个组成部分，本身富强会社是个综合性集团，还有水利、五金、制药与矿务等重大项目。但这只是冰山的一角，而美国财政部的调查显示，整个富强会社只是永邦会社的一部分[4]。另外从后来朝鲜纪念币上的证书也可以侧面看出，有关国名一面带有大同门图案的钱币基本上如写有造币单位的都是富强钱币会社，富强钱币会社这种看似独立运作的状态，应是作为永邦会社的子公司存在，而永邦会社则是一个更加庞大且具有官方背景的综合集团。

而后富强钱币会社也出现变化，改组成今天的仁丰钱币会社[5]，仁丰钱币会社的朝鲜纪念币与富强钱币会社时期基本相同，也是朝鲜国名一面以大同门图案为主[6]，并且部分纪念币币面带有仁丰简称英文大写字母"I"，铸币工艺与风格上与之前无二。

当然对于朝鲜中央银行造币厂与富强钱币会社亦或者由富强演化出来的仁丰钱币会社具体是何种关系，也引来各种不同的猜测；包括"总厂""二厂"等论调也是说法之一。

另外值得一提的是，早期朝鲜因纪念币出口创汇与合作开发等需要，也委托部分西方国家于欧洲本土代铸了一部分朝鲜纪念币，很有时代特色，做工也非常精良，远强于朝鲜本土国产铸币；其中也有一些令人津津乐道的经典币种。

总之朝鲜造币机构无论如何"描述"，有几种形式，也改变不了其"国营"本色，更改变不了纪念币出口创汇为主的这一策略。

---

① 朝鲜1996年"电话币"上是金星贸贸会社（Kumbyol Tarding Iompany）
② 一般这些钱币会社对外亦称为某某钱币公司
③ 少部分朝鲜纪念币国名一面既不用国徽也不用大同门图案
④ 早期部分朝鲜纪念币证书上也有标注永邦钱币会社者
⑤ 按朝方说法富强钱币会社仍存在
⑥ 据称其要改变国名面大同门的设计现状

朝鲜2001年2002韩日世界杯精制纪念银币

5元（Won）

999银（15克）

韩日世界杯（2002 FIFA World Cup Korea/Japan）

CCN-0215

朝鲜2001年香港回归祖国普天同庆-香港回归4周年精制纪念银币

5元（Won）

999银（15克）

香港回归祖国普天同庆-香港回归4周年（4th Anniversary of the Hong Kong's Return to China）

CCN-0216

弗雷德里克·帕西

朝鲜2001年百年诺贝尔奖-首届诺贝尔奖和平奖获奖者-弗雷德里克·帕西精制纪念银币

5元（Won）

999银（15克）

百年诺贝尔奖-首届诺贝尔奖和平奖获奖者-弗雷德里克·帕西（100th Anniversary of the Nobel Prize-First Nobel Peace Prize-Frederic Passy）

CCN-0217

让·亨利·杜南

朝鲜2001年百年诺贝尔奖-首届诺贝尔奖和平奖获奖者-让·亨利·杜南精制纪念银币

5元（Won）

999银（15克）

百年诺贝尔奖-首届诺贝尔奖和平奖获奖者-让·亨利·杜南（100th Anniversary of the Nobel Prize-First Nobel Peace Prize-Jean Henri Dunant）

CCN-0218

雅可比·亨利克·范霍夫

朝鲜2001年百年诺贝尔奖-首届诺贝尔奖化学奖获奖者-雅可比·亨利克·范霍夫精制纪念银币

5元（Won）

999银（15克）

百年诺贝尔奖-首届诺贝尔奖化学奖获奖者-雅可比·亨利克·范霍夫（100th Anniversary of the Nobel Prize-First Nobel Prize in Chemistry-Jacobus Henricus Van't Hoff）

CCN-0219

苏利·普吕多姆

朝鲜2001年百年诺贝尔奖-首届诺贝尔奖文学奖获奖者-苏利·普吕多姆精制纪念银币

5元（Won）

999银（15克）

百年诺贝尔奖-首届诺贝尔奖文学奖获奖者-苏利·普吕多姆（100th Anniversary of the Nobel Prize-First Nobel Prize in Literature-Sully Prudhomme）

CCN-0220

威廉·康拉德·伦琴

朝鲜2001年百年诺贝尔奖-首届诺贝尔奖物理学奖获奖者-威廉·康拉德·伦琴精制纪念银币

5元（Won）

999银（15克）

百年诺贝尔奖-首届诺贝尔奖物理学奖获奖者-威廉·康拉德·伦琴（100th Anniversary of the Nobel Prize-First Nobel Prize in Physics-Wilhelm Conrad Roentgen）

CCN-0221

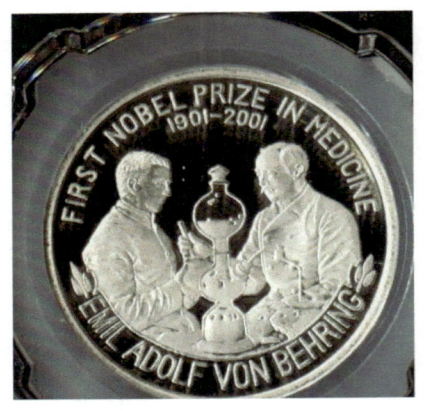

埃米尔·阿道夫·冯·贝林

朝鲜2001年百年诺贝尔奖-首届诺贝尔奖医学奖获奖者-埃米尔·阿道夫·冯·贝林精制纪念银币

5元（Won）

999银（15克）

百年诺贝尔奖-首届诺贝尔奖医学奖获奖者-埃米尔·阿道夫·冯·贝林（100th Anniversary of the Nobel Prize-First Nobel Prize in Medicine-Emil Adolf von Behring）

CCN-0222

朝鲜2001年动物-朝鲜长尾斑羚精制纪念银币

5元（Won）

999银（15克）

朝鲜长尾斑羚（Nemorhaedus caudatus raddeanus）

CCN-0223

朝鲜2001年动物-朱鹮精制纪念银币

5元（Won）

999银（15克）

朱鹮（Nipponia Nippon）

CCN-0224

朝鲜2001年亚洲动物-大熊猫精制纪念银币

5元（Won）
999银（15克）
亚洲动物-大熊猫（Fauna of Asia-Panda）
CCN-0225

朝鲜2001年远东龙船精制纪念银币

5元（Won）
999银（15克）
远东龙船（Far East Dragon Ship）
CCN-0226

亚洲多国的风俗习惯划龙舟

划龙舟也叫赛龙舟或扒龙船等等，本身是亚洲很多国家的传统风俗习惯，类似西方的划艇运动，但更多时候是一种民俗活动，有关龙舟主题的纪念币亚洲很多国家多有发行。

远东龙船是朝鲜这枚划龙舟主题的纪念币的英文说明，钱币主图是一艘磅礴大气的龙船，龙头逼真，彩旗飘飘，舵手、鼓手与划手奋力合作，龙船正在水面上奔驰，画面非常生动。

划龙舟最早是中国端午节的产物，更有传说与屈原相关联，实际上划龙舟是部落图腾祭祀与祛病防疫的形式之一；但已有部分出土文物与研究资料表明，端午节与划龙舟等习俗早在楚国前已有流传。不过这种划龙舟的风俗习惯在中国、朝鲜、韩国、日本、越南、泰国、马来西亚与新加坡等国都有保留。

朝鲜历史上的龙船也许与这枚纪念币上不同，纪念币上的龙船更似我们今天典型理想化样式的龙船；龙船与龙舟其实不尽相同，今天说起龙舟更偏向于民俗与竞赛的竞技型龙舟，虽然窄小但却速度极高，而龙船则是包含不止一层建筑的大型船只，可在船上游玩甚至居住。朝鲜古代的龙船有君王专用的御船，亦有如描述中佛教的般若龙船等形式。今天这种大型龙船与竞速龙舟已有明显区别，龙船"走入寻常百姓家"在很多旅游景点更成为一种载客游船，或因其寓意一帆风顺也多用作室内摆件等工艺品之上。

与过去不同，今天划龙舟不光是民俗活动，已经是一种正式的水上运动。中国的全运会上已有划龙舟项目；2010年广州亚运会开始，龙舟也作为亚运会的正式比赛项目之一；其他亚洲国家和地区也有形式各异的划龙舟比赛。

划龙舟作为体育项目与划艇项目天然接近，朝鲜与韩国都参与世界上的划龙舟比赛，朝韩双方也组成朝韩皮划艇联队，共同出战过2018年印尼亚运会的龙舟比赛。

玉石雕刻龙船工艺品

2001年

朝鲜2001年克鲁森斯登号建造75周年精制纪念银币

5元（Won）
999银（15克）
克鲁森斯登号建造75周年（75th Anniversary of the Kruzenshtern）
CCN-0227

克鲁森斯登号

克鲁森斯登号曾经是世界上第二大帆船，是德国在1926年开始建造的，最初的名字是帕多瓦号。二战后此船作为赔偿交付给了前苏联，后以曾在沙俄供职的德国探险家亚当·约翰·冯·克鲁森斯登名字重新命名。

克鲁森斯登号曾以9个多月时间往返德国汉堡与澳大利亚林肯港，是其过去的高光时刻，创造了当时的世界纪录。包括瑞士雅典表也推出过限量30枚的克鲁森斯登号同名主题的鎏金珐琅款机械手表，足见其知名度。

各类世界名船名舰主题纪念币是朝鲜过往发行的重要系列纪念币之一。

瑞士雅典表－克鲁森斯登号主题手表

朝鲜2001年泰坦尼克号下水90周年精制纪念银币

5元（Won）

999银（15克）

泰坦尼克号下水90周年（90th Anniversary of the R.M.S. Titanic Hit the Water）

CCN-0228

泰坦尼克号与被冤枉的中国人

泰坦尼克号就是我们熟悉的电影《泰坦尼克号》的主角邮轮，其为英国白星航运公司的奥林匹克级游轮，在那个时代绝对是巨型游轮，1911年下水到2001年正好是下水90周年。虽然其设备先进，内部豪华并伴随着"永不沉没"的美誉，但首航即不幸沉没，罹难者众多，可谓近代史上最严重的船难事故。

此枚泰坦尼克号纪念币是朝鲜世界名船名舰系列纪念币中的一枚，泰坦尼克号实则与朝鲜关系不大，当时泰坦尼克号上并没有朝鲜（韩国）乘客，但确有中日乘客乘船。

话说因为游轮分为一二三等票，各档次船票的船舱位置不同，对应的营救方案不同，也就造成了营救上的亲疏远近，最终不同票次的乘客获救率也有不同。包括被污蔑了一百多年的6名幸存中国人乘客，总计有8名中国人乘客，但有2名罹难，其实他们是特殊的乘客，他们是被雇佣来烧锅炉的劳工。事实上他们没有贪生怕死或利用什么卑鄙手段去抢夺别人的生存机会，只是他们临危不乱，奋力自救，但在旧中国那个时代他们没有一个发声渠道去为自己辩护[1]。

---

[1] 包括那个唯一幸存的日本人后来也被证实受到冤屈，足见彼时西方社会对亚洲国家的偏见；直至近年才有一部纪录片《六人–泰坦尼克号上的中国幸存者》反映此事件

朝鲜2001年皇家飞剪号建造1周年精制纪念银币

5元（Won）

999银（15克）

皇家飞剪号建造1周年（1st Anniversary of the Royal Clipper）

CCN-0229

普鲁士号的重生皇家飞剪号

这是一艘与朝鲜无甚关联的古典西洋帆船,其以历史上的著名船舶德国普鲁士号为蓝本再造,却经历20世纪末的烂尾工程,直到马上21世纪才建造完毕,它就是世界上第二艘五桅全帆装船,也是现存最大的古典西洋帆船—皇家飞剪号;因为世界上第一艘五桅全帆装船也是当时世界上最大的古典西洋帆船就是皇家飞剪号的"前世"普鲁士号。因其巨大的知名度,朝鲜发行了这艘船舶主题的纪念币。

皇家飞剪号2000年建造完成,2001年是其建造1周年,该帆船被用于豪华游轮使用。

朝鲜2001年2002盐湖城冬奥会-速滑精制纪念银币
7元(Won)
999银(20克)
盐湖城冬奥会-速滑(Salt Lake City 2002 Olympic Winter Games-Speed Skating)
CCN-0230

朝鲜2001年动物-白尾海雕精制纪念银币
7元(Won)
999银(20克)
白尾海雕(Haliaeetus Albicilla)
CCN-0231

白尾海雕不是美国国鸟

朝鲜有关动物主题的纪念币非常之多,其中有一枚是以白尾海雕为主题的纪念银币,币面主图即白尾海雕大鹏展翅的样子,看起来极其凶猛,这种猛禽令人联想到美国国鸟秃鹰,也与一些美国纪念币上的鹰扬形态类似。有人觉得朝鲜马虎发行纪念币闹了"乌龙",发行了一枚"老对手"美国的国鸟主题的纪念币,实在不应该。其实不然,币面的白尾海雕确实也是猛禽,其与美国国鸟白头海雕又名美洲雕者确实有几分类似,也许

头部并非白色为主的白尾海雕

是因为精制本色银币的缘故，看不出更多的区别，但从币文字面上即可知，纪念的是白尾海雕，其与美国国鸟白头海雕相比，一个"白尾"一个"白头"，是其最显著的区别；当然还有生物生态上的区别，白尾海雕繁殖于欧亚大陆北部等处，越冬时节会移至朝鲜、韩国、日本、印度、地中海与非洲西北部等处；而美国的白头海雕是美洲特有的猛禽物种。

朝鲜发行纪念币更不至于犯这类原则性错误！

朝鲜2001年旅日朝侨归国-白头山精制纪念铝币
10元（Won）
旅日朝侨归国-白头山
（Repatriation of Koreans in Japan-Mt.Paektu）
CCT-0001

朝鲜2001年旅日朝侨归国-凯旋门精制纪念铝币
10元（Won）
旅日朝侨归国-凯旋门
（Repatriation of Koreans in Japan-The Arch of Triumph）
CCT-0002

朝鲜2001年旅日朝侨归国-国际游轮万景峰92号精制纪念铝币
10元（Won）
旅日朝侨归国-国际游轮万景峰92号（Repatriation of Koreans in Japan-International Tourist Liner Mangyongbong-92）
CCT-0003

朝鲜2001年旅日朝鲜学生归国精制纪念铝币
10元（Won）
旅日朝鲜学生归国（Repatriation of Korean Schoolchildren Resident in Japan）
CCT-0004

朝鲜2001年富强钱币会社成立-大同门精制纪念铝币
10元（Won）
富强钱币会社成立-大同门（Pugang Mint Establishment-Taedongmun）
CCT-0005

朝鲜2001年富强钱币会社成立-大城山城南门精制纪念铝币
10元（Won）
富强钱币会社成立-大城山城南门（Pugang Mint Establishment-Nam Gate of Taesongsan Fortress）
CCT-0006

朝鲜2001年高丽青瓷精制纪念铝币

10元（Won）

高丽青瓷（Koryo Celadon）

CCT-0007

> **朝鲜高丽青瓷纪念币图案之蓝本**
>
> 后续年份朝鲜所发行的经典的高丽青瓷金、银纪念币，多以此枚币上高丽青瓷图案为蓝本！

朝鲜2001年金日成故居-万景台精制纪念铝币

10元（Won）

金日成故居-万景台（President Kim Il Sung's Birthplace in Mangyondae）

CCT-0008

朝鲜2001年金正日故居-白头山密营精制纪念铝币

10元（Won）

金正日故居-白头山密营（Chairman Kim Jong Il's Birthplace in the Paektusan Secret Camp）

CCT-0009

金家人物故居

朝鲜领导人的故居往往是神圣且神秘的，有关故居主题的纪念币朝鲜发行了许多，最早单独发行金日成故居万景台纪念币，后来开始并驾齐驱发行金日成故居万景台与金正日故居白头山密营的纪念币，再后来又增加金正淑故居会宁的纪念币。还有相关领导人所代表与象征的花卉系列纪念币，近年的后续系列纪念币又把金家人物故居与相关领导人所代表与象征的花卉结合设计在一起，是为故居系列、国花系列与故居国花系列[①]等等。

金正日故居白头山密营其实也是其父金日成的故居之一，因此处密营为金日成过去的司令部等军事设施之所在，而金正日也正好出生在此，所以白头山密营司令部的木屋就是其故居的标志性建筑。

金正淑是朝鲜第一代领导人的夫人，是第二代与第三代领导人的母亲与祖母，被誉为国母。金正淑故居在会宁，因其出生在咸镜北道会宁市，其去世后新设立的新坡郡还被命名为金正淑郡。

白头山密营

① 这里的"国花"实际上只是俗称，该系列中并没有一枚纪念币上有朝鲜的国花木兰花

朝鲜2001年朝鲜跆拳道精制纪念铝币
10元（Won）
朝鲜跆拳道（Korean Taekwon-Do）
CCT-0010

朝鲜2001年朝鲜跆拳道精制纪念铝币
10元（Won）
朝鲜跆拳道（Korean Taekwon-Do）
CCT-0011

朝鲜的传统武术跆拳道

　　跆拳道起源于古代的朝鲜半岛，由朝鲜三国时代跆跟与花郎道等武术技术演化总结而来，因为历史原因跆拳道必然也受到中国武术的大量影响。经过对这种武术长期的选择与提炼，至韩国崔泓熙将军时代提出了"跆拳道"一词来重新命名与囊括朝韩这些传统武术的总结成果。
　　跆拳道注重各类礼仪，仪式感十足的各种设定与推广模式，使其很快风靡全世界，也为亚洲的传统武术进步发展提供了良好的参考范例。跆拳道注重推广走出去战略，积极地向全世界展示自己，韩国在1988年的汉城（首尔）奥运会上作为东道主，于是跆拳道成为奥运会上特殊的示范项目，很快到了下一届1992年巴塞罗那奥运会，跆拳道作为试验比赛项目，至2000年悉尼奥运会成为正式奥运比赛项目。
　　朝韩两国均有发行有关跆拳道的纪念币，多以奥运比赛项目为题展示跆拳道。

朝鲜2001年李舜臣将军普制纪念银币
10元（Won）
925银（31克）
李舜臣将军（General Ri Sun Sin）
CCN-0232

朝鲜2001年富强钱币会社成立-大同门精制纪念铜币
20元（Won）
富强钱币会社成立-大同门
（Pugang Mint Establishment-Taedongmun）
CCT-0012

朝鲜2001年富强钱币会社成立-大城山城南门精制纪念铜币
20元（Won）
大城山城南门（Pugang Mint Establishment-Nam Gate of Taesongsan Fortress）
CCT-0013

朝鲜2001年旅日朝侨归国-凯旋门精制纪念铜币
20元（Won）
旅日朝侨归国-凯旋门
（Repatriation of Koreans in Japan-The Arch of Triumph）
CCT-0014

朝鲜2001年旅日朝侨归国-白头山精制纪念铜币
20元（Won）
旅日朝侨归国-白头山
（Repatriation of Koreans in Japan-Mt.Paektu）
CCT-0015

朝鲜2001年旅日朝侨归国-国际游轮万景峰92号精制纪念铜币
20元（Won）
旅日朝侨归国-国际游轮万景峰92号（Repatriation of Koreans in Japan-International Tourist Liner Mangyongbong-92）
CCT-0016

朝鲜2001年旅日朝鲜学生归国精制纪念铜币
20元（Won）
旅日朝鲜学生归国（Repatriation of Korean Schoolchildren Resident in Japan）
CCT-0017

朝鲜2001年高丽青瓷精制纪念铜币
20元（Won）
高丽青瓷（Koryo Celadon）
CCT-0018

朝鲜2001年金日成故居-万景台精制纪念铜币
20元（Won）
金日成故居-万景台（President Kim Il Sung's Birthplace in Mangyondae）
CCT-0019

朝鲜2001年金正日故居-白头山密营精制纪念铜币
20元（Won）
金正日故居-白头山密营
（Chairman Kim Jong Il's Birthplace in the Paektusan Secret Camp）
CCT-0020

朝鲜2001年远东龙船精制纪念铜币
20元（Won）
远东龙船（Far East Dragon Ship）
CCT-0021

朝鲜2001年动物-蓝鲸精制纪念铜币
20元（Won）
蓝鲸（Balaenoptera musculus）
CCT-0022

朝鲜2001年动物-虎鲸精制纪念铜币
20元（Won）
虎鲸（Orcinus Orca）
CCT-0023

朝鲜2001年动物-座头鲸精制纪念铜币
20元（Won）
座头鲸（Megaptera Novaeangliae）
CCT-0024

朝鲜2001年动物-抹香鲸精制纪念铜币
20元（Won）
抹香鲸（Physeter Macrocephalus）
CCT-0025

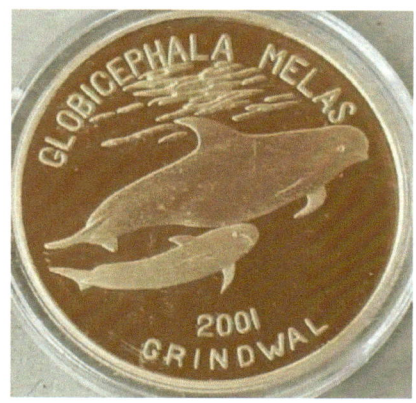

朝鲜2001年动物-长肢领航鲸精制纪念铜币
20元（Won）
长肢领航鲸（Globicephala Melas）
CCT-0026

朝鲜2001年虎鲸精制纪念铜币
20元（Won）
虎鲸（Schwertwal）
CCT-0027

朝鲜2001年动物-北大西洋露脊鲸精制纪念铜币

20元（Won）

北大西洋露脊鲸（Eubalaena Glacialis）

错误（Mint Error）：Eubaena Glacialis

CCT-0028

朝鲜2001年动物-弓头鲸精制纪念铜币

20元（Won）

弓头鲸（Balaena Mysticetus）

错误（Mint Error）：Balaena Mystioetus

CCT-0029

朝鲜现代纪念币上的动物学名之错

朝鲜现代纪念币上的动物学名出现拼写错误已经不是初犯了，可能这些不熟悉的动物拉丁学名确实难倒了朝方造币人员。

朝鲜2001年朝鲜跆拳道精制纪念铜币

20元（Won）

朝鲜跆拳道（Korean Taekwon-Do）

CCT-0030

朝鲜2001年朝鲜跆拳道精制纪念铜币
20元（Won）
朝鲜跆拳道（Korean Taekwon-Do）
CCT-0031

朝鲜2001年共产主义革命家金正淑精制纪念金币
700元（Won）
999金（31克）
共产主义革命家金正淑（Communist Revolutionary Kim Jong Suk）
CCN-0233

朝鲜2001年旅日朝侨归国-凯旋门精制纪念银币
1500元（Won）
999银（1盎司）
旅日朝侨归国-凯旋门（Repatriation of Koreans in Japan-The Arch of Triumph）
CCT-0032

朝鲜2001年高丽青瓷精制纪念银币
1500元（Won）
999银（1盎司）
高丽青瓷（Koryo Celadon）
CCT-0033

样币（Essai） CCS (CCSN/CCST/CCSO)

朝鲜2001年富强钱币会社成立-大同门精制纪念铝样币
10元（Won）
富强钱币会社成立-大同门
（Pugang Mint Establishment-Taedongmun）
CCST-0001

朝鲜2001年富强钱币会社成立-大城山城南门精制纪念铝样币
10元（Won）
大城山城南门（Pugang Mint Establishment-Nam Gate of Taesongsan Fortress）
CCST-0002

朝鲜2001年高丽青瓷精制纪念铝样币
10元（Won）
高丽青瓷（Koryo Celadon）
CCST-0003

朝鲜2001年金日成故居-万景台精制纪念铝样币
10元（Won）
金日成故居-万景台（President Kim Il Sung's Birthplace in Mangyondae）
CCST-0004

朝鲜2001年金正日故居-白头山密营精制纪念铝样币

10元（Won）

金正日故居-白头山密营
（Chairman Kim Jong Il's Birthplace in the Paektusan Secret Camp）
CCST-0005

朝鲜2001年旅日朝侨归国-白头山精制纪念铝样币

10元（Won）

旅日朝侨归国-白头山
（Repatriation of Koreans in Japan-Mt.Paektu）
CCST-0006

朝鲜2001年旅日朝侨归国-凯旋门精制纪念铝样币

10元（Won）

旅日朝侨归国-凯旋门
（Repatriation of Koreans in Japan-The Arch of Triumph）
CCST-0007

朝鲜2001年旅日朝侨归国-国际游轮万景峰92号精制纪念铝样币

10元（Won）

旅日朝侨归国-国际游轮万景峰92号（Repatriation of Koreans in Japan-International Tourist Liner Mangyongbong-92）
CCST-0008

朝鲜2001年旅日朝鲜学生归国精制纪念铝样币

10元（Won）

旅日朝鲜学生归国（Repatriation of Korean Schoolchildren Resident in Japan）

CCST-0009

朝鲜2001年富强钱币会社成立-大同门精制纪念铜样币

20元（Won）

富强钱币会社成立-大同门（Pugang Mint Establishment-Taedongmun）

CCST-0010

朝鲜2001年富强钱币会社成立-大城山城南门精制纪念铜样币

20元（Won）

大城山城南门（Pugang Mint Establishment-Nam Gate of Taesongsan Fortress）

CCST-0011

朝鲜2001年高丽青瓷精制纪念铜样币

20元（Won）

高丽青瓷（Koryo Celadon）

CCST-0012

朝鲜2001年金日成故居-万景台精制纪念铜样币
20元（Won）
金日成故居-万景台（President Kim Il Sung's Birthplace in Mangyondae）
CCST-0013

朝鲜2001年金正日故居-白头山密营精制纪念铜样币
20元（Won）
金正日故居-白头山密营
（Chairman Kim Jong Il's Birthplace in the Paektusan Secret Camp）
CCST-0014

朝鲜2001年旅日朝侨归国-白头山精制纪念铜样币
20元（Won）
旅日朝侨归国-白头山
（Repatriation of Koreans in Japan-Mt.Paektu）
CCST-0015

朝鲜2001年旅日朝侨归国-凯旋门精制纪念铜样币
20元（Won）
旅日朝侨归国-凯旋门
（Repatriation of Koreans in Japan-The Arch of Triumph）
CCST-0016

朝鲜2001年旅日朝侨归国-国际游轮万景峰92号精制纪念铜样币

20元（Won）

旅日朝侨归国-国际游轮万景峰92号（Repatriation of Koreans in Japan-International Tourist Liner Mangyongbong-92）

CCST-0017

朝鲜2001年旅日朝鲜学生归国精制纪念铜样币

20元（Won）

旅日朝鲜学生归国（Repatriation of Korean Schoolchildren Resident in Japan）

CCST-0018

错币（Mint Error） CCE (CCEN/CCET/CCEO)

朝鲜2001年朝中人民的有谊万古长青-金正日与江泽民相会精制纪念铜币文字错币

1元（Won）

朝中人民的有谊万古长青-金正日与江泽民相会（DPRK-China Friendship Last Forever-Great Leader Comrade Kim Jong Il Meets President Chiang Tsemin）

错误（Mint Error）："有谊"（Chinese Character: Friendship）

CCEN-0003

中朝"有谊"万古长青

这似乎是一枚朝鲜没有注意到纪念币的错币，朝鲜现代纪念币中不光各种拉丁学名拼写容易出错，在中文汉字运用上，朝鲜也多次出现失误，包括后来的纪念北京2008奥运会的系列纪念币，此是后话。"朝中人民的友谊万古长青"友谊二字的中文汉字却写了白字，被友谊一方的中国钱币收藏者最早发现，这叫人情何以堪。

朝鲜2001年动物-北大西洋露脊鲸精制纪念铜币文字错币
20元（Won）
北大西洋露脊鲸（Eubalaena Glacialis）
错误（Mint Error）：Eubaena Glacialis
CCET-0001

朝鲜2001年动物-弓头鲸精制纪念铜币文字错币
20元（Won）
弓头鲸（Balaena mysticetus）
错误（Mint Error）：Balaena Mystioetus
CCET-0002

2002年

常规币（Coin） CC（CCN/CCT/CCO）

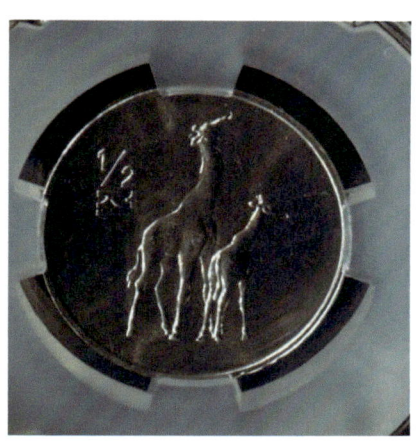

朝鲜2002年动物-长颈鹿普制纪念铝币
1/2钱（Chon）
长颈鹿（Giraffa）
CCN-0234

朝鲜2002年动物-猩猩普制纪念铝币
1/2钱（Chon）
猩猩（Orangutan）
CCN-0235

朝鲜2002年动物-马普制纪念铝币
1/2钱（Chon）
马（Horse）
CCN-0236

朝鲜2002年动物-褐斑蝮蛇普制纪念铝币
1/2钱（Chon）
褐斑蝮蛇（Mamushi Pit Viper）
CCN-0237

朝鲜2002年动物-河马普制纪念铝币
1/2钱（Chon）
河马（Hippopotamus）
CCN-0238

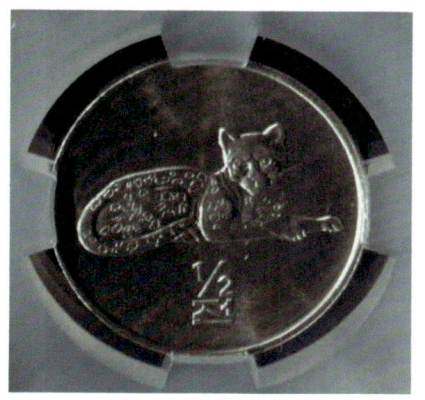

朝鲜2002年动物-豹子普制纪念
铝币
1/2钱(Chon)
豹子(Leopard)
CCN-0239

朝鲜2002年动物-珠鸡普制纪念
铝币
1/2钱(Chon)
珠鸡(Helmeted Guinea fowl)
CCN-0240

朝鲜2002年21世纪联合国粮农组
织粮食安全-喷气式客机普制纪念
铝币
1/2钱(Chon)
21世纪联合国粮农组织粮食安全-
喷气式客机(XXI Century FAO
Food Security-Jet Airliner)
CCN-0241

朝鲜2002年21世纪联合国粮农组
织粮食安全-古船普制纪念铝币
1/2钱(Chon)
21世纪联合国粮农组织粮食安
全-古船(XXI Century FAO Food
Security-Ancient Ship)
CCN-0242

朝鲜2002年21世纪联合国粮农组织粮食安全-古船普制纪念铝币
1/2钱（Chon）
21世纪联合国粮农组织粮食安全-古船（XXI Century FAO Food Security-Ancient Ship）
CCN-0243

朝鲜2002年21世纪联合国粮农组织粮食安全-现代火车普制纪念铝币
1/2钱（Chon）
21世纪联合国粮农组织粮食安全-现代火车（XXI Century FAO Food Security-Modern Train）
CCN-0244

朝鲜2002年21世纪联合国粮农组织粮食安全-蒸汽火车普制纪念黄铜币
1钱（Chon）
21世纪联合国粮农组织粮食安全-蒸汽火车（XXI Century FAO Food Security-Steam Locomotive）
CCN-0245

朝鲜2002年21世纪联合国粮农组织粮食安全-老爷车普制纪念黄铜币
1钱（Chon）
21世纪联合国粮农组织粮食安全-老爷车（XXI Century FAO Food Security-Antique Automobile）
CCN-0246

朝鲜2002年金达莱花普制铝币
10钱（Chon）
金达莱花（Jindallae）
CCN-0247

常被误认为朝鲜国花的金达莱花

  朝鲜的国花是木兰花，木兰花自古受到朝鲜人民的喜爱，但金达莱花在朝鲜也意义非凡，很多事物以其命名，可能因此被人误以为是国花，很多互联网搜索引擎的结果也人云亦云，把金达莱说成朝鲜国花。金达莱花，又名迎红杜鹃，是杜鹃科下植物，不是朝鲜独有的物种，亚洲很多国家如中国、蒙古与日本都有生长。朝鲜汉字写法金达莱是"真达莱"；古代一些书籍中亦有不少记载，并且还可入药与食用，亚洲尤其中国传统的药食同源中亦有金达莱花的身影。
  虽然并非国花，但金达莱花在朝鲜的政治生活中也具有重大意义，以其命名的有金达莱儿童基金会；包括金正日执导的电影《卖花姑娘》[1]中的插曲《赤诚花》亦有"千朵万朵金达莱花"等歌词；也包括朝鲜新推出的智能手机"金达莱7"，该手机内置有金达莱输入法[2]。
  金达莱花并非国花却更胜国花，有关金达莱花的纪念币朝鲜也多有发行，有单独这种花卉主题的纪念币，亦有与金正淑故居会宁主题相结合的纪念币；也有说法金达莱花是金正淑最喜爱的花卉。

朝鲜中央通讯社关于国花为木兰花的说明

朝鲜"金达莱7"智能手机　　　　木兰花

---

① 由同名歌剧改编
② 在此之前还有以"阿里郎"命名的朝鲜手机

朝鲜2002年不朽之花《金正日花》普制铝币
50钱（Chon）
不朽之花《金正日花》（Immortal Flower-Kimjongilia）
CCN-0248

朝鲜2002年永不凋谢之花《金日成花》普制铝币
1元（Won）
永不凋谢之花《金日成花》（Immortal Flower-Kimilsungia）
CCN-0249

永不凋谢的不朽之花朝鲜金日成花与金正日花

金日成花与金正日花在朝鲜被誉为永不凋谢之花与不朽之花[①]，有专门管理相关事宜的金日成花，金正日花委员会，都是朝鲜的领袖之花；多次进行国际展出，本国各种庆典亦多有展示，且两花还有各自的花节，金日成花节与金正日花节都是重大的盛典，每届花节都是几十万人次参观，迄今参观者已逾几百万人次；金日成花与金正日花也随着朝鲜的推广宣传而世界闻名。

令人很难想象的是，无论金日成花与金正日花其实都非朝鲜原产的花种。

金日成花是一种兰科石斛兰属的铁皮石斛，是最初由印度尼西亚培育出产的兰花。为何这种印尼兰花会成为朝鲜的领袖之花，还被命名为金日成花，这是因为当年金日成应印尼总统苏加诺之邀访问该国，在印尼的茂物植物园见到这种还未命名的兰花，于是一见倾心，苏加诺也做个顺水人情下令将此兰花命名金日成花；而后朝鲜开始引入这种金日成花。至2015年朝鲜与印尼还联合发行金日成花命名50周年主题的纪念邮票。

金正日花是一种秋海棠科海棠属花种，是一种由日本花卉种植专家加茂元照培育出产的新型花卉。虽然朝鲜同美国与日本均未建交且呈敌对状态，甚至朝鲜多次发行反美与反日主题的纪念币与纪念邮票，但与美日两国部分民间友好交流照常。作为庆贺金正日46岁寿诞的礼物，以及朝日两国友谊的象征，加茂元照把这种秋海棠命名为金正日花。

金日成花与金正日花朝鲜单独发行过花卉主题的纪念币，与同样发行过纪念币的金达莱花合称为"三花"。同样亦有对应金家领导人故居与花卉组合主题的纪念币，即金日成故居与金日成花纪念币、金正日故居与金正日花纪念币，以及金正淑故居与金达莱花纪念币。

① "永不凋谢之花"与"不朽之花"币面朝文一致，中文翻译则表述各不相同

朝鲜2002年大型团体操和艺术表演《阿里郎》-金刚山仙女精制纪念铝币
1元（Won）
大型团体操和艺术表演《阿里郎》-金刚山仙女（Mass Gymnastics and Artistic Performance "Arirang"-Fairy of Mt.Kumgang Playing Flute）
CCN-0250

朝鲜2002年大型团体操和艺术表演《阿里郎》-五一体育场精制纪念铝币
1元（Won）
大型团体操和艺术表演《阿里郎》-五一体育场（Mass Gymnastics and Artistic Performance "Arirang"-May Day Stadium）
CCN-0251

朝鲜2002年大型团体操和艺术表演《阿里郎》-祖国统一三大宪章纪念塔精制纪念铝币
1元（Won）
大型团体操和艺术表演《阿里郎》-祖国统一三大宪章纪念塔（Mass Gymnastics and Artistic Performance "Arirang"-The Monument to Three Charters of National Reunification）
CCN-0252

朝鲜2002年大型团体操和艺术表演《阿里郎》-金太阳精制纪念铝币
1元（Won）
大型团体操和艺术表演《阿里郎》-金太阳（Mass Gymnastics and Artistic Performance "Arirang"-Sun）
CCN-0253

朝鲜2002年大型团体操和艺术表演《阿里郎》-陆海空三军精制纪念铝币
1元（Won）
大型团体操和艺术表演《阿里郎》-陆海空三军（Mass Gymnastics and Artistic Performance "Arirang"-Army,Navy and Air Force）
CCN-0254

朝鲜2002年大型团体操和艺术表演《阿里郎》-农乐舞精制纪念铝币
1元（Won）
大型团体操和艺术表演《阿里郎》-农乐舞（Mass Gymnastics and Artistic Performance "Arirang"-Nongakchum）
CCN-0255

朝鲜2002年大型团体操和艺术表演《阿里郎》-千里马精制纪念铝币
1元（Won）
大型团体操和艺术表演《阿里郎》-千里马（Mass Gymnastics and Artistic Performance "Arirang"-Chollima）
CCN-0256

朝鲜大型团体操和艺术表演《阿里郎》

朝鲜的《阿里郎》主题系列纪念币是2002年开始发行的，包括一种币面没有年份的同主题纪念币，《阿里郎》本身是朝鲜传统民歌，经改编而成为艺术表演，这部大型团体操和艺术表演是纪念金日成诞辰90周年与金正日诞辰60周年而来的，此后朝鲜把《阿里郎》作为一个保留项目，在一些重大节日里进行演出，主要在五一体育场表演，更发展成来后的阿里郎艺术节。

朝鲜《阿里郎》主题的纪念币也有很多种，常见的有7种一套的与5种一套的等，均以大型团体操表演活动《阿里郎》为背景，这个表演要动员十万人参加演出，所以绝对是大型团体操，表演中展现朝鲜的文化历史，通过场面宏大的舞蹈讲述朝鲜经历的革命历程，也包括金家领导人的光辉事迹与当代朝鲜的建设成就和文化风貌；后因演出的规模举世无双还被载入吉尼斯世界纪录大全。值得一提的是《阿里郎》还是金日成奖的获奖作品。

大型团体操和艺术表演《阿里郎》

朝鲜纪念币上的《阿里郎》，7枚一套的币面均有五一体育场形象，因为是在此处演出的，而每一种又加入了金刚山仙女、五一体育场、祖国统一三大宪章纪念碑、金太阳、陆海空三军、农乐舞与千里马等具体主题。另一套《阿里郎》系列纪念币，则以欢迎来到平壤等口号作为纪念内容之一。

值得一提的是，《阿里郎》是著名的朝鲜语民歌，是中朝韩三国朝鲜族共同的文化遗产，联合国教科文组织将朝韩的《阿里郎》列为非物质文化遗产[①]，中国的《阿里郎》则被列入本国的国家级非物质文化遗产名录。

---

① 韩国称为无形文化遗产

朝鲜2002年2006德国世界杯精制纪念铜币
1元（Won）
德国世界杯（2006 FIFA World Cup Germany）
CCN-0257

朝鲜2002年生肖马年精制纪念铜币
1元（Won）
生肖马年（Year of the Horse）
CCN-0258

朝鲜2002年《6·15共同宣言》2周年-相拥而泣精制纪念铜币

1元（Won）

《6·15共同宣言》2周年-相拥而泣（2th Anniversary of the 6·15 Joint Declaration-Hugging）

CCN-0259

朝鲜2002年朝鲜始祖檀君与檀君陵精制纪念铜币

1元（Won）

朝鲜始祖檀君与檀君陵（Portrayal of King Tangun and General View of the Tomb）

CCN-0260

5000年前的朝鲜始祖檀君

5000年前的朝鲜始祖檀君，这其实是朝鲜金刚山观光旅游纪念系列纪念币中檀君那枚纪念币的主题，朝鲜另外一种有关始祖檀君的纪念币就是檀君与檀君陵主题。

关于檀君，一般认为是一个传说中的人物，最早被记载于《三国遗事》上，但在朝鲜半岛檀君是至高无上的始祖，朝韩的表述略有差异，但他们的共同之处都认为檀君是历史上真实存在的人物，也都有不同的节日来纪念檀君；反倒是日韩合并时期认为檀君是传说中的人物。至于檀君的真实性，至少从5000年前的朝鲜始祖檀君这种描述上可见一斑；韩国的历史教科书里也有檀君出现，并把其描绘成一个在位千余年的君王，后来禅让其王位给箕子。而檀君陵也是更加神奇之所在，据说还在其中发掘出檀君的遗骨。

当代重修后的檀君陵

至于5000年前的檀君是怎么来的，还是因为这座檀君陵，此陵墓朝鲜历史上已有记载，日韩合并后也有日本考古学家对其进行发掘，但再度发掘与出现考古成果还是当代。1993年朝鲜考古学家再度发掘此陵，在其中发现两具人骨，而后以电子常磁性共鸣年代测定法测试出两具人骨是5011年以前遗骸，朝方确信这两具为檀君夫妇的遗骨。这也就是5000年前朝鲜始祖檀君的来历。至于檀君陵的构造其实与高句丽时期的陵墓构造相似，朝方的说法则是因高句丽时期的修复；当代发掘完成之后，朝鲜很快对檀君陵进行了修缮，这枚纪念币上的金字塔型石陵的形态就是重修后檀君陵。如此考古成果与结论，是否鲁莽，着实仁者见仁，智者见智。

朝鲜2002年亚洲动物-大熊猫精制彩色纪念银币
2元（Won）
999银（7克）
亚洲动物-大熊猫（Fauna of Asia-Panda）
CCN-0261

朝鲜2002年《6·15共同宣言》2周年精制纪念银币
5元（Won）
999银（15克）
《6·15共同宣言》2周年（2th Anniversary of the 6·15 Joint Declaration）
CCN-0262

朝鲜2002年朝鲜民俗-高句丽时期婚礼-新娘精制纪念银币
5元（Won）
999银（15克）
朝鲜民俗-高句丽时期婚礼-新娘（Korean Folk.-Wedding In the Period of Koguryo-Bride）
CCN-0263

朝鲜民俗-高句丽时期婚礼

　　朝鲜发行的纪念币分为很多系列，有些系列的组成着实比较随意或零散并不成系统，朝鲜民俗属于一个纪念币大系，但囊括的内容却各具特色，各不相干，不光有童玩嬉戏还有成人的各类体育活动，更有历史上的婚礼风俗，甚至还有历史上的武备服饰，总之都是朝鲜民俗。朝鲜民俗系列内有关婚礼的纪念币则只选取古代高句丽时期婚礼主题，具体分为两枚，一枚是新郎形象，另一枚是新娘形象，主题也分别是迎亲与送亲场面。

朝鲜2002年朝鲜民俗-民族服装-李朝骑兵服饰精制纪念银币

5元（Won）

999银（15克）

朝鲜民俗-民族服装-李朝骑兵服饰（Korean Folk-National Costume-Knight Suit of the Li Dynasty）

CCN-0264

朝鲜纪念币上的武备

朝鲜现代纪念币上有一些历史人物或军事人物，有不同历史时期没名没姓的骑马武士，也有包括李舜臣将军在内的历史上的各位名将，但武备服饰专属主题的纪念币，朝鲜发行的确实不多。这枚是朝鲜民俗纪念币大系列中以民族服装为题的一枚，主题是李朝骑兵服饰。

名为李朝骑兵服饰，图案只有士兵没有战马，李朝是朝鲜最后一个封建王朝，享国500余年，亡于日韩合并，李朝的时间跨度较长，盔甲武备受到中华古代武备影响颇深，纪念币上的盔甲装备确实带有浓厚的李朝风格。

值得一提的是，朝鲜这个李朝的"李"字，如李舜臣将军的"李"字，光朝鲜自己纪念币上就有不同的拼写方法，如"Li"或"Ri"；朝韩拼写方式不同，韩国的"李"则多用"Lee"，读音作"Yi"①。

———————

① 李承晚一般写作Syngman Rhee

朝鲜2002年世界杯历史-1958瑞典世界杯精制纪念银币

5元（Won）

999银（20克）

世界杯历史-1958瑞典世界杯（FIFA World Cup History-1958 FIFA World Cup Sweden）

CCN-0265

朝鲜2002年巴西获得2002韩日世界杯冠军精制纪念银币

5元（Won）

999银（20克）

巴西获得2002韩日世界杯冠军（Brazil was the Winner of 2002 FIFA World Cup Korea/Japan）

CCN-0266

朝鲜2002年亚洲动物-柬埔寨野牛精制纪念银币

5元（Won）

999银（20克）

亚洲动物-柬埔寨野牛（Fauna of Asia-Kouprey）

CCN-0267

朝鲜2002年壬午生肖马年精制纪念银币

5元（Won）

999银（15克）

生肖马年（Year of the Horse）

CCN-0268

朝鲜2002年壬午生肖马年-马头精制纪念银币

5元（Won）

999银（15克）

生肖马年-马头（Year of the Horse-Horsehead）

CCN-0269

朝鲜2002年生肖马年精制纪念铝币

10元（Won）

生肖马年（Year of the Horse）

CCT-0034

朝鲜2002年四象精制纪念铝币

10元（Won）

四象（Four Holy Beasts）

CCT-0035

朝鲜四象纪念币的家族性设计

朝鲜四象纪念币设计上很有意思，在这枚四象组合围绕在朝鲜半岛图案的纪念币上，其中青龙、白虎、朱雀与玄武的形态与单独发行的每一种四象之一的纪念币上的图案完全一致，俨然一种家族性设计。

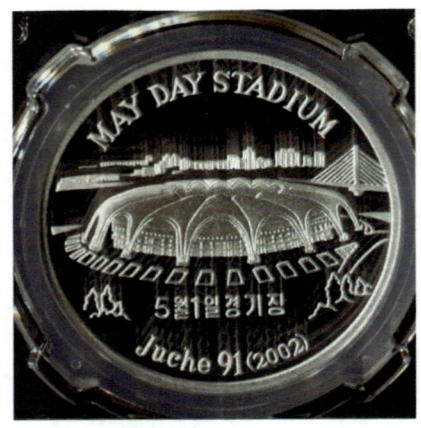

朝鲜2002年五一体育场精制纪念铝币

10元（Won）

五一体育场（May Day Stadium）

CCT-0036

磅礴大气的五一体育场

五一体育场极其庞大，创造世界纪录的朝鲜大型团体操和艺术表演《阿里郎》就在此上演。五一体育场又叫绫罗岛五月一日竞技场或五月一日体育场，因其启用于1989年5月1日。建造这座体育场是为了迎接在1989年7月1日开幕的第十三届世界青年与学生联欢节。无论是五一体育场还是世界青年与学生联欢节，朝鲜都有相关主题的纪念币，且在《阿里郎》系列纪念币中也多有五一体育场的身影。

五一体育场

朝鲜2002年2004雅典奥运会-跆拳道精制纪念铝币

10元（Won）

雅典奥运会-跆拳道（Athens 2004 Olympic Games-Taekwon-Do）

CCT-0037

朝鲜2002年《6·15共同宣言》2周年-朝鲜半岛统一精制纪念铝币

10元（Won）

《6·15共同宣言》2周年-朝鲜半岛统一（2th Anniversary of the 6·15 Joint Declaration-Korean Reunification）

CCT-0038

《6·15共同宣言》2周年系列纪念币，这枚纪念币上的朝文标语为"统一的朝鲜人民万岁"。

朝鲜2002年《6·15共同宣言》2周年-相拥而泣精制纪念铝币

10元（Won）

《6·15共同宣言》2周年-相拥而泣（2th Anniversary of the 6·15 Joint Declaration-Hugging）

CCT-0039

《6·15共同宣言》2周年系列纪念币，这枚纪念币上的朝文标语为"我们的夙愿是统一"。

朝鲜2002年2006德国世界杯精制纪念铝币

10元（Won）

德国世界杯（2006 FIFA World Cup Germany）

CCT-0040

朝鲜2002年大型团体操和艺术表演《阿里郎》-欢迎来到平壤精制纪念铝币
10元（Won）
大型团体操和艺术表演《阿里郎》-欢迎来到平壤（Mass Gymnastics and Artistic Performance "Arirang"- Welcome to Pyongyang）
CCT-0041

朝鲜2002年大型团体操和艺术表演《阿里郎》-欢迎 友谊 团结精制纪念铝币
10元（Won）
大型团体操和艺术表演《阿里郎》-欢迎 友谊 团结（Mass Gymnastics and Artistic Performance "Arirang"- Welcome Friendship Solidaruty）
CCT-0042

朝鲜2002年高丽王朝开国国王王建精制纪念铝币
10元（Won）
高丽王朝开国国王王建（First King of Koryo Dynasty Wanggon）
CCT-0043

高丽王朝开国国王王建

对于王建，更常用的称谓是高丽太祖，其朝鲜历史上高丽王朝的初代国君，朝鲜纪念币上对其称谓的英文含义是高丽王朝开国国王，关于王建的纪念币不同年份发行了很多，材质上金币、银币、铜币与铝币皆有，但图案相同，币面选取的都是正襟危坐的王建太祖御真①。王建本为后高句丽②国王弓裔的部将，后来功高盖主，加之弓裔无道，于是伐无道，后自立为

王建号忠武公李舜臣级驱逐舰

王建画像

① "御真"原本为帝王驾崩后祭祀时所用的正式画像，而后日本还有对在世帝王之肖像照片称为"御真影"
② 又称泰封国

王，定都在今天的开城是为开京。所谓分久必合，合久必分，朝鲜半岛的局势也是如此，过去并立的各国逐渐失衡与衰败；最终，王建统一朝鲜半岛，还接受中国五代十国时期部分君主的册封，这些都是王建在历史上的巨大功绩。韩国方面也极其重视王建，韩国海军亦有名为王建号的忠武公李舜臣级驱逐舰①。

① 以李舜臣命名的军舰级别

朝鲜2002年恭愍王陵精制纪念铝币
10元（Won）
恭愍王陵（Tomb of King Kong Min）
CCT-0044

高丽恭愍王

恭愍王陵

　　朝鲜现代纪念币并非很系统，帝王主题纪念币不少，但也并非朝鲜历史上每一代君王都有相关主题纪念币的发行，如纪念币上的恭愍王是高丽王朝第三十一代国君。恭愍王本来叫王祺后改名王颛，有意思的是他还有个蒙古名伯颜帖木儿，至于如何来的，当然是大元大蒙古国皇帝赐给他的。说起来恭愍王王颛没赶上什么好时候，作为大元属国高丽国的忠肃王次子，少年时期就被召进北京居住，这也是古代帝王对封疆大吏、藩王世子与属国子弟的一种"优待"，名曰在京教养，沐浴皇恩，实则就是一种变相人质。恭愍王的运气喜忧参半，元廷待其不薄，还让其做了元朝的驸马，迎娶鲁国大长公主宝塔失里，元顺帝封其为高丽国王，可是回国即位没多久又赶上日本倭寇来犯，刚逐步平息，又赶上天朝上国的元明之交，如何站队是摆在他面前的一道难题，一方是原本天下霸主的宗主国，另一方是北上争夺天下的南方新霸主，哪怕元朝北迁后的北元实力仍旧不俗。左右逢源的日子并不好过，成也大元败也大元，元顺帝也曾下诏废除恭愍王立他人为王。元顺帝退居北元后，朱元璋也对恭愍王加以封赏，令其使用明朝年号不再使用元朝年号；与此同时，北元也遣人前来封赏拉拢以图共同对抗明朝；在这种拉锯战下，恭愍王最终死在宦官与侍卫之手。值得一提的是恭愍王称号，也是从明朝赐予的谥号"恭愍"而来。

　　朝鲜纪念币上所见的恭愍王陵位于今天的开城，这里是朝鲜古代的开京。与恭愍王陵同在开城的还有王建王陵，外观形制上差不多，作为王陵也都附带有文武官员像与动物的石翁仲，因为都是20世纪80年代末至90年代重修的，但也有显著区别，恭愍王陵是两座坟茔，这是恭愍王与仁德王后也就是前文提到的元朝的鲁国大长公主宝塔失里合葬王陵。

　　恭愍王虽然死于他人之手，但毕竟也算是高丽王朝最后一位保有权力的君王；在其身后第三十二代国君，无庙号、无谥号与无陵号的祸王至末代国王恭让王均处于一种身不由己的傀儡状态。

朝鲜2002年2300年前的东明王陵精制纪念铝币

10元（Won）

2300年前的东明王陵（2300 Years Ago Tomb of King Tongmyong）

CCT-0045

百思不得其解的2300年前东明王陵

朝鲜此枚东明王陵主题的纪念币的币文甚是有趣，由阿拉伯数字、朝文与英文组合而成，即2300年前的东明王陵。东明王陵是东明圣王高朱蒙的陵墓，东明圣王无论本人主题还是王陵主题，朝鲜都为之发行了各类纪念币，有不同材质的纪念币多种。东明圣王是初代高句丽国王，虽然多被认为是传说中的人物，但其最初的王陵在高句丽的国内城，不过这座国内城在今天中国吉林的集安；后来随着高句丽领土扩大，王陵也迁移到平壤一带。当然我们今天看到的东明王陵也是20世纪90年代重修的，更为有意思的是币文提到的2300年前，无论是高朱蒙陵墓的修建，哪怕生前修建，还是其生卒年都够不上2300周年，2300年前要到公元前近300年的时间，虽然高朱蒙的很多事迹都是传说，但也基本有统一的生卒年定义，即公元前59年—19年，这显然至今也不够2300年。也许这只是朝方对于纪念币或历史文化纪念上的一种"四舍五入"的宣传。

东明王陵

朝鲜2002年郑梦周与善竹桥精制纪念铝币

10元（Won）

郑梦周与善竹桥（Jong Mong Ju and Sonjuk Bridge）

CCT-0046

忠义由来不可堙——郑梦周与善竹桥

"忠义由来不可堙，平时砥砺且无人。疾风劲草尤难见，须识高丽一个臣。"这首死节诗是朝鲜著名诗人南衮所作，所言的"高丽一个臣"正是朝鲜的大忠臣郑梦周，郑梦周遭人暗杀，魂断善竹桥，这些都是这枚朝鲜纪念币所反映的历史情况，此币也有各种不同材质之币发行。

朝鲜忠臣故事的主人公正是郑梦周。郑梦周是朝鲜历史上高丽王朝末期的政治家与外交家，还被誉为朝鲜理学之祖。郑梦周生活的时代，等同于中国元朝末年到明朝初年这

善竹桥

个时期。郑梦周是军官世家出身，但行为方式却崇文并不尚武，年轻时已科举中举，他所处的恭愍王时期，此时朝鲜高丽王朝已经风雨飘摇，恭愍王被弑身亡，恭愍王之子是被称为禑王的王禑①王禑被李成桂逼迫退位后流放杀害，改立昌王王昌即位。王昌即位不到一年再度被李成桂废除并流放杀害，最后改立者是朝鲜高丽王朝最后一代君王恭让王王瑶；在元明兴替这种大时代背景下，北元和明朝又分别拉拢朝鲜的实力派。正因如此，郑梦周与李成桂有了交集，也因李成桂坠马负伤，末代君王恭让王与郑梦周借机计划铲除李成桂，就实力对比无异于以卵击石。反倒被李成桂一方先下手为强，李成桂之子李芳远派人杀害了郑梦周，刺杀地点就在开城的善竹桥，并将郑梦周枭首于市，抄没府邸。郑梦周被害，李成桂再没了阻拦，恭让王也没了屏障，被迫退位后与江华岛和巨济岛的高丽宗室一同被屠戮殆尽；李成桂则自立为王，开创朝鲜李朝，为开国国君。

郑梦周并不仅仅有壮志未酬身先死的遗憾，就实力比拼确实无法与征战沙场多年的开国君王李成桂相较②，但其还有很多其他的功绩，包括学术方面的高度，也因此被誉为朝鲜理学中兴之祖；还与明太祖朱元璋有一些交集。

由于处在元明兴替的时期，加之朝鲜也赶上高丽王朝与李氏王朝的更迭，对宗主国的邦交活动出现了严重的问题；其中高丽使臣因进贡违约的问题，受到了明太祖朱元璋的重罚，郑梦周作为与明朝恢复朝贡关系的使臣，数次出使中国，很大程度上扭转并缓和了与明朝的紧张关系，收获了不错的出使成果，并恢复了与宗主国的宗藩关系。本来这位"高丽一个臣"应是一代明臣，但不幸赶上了高丽与李朝的交替，高丽王朝气数已尽，郑梦周于善竹桥遗憾地殒命于横空出世在朝鲜无敌般存在的李朝开国国君李成桂之手。

朝鲜这枚纪念币上存有郑梦周头像与其殒命的善竹桥，善竹桥今天已经是朝鲜的国宝文物之一，而币面上的另外建筑是善竹桥后方的崧阳书院，这是郑梦周的故居，可想而知郑梦周就是从这里走到善竹桥遭到毒手的；崧阳书院经过修缮至今也完好保存着，也是朝鲜的国宝文物之一；与其他开城的历史文化遗迹一同以"开城历史古迹和遗址"名义被列入联合国教科文组织《世界遗产名录》。

---

① 一说是权臣辛旽之子；辛旽是类似朝鲜版吕不韦式的权臣人物
② 李成桂是抗击过元朝军队和红巾军还保有战功的战将

朝鲜2002年全琫准与甲午农民战争精制纪念铝币
10元（Won）
全琫准与甲午农民战争（Jon Bong Jun and Kap O Peasants' War）
CCT-0047

甲午战争的前奏——甲午农民战争领袖全琫准

东学党起义这个历史上的事件，在今天朝韩有着不同的称谓，朝鲜如这枚全琫准与甲午农民战争纪念币上称谓一样称甲午农民战争，而韩国则称东学农民革命[①]等。这是19世纪末朝鲜的一次声势浩大的农民起义，反抗朝鲜贵族与日本侵略者的压迫，领导者之一就是全琫准，这次农民起义战争导致了后来的中日甲午战争，是甲午战争的导火索。

全琫准

纪念币上除了全琫准的头像与农民起义的烽火连天外，还有"斥洋斥倭"口号的旗帜，这也是起义之初起义者们打出的鲜明旗号，"斥洋斥倭"不难理解就是反洋教包括反西方文化入侵与反日本侵略者。起义很快形成规模，响应者甚多，朝鲜国王无力应对，遂求助宗主国，至清政府派出援兵，朝鲜方面也与农民起义者达成议和条件，双方逐步停火，签署《全州和约》。

此后朝鲜半岛局势一发不可收拾，中日双方分别向朝鲜增兵后，战事一触即发。而后日本不宣而战，丰岛海战开始，中日甲午战争拉开序幕，日本策动右翼浪人除掉闵妃，进而推翻闵妃集团扶植的亲日傀儡政府，不多日朝鲜离开大清宗藩体系，自称帝国但很快又被迫日韩合并，闵妃也被追谥明成皇后，此是后话。

面对如此局面，农民起义性质也发生转变，全琫准继续率队北上抗日，但装备不佳，实力有限，外加孤立无援，很快战败被俘，而后被日本侵略者与朝鲜亲日傀儡政府处死。

今时今日朝韩两国都有不少纪念全琫准的文化古迹；朝鲜有甲午农民战争周年纪念的各种邮票，更有纪念全琫准的多种纪念币；韩国亦有其故居保存至今，并为其设立纪念铜像。

[①] 或东学农民运动

朝鲜2002歌唱朝鲜统一精制纪念铝币
10元（Won）
歌唱朝鲜统一（Sing of the Korean Reunification）
CCT-0048

歌唱朝鲜统一

朝鲜半岛统一是朝鲜现代纪念币中一类永恒的题材；韩国亦有类似主题的纪念币章。此币主题画面以艺术体操运动员的彩带描绘出朝鲜半岛地形的整体形态，象征朝鲜统一。

朝鲜2002年金日成主席是永恒的太阳精制纪念银币
10元（Won）
999银（31克）
金日成主席是永恒的太阳（Leader Kim Jong Il is the Eternal Sun）
CCN-0270

朝鲜2002年最后的圣马力诺里拉精制镶嵌碧玉石纪念银币
10元（Won）
999银（1盎司）
镶嵌碧玉石（Jasper）
最后的圣马力诺里拉（Final Issue of The San Marino Lira）
CCN-0271

朝鲜2002年最后的摩纳哥法郎精制镶嵌牛眼石纪念银币
10元（Won）
999银（1盎司）
镶嵌牛眼石（Bull's Eye）
最后的摩纳哥法郎（Final Issue of The Monaco Franc）
CCN-0272

朝鲜2002年最后的荷兰盾精制镶嵌鹰眼石纪念银币

10元（Won）

999银（1盎司）

镶嵌鹰眼石（Hawk's Eye）

最后的荷兰盾（Final Issue of The Dutch Guilder）

CCN-0273

朝鲜2002年最后的梵蒂冈里拉精制镶嵌金黑曜石纪念银币

10元（Won）

999银（1盎司）

镶嵌金黑曜石（Gold Obsidian）

最后的梵蒂冈里拉（Final Issue of The Vatican Lira）

CCN-0274

朝鲜2002年最后的德国马克精制镶嵌虎眼石纪念银币

10元（Won）

999银（1盎司）

镶嵌虎眼石（Tiger's Eye）

最后的德国马克（Final Issue of The German Mark）

CCN-0275

朝鲜2002年最后的比利时法郎精制镶嵌青金石纪念银币

10元（Won）

999银（1盎司）

镶嵌青金石（Lapis Lazuli）

最后的比利时法郎（Final Issue of The Belgian Franc）

CCN-0276

朝鲜2002年最后的奥地利先令精制镶嵌红玛瑙纪念银币
10元（Won）
999银（1盎司）
镶嵌红玛瑙（Red Agate）
最后的奥地利先令（Final Issue of The Austrian Schilling）
CCN-0277

朝鲜2002年最后的希腊德拉克马精制镶嵌褐黑曜石纪念银币
10元（Won）
999银（1盎司）
镶嵌褐黑曜石（Brown Obsidian）
最后的希腊德拉克马（Final Issue of The Greek Drachma）
CCN-0278

朝鲜2002年最后的芬兰马克精制镶嵌黑曜石纪念银币
10元（Won）
999银（1盎司）
镶嵌黑曜石（Obsidian）
最后的芬兰马克（Final Issue of The Finnish Markka）
CCN-0279

多彩石头币——欧元区初始国告别原有货币

我们都知道，欧元是今天欧盟诸国通行的货币，各国流通的欧元硬币在设计上各具特色，只是欧元面值一面保持不变，方便跨国交易与结算。欧元历史悠久，关于欧元的诞生一般认为可追溯到1957年的《罗马条约》，期间探索欧元模式还曾拟定恢复使用名为埃居的古老货币面值，埃居面值单位相当古老，可追溯至法国13世纪的金币；而伴随欧盟的成立，欧元也最终出现。

值得一提的是，在欧元正式发行前，无论以"欧元"还是"埃居"名义为面值，很多国家都发行过相关纪念币，但其实这些纪念币并不具备法定欧元面值货币的属性。

2002年欧元横空出世正式发行，最初是由12个欧盟国家发行，再加上特殊的摩纳哥、圣马利诺与梵蒂冈三国，因其三国的欧元货币发行实际以纪念币属性为主，所以2002年正式发行欧元硬币的有15国，也可以说这15国最先与他们的原有货币告别。

朝鲜则以各欧元发行国的原有货币为主题，分别以最后的某某货币为纪念主题，币面以该国原有货币标志与该国重要建筑物为题，类似的纪念币发行模式在欧元发行之初也有其他国家发行，但朝鲜这套纪念币的特殊性在于，这些纪念主题图案都是雕刻在各种石材之上，再把这些多彩的石头再镶嵌于银币之中，并且由于代理发行商均为一家的缘故，当时还有几个其他国家也同时发行这个镶嵌石头模式的纪念银币；朝鲜与他们不同的是后续还继续发行该主题纪念币，并非昙花一现。

列支敦士登欧元面值纪念币

朝鲜发行的这9枚[①]纪念银币的镶嵌物分别为碧玉石（主题最后的圣马力诺里拉）、牛眼石（主题最后的摩纳哥法郎）、鹰眼石（主题最后的荷兰盾）、金黑曜石（主题最后的梵蒂冈里拉）、虎眼石（主题最后的德国马克）、青金石（主题最后的比利时法郎）、红玛瑙（主题最后的奥地利先令）、褐黑曜石（主题最后的希腊德拉克马）与黑曜石（主题最后的芬兰马克）。虽然这些镶嵌石头并非特别名贵的石材品种，但这个系列还是经常被收藏者誉为"宝石镶嵌币系列纪念银币"。

之后的2004年与2006年，朝鲜再度发行石头镶嵌纪念银币，主题依旧为纪念各欧盟国家的原有货币与欧元货币；随着欧盟东扩新增了一些国家，但有意思的是2004年发行的这枚最后的拉脱维亚拉特主题银币，拉脱维亚虽然2004年加入欧盟，但要知道拉脱维亚2014年才发行欧元硬币，所以这是朝鲜提前十年就纪念已经走入倒计时的拉特货币。2004年欧盟新增10个国家，朝鲜镶嵌石头纪念银币的主题也就多出了这十个国家要告别的原有本国货币，分别是波兰货币兹罗提、捷克货币克朗、匈牙利货币福林、斯洛伐克货币克朗、斯洛文尼亚货币托拉尔、塞浦路斯货币镑、马耳他货币里拉、拉脱维亚货币拉特、立陶宛货币立特与爱沙尼亚货币克朗。而2006年的石头镶嵌纪念银币币面主题是各国已经发行的欧元硬币的相关题材，镶嵌物的石头也一改"一币一石"而均为虎眼石，主题分别为；德国石勒苏益格、荷尔斯泰因州、梵蒂冈城、梵蒂冈世界青年日、希腊雅典奥运会、奥地利国家条约签订50周年、西班牙堂吉诃德、卢森堡大公亨利、意大利FAO、芬兰欧美扩张、比利时国王阿尔贝二世与卢森堡大公亨利，圣马力诺国际物理年与圣马力诺巴托罗缪·博尔盖塞。

今天的欧盟中19个成员国分别为德国、法国、意大利、荷兰、比利时、卢森堡、爱尔兰、西班牙、葡萄牙、奥地利、芬兰、立陶宛、拉脱维亚、爱沙尼亚、斯洛伐克、斯洛文尼亚、希腊、马耳他与塞浦路斯，不过使用欧元的还有特殊的四国，摩纳哥、圣马利诺、梵蒂冈与安道尔，他们的欧元硬币发行以纪念币属性为主；英国已经"脱欧"，即使英国尚在欧盟之内时也不使用欧元依旧使用英镑；还有不是欧盟国家却使用欧元的黑山与科索沃。

另外朝鲜发行的奥运会主题纪念币，以奥运项目为题的纪念银币亦有镶嵌石头模式者，如纪念2004年雅典奥运会掷铁饼者纪念银币。

值得一提的是，对于这类镶嵌石头的纪念银币，过去一直称之为"宝石系列"或者"镶嵌宝石系列"，究其缘由，这种"宝石"的说法还是来自朝方，但实际就银币所镶嵌物各类石头的类别与经济价值，笼统称之为"宝石"显然并不准确，亦可能朝方跟其他国家对宝石标准的不太一致。

---

① 其他几枚为别国发行

朝鲜2002年生肖马年精制纪念铜币
20元（Won）
生肖马年（Year of the Horse）
CCT-0049

朝鲜2002年四象精制纪念铜币
20元（Won）
四象（Four Holy Beasts）
CCT-0050

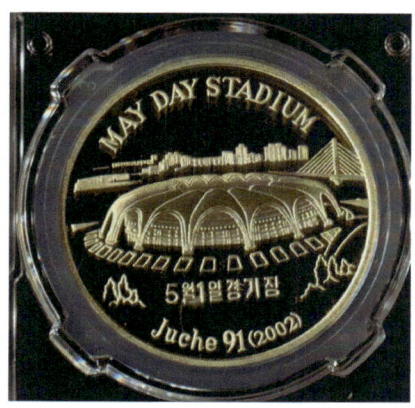

朝鲜2002年五一体育场精制纪念铜币
20元（Won）
五一体育场（May Day Stadium）
CCT-0051

朝鲜2002年2004雅典奥运会-跆拳道精制纪念铜币
20元（Won）
雅典奥运会-跆拳道（Athens 2004 Olympic Games-Taekwon-Do）
CCT-0052

朝鲜2002年《6·15共同宣言》2周年-朝鲜半岛统一精制纪念铜币
20元（Won）
《6·15共同宣言》2周年-朝鲜半岛统一（2th Anniversary of the 6·15 Joint Declaration-Korean Reunification）
CCT-0053

朝鲜2002年《6·15共同宣言》2周年-相拥而泣精制纪念铜币
20元（Won）
《6·15共同宣言》2周年-相拥而泣（2th Anniversary of the 6·15 Joint Declaration-Hugging）
CCT-0054

朝鲜2002年2006德国世界杯精制纪念铜币
20元（Won）
德国世界杯（2006 FIFA World Cup Germany）
CCT-0055

朝鲜2002年大型团体操和艺术表演《阿里郎》-欢迎来到平壤精制纪念铜币
20元（Won）
大型团体操和艺术表演《阿里郎》-欢迎来到平壤（Mass Gymnastics and Artistic Performance "Arirang"-Welcome to Pyongyang）
CCT-0056

朝鲜2002年大型团体操和艺术表演《阿里郎》-舞者与五一体育场精制纪念铜币
20元（Won）
大型团体操和艺术表演《阿里郎》-舞者与五一体育场（Mass Gymnastics and Artistic Performance "Arirang"-Dancer and May Day Stadium）
CCT-0057

朝鲜2002年大型团体操和艺术表演《阿里郎》-欢迎 友谊 团结精制纪念铜币
20元（Won）
大型团体操和艺术表演《阿里郎》-欢迎 友谊 团结（Mass Gymnastics and Artistic Performance "Arirang"-Welcome Friendship Solidaruty）
CCT-0058

朝鲜2002年大型团体操和艺术表演《阿里郎》-舞者精制纪念铜币
20元（Won）
大型团体操和艺术表演《阿里郎》-舞者（Mass Gymnastics and Artistic Performance "Arirang"-Dancer）
CCT-0059

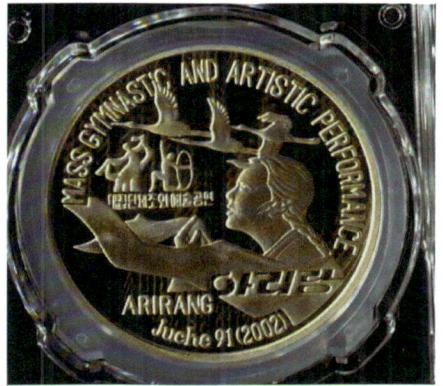

朝鲜2002年大型团体操和艺术表演《阿里郎》-仙鹤精制纪念铜币
20元（Won）
大型团体操和艺术表演《阿里郎》-仙鹤（Mass Gymnastics and Artistic Performance "Arirang"-Crane）
CCT-0060

朝鲜2002年朝鲜始祖檀君与檀君陵精制纪念铜币

20元（Won）

朝鲜始祖檀君与檀君陵（Portrayal of King Tangun and General View of the Tomb）

CCT-0061

朝鲜2002年高丽王朝开国国王王建精制纪念铜币

20元（Won）

高丽王朝开国国王王建（First King of Koryo Dynasty Wanggon）

CCT-0062

朝鲜2002年恭愍王陵精制纪念铜币

20元（Won）

恭愍王陵（Tomb of King Kong Min）

CCT-0063

朝鲜2002年2300年前的东明王陵精制纪念铜币

20元（Won）

2300年前的东明王陵（2300 Years Ago Tomb of King Tongmyong）

CCT-0064

朝鲜2002年郑梦周与善竹桥精制纪念铜币

20元（Won）

郑梦周与善竹桥（Jong Mong Ju and Sonjuk Bridge）

CCT-0065

朝鲜2002年全琫准与甲午农民战争精制纪念铜币

20元（Won）

全琫准与甲午农民战争（Jon Bong Jun and Kap O Peasants' War）

CCT-0066

朝鲜2002年歌唱朝鲜统一精制纪念铜币

20元（Won）

歌唱朝鲜统一（Sing of the Korean Reunification）

CCT-0067

朝鲜2002年大型团体操和艺术表演《阿里郎》-金刚山仙女精制纪念金币

700元（Won）

999金（31克）

大型团体操和艺术表演《阿里郎》-金刚山仙女（Mass Gymnastics and Artistic Performance "Arirang"-Fairy of Mt.Kumgang Playing Flute）

CCN-0280

此图上金刚山仙女纪念金币为吉姆·罗杰斯当年购买朝鲜金币所带来新闻报道中那枚笔者好友钱币商吴先生所售出的1盎司规格纪念金币原物！不知现在花落谁家？

朝鲜2002年恭愍王陵精制纪念银币
1500元（Won）
999银（1盎司）
恭愍王陵（Tomb of King Kong Min）
CCT-0068

朝鲜2002年2300年前的东明王陵精制纪念银币
1500元（Won）
999银（1盎司）
2300年前的东明王陵（2300 Years Ago Tomb of King Tongmyong）
CCT-0069

朝鲜2002年朝鲜始祖檀君与檀君陵精制纪念银币
1500元（Won）
999银（1盎司）
朝鲜始祖檀君与檀君陵（Portrayal of King Tangun and General View of the Tomb）
CCT-0070

朝鲜2002年四象精制纪念银币
1500元（Won）
999银（1盎司）
四象（Four Holy Beasts）
CCT-0071

朝鲜2002年生肖马年精制纪念银币
1500元（Won）
999银（1盎司）
生肖马年（Year of the Horse）
CCT-0072

样币（Essai） CCS（CCSN/CCST/CCSO）

朝鲜2002年金达莱花普制纪念铝样币
10钱（Chon）
金达莱花（Jindallae）
CCSN-0007

朝鲜2002年不朽之花《金正日花》普制纪念铝样币
50钱（Chon）
不朽之花《金正日花》（Immortal Flower-Kimjongilia）
CCSN-0008

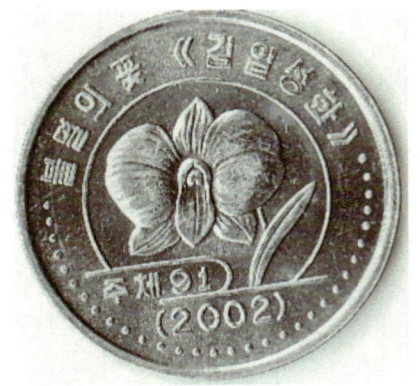

朝鲜2002年永不凋谢之花《金日成花》普制纪念铝样币
1元（Won）
永不凋谢之花《金日成花》
（Immortal Flower-Kimilsungia）
CCSN-0009

朝鲜2002年生肖马年精制纪念铝样币
10元（Won）
生肖马年（Year of the Horse）
CCST-0019

朝鲜2002年四象精制纪念铝样币
10元（Won）
四象（Four Holy Beasts）
CCST-0020

朝鲜2002年五一体育场精制纪念铝样币
10元（Won）
五一体育场（May Day Stadium）
CCST-0021

朝鲜2002年2004雅典奥运会-跆拳道精制纪念铝样币

10元（Won）

雅典奥运会-跆拳道（Athens 2004 Olympic Games-Taekwon-Do）

CCST-0022

朝鲜2002年《6·15共同宣言》2周年-朝鲜半岛统一精制纪念铝样币

10元（Won）

《6·15共同宣言》2周年-朝鲜半岛统一（2th Anniversary of the 6·15 Joint Declaration-Korean Reunification）

CCST-0023

朝鲜2002年《6·15共同宣言》2周年-相拥而泣精制纪念铝样币

10元（Won）

《6·15共同宣言》2周年-相拥而泣（2th Anniversary of the 6·15 Joint Declaration-Hugging）

CCST-0024

朝鲜2002年2006德国世界杯精制纪念铝样币

10元（Won）

德国世界杯（2006 FIFA World Cup Germany）

CCST-0025

朝鲜2002年大型团体操和艺术表演《阿里郎》-欢迎来到平壤精制纪念铝样币

10元（Won）

大型团体操和艺术表演《阿里郎》-欢迎来到平壤（Mass Gymnastics and Artistic Performance "Arirang"- Welcome to Pyongyang）

CCST-0026

朝鲜2002年大型团体操和艺术表演《阿里郎》-欢迎 友谊 团结精制纪念铝样币

10元（Won）

大型团体操和艺术表演《阿里郎》-欢迎 友谊 团结（Mass Gymnastics and Artistic Performance "Arirang"- Welcome Friendship Solidaruty）

CCST-0027

朝鲜2002年高丽王朝开国国王王建精制纪念铝样币

10元（Won）

高丽王朝开国国王王建（First King of Koryo Dynasty Wanggon）

CCST-0028

朝鲜2002年恭愍王陵精制纪念铝样币

10元（Won）

恭愍王陵（Tomb of King Kong Min）

CCST-0029

朝鲜2002年2300年前的东明王陵精制纪念铝样币

10元（Won）

2300年前的东明王陵（2300 Years Ago Tomb of King Tongmyong）

CCST-0030

朝鲜2002年郑梦周与善竹桥精制纪念铝样币

10元（Won）

郑梦周与善竹桥（Jong Mong Ju and Sonjuk Bridge）

CCST-0031

朝鲜2002年全琫准与甲午农民战争精制纪念铝样币

10元（Won）

全琫准与甲午农民战争（Jon Bong Jun and Kap O Peasants' War）

CCST-0032

朝鲜2002歌唱朝鲜统一精制纪念铝样币

10元（Won）

歌唱朝鲜统一（Sing of the Korean Reunification）

CCST-0033

朝鲜2002年生肖马年精制纪念铜样币
20元（Won）
生肖马年（Year of the Horse）
CCST-0034

朝鲜2002年四象精制纪念铜样币
20元（Won）
四象（Four Holy Beasts）
CCST-0035

朝鲜2002年五一体育场精制纪念铜样币
20元（Won）
五一体育场（May Day Stadium）
CCST-0036

朝鲜2002年2004雅典奥运会-跆拳道精制纪念铜样币
20元（Won）
雅典奥运会-跆拳道（Athens 2004 Olympic Games-Taekwon-Do）
CCST-0037

朝鲜2002年2006德国世界杯精制
纪念铜样币
20元（Won）
德国世界杯（2006 FIFA World
Cup Germany）
CCST-0038

朝鲜2002年《6·15共同宣言》2周
年-朝鲜半岛统一精制纪念铜样币
20元（Won）
《6·15共同宣言》2周年-朝鲜半岛统
一（2th Anniversary of the 6·15 Joint
Declaration-Korean Reunification）
CCST-0039

朝鲜2002年《6·15共同宣言》2周
年-相拥而泣精制纪念铜样币
20元（Won）
《6·15共同宣言》2周年-相拥而
泣（2th Anniversary of the 6·15
Joint Declaration-Hugging）
CCST-0040

朝鲜2002年大型团体操和艺术表
演《阿里郎》-欢迎来到平壤精制
纪念铜样币
20元（Won）
大型团体操和艺术表演《阿里郎》-
欢迎来到平壤（Mass Gymnastics
and Artistic Performance "Arirang"-
Welcome to Pyongyang）
CCST-0041

朝鲜2002年大型团体操和艺术表演《阿里郎》-舞者与五一体育场精制纪念铜样币
20元（Won）
大型团体操和艺术表演《阿里郎》-舞者与五一体育场（Mass Gymnastics and Artistic Performance"Arirang"-Dancer and May Day Stadium）
CCST-0042

朝鲜2002年大型团体操和艺术表演《阿里郎》-欢迎 友谊 团结精制纪念铜样币
20元（Won）
大型团体操和艺术表演《阿里郎》-欢迎 友谊 团结（Mass Gymnastics and Artistic Performance"Arirang"-Welcome Friendship Solidaruty）
CCST-0043

朝鲜2002年大型团体操和艺术表演《阿里郎》-舞者精制纪念铜样币
20元（Won）
大型团体操和艺术表演《阿里郎》-舞者（Mass Gymnastics and Artistic Performance "Arirang"-Dancer）
CCST-0044

朝鲜2002年大型团体操和艺术表演《阿里郎》-仙鹤精制纪念铜样币

20元（Won）

大型团体操和艺术表演《阿里郎》-仙鹤（Mass Gymnastics and Artistic Performance"Arirang"-Crane）

CCST-0045

朝鲜2002年朝鲜始祖檀君与檀君陵精制纪念铜样币

20元（Won）

朝鲜始祖檀君与檀君陵（Portrayal of King Tangun and General View of the Tomb）

CCST-0046

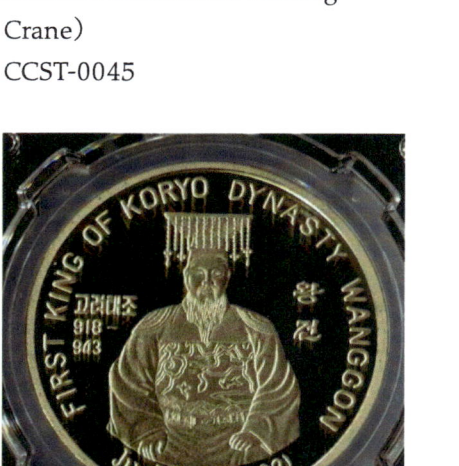

朝鲜2002年高丽王朝开国国王王建精制纪念铜样币

20元（Won）

高丽王朝开国国王王建（First King of Koryo Dynasty Wanggon）

CCST-0047

朝鲜2002年恭愍王陵精制纪念铜样币

20元（Won）

恭愍王陵（Tomb of King Kong Min）

CCST-0048

朝鲜2002年2300年前的东明王陵精制纪念铜样币

20元（Won）
2300年前的东明王陵（2300 Years Ago Tomb of King Tongmyong）
CCST-0049

朝鲜2002年郑梦周与善竹桥精制纪念铜样币

20元（Won）
郑梦周与善竹桥（Jong Mong Ju and Sonjuk Bridge）
CCST-0050

朝鲜2002年全琫准与甲午农民战争精制纪念铜样币

20元（Won）
全琫准与甲午农民战争（Jon Bong Jun and Kap O Peasants' War）
CCST-0051

朝鲜2002年歌唱朝鲜统一精制纪念铜样币

20元（Won）
歌唱朝鲜统一（Sing of the Korean Reunification）
CCST-0052

错币（Mint Error） CCE (CCEN/CCET/CCEO)

朝鲜2002年《6·15共同宣言》2周年精制纪念银币合背错币
无面值（No Face Value）
999银（15克）
《6·15共同宣言》2周年（2th Anniversary of the 6·15 Joint Declaration）
错误（Mint Error）：合背（Two Reverses）
CCEO-0008

2003年

常规币（Coin） CC (CCN/CCT/CCO)

朝鲜2003年2005日本爱知世博会精制纪念银币
2元（Won）
999银（7克）
日本爱知世博会（World Exhibition in Japan）
CCN-0281

朝鲜与世博会

今天我们说的世界博览会，这种简称世博会的大型活动，源自于英国伦敦1851年举办的万国工业博览会，这正是我们今天这种大型国际性博览活动的源头。当时英国以日不落帝国自居，处在维多利亚时代的黄金时段，这场初代世博会是由英国维多利亚女王的丈夫阿尔伯特亲王亲自提议并参与承办的。也有说法"世博会"模式源自中国隋朝时期，隋炀帝杨广时期万邦来朝也举办过类似今天世博会的盛会。

2010上海世博会朝鲜国家馆

世博会可以展示各国的风土人情，更是跨国贸易的好平台，首届之后广受好评也就一届一届地举办下去；但朝鲜却因历史因素等原因一直未有参加过世博会，直到2010年中国上海举办世博会朝鲜才首次参加。2010年上海世博会专属的朝鲜国家馆除了展现朝鲜的历史文化与风土人情外，展馆主题更是首都平壤的城市发展，给全世界展示着朝鲜的新貌。

朝鲜2003年亚洲动物-大熊猫精制彩色纪念银币
2元（Won）
999银（7克）
亚洲动物-大熊猫（Fauna of Asia-Panda）
CCN-0282

朝鲜2003年朝鲜李朝时期-1592龟船精制纪念银币
5元（Won）
999银（20克）
朝鲜李朝时期-1592龟船（Turtle Boat-1592,Ri Dynasty Period of Korea）
CCN-0283

朝鲜2003年英国皇家海军胜利号与霍雷肖·纳尔逊勋爵精制纪念银币
5元（Won）
999银（20克）
英国皇家海军胜利号与霍雷肖·纳尔逊勋爵（H.M.S.Victory and Lord Horatio Nelson）
CCN-0284

阻挡拿破仑海上进军英国的霍雷肖·纳尔逊

霍雷肖·纳尔逊勋爵在历史上大名鼎鼎，是英国皇家海军知名的军事指挥家，在其指挥的特拉法尔加海战中重创法西联合舰队，如同当年击败西班牙无敌舰队一般；此番得胜法国与西班牙失去海上霸主地位，尤其法国海军从此一蹶不振，英国的海上霸主地位再次得到巩固，也阻止了拿破仑对英国的海上用兵。霍雷肖·纳尔逊勋爵与朝鲜本国无甚关联，此是朝鲜航海船舶系列纪念币之一。

霍雷肖·纳尔逊

朝鲜2003年濒危野生动物-金钱豹精制纪念银币
5元（Won）
999银（20克）
濒危野生动物-金钱豹
（Endangered Wildlife-Panthera pardus）
CCN-0285

朝鲜2003年弗朗茨·舒伯特精制镀金纪念银币
5元（Won）
999银镀金（15克）
弗朗茨·舒伯特（Franz Schubert）
CCN-0286

弗朗茨·舒伯特是奥地利闻名世界的作曲家。此是朝鲜各种外国主题人物纪念币之一，本身与朝鲜国家无甚关联。

弗朗茨·舒伯特

朝鲜2003年同志号精制纪念银币
7元（Won）
999银（20克）
同志号（Tobapnm）
CCN-0287

> 俄罗斯历史上著名的船舶之一，此是朝鲜航海船舶系列纪念币之一。

朝鲜2003年铁路历史-阿德勒号精制纪念银币
7元（Won）
999银（20克）
铁路历史-阿德勒号（The History of the Railways-Adler）
CCN-0288

朝鲜2003年铁路历史-BR18.4(S3/6)莱茵黄金号精制纪念银币
7元（Won）
999银（20克）
铁路历史-BR18.4(S3/6)莱茵黄金号（The History of the Railways-BR18.4(S3/6)Rheingold）
CCN-0289

朝鲜2003年铁路历史-萨克森人号精制纪念银币

7元（Won）

999银（20克）

铁路历史-萨克森人号（The History of the Railways-Saxonia）

CCN-0290

朝鲜重视铁路、公路建设，也发行了相关的纪念币；与航海船舶系列类似，还有以铁路历史为系列，除了本国铁路机车之外还以世界著名铁路机车为题发行纪念币，这些都是蜚声海外的各种火车头机车，如阿德勒号、莱茵黄金号与萨克森人号等。

朝鲜2003年世界第一艘装甲舰-龟船精制纪念铝币

10元（Won）

世界第一艘装甲舰-龟船（The First Armoured Ship-Geobukseon）

CCT-0073

谁才是世界第一艘装甲舰

朝鲜发行的有关龟船的纪念币，不止一次出现"世界第一艘装甲舰"铭文，无论是纯粹龟船图案还是带有李舜臣将军图案的龟船纪念币皆如此。但是放眼世界范围内，世界上第一艘装甲舰源自何处的说法不一，有说诞生于欧洲亦有说诞生于亚洲，即便是诞生于亚洲的说法，也有中日朝（韩）分别最早等不同认知。

其实这个问题，也取决于此装甲舰的衡量标准是类似现代海军军舰意义上的舰船还是古代水师的传统战船，更取决于装甲装配是近现代军舰模式还是古代战船的挂甲形式。西方世界最早出现记载装甲舰的说法是《亚历山大远征记》中所载公元前332年亚历山大远征提尔城时发现提尔人给他们的战船挂上铁甲。而近现代海军军舰意义上的世界上最早的装甲舰一般认为是1859年，法国建造的排水量5630吨的"光荣"号（Gloire）战列舰与1860年英国建造的排水量9137吨的"勇士"号（HMS Warrior）战列舰[①]。值得一提的是，勇士号铁甲舰今天

---

① 更早期的战列舰亦有蒸汽动力推动者，但并非覆以装甲是所谓的"无甲舰"

还健在,其退役后没有被拆船厂买走,还作为油料驳船补给用途服役多年,作为意义非凡的历史文物,最终经过整修被展示于英国朴茨茅斯的博物馆,可谓世界上现存最老的铁甲舰。

而亚洲国家对最早装甲舰更有自己的看法与认知。朝韩两国自然认可李舜臣的龟船为世界第一艘装甲舰;日本认为最早的装甲舰源自日本战国时代织田信长时期,有记载织田信长与石山本愿寺作战失利而委派九鬼嘉隆制造铁甲舰,关于这种铁甲舰的设计思路一说是织田信长在寺庙中思考后的"顿悟",一说则是九鬼嘉隆参考中国或西方国家的战船所得,如是后者说法那说明这种覆盖铁甲的装甲舰当时其他亚欧国家已有发明与装备;再就是中国之说,英国扛旗世界纪录更收录世界上最早的铁甲舰是南宋秦世辅于1203年建造的铁壁铧嘴平面海鹘战船,但是这种古代全身包覆铁甲的战船自然异常笨重,与今天的战列舰截然不同。也只有朝鲜大肆在纪念币上宣传世界第一艘装甲舰是他们的龟船。

至于谁才是世界第一艘装甲舰,真是仁者见仁智者见智。

韩国硬币上的龟船

朝鲜2003年生肖羊年未羊精制纪念铝币
10元(Won)
生肖羊年(Year of the Goat)
CCT-0074

朝鲜2003年爱国名将-乙支文德精制纪念铝币
10元(Won)
爱国名将-乙支文德(Patriotic Generals-Eulji Mundeok)
CCT-0075

朝鲜2003年爱国名将-渊盖苏文精制纪念铝币

10元（Won）

爱国名将-渊盖苏文（Patriotic Generals-Yeon Gaesomun）

CCT-0076

朝鲜2003年爱国名将-姜邯赞精制纪念铝币

10元（Won）

爱国名将-姜邯赞（Patriotic Generals-Gang Gam Chan）

CCT-0077

朝鲜爱国名将三人组——乙支文德、渊盖苏文与姜邯赞

　　乙支文德、渊盖苏文与姜邯赞此三位朝鲜历史上的爱国名将被选为朝鲜纪念币发行的人物对象，朝鲜以爱国名将为题而系列发行的纪念币，仅此三位人物[1]；纪念币版式与规格众多，金银铜铝币乃至样币皆有，同时其中银币3枚一套更引出朝鲜现代纪念币上最轰动的事件之一，即带有乌龙性质的"朝鲜币超发事件"，此是后话。

　　这三位名将被称之为爱国名将，皆因为他们都是对外作战或说是与中国或者周边少数民族政权作战并取得局部胜利的将领，在中原绝对天朝上国的时代，他们自然被本国所尊崇，甚至至今还被传颂。

　　乙支文德是6-7世纪的高句丽名将，乙支文德的人生巅峰就在612年打败隋炀帝入侵百万大军的萨水之战，萨水之战的胜利在高句丽与隋朝的战争中起了重要作用，往往时人描绘为起到决定性作用；但也有研究指出隋军战败的主要原因是将领指挥不力与后勤补给不及；但无论如何乙支文德的指挥卓越与以小胜多，成功阻止了隋朝的入侵，因此其军功卓著。至今朝韩两国都对乙支文德广为纪念，把其奉为历史上的大英雄，更是人人敬仰的爱国名将。朝鲜反复发行不

乙支文德画像　　　渊盖苏文画像

---

[1] 已知李舜臣将军各种纪念币未以此名义发行过。

2003年

同规格的乙支文德纪念币，历史上朝鲜无论高丽王朝还是后来的李朝都为乙支文德建立祠堂；今天的韩国也极为重视，以乙支文德名字命名的事物极多，韩国首都首尔有乙支路，韩国军队的武功勋章第二等就是乙支武功勋章，同样军队中也有以乙支部队为名的队伍，更把乙支名字加入各项军事演习，甚至韩国海军的广开土大王级多用途导弹驱逐舰也以乙支文德作为舰船名称，足见其受重视程度。著名战争策略手游《万国觉醒》中亦设有乙支文德的统帅角色选项。

姜邯赞画像

渊盖苏文是7世纪的高句丽末期名将与军事独裁者，他的人生巅峰是与唐朝的作战，虽然最终大势已去但依旧取得局部性胜利，也因此被视为抵抗入侵的爱国将领。当时的朝鲜半岛并不是一个统一的整体，除了高句丽外还有百济与新罗；而渊盖苏文虽然统治嚣张跋扈，但亦想建功立业，开疆破土；当初隋炀帝久攻高句丽不下，也使得唐太宗李世民希望维持朝鲜半岛的平衡。可随着渊盖苏文领导高句丽对新罗发起战争，打破了这种平衡，于是唐太宗李世民御驾亲征，唐朝与高句丽之战拉开序幕；高句丽虽然有局部性胜利并抵抗唐军致其撤退，但面临大唐帝国终究是以卵击石，最终唐朝与高句丽之战成为唐灭高句丽之战；渊盖苏文去世后不到两年半，高句丽最终被唐所灭。对于渊盖苏文朝韩两国亦有不同的纪念形式。朝鲜有其纪念币发行；同时朝鲜社会科学院的历史研究人员公开表示渊盖苏文属于爱国将领；韩国的首尔广播公司①亦有拍摄以其为片名的《渊盖苏文》百集连续剧，但有被诟病过度演绎与美化朝鲜历史。

姜邯赞是10-11世纪朝鲜高丽时期的名将，最初其是高丽太祖王建的手下，随王建南征北战，统一朝鲜半岛而立下战功赫赫，且不光是武官将领，还很早中举被任命过文官属性的侍郎官职，是一位文武双全的能人。姜邯赞的人生巅峰是在多次的高丽与契丹之战中，高丽本身出现政变，辽国借机大举进攻高丽，拉开高丽与契丹之战的帷幕，并且持续了很多年。已过古稀之年的姜邯赞再度上阵，巧妙地指挥，大败了契丹大军，粉碎了辽军攻打开京的计划。辽国依旧不死心，准备再度卷土重来发动战争，但实际上两国已疲于战阵，于是高丽主动议和，最终称蕃纳贡，接受册封，至此两国除了部分领土问题，也算相安无事。姜邯赞作为对抗他国入侵的朝鲜将领，其胜利果实非常丰富，经过多年的战争终于停止了两国战争模式。与很多大人物出生时，天有异象一致，姜邯赞出生时家中划过一颗陨石坠入园中，也因此其故居地被命名为"落星垈"，今天韩国首尔地铁亦有落星垈站。同时韩国军队武功勋章第五等就是以其谥号"仁宪"所命名的仁宪武功勋章。朝鲜把其纳入爱国将领纪念币系列，更是一种对其抵抗侵略战功卓著的肯定。

---

① SBS株式会社

朝鲜2003年民俗童玩-踢毽子精制纪念铝币
10元（Won）
民俗童玩-踢毽子（Folk Game-Shuttlecock Game）
CCT-0078

朝鲜2003年民俗童玩-抽陀螺精制纪念铝币
10元（Won）
民俗童玩-抽陀螺（Folk Game-Spinning Top）
CCT-0079

朝鲜2003年民俗童玩-丢沙包精制纪念铝币
10元（Won）
民俗童玩-丢沙包（Folk Game-Jackstones）
CCT-0080

朝鲜2003年野生动物-穿山甲精制纪念银币
10元（Won）
999银（31克）
野生动物-穿山甲（Wild Animals-Pangolin）
CCN-0291

朝鲜2003年生肖羊年未羊精制纪念银币
10元（Won）
999银（31克）
生肖羊年（Year of the Goat）
CCN-0292

朝鲜2003年北南铁路公路连接精制纪念银币

10元（Won）

999银（31克）

北南铁路公路连接（Groundbreaking for Relinking Inter-Korean Railways and Roads）

CCN-0293

朝韩北南铁路、公路连接

朝韩北南铁路、公路连接是2002年开始的，朝鲜分别在江原道高城郡金刚山青年站和开城车站举行东海线和西海线铁路与公路连接工程的开工仪式，朝韩北南铁路与公路再度重新连接，这也是中断了半个世纪以上时间之后的再度连接。朝韩北南双方虽然达成协议，但根据朝鲜半岛的局势起伏，铁路与公路的连接也一波三折。

不过近年韩朝铁路合作小组会谈在板门店再度举行，间隔十余年后再度重启铁路连接问题，当然未来何去何从还是未知数。

朝鲜重视本国交通建设，有关铁路的纪念币亦发行过不少。

朝鲜2003年铁路历史-萨克森人号精制纪念铜币

20元（Won）

铁路历史-萨克森人号（The History of the Railways-Saxonia）

CCT-0081

朝鲜2003年铁路历史-BR18.4(S3/6)莱茵黄金号精制纪念铜币

20元（Won）

铁路历史-BR18.4(S3/6)莱茵黄金号（The History of the Railways-BR18.4(S3/6)Rheingold）

CCT-0082

朝鲜2003年铁路历史-阿德勒号精制纪念铜币

20元（Won）

铁路历史-阿德勒号（The History of the Railways-Adler）

CCT-0083

朝鲜2003年同志号精制纪念铜币

20元（Won）

同志号（Tobapnm）

CCT-0084

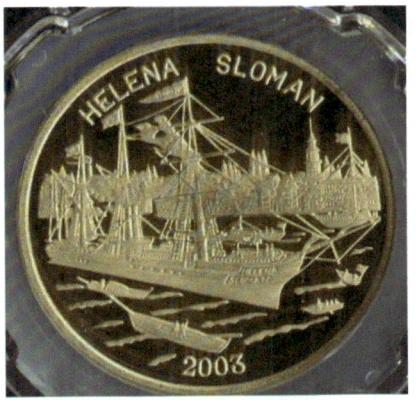

朝鲜2003年玛利亚女王号精制纪念铜币

20元（Won）

玛利亚女王号（Koenigin Maria）

CCT-0085

朝鲜2003年海伦娜·斯洛曼号精制纪念铜币

20元（Won）

海伦娜·斯洛曼号（Helena Sloman）

CCT-0086

朝鲜2003年夏洛特公主号精制纪念铜币

20元（Won）

夏洛特公主号（Prinzessin Charlotte Von Preussen）

CCT-0087

朝鲜2003年世界第一艘装甲舰-龟船精制纪念铜币

20元（Won）

世界第一艘装甲舰-龟船（The First Armoured Ship-Geobukseon）

CCT-0088

同志号、玛利亚女王号、海伦娜·斯洛曼号与夏洛特公主号，都是朝鲜航海船舶系列纪念币之一。

朝鲜2003年生肖羊年未羊精制纪念铜币

20元（Won）

生肖羊年（Year of the Goat）

CCT-0089

朝鲜2003年爱国名将-乙支文德精制纪念铜币

20元（Won）

爱国名将-乙支文德（Patriotic Generals-Eulji Mundeok）

CCT-0090

朝鲜2003年爱国名将-渊盖苏文精制纪念铜币

20元（Won）

爱国名将-渊盖苏文（Patriotic Generals-Yeon Gaesomun）

CCT-0091

朝鲜2003年爱国名将-姜邯赞精制纪念铜币

20元（Won）

爱国名将-姜邯赞（Patriotic Generals-Gang Gam Chan）

CCT-0092

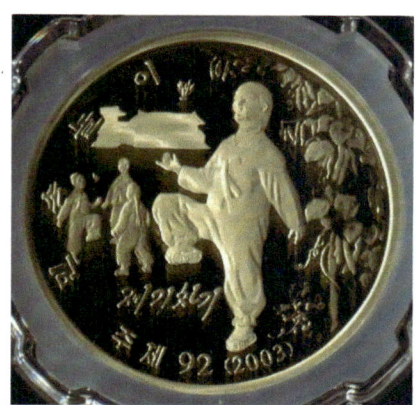

朝鲜2003年民俗童玩-踢毽子精制纪念铜币

20元（Won）

民俗童玩-踢毽子（Folk Game-Shuttlecock Game）

CCT-0093

朝鲜2003年民俗童玩-抽陀螺精制纪念铜币

20元（Won）

民俗童玩-抽陀螺（Folk Game-Spinning Top）

CCT-0094

朝鲜2003年民俗童玩-丢沙包精制纪念铜币

20元（Won）

民俗童玩-丢沙包（Folk Game-Jackstones）

CCT-0095

朝鲜2003年高丽王朝开国国王王建精制纪念金币

50元（Won）

999金（1/25盎司）

高丽王朝开国国王王建（First King of Koryo Dynasty Wanggon）

CCN-0294

朝鲜2003年世界第一艘装甲舰-龟船精制纪念银币

1500元（Won）

999银（1盎司）

世界第一艘装甲舰-龟船（The First Armoured Ship-Geobukseon）

CCT-0096

朝鲜2003年爱国名将-乙支文德精制纪念银币

1500元（Won）

999银（31克）

爱国名将-乙支文德（Patriotic Generals-Eulji Mundeok）

CCT-0097

朝鲜2003年爱国名将-渊盖苏文精制纪念银币

1500元（Won）

999银（31克）

爱国名将-渊盖苏文（Patriotic Generals-Yeon Gaesomun）

CCT-0098

朝鲜2003年爱国名将-姜邯赞精制纪念银币

1500元（Won）

999银（31克）

爱国名将-姜邯赞（Patriotic Generals-Gang Gam Chan）

CCT-0099

朝鲜2003年爱国名将-乙支文德精制纪念金币

22000元（Won）

999金（1盎司）

爱国名将-乙支文德（Patriotic Generals-Eulji Mundeok）

CCT-0100

朝鲜2003年爱国名将-渊盖苏文精制纪念金币

22000元（Won）

999金（1盎司）

爱国名将-渊盖苏文（Patriotic Generals-Yeon Gaesomun）

CCT-0101

朝鲜2003年爱国名将-姜邯赞精制纪念金币

22000元（Won）

999金（1盎司）

爱国名将-姜邯赞（Patriotic Generals-Gang Gam Chan）

CCT-0102

样币（Essai） CCS（CCSN/CCST/CCSO）

朝鲜2003年世界第一艘装甲舰-龟船精制纪念铝样币

10元（Won）

世界第一艘装甲舰-龟船（The First Armoured Ship-Geobukseon）

CCST-0053

朝鲜2003年爱国名将-乙支文德精制纪念铝样币

10元（Won）

爱国名将-乙支文德（Patriotic Generals-Eulji Mundeok）

CCST-0054

朝鲜2003年爱国名将-渊盖苏文精制纪念铝样币

10元（Won）

爱国名将-渊盖苏文（Patriotic Generals-Yeon Gaesomun）

CCST-0055

朝鲜2003年爱国名将-姜邯赞精制纪念铝样币

10元（Won）

爱国名将-姜邯赞（Patriotic Generals-Gang Gam Chan）

CCST-0056

朝鲜2003年生肖羊年未羊精制纪念铝样币

10元（Won）

生肖羊年（Year of the Goat）

CCST-0057

朝鲜2003年民俗童玩-踢毽子精制纪念铝样币

10元（Won）

民俗童玩-踢毽子（Folk Game-Shuttlecock Game）

CCST-0058

朝鲜2003年民俗童玩-抽陀螺精制纪念铝样币

10元（Won）

民俗童玩-抽陀螺（Folk Game-Spinning Top）

CCST-0059

朝鲜2003年民俗童玩-丢沙包精制纪念铝样币

10元（Won）

民俗童玩-丢沙包（Folk Game-Jackstones）

CCST-0060

朝鲜2003年生肖羊年未羊精制纪念铜样币

20元（Won）

生肖羊年（Year of the Goat）

CCST-0061

朝鲜2003年世界第一艘装甲舰-龟船精制纪念铜样币

20元（Won）

世界第一艘装甲舰-龟船（The First Armoured Ship-Geobukseon）

CCST-0062

朝鲜2003年爱国名将-乙支文德精制纪念铜样币
20元（Won）
爱国名将-乙支文德（Patriotic Generals-Eulji Mundeok）
CCST-0063

朝鲜2003年爱国名将-渊盖苏文精制纪念铜样币
20元（Won）
爱国名将-渊盖苏文（Patriotic Generals-Yeon Gaesomun）
CCST-0064

朝鲜2003年爱国名将-姜邯赞精制纪念铜样币
20元（Won）
爱国名将-姜邯赞（Patriotic Generals-Gang Gam Chan）
CCST-0065

朝鲜2003年民俗童玩-踢毽子精制纪念铜样币
20元（Won）
民俗童玩-踢毽子（Folk Game-Shuttlecock Game）
CCST-0066

朝鲜2003年民俗童玩-抽陀螺精制纪念铜样币
20元（Won）
民俗童玩-抽陀螺（Folk Game-Spinning Top）
CCST-0067

朝鲜2003年民俗童玩-丢沙包精制纪念铜样币
20元（Won）
民俗童玩-丢沙包（Folk Game-Jackstones）
CCST-0068

错币（Mint Error） CCE（CCEN/CCET/CCEO）

朝鲜2003年朝鲜李朝时期-1592龟船精制纪念银币合背错币
5元（Won）
999银（20克）
朝鲜李朝时期-1592龟船（Turtle Boat-1592,Ri Dynasty Period of Korea）
无年份（No Date）
错误（Mint Error）：合背（Two Reverses）
CCEO-0009

朝鲜2003年北南铁路公路连接精制纪念银币合背错币
10元（Won）
999银（31克）
北南铁路公路连接（Groundbreaking for Relinking Inter-Korean Railways and Roads）
无年份（No Date）
错误（Mint Error）：合背（Two Reverses）
CCEO-0010

2004年

常规币（Coin） CC（CCN/CCT/CCO）

朝鲜2004年百年小平普制纪念铝币
50钱（Jon）
百年小平（100th Birth Anniversary of Teng Hsiaoping）
CCN-0295

朝鲜2004年纪念邓小平诞辰100周年普制纪念铝币
1元（Won）
邓小平诞辰100周年（100th Birth Anniversary of Teng Hsiaoping）
CCN-0296

朝鲜2004年独岛是我们的-西岛精制纪念铝币

1元（Won）

独岛是我们的-西岛（Dokdo Belongs to Korea Forever-Seodo）

CCO-0003

朝鲜2004年独岛是我们的-三兄弟洞窟岩精制纪念铝币

1元（Won）

独岛是我们的-三兄弟洞窟岩（Dokdo Belongs to Korea Forever-Samhyeongjegulbawi）

CCO-0004

朝鲜2004年独岛是我们的-鸡岩精制纪念铝币

1元（Won）

独岛是我们的-鸡岩（Dokdo Belongs to Korea Forever-Dakbawi）

CCO-0005

朝鲜2004年独岛是我们的-东岛精制纪念铝币

1元（Won）

独岛是我们的-东岛（Dokdo Belongs to Korea Forever-Dongdo）

CCO-0006

朝鲜2004年独岛是我们的-宕巾峰精制纪念铝币
1元（Won）
独岛是我们的-宕巾峰（Dokdo Belongs to Korea Forever-Tanggeonbong）
CCO-0007

朝鲜2004年独岛是我们的-烛台岩精制纪念铝币
1元（Won）
独岛是我们的-烛台岩（Dokdo Belongs to Korea Forever-Chotdaebawi）
CCO-0008

朝鲜2004年独岛是我们的-安龙福保卫独岛精制纪念铝币
1元（Won）
独岛是我们的-安龙福保卫独岛（Dokdo Belongs to Korea Forever-Defend Dokdo An Yong Bok）
CCO-0009

朝鲜2004年独岛是我们的-地图精制纪念铝币
1元（Won）
独岛是我们的-地图（Dokdo Belongs to Korea Forever-Map）
CCO-0010

独岛问题上朝韩两国均宣布拥有主权

朝鲜对于独岛的主权立场正如朝中社的评论：独岛是朝鲜民族不可分割的永恒的领土！

独岛，朝韩两国的称谓；日本称之为竹岛；三国均宣称对独岛范围的主权所有，而今独岛的实际控制一方为韩国，隶属于今天韩国庆尚北道郁陵郡；而日本对于竹岛的主权宣称，是受到朝韩两国强烈反对的。朝鲜方面对独岛的历史依据非常丰富且充分，也在其相关媒体反复宣称独岛主权；韩国作为实际控制一方，官方设立了独岛主题的多国语言版网站，详细介绍独岛的一草一木；日本在其外务省网站上也制作了竹岛的专门网页，同时罗列依据宣称主权。

朝鲜虽然没有华丽的独岛主题官网，但在纪念币上将独岛淋漓尽致地展示了一番，纪念币分为8枚一套①，分别有不同材质，主题为具有代表性的独岛范围内的不同岛屿以及相关历史人物与独岛坐标地图等，而后还有样币发行。这套纪念币是以独岛是我们的为题，主题分别为独岛范围的全图以及独岛范围内具有代表性的岛屿，如西岛、三兄弟洞窟岩、鸡岩、东岛、宕巾峰与烛台岩，以及唯一一枚人物主题为安龙福保卫独岛。

总之三国的主权扯皮还在继续，但做网站与发行纪念币不失为一种宣传自己领土主权的好办法，何况朝鲜这套"独岛是我们的"纪念币也给收藏者带来非常多的精彩。

钱币发行非常重要，所以那么多袖珍国家哪怕不被人承认，也在"立国"后往往第一时间发行钱币与邮票等带有所谓本国法定面值的等价物纪念品。

岛屿风光

---

① 正用币均有样币发行，除8种常规样币外，还有一枚特殊的银币铜样币

朝鲜2004年柳京郑周永体育馆开幕1周年精制纪念铝币

1元（Won）

柳京郑周永体育馆开幕1周年（The First Anniversary of the Ryugyong Chung Ju Yung Stadiums）

CCT-0103

韩国现代集团在朝鲜兴建的柳京郑周永体育馆

朝鲜半岛局势时紧时松，但民间尤其商界的交往还是时而有之，且从未完全断绝，朝鲜大名鼎鼎的郑周永体育馆居然是韩国现代集团出资合作兴建的，并且还是以韩国企业家郑周永先生命名的。

朝鲜这枚柳京郑周永体育馆开幕1周年纪念币，有各种不同材质，甚至还有铜铝双金属材质的，这应该是朝鲜现代纪念币中最早的双金属纪念币。

柳京郑周永体育馆位于平壤，在柳京饭店与普通江之间，柳京就是平壤的旧称，因过去多种植柳树而得名。郑周永在韩国开放与朝鲜交流后就开始与朝鲜接触洽谈商业项目，作为早期朝韩交流的重要企业家，郑周永更获得与朝鲜领导人金正日谈话的殊荣，也是金正日首次会见的韩国民众。除了相关的商业合作外，郑周永也开始捐赠筹建体育馆，不幸的是2001年郑周永病逝，之后由其子郑梦宪继续捐助，郑周永并未看到以他命名的体育馆的落成与开幕。2003年体育馆落成，同年10月6日郑周永体育馆举办开馆仪式，并有千余名韩国各界人士组成的大型参观团前往参加。值得一提的是，实际参与建设的是在朝鲜拥有经营权益的韩国现代集团旗下的子公司现代峨山公司，郑周永逝后继续捐助的其子郑梦宪正是现代峨山公司的董事长，不过其也没有见证以其父为名的体育馆的开幕，因同年8月4日，郑梦宪于首尔市中心自家办公楼跳楼自杀。

虽然郑周永、郑梦宪父子都未见证生前捐助的郑周永体育馆的开幕，但郑周永体育馆永存于朝鲜的纪念币之上。

柳京郑周永体育馆

朝鲜2004年金日成故居-万景台精制纪念铝币

1元（Won）

金日成故居-万景台（President Kim Il Sung's Birthplace in Mangyondae）

CCN-0297

朝鲜2004年金日成故居-万景台精制纪念铝币

1元（Won）

金日成故居-万景台（President Kim Il Sung's Birthplace in Mangyondae）

CCT-0104

朝鲜2004年金正日故居-白头山密营精制纪念铝币

1元（Won）

金正日故居-白头山密营（Chairman Kim Jong Il's Birthplace in the Paektusan Secret Camp）

CCN-0298

朝鲜2004年金正日故居-白头山密营精制纪念铝币

1元（Won）

金正日故居-白头山密营（Chairman Kim Jong Il's Birthplace in the Paektusan Secret Camp）

CCT-0105

朝鲜2004年金正淑故居-会宁精制纪念铝币

1元（Won）

金正淑故居-会宁（Anti-Japanese War Heroine Kim Jong Suk's Birthplace in Hoeryong）

CCN-0299

朝鲜2004年金正淑故居-会宁精制纪念铝币

1元（Won）

金正淑故居-会宁（Anti-Japanese War Heroine Kim Jong Suk's Birthplace in Hoeryong）

CCT-0106

会宁金正淑故居

朝鲜2004年金日成花精制纪念铝币

1元（Won）

金日成花（Kimilsungia）

CCN-0300

朝鲜2004年金日成花精制纪念铝币

1元（Won）

金日成花（Kimilsungia）

CCT-0107

朝鲜2004年金正日花精制纪念铝币
1元（Won）
金正日花（Kimjongilia）
CCN-0301

朝鲜2004年金正日花精制纪念铝币
1元（Won）
金正日花（Kimjongilia）
CCT-0108

朝鲜2004年金达莱花精制纪念铝币
1元（Won）
金达莱花（Jindallae）
CCN-0302

朝鲜2004年金达莱花精制纪念铝币
1元（Won）
金达莱花（Jindallae）
CCT-0109

完全没有"国花"的朝鲜金家花卉纪念币

金日成花、金正日花与金达莱花是朝鲜现代纪念币中专门以花卉为题的系列纪念币之主题花卉，材质亦从非贵金属到贵金属币应有尽有，因花卉多以金家领袖为名，坊间俗称"国花"系列[①]，其实这是一种曲解，只是钱币收藏者对纪念币的俗称，无论是以这三种花卉为题还是以此三种花卉组合领导人故居为题的纪念币都与国花毫无关系，因为朝鲜实际的国花是木兰花，而在这三种所谓的"国花"纪念币中根本没有木兰花的身影；包括网络传言中也经常把朝鲜国花按在金达莱花上。后来朝鲜发行了一套带有各种国家象征动植物的纪念银币，其中国花出现在纪念币之上；这套纪念币是四枚一套，分别是国花木兰花，国树松树，国鸟苍鹰与国犬丰山犬。另外在此之前2008年朝鲜的流通硬币与纸币上均出现过木兰花的身影。

① 亦有称之为"三花"系列

朝鲜2004年生肖猴年-普通狨精制
长方形纪念铝币
1元（Won）
生肖猴年-普通狨（Year of the Monkey-Callithrix Jacchus）
CCN-0303

朝鲜2004年生肖猴年-普通狨精制
长方形纪念铝币
1元（Won）
生肖猴年-普通狨（Year of the Monkey-Callithrix Jacchus）
CCT-0110

朝鲜2004年生肖猴年-青长尾猴精
制长方形纪念铝币
1元（Won）
生肖猴年-青长尾猴（Year of the Monkey-Cercopithecus Mitis）
错误（Mint Error）：
Cercopjthecus Mitis
CCN-0304

朝鲜2004年生肖猴年-青长尾猴精
制长方形纪念铝币
1元（Won）
生肖猴年-青长尾猴（Year of the Monkey-Cercopithecus Mitis）
错误（Mint Error）：
Cercopjthecus Mitis
CCT-0111

屡屡犯错不知悔改的生肖猴年-朝鲜青长尾猴纪念币

朝鲜的生肖纪念币长期发行，主要也是看重大中华区乃至海外欧美亚裔人群的钱币收藏市场；且因彼时朝鲜生肖纪念币售价不高，颇具朝鲜"严肃活泼，团结紧张"之特色，并伴随着国情的神秘感，也引来各国收藏者的驻足，部分生肖币材质规格五花八门，金、银、黄铜、紫铜、铝与双金属币等应有尽有，更有不同形态如异形与长方形等，面向不同阶层藏家，可选择余地颇多。

其中朝鲜2004年的生肖猴年纪念币就堪称家族化发行，一组3枚一套，均为长方形币，主题图案是三种野生猿猴动物，此三种猿猴分别为赤掌柽柳猴、青长尾猴与普通狨，分别栖息在冉冉升起的太阳旁的树枝上，主题图案一面都相同，国名一面则分为朝鲜国徽与大同门图案的不同版本，更有材质上的多种多样，甚至铜币也有黄铜与紫铜之分。

其中最有意思的一枚便是青长尾猴这枚纪念币，与之前的鱼类动物纪念币一样，朝鲜发行人员依旧搞错了动物的拉丁学名，把青长尾猴本应该正确的学名"Cercopithecus mitis"错铸成了"Cercopjthecus mitis"，其实只有"i"与"j"一字之差，也许看起来真的差不多吧。本以为此币会跟鱼类动物一样"有则改之"，即便错误已犯错币已铸，发现问题哪怕来不及收回熔毁却也应再铸正常新币，但遗憾的是这个错误一直继续下去，此币的多种规格材质上均未发现有学名正确之币，真是"不知悔改"！

2004年

朝鲜2004年生肖猴年-赤掌柽柳猴精制长方形纪念铝币
1元（Won）
生肖猴年-赤掌柽柳猴（Year of the Monkey-Saguinus Midas）
CCN-0305

朝鲜2004年生肖猴年-赤掌柽柳猴精制长方形纪念铝币
1元（Won）
生肖猴年-赤掌柽柳猴（Year of the Monkey-Saguinus Midas）
CCT-0112

朝鲜2004年亨利·哈德逊半月号精制纪念铜币

1元（Won）

亨利·哈德逊半月号（Henry Hudson Halfmoon）

CCN-0306

半月号是英国航海探险家亨利·哈德逊作为船长的航船，在探索加拿大的过程中留下了各种以其命名的地名；后来哈德逊在英国的航海公司并不得志，跳槽去了荷兰东印度公司，半月号是从属于荷兰东印度公司的船只，它有一个任务是发现前往中国的新航道，包括欧洲人首次登陆纽约也是通过这艘船航行的。此是朝鲜航海船舶系列纪念币之一。

朝鲜2004年莱姆库尔号精制纪念铜币

1元（Won）

莱姆库尔号（Statsraad Lehmkuhl）

CCN-0307

此为挪威皇家海军著名的舰船之一，2004年是其建造90周年的日子。此是朝鲜航海船舶系列纪念币之一。

朝鲜2004年柳京郑周永体育馆开幕1周年精制纪念铜币

1元（Won）

柳京郑周永体育馆开幕1周年（The First Anniversary of the Ryugyong Chung Ju Yung Stadiums）

CCN-0308

朝鲜2004年金日成故居-万景台精制纪念铜币
1元（Won）
金日成故居-万景台（President Kim Il Sung's Birthplace in Mangyondae）
CCN-0309

朝鲜2004年金正日故居-白头山密营精制纪念铜币
1元（Won）
金正日故居-白头山密营（Chairman Kim Jong Il's Birthplace in the Paektusan Secret Camp）
CCN-0310

朝鲜2004年金正淑故居-会宁精制纪念铜币
1元（Won）
金正淑故居-会宁（Anti-Japanese War Heroine Kim Jong Suk's Birthplace in Hoeryong）
CCN-0311

朝鲜2004年金日成花精制纪念铜币
1元（Won）
金日成花（Kimilsungia）
CCN-0312

朝鲜2004年金正日花精制纪念铜币
1元（Won）
金正日花（Kimjongilia）
CCN-0313

朝鲜2004年金达莱花精制纪念铜币
1元（Won）
金达莱花（Jindallae）
CCN-0314

朝鲜2004年生肖猴年-普通狨精制长方形纪念铜币
1元（Won）
生肖猴年-普通狨（Year of the Monkey-Callithrix Jacchus）
CCN-0315

朝鲜2004年生肖猴年-青长尾猴精制长方形纪念铜币
1元（Won）
生肖猴年-青长尾猴（Year of the Monkey-Cercopithecus Mitis）
错误（Mint Error）：Cercopjthecus Mitis
CCN-0316

朝鲜2004年生肖猴年-赤掌柽柳猴精制长方形纪念铜币
1元（Won）
生肖猴年-赤掌柽柳猴（Year of the Monkey-Saguinus Midas）
CCN-0317

朝鲜2004年独岛是我们的-西岛精制纪念铜币
2元（Won）
独岛是我们的-西岛（Dokdo Belongs to Korea Forever-Seodo）
CCO-0011

朝鲜2004年独岛是我们的-三兄弟洞窟岩精制纪念铜币
2元（Won）
独岛是我们的-三兄弟洞窟岩（Dokdo Belongs to Korea Forever-Samhyeongjegulbawi）
CCO-0012

朝鲜2004年独岛是我们的-鸡岩精制纪念铜币
2元（Won）
独岛是我们的-鸡岩（Dokdo Belongs to Korea Forever-Dakbawi）
CCO-0013

朝鲜2004年独岛是我们的-东岛精制纪念铜币
2元（Won）
独岛是我们的-东岛（Dokdo Belongs to Korea Forever-Dongdo）
CCO-0014

朝鲜2004年独岛是我们的-宕巾峰精制纪念铜币
2元（Won）
独岛是我们的-宕巾峰（Dokdo Belongs to Korea Forever-Tanggeonbong）
CCO-0015

朝鲜2004年独岛是我们的-烛台岩精制纪念铜币
2元（Won）
独岛是我们的-烛台岩（Dokdo Belongs to Korea Forever-Chotdaebawi）
CCO-0016

朝鲜2004年独岛是我们的-安龙福保卫独岛精制纪念铜币
2元（Won）
独岛是我们的-安龙福保卫独岛（Dokdo Belongs to Korea Forever-Defend Dokdo An Yong Bok）
CCO-0017

朝鲜2004年独岛是我们的-地图精制纪念铜币
2元（Won）
独岛是我们的-地图（Dokdo Belongs to Korea Forever-Map）
CCO-0018

朝鲜2004年亚洲动物-大熊猫精制彩色纪念银币
2元（Won）
999银（7克）
亚洲动物-大熊猫（Fauna of Asia-Panda）
CCN-0318

朝鲜2004年医学家许浚与《东医宝鉴》精制纪念铝币
3元（Won）
医学家许浚与《东医宝鉴》（Medical Scientist Heo Jun and Donguibogam）
CCO-0019

朝鲜版《本草纲目》——《东医宝鉴》

朝鲜这枚《东医宝鉴》纪念币，也有多种材质纪念币发行，有银币、铜币与铝币；还有各种样币；币面设计简单明了，就是中文汉字封面《东医宝鉴》书籍与作者许浚，币面朝鲜文的内容是医学家许浚与《东医宝鉴》书名。医学家许浚在朝鲜历史上名气极高，至今也是朝韩两国所推崇的古代名医，历史上其不仅是医学家，还是朝鲜李朝的太医院医官，是正式的御医；许浚对朝鲜传统医学贡献非常巨大，其总结中国中医与朝鲜本土传统医学整合形成"东医"，东医更成为朝鲜传统医学的专有名称，其死后还被追封一品大员，更被朝鲜历史上称之为"医圣"，《东医宝鉴》是其众多医书作品之一。

朝鲜的传统医学被称之为"东医"，韩国称之为"韩医"，值得

许浚画像

一提的是中国境内亦有朝鲜族作为少数民族之一，对于其本民族传统医学称为"朝医"，也属于中国传统医学之一。其实许浚整合东医也是将中国《黄帝内经》与金元四大家的相关医学理论结合朝鲜传统医学而得出的。

《东医宝鉴》在朝韩的历史文化地位非常之高，并且是世界首部列入联合国教科文组织世界记忆遗产名录的医书。

值得一提的是朝鲜《东医宝鉴》纪念币有多种版本，包括币面浮雕喷砂的粗细亦有各种版别之分。

朝鲜2004年医学家许浚与《东医宝鉴》精制纪念铜币

3元（Won）

医学家许浚与《东医宝鉴》（Medical Scientist Heo Jun and Donguibogam）

CCO-0020

朝鲜2004年邓小平百年诞辰普制纪念铝币

5元（Won）

邓小平百年诞辰（100th Birth Anniversary of Teng Hsiaoping）

CCN-0319

朝鲜2004年濒危野生动物-金钱豹精制纪念银币

5元（Won）

999银（20克）

濒危野生动物-金钱豹（Endangered Wildlife-Panthera Pardus Orientalis）

CCN-0320

朝鲜2004年亚洲动物-大熊猫精制纪念银币
5元（Won）
999银（20克）
亚洲动物-大熊猫（Fauna of Asia-Panda）
CCN-0321

朝鲜2004年动物-小天鹅精制彩色纪念银币
5元（Won）
999银（15克）
小天鹅（Cygnus Columbianus）
CCN-0322

朝鲜2004年动物-翠鸟精制彩色纪念银币
5元（Won）
999银（15克）
翠鸟（Alcedo Atthis）
CCN-0323

朝鲜2004年生肖猴年-普通狨精制长方形纪念银币
7元（Won）
999银（20克）
生肖猴年-普通狨（Year of the Monkey-Callithrix Jacchus）
CCN-0324

朝鲜2004年生肖猴年-青长尾猴精制长方形纪念银币
7元（Won）
999银（20克）
生肖猴年-青长尾猴（Year of the Monkey-Cercopithecus Mitis）
错误（Mint Error）：Cercopjthecus Mitis
CCN-0325

朝鲜2004年生肖猴年-赤掌柽柳猴精制长方形纪念银币
7元（Won）
999银（20克）
生肖猴年-赤掌柽柳猴（Year of the Monkey-Saguinus Midas）
CCN-0326

朝鲜2004年邓小平诞辰100周年-永远的小平普制纪念铝币
10元（Won）
邓小平诞辰100周年-永远的小平（100th Birth Anniversary of Teng Hsiaoping-Forever Teng Hsiaoping）
CCN-0327

朝鲜2004年思念故乡精制彩色纪念铝币
10元（Won）
思念故乡（Homesickness）
CCT-0113

　　思念故乡为题的朝鲜纪念币也是朝鲜彩色纪念币中的佼佼者。币面整体布局与着色均非常精彩，毕竟朝鲜国产铸币工艺水平十分有限，此币材质从铜币、铝币到贵金属银币均有，且分为彩色与本色版本①，但彩色搭配使金达莱花枝、花叶与花朵非常艳丽饱满，令人眼前一亮，也算是朝鲜现代纪念币中低成本铸币的杰作之了。

① 只有铜币有本色版

朝鲜2004年民族统一愿望精制彩色纪念铝币
10元（Won）
民族统一愿望（Unified Desire）
CCT-0114

　　期望朝鲜统一、民族团结，一直以来都是朝鲜现代纪念币中不变的主题，也以各种形式反复出现在纪念币之上。币面的朝文标语主题大意是"由我们民族自己来（统一）"；"由我们民族自己来"是朝鲜在和平统一上的一种崇高理念，如朝鲜祖国和平统一委员会曾发表声明《以"由我们民族自己来"的崇高理念为基础，开创北南关系发展和祖国统一新转机》。

朝鲜2004年生肖猴年申猴精制纪念银币
10元（Won）
999银（1盎司）
生肖猴年（Year of the Monkey）
CCN-0328

朝鲜2004年最后的拉脱维亚拉特精制镶嵌蓝玛瑙石纪念银币
10元（Won）
999银（1盎司）
镶嵌蓝玛瑙（Blue Agate）
最后的拉脱维亚拉特（Final Issue of The Latvian Lat）
CCN-0329

朝鲜2004年雅典奥运会-铁饼精制镶嵌褐黑曜石纪念银币
10元（Won）
999银（1盎司）
镶嵌褐黑曜石（Obsidian）
雅典奥运会-铁饼（Athens 2004 Olympic Games-Discus）
CCN-0330

朝鲜2004年亨利·哈德逊半月号精制纪念铜币
20元（Won）
亨利·哈德逊半月号（Henry Hudson Halfmoon）
CCT-0115

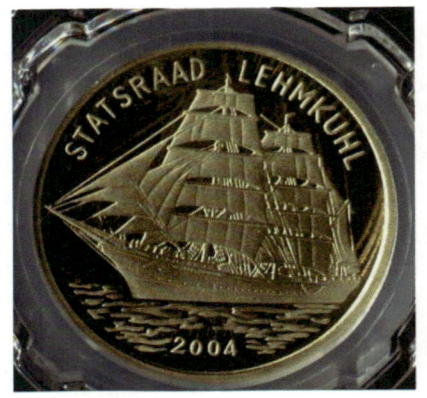

朝鲜2004年莱姆库尔号精制纪念铜币
20元（Won）
莱姆库尔号（Statsraad Lehmkuhl）
CCT-0116

朝鲜2004年思念故乡精制纪念铜币
20元（Won）
思念故乡（Homesickness）
CCT-0117

朝鲜2004年民族统一愿望精制纪念铜币
20元（Won）
民族统一愿望（Unified Desire）
CCT-0118

朝鲜2004年柳京郑周永体育馆开幕1周年精制纪念铜币
20元（Won）
柳京郑周永体育馆开幕1周年（The First Anniversary of the Ryugyong Chung Ju Yung Stadiums）
CCT-0119

朝鲜2004年金日成花精制纪念铜币
20元（Won）
金日成花（Kimilsungia）
CCT-0120

朝鲜2004年金正日花精制纪念铜币
20元（Won）
金正日花（Kimjongilia）
CCT-0121

朝鲜2004年金达莱花精制纪念铜币
20元（Won）
金达莱花（Jindallae）
CCT-0122

朝鲜2004年金日成故居-万景台精制纪念铜币
20元（Won）
金日成故居-万景台（President Kim Il Sung's Birthplace in Mangyondae）
CCT-0123

朝鲜2004年金正日故居-白头山密营精制纪念铜币

20元（Won）

金正日故居-白头山密营
（Chairman Kim Jong Il's Birthplace in the Paektusan Secret Camp）
CCT-0124

朝鲜2004年金正淑故居-会宁精制纪念铜币

20元（Won）

金正淑故居-会宁（Anti-Japanese War Heroine Kim Jong Suk's Birthplace in Hoeryong）
CCT-0125

朝鲜2004年生肖猴年-普通狨精制长方形纪念铜币

20元（Won）

生肖猴年-普通狨（Year of the Monkey-Callithrix Jacchus）
CCT-0126

朝鲜2004年生肖猴年-青长尾猴精制长方形纪念铜币

20元（Won）

生肖猴年-青长尾猴（Year of the Monkey-Cercopithecus Mitis）

错误（Mint Error）：
Cercopjthecus Mitis
CCT-0127

朝鲜2004年生肖猴年-赤掌柽柳猴
精制长方形纪念铜币
20元（Won）
生肖猴年-赤掌柽柳猴（Year of the Monkey-Saguinus Midas）
CCT-0128

朝鲜2004年思念故乡精制彩色纪念铜币
20元（Won）
思念故乡（Homesickness）
CCT-0129

朝鲜2004年民族统一愿望精制彩色纪念铜币
20元（Won）
民族统一愿望（Unified Desire）
CCT-0130

朝鲜2004年生肖猴年-普通狨精制长方形纪念紫铜币
20元（Won）
生肖猴年-普通狨（Year of the Monkey-Callithrix Jacchus）
CCT-0131

朝鲜2004年生肖猴年-青长尾猴精制长方形纪念紫铜币

20元（Won）

生肖猴年-青长尾猴（Year of the Monkey-Cercopithecus Mitis）

错误（Mint Error）：Cercopjthecus mitis

CCT-0132

朝鲜2004年生肖猴年-赤掌柽柳猴精制长方形纪念紫铜币

20元（Won）

生肖猴年-赤掌柽柳猴（Year of the Monkey-Saguinus Midas）

CCT-0133

朝鲜2004年柳京郑周永体育馆开幕1周年精制铜铝双金属纪念币

20元（Won）

双金属（Bimetallic）

柳京郑周永体育馆开幕1周年（The First Anniversary of the Ryugyong Chung Ju Yung Stadiums）

CCT-0134

朝鲜的首枚双金属币

何谓双金属币，顾名思义就是由两种单独金属组合而成的钱币，不同于局部镶嵌、金属合金与金属镀层，而是实际由两种金属组成的钱币；以此类推还有三金属币与多金属币等。

不同于古代打制币或旧时一些镶嵌币[①]，双金属币是在现代工业水平下得以实现的，现代意

---

① 吕底亚狮头琥珀金币其实是一种金银合金币

义上最早的双金属币是意大利1982年的500里拉双金属流通硬币。这枚意大利的500里拉硬币是一枚日常使用的流通币,双金属币铸造成本虽高但目的明确,就是为了提高制假造假的门槛与成本,使得流通硬币更具防伪性能,不易仿造;至今世界上一些国家的相对大面值流通硬币也多采取双金属币形式,包括欧元在内。

　　随着铸币工艺的进步,铸造双金属币已并非难题,但贵金属材质双金属币尤其金银双金属币[①]因金属张力不同,确实还有一定的生产难度与折损率。同时也有部分国家使用更为稀少的一些具有特色的材质制造双金属币,如银铌双金属币、银钽双金属币与银钛双金属币等等。而今随着铸币技术发展,现在双金属、三金属乃至多金属铸币均不成问题,并且也可铸造各种异形形态与应用各种高浮雕工艺。

　　朝鲜的双金属币后来也发行了很多,非贵金属双金属币主题除了柳京郑周永体育馆开幕1周年之外,还有如《阿里郎》、生肖、动物乃至奥运等主题纷纷发行这类铜铝双金属纪念币;部分主题还有贵金属双金属纪念币,即银铜双金属币与金银双金属币等品种。

现代意义上世界首枚双金属币,意大利
1982年500里拉硬币

今天的双金属币或多金属币已非常成熟,
帕劳2013年中国熊猫银币发行30周年
太极熊猫精制银铌双金属纪念币

① 包括"外金内银"与"外银内金"两种形式组合

朝鲜2004年金正日朝鲜人民敬爱的领袖21世纪的太阳精制纪念银币
20元(Won)
999银(31克)
金正日朝鲜人民敬爱的领袖21世纪的太阳(The General Kim Jong Il.The Sun of the 21st Century)
CCN-0331

朝鲜2004年金正日与弗拉基米尔·弗拉基米罗维奇·普京会晤精制纪念银币
20元（Won）
999银（31克）
金正日与弗拉基米尔·弗拉基米罗维奇·普京会晤（Great Leader Comrade Kim Jong Il Meets President Vladimir Vladimirovich Putin）
CCN-0332

朝鲜2004年独岛是我们的-西岛精制纪念银币
20元（Won）
999银（1盎司）
独岛是我们的-西岛（Dokdo Belongs to Korea Forever-Seodo）
CCO-0021

朝鲜2004年独岛是我们的-三兄弟洞窟岩精制纪念银币
20元（Won）
999银（1盎司）
独岛是我们的-三兄弟洞窟岩（Dokdo Belongs to Korea Forever-Samhyeongjegulbawi）
CCO-0022

朝鲜2004年独岛是我们的-鸡岩精制纪念银币
20元（Won）
999银（1盎司）
独岛是我们的-鸡岩（Dokdo Belongs to Korea Forever-Dakbawi）
CCO-0023

朝鲜2004年独岛是我们的-东岛精
制纪念银币

20元（Won）

999银（1盎司）

独岛是我们的-东岛（Dokdo
Belongs to Korea Forever-
Dongdo）

CCO-0024

朝鲜2004年独岛是我们的-宕巾峰
精制纪念银币

20元（Won）

999银（1盎司）

独岛是我们的-宕巾峰（Dokdo
Belongs to Korea Forever-
Tanggeonbong）

CCO-0025

朝鲜2004年独岛是我们的-烛台岩
精制纪念银币

20元（Won）

999银（1盎司）

独岛是我们的-烛台岩（Dokdo
Belongs to Korea Forever-
Chotdaebawi）

CCO-0026

朝鲜2004年独岛是我们的-安龙福
保卫独岛精制纪念银币

20元（Won）

999银（1盎司）

独岛是我们的-安龙福保卫独岛
（Dokdo Belongs to Korea Forever-
Defend Dokdo An Yong Bok）

CCO-0027

朝鲜2004年独岛是我们的-地图精制纪念银币
20元（Won）
999银（1盎司）
独岛是我们的-地图（Dokdo Belongs to Korea Forever-Map）
CCO-0028

朝鲜2004年医学家许浚与《东医宝鉴》精制纪念银币
50元（Won）
999银（70克）
医学家许浚与《东医宝鉴》（Medical Scientist Heo Jun and Donguibogam）
CCO-0029

朝鲜2004年柳京郑周永体育馆开幕1周年精制纪念银币
1500元（Won）
999银（1盎司）
柳京郑周永体育馆开幕1周年（The First Anniversary of the Ryugyong Chung Ju Yung Stadiums）
CCT-0135

朝鲜2004年思念故乡精制彩色纪念银币
1500元（Won）
999银（1盎司）
思念故乡（Homesickness）
CCT-0136

朝鲜2004年金日成花精制纪念银币
2000元（Won）
999银（42.216克）
金日成花（Kimilsungia）
CCT-0137

朝鲜2004年金正日花精制纪念银币
2000元（Won）
999银（42.216克）
金正日花（Kimjongilia）
CCT-0138

朝鲜2004年金达莱花精制纪念银币
2000元（Won）
999银（42.216克）
金达莱花（Jindallae）
CCT-0139

朝鲜2004年金日成故居-万景台精制纪念银币
2000元（Won）
999银（42.216克）
金日成故居-万景台（President Kim Il Sung's Birthplace in Mangyondae）
CCT-0140

朝鲜2004年金正日故居-白头山密营精制纪念银币
2000元（Won）
999银（42.216克）
金正日故居-白头山密营（Chairman Kim Jong Il's Birthplace in the Paektusan Secret Camp）
CCT-0141

朝鲜2004年金正淑故居-会宁精制纪念银币
2000元（Won）
999银（42.216克）
金正淑故居-会宁（Anti-Japanese War Heroine Kim Jong Suk's Birthplace in Hoeryong）
CCT-0142

从"朝鲜币神话"到"朝鲜币超发事件"

　　朝鲜现代纪念币过去一直是不温不火的，虽然屡屡出现在世界各大钱币博览会，但因为朝鲜国情、发行方式、主题选择、设计审美乃至工艺水平等问题，朝鲜纪念币并非每一个钱币藏家的心头好。尤其纪念币上多以政治为主的题材，往往感兴趣者甚少；对朝鲜的历史文化与英雄人物了解的藏家亦不多，而各种贵金属纪念币，尤其大规格金银币价值较高更是反响平平，倒是部分相对廉价的各类非贵金属币，以生肖与动物等国际通行题材为主的纪念币会有一定受众群体。

　　这种一成不变的模式，本来默默无闻的进行着，但随着一个偶然事件突然改变了，甚至诞生了朝鲜现代纪念币历史上罕见的"朝鲜币神话"事件，一时间朝鲜各类纪念币洛阳纸贵，一币难求。"朝鲜币神话"因何诞生？其实是一个很偶然的事件，当然偶然中也存在着必然，且朝鲜方面并没有很好地抓住这些机会，从而改变他们的纪念币发行策略，哪怕依旧创汇为主也能实现一些纪念币经济上的转型，但遗憾的是朝鲜方面继续以往策略，我行我素，没有更好地去了解钱币收藏市场，更没有任何危机公关，最终"神话"跌落神坛，反而引来了"超发"事件，朝鲜现代纪念币从此一蹶不振，昔日荣光不再。

　　朝鲜纪念币神话的诞生源自世界级投资大鳄吉姆·罗杰斯的疯狂购买与收藏。不少新闻报道都在探究罗杰斯收藏朝鲜币的行为意欲何为。罗杰斯就是那位现代华尔街的风云人物，誉为最富远见的国际投资家，是美国证券界最成功的实践家之一，更被誉为世界最伟大投资家之一；是与另一位能掀起世界金融风暴的金融大鳄乔治·索罗斯齐名的人物。

　　根据新闻时间轴，2013年3月开始《华尔街日报》与《凤凰财经》等主流媒体皆有报道吉姆·罗杰斯购买朝鲜金币的新闻，报道中对于朝鲜纪念币还有相关的延伸，甚至谈及美国eBay网站的一些朝鲜纪念金币的交易。其他收藏类媒体更是大加报道，引起热议。需要注意的是，报道开始的日期正是新加坡国际钱币展销会所召开的当月，且罗杰斯早已定居新加坡[①]，其正是于新加坡国际钱币展销会上与朝方参展单位进行购买的。当然这种购买不一定是现场的交易，也可能是私下的交易，并且在2013年各类报道之前，罗杰斯与朝方的这种朝鲜钱币的交易也早已存在。

纪念币的新闻本身对于很多主流媒体就是陌生的，朝鲜纪念金币听起来又与金融有关，尤其是吉姆·罗杰斯亲力亲为地收藏，更被认为似乎是放出了一种信号，所以新闻报道也逐步扩大与深入，甚至成为了一则热门的财经消息。当时的报道所言很细致，如"在eBay上有两枚朝鲜的1盎司金币出售，年代为1988年和2002年，每枚价格2790美元。"其实这些朝鲜金币是当年笔者与同行兼好友钱币商吴屹挺先生合作售出的，所涉及的纪念金币本书中亦有其图案，一枚是金刚山仙女图案的金币；一枚是千里马图案的金币，其实如千里马金币都是4枚一套的，1盎司是其中最大规格的金币。

综合当时的报道与钱币行业内部的讯息，得知吉姆·罗杰斯早在2010年左右就开始购买与收藏朝鲜贵金属纪念币，且罗杰斯购买朝鲜纪念币的投资愿景也与部分朝鲜纪念币收藏家的想法不谋而合，即对朝鲜半岛的统一有所期盼。罗杰斯投资朝鲜的唯一方式就是钱币和邮票，同时其不看好朝鲜的经济与政治现状，大致是认为终有一天朝鲜会改朝换代，无论届时政体改革，还是意识形态变化，甚至是北南统一，而朝鲜的各类钱币都将作为"前朝货币"必会增值，尤其贵金属纪念币与其他稀少的各类钱币。类似的论断，在朝鲜现代纪念币最主要的市场即中国钱币收藏市场也一直存在着，也是中国的钱币收藏家们对朝鲜纪念币津津乐道的话题。所以主张投资缅甸与柬埔寨等前沿市场的罗杰斯在新加坡国际钱币展销会购买大量的朝鲜纪念币尤其贵金属的这一举动也带来了朝鲜现代纪念币全面的热力，不亚于上了一次互联网热搜，一时间无论收藏家还是投机者纷纷寻觅各类朝鲜现代纪念币，这么"全民互动"式的朝鲜币收藏热潮确实是过去从未有过的。同时作为朝鲜造币官方无论收藏者对朝鲜国运的期盼如何，并不影响他们对纪念币的销售方针与铸造热忱，更加把朝鲜现代纪念币的创汇任务进行到底。

中国钱币收藏市场对于朝鲜现代纪念币的收藏敏感还是有的，毕竟近水楼台先得月，彼时有人总结到：当代朝鲜纪念币品种不少，发行量不大，设计一般，工艺不佳，价格不高，背景神秘，购买不便，资料不全，但潜力不小等。

无论什么事物，有高点就有低点，起起伏伏本属正常。朝鲜现代纪念币并非没有机会，朝鲜发行方也并非尸位素餐，过去也做过诸多尝试，有些项目留下了精品，有些项目却也平淡无奇。包括重新开发一些过去的经典系列，也成为朝鲜现代纪念币发行的一大特色，也许是因设计水平的有限，或因过去的设计太经典，如将民族文化遗产系列纪念币中的高丽青瓷单独开发一个高丽青瓷系列纪念币，或对佛像主题纪念币以金币版本再开发等，发行量也都控制在极少数额，这些都是比较成功的纪念币项目。同时也与业界知名的钱币公司或钱币商开展合作，合作开发一些纪念币项目，这种合作模式并非"丧权辱国"，而是世界各国开发纪念币中的惯例，包括中国在内很多国家过去都采取过类似的合作发行纪念币的国际商业模式。

虽然朝鲜的造币机构一直在多个国家发展各种分销商与代理商，但因为没有合理的规划与营销模式，一切以纪念币出口创汇为中心，最终还是饱尝苦果。皆因原本"佛系"的各分销渠道，受到利好因素的冲击，无论吉姆·罗杰斯收藏的新闻，还是趋利的购买者，都因朝鲜发行方没有正确应对市场变化的方案，渠道分销根本没有形成相对正常的商业体系，最终就是朝鲜发行方"既当运动员又当教练员"。

随着集藏朝鲜现代纪念币的人数增多，过去的一些疑问也逐步扩大。无论是对朝鲜纪念币发行策略的不解，还是对为何同样主题的纪念币还有"国徽"与"大同门"之分的疑问；尤其更多集藏者对何谓补铸不甚了解，再就是朝鲜现代纪念币过于神秘没有更多的资料书籍[②]，所以随着收藏研究朝鲜纪念币的人数增多，朝鲜发行方并不重视的宣传与解释的这些问题都成为了重大公关危机；甚至还有眼红的从业者炮制谣言，即所谓朝鲜纪念币都

---

① 一般报道罗杰斯2007年定居新加坡
② 《克劳斯钱币目录》对朝鲜现代纪念币收录有限且大部分钱币未有标注发行量

是中国钱币商私下假造的。"朝鲜币超发事件"也就在这样的背景下发生了，并且一发不可收拾，闹得满城风雨。

其实钱币的补铸与重铸是非常正常的，古今中外并不稀见，尤其在流通币领域早已见怪不怪了，如我们日常使用的流通货币，无论硬币还是纸币，很多币面的年份，多称为"某某年版"，但不一定是这个年份铸造或印刷的，皆因流通币铸造印刷量巨大且需长年铸造与印刷。再如历史上赫赫有名的奥地利玛丽娅·特蕾莎像银币，无论重铸多少次，币面的年份都是历史上的1780年；以及民国3年的袁世凯像银币①，中华人民共和国解放初期官方还有补铸，币面年份也停留在历史上的1914年。当然纪念币与这些历史货币或流通货币并不雷同，纪念币有些补铸是因为发行之初虽然发行量确定了，但实际铸造却"以销定产"，所以可能首批并非满额铸造，而后如热销则补铸满额，如滞销就弃而不铸这余下的发行量了，所以有些纪念币再度翻红，本身发行量并不小，但市面非常鲜见一币难求，除了收藏沉淀以外，重要的原因就是当初就没铸造足量；至于这个铸满发行量的补铸行为，有无时间限制，其实并无一个放之四海皆准的规定，多是各国造币部门自行掌握。

当然朝鲜现代纪念币的发行比较特殊，有些钱币发行之初并无规定或公布具体的发行量，如何界定其是补铸行为还是纯粹的重铸与多铸行为则极为不易。正因这种"模棱两可"接踵而来了"朝鲜币超发事件"。作为世界现代纪念币收藏领域的重要事件，更是朝鲜现代纪念币的一段"黑历史"，笔者也算是该事件之亲历者。

其实这个事件，朝方多少有些冤枉，但因朝方纪念币发行机构的不作为与长期的管理不善，更加之事发后没有任何危机公关处理，让分销代理的一些各级钱币商与收藏者皆已寒心。此次事件的主角就是"爱国将领""金家领导人故居"与"朝鲜花卉"②系列纪念银币，均为3枚一套，均为富强钱币会社版本，国名一面均为大门图案。事件的导火索源自朝鲜方面提供的并不严谨的钱币目录，一切的根源来自朝鲜富强钱币会社的几份钱币目录，并且这个目录编写得还非常粗糙，为了方便流传还是电子版的，其实就是Excel类表格。当时也少有朝鲜现代纪念币的专著与相关资料，《克劳斯钱币目录》上有历年的朝鲜钱币当然很多没有标注发行量，所以富强钱币会社提供的目录资料，作为发行国的资料就被引为经典从而广泛传阅。这类钱币目录并非只有一种，已知有3-4种，格式为Excel或PPT，也不是以什么特殊形式从富强钱币会社流出，都是正常发给各级经销商参阅的以便订货参考。因为是表格基础的目录，本身制表粗糙，钱币图片部分多为效果图，亦略有变形和失真，但都是彩色图。每一种钱币选取其图案作为此类主题的示例，因不少朝鲜现代纪念币都是同图而发行不同材质与面值的多种规格，对钱币的介绍文字有中文汉字版亦有朝文版，最重要是上面标注有种币的发行量。有发行量就太重要了，毕竟其他目录或书籍上没有这个，或者没有考证与依据不敢贸然写出来，且目录里标注前文所言的三种系列纪念银币的发行量极其稀少！同时朝方给出来的目录虽然是以会社的名义，但了解朝鲜国情的人，自然知道他们都是体制内国营单位，这目录自然也就代表着朝鲜官方的态度与数据。其实这个目录早就有了，笔者与过去的同行友人、朝鲜币代理商以及其他钱币商都看到过类似目录，的确是给一些与朝方有合作的经销商们订货所用的，因表格整理粗糙也并非受到特别重视，且作为圈内人也都大概明白朝鲜写出来的这个发行量不太可能，更多是为了吸引眼球引人订货亦或是"以销定产"的对经销商需求摸底。但吉姆·罗杰斯集藏朝鲜金币新闻出现后，各类朝鲜现代纪念币一时间洛阳纸贵，寻求朝方目录资料者众多。以上三个品种的系列纪念金银币，每组都是3枚，朝方目录中明确的标出金币的发行量5枚，银币发行量50枚；本身金币价值较高且比较特殊，在此不作讨论，就以银币而言，爱国将领系列为1盎司一枚的银币，而金家领导人故居系列与朝鲜花卉系列都是42克一枚的银币，我们知道铸币有模具成本，就算朝鲜铸币工艺有限，但一定的成本必不可少，甚至有些铸造水平与效率相对低下的造币企业，铸币成本往往更高，如果这三种系列纪念银币其中的每一枚银币都只铸造50枚，那需要销售出多高的价格才能收回铸币模具成本，朝鲜既然以纪念币作为出口创汇手段，自然要考虑生产成本与回报率。常规的贵金属纪念币虽不一定要薄利多销，但设定

---

① 俗称"袁大头"银元
② 亦称"三花"；过去所谓"国花"为谬称，实则朝鲜的国花是木兰花

售价更不可能"曲高和寡"，这都是有一定市场经济规律的。

考虑到朝鲜所铸纪念币多是一套模具打天下[①]，但即便如此，发行量50枚也几乎不可能，少写了一个"0"倒还差不多，这类币虽然追求发行量稀少，发行500枚是正常；因发行量更大的话容易消化不掉，不符合朝方"以产定销"与创汇最大化的原则；何况同一本目录中其他类似规格的银币都没有这种极少到夸张的发行量。但因目录的来源可靠，不少人深信不疑，又都是朝鲜历史人物或当代政治题材[②]的纪念银币，更被认为收藏价值极高！

当时笔者的同行好友即代理包销朝鲜多种经典纪念币项目的钱币商，请笔者帮忙接收一批朝鲜现代纪念币，这其中主要有此三个系列的纪念银币，笔者在朝鲜大使馆附近和朝方人员接洽了这批钱币。而这批所谓的发行量50枚的各类银币也正在其中，接收后很快分销给各地的钱币商或钱币收藏者。因为根本没把所谓的50枚发行量当回事，但真是售者无心，收者有意，没多久有圈内人告诉笔者，说他们私下统计到我接收的这批银币中已经基本达到发行量50套的总量，市面上再有就是朝鲜偷偷超发了。如此认真统计这类银币的流入数据，确实是以往朝鲜现代纪念币所没有的待遇，也说明其他钱币商或钱币收藏者们当时几乎完全依靠富强钱币会社的这份目录"按图索骥"。笔者只好尽速告知，富强钱币会社的目录仅供参考，且发行数据的发行量50枚并不准确或并无依据。其实无论是富强大同门版还是央行国徽版的此几种纪念银币，《克劳斯钱币目录》等相关资料并没有记载过任何具体的发行量，不过克劳斯目录中所记录的应是央行国徽版本的此币。

但遗憾的是，毕竟此前亦有此类主题的纪念币流入中国钱币收藏市场，互联网时代互相沟通，大致知道对方藏家手里藏有多少套纪念币并非难事，很快大家发现朝鲜这几种纪念银币真的"超发"了。尽管一些熟知朝鲜钱币发行作风的同行在网络或其他媒介进行解释说明，尤其大谈朝鲜钱币目录的"无厘头"与不负责，但"超发"的证据已经通过网络蔓延[③]，线上线下都了解到了这略有乌龙属性的"朝鲜币超发事件"！

无论是朝方在钱币目录中的刻意忽悠，还是其整理数据制表时的输入失误，最终关于"超发事件"朝方至今依然"佛系"亦无人对此进行澄清、解释或致歉。事件一出，也影响了朝鲜现代纪念币的种种，对朝鲜现代纪念币的不规范、不信任或不认可的影响至今犹在。参与买卖这些"涉事"纪念币的供求双方，也各奔前程；一些朝鲜纪念币经销商本就不了解朝鲜纪念币，都是看到吉姆·罗杰斯的新闻后闻风而动，不但不对这所谓50枚离奇的发行量做解释，还在这种明显不正常的发行量上做文章，以求更好的销售；但此事件后他们认为今后朝鲜现代纪念币行情无望纷纷转身离开。不甚了解朝鲜发行纪念币作风的钱币商与收藏者甚至开始怀疑，以往朝鲜现代纪念币中的各类经典币种是否都可以随时超发再铸，当然有些朝鲜纪念币确实存在相关情况，如一种纪念币发行二十多年后还总有小批量出货，即使没有明确发行量的纪念币跨越二十年去补铸所谓补齐原发行量也于理不合。朝鲜的国情使然，虽然这些钱币都是官铸，但也使得很多人对朝鲜现代纪念币的收藏信心一落千丈。朝方不按套路出牌，且全程"高冷"，超发事件中外皆知，对于远比朝方看重规则的西方同行钱币经销商，亦有很多减少对朝鲜现代纪念币的经销或不再与其合作。

超发事件虽然不了了之，但是朝鲜现代纪念币收藏与研究的氛围已元气大伤，颇有些积重难返了，只能随着时间的推移，朝鲜发行策略上的改变，多出精品纪念币，才能逐步弥合对部分收藏者的创伤，唯近年随着时间推移，新品频出，收藏者对朝鲜现代纪念币的印象稍有改观。

这就是世界现代纪念币范围内"朝鲜币超发事件"的始末，带有些黑色幽默却并不波谲云诡。其实如果朝方在事件发生之初做好危机公关处理，及时进行解释与疏导，事后转变过去发行策略上的陈旧思路，逐步规范与提升档次，也许今天的朝鲜现代纪念币收藏与研究氛围则大不相同！

值得一提的是至今eBay等美国主流电商网站，受到制裁朝鲜政策的影响，仍旧不许网络销售朝鲜钱币[④]；韩国原则上亦不许销售朝鲜现代钱币；中国的淘宝网钱币版块商品模板中对于上架交易钱币的所属国家与地区选项中没有朝鲜国名的属性设置。

---

① 钱币图案均相同，但国名面面值与金属含量之不同可局部置换文字数字
② 金家领袖人物故居自不用说，朝鲜三花中两花以金家人物命名，政治意味极强
③ 有51枚银币摆在一起的图片
④ 朝鲜战争之前的朝鲜钱币除外

样币（Essai） CCS（CCSN/CCST/CCSO）

朝鲜2004年独岛是我们的-西岛精制纪念铝样币
1元（Won）
独岛是我们的-西岛（Dokdo Belongs to Korea Forever-Seodo）
CCSO-0001

朝鲜2004年独岛是我们的-三兄弟洞窟岩精制纪念铝样币
1元（Won）
独岛是我们的-三兄弟洞窟岩（Dokdo Belongs to Korea Forever-Samhyeongjegulbawi）
CCSO-0002

朝鲜2004年独岛是我们的-鸡岩精制纪念铝样币
1元（Won）
独岛是我们的-鸡岩（Dokdo Belongs to Korea Forever-Dakbawi）
CCSO-0003

朝鲜2004年独岛是我们的-东岛精制纪念铝样币
1元（Won）
独岛是我们的-东岛（Dokdo Belongs to Korea Forever-Dongdo）
CCSO-0004

朝鲜2004年独岛是我们的-宕巾峰精制纪念铝样币
1元（Won）
独岛是我们的-宕巾峰（Dokdo Belongs to Korea Forever-Tanggeonbong）
CCSO-0005

朝鲜2004年独岛是我们的-烛台岩精制纪念铝样币
1元（Won）
独岛是我们的-烛台岩（Dokdo Belongs to Korea Forever-Chotdaebawi）
CCSO-0006

朝鲜2004年独岛是我们的-安龙福保卫独岛精制纪念铝样币
1元（Won）
独岛是我们的-安龙福保卫独岛（Dokdo Belongs to Korea Forever-Defend Dokdo An Yong Bok）
CCSO-0007

朝鲜2004年独岛是我们的-地图精制纪念铝样币

1元（Won）

独岛是我们的-地图（Dokdo Belongs to Korea Forever-Map）

CCSO-0008

朝鲜2004年柳京郑周永体育馆开幕1周年精制纪念铝样币

1元（Won）

柳京郑周永体育馆开幕1周年（The First Anniversary of the Ryugyong Chung Ju Yung Stadiums）

CCST-0069

朝鲜2004年金日成花精制纪念铝样币

1元（Won）

金日成花（Kimilsungia）

CCST-0070

朝鲜2004年金正日花精制纪念铝样币

1元（Won）

金正日花（Kimjongilia）

CCST-0071

朝鲜2004年金达莱花精制纪念铝样币
1元（Won）
金达莱花（Jindallae）
CCST-0072

朝鲜2004年金日成故居-万景台精制纪念铝样币
1元（Won）
金日成故居-万景台（President Kim Il Sung's Birthplace in Mangyondae）
CCST-0073

朝鲜2004年金正日故居-白头山密营精制纪念铝样币
1元（Won）
金正日故居-白头山密营（Chairman Kim Jong Il's Birthplace in the Paektusan Secret Camp）
CCST-0074

朝鲜2004年金正淑故居-会宁精制纪念铝样币
1元（Won）
金正淑故居-会宁（Anti-Japanese War Heroine Kim Jong Suk's Birthplace in Hoeryong）
CCST-0075

朝鲜2004年生肖猴年-普通狨精制长方形纪念铝样币

1元（Won）

生肖猴年-普通狨（Year of the Monkey-Callithrix Jacchus）

CCST-0076

朝鲜2004年生肖猴年-青长尾猴精制长方形纪念铝样币

1元（Won）

生肖猴年-青长尾猴（Year of the Monkey-Cercopithecus Mitis）

错误（Mint Error）：Cercopjthecus mitis

CCST-0077

朝鲜2004年生肖猴年-赤掌柽柳猴精制长方形纪念铝样币

1元（Won）

生肖猴年-赤掌柽柳猴（Year of the Monkey-Saguinus Midas）

CCST-0078

朝鲜2004年独岛是我们的-西岛精制纪念铜样币

2元（Won）

独岛是我们的-西岛（Dokdo Belongs to Korea Forever-Seodo）

CCSO-0009

朝鲜2004年独岛是我们的-三兄弟洞窟岩精制纪念铜样币
2元（Won）
独岛是我们的-三兄弟洞窟岩（Dokdo Belongs to Korea Forever-Samhyeongjegulbawi）
CCSO-0010

朝鲜2004年独岛是我们的-鸡岩精制纪念铜样币
2元（Won）
独岛是我们的-鸡岩（Dokdo Belongs to Korea Forever-Dakbawi）
CCSO-0011

朝鲜2004年独岛是我们的-东岛精制纪念铜样币
2元（Won）
独岛是我们的-东岛（Dokdo Belongs to Korea Forever-Dongdo）
CCSO-0012

朝鲜2004年独岛是我们的-宕巾峰精制纪念铜样币
2元（Won）
独岛是我们的-宕巾峰（Dokdo Belongs to Korea Forever-Tanggeonbong）
CCSO-0013

朝鲜2004年独岛是我们的-烛台岩
精制纪念铜样币

2元（Won）

独岛是我们的-烛台岩（Dokdo Belongs to Korea Forever-Chotdaebawi）

CCSO-0014

朝鲜2004年独岛是我们的-安龙福保卫独岛精制纪念铜样币

2元（Won）

独岛是我们的-安龙福保卫独岛（Dokdo Belongs to Korea Forever-Defend Dokdo An Yong Bok）

CCSO-0015

朝鲜2004年独岛是我们的-地图精制纪念铜样币

2元（Won）

独岛是我们的-地图（Dokdo Belongs to Korea Forever-Map）

CCSO-0016

朝鲜2004年医学家许浚与《东医宝鉴》精制纪念铝样币

3元（Won）

医学家许浚与《东医宝鉴》（Medical Scientist Heo Jun and Donguibogam）

CCSO-0017

朝鲜2004年医学家许浚与《东医宝鉴》精制纪念铜样币

3元（Won）

医学家许浚与《东医宝鉴》（Medical Scientist Heo Jun and Donguibogam）

CCSO-0018

朝鲜2004年思念故乡精制彩色纪念铝样币

10元〔Won〕

思念故乡（Homesickness）

CCST-0079

朝鲜2004年民族统一愿望精制彩色纪念铝样币

10元（Won）

民族统一愿望（Unified Desire）

CCST-0080

朝鲜2004年独岛是我们的-地图精制纪念银币铜样币

20元（Won）

独岛是我们的-地图（Dokdo Belongs to Korea Forever-Map）

CCSO-0019

朝鲜2004年思念故乡精制纪念铜样币
20元（Won）
思念故乡（Homesickness）
CCST-0081

朝鲜2004年柳京郑周永体育馆开幕1周年精制纪念铜样币
20元（Won）
柳京郑周永体育馆开幕1周年（The First Anniversary of the Ryugyong Chung Ju Yung Stadiums）
CCST-0082

朝鲜2004年民族统一愿望精制纪念铜样币
20元（Won）
民族统一愿望（Unified Desire）
CCST-0083

朝鲜2004年金日成花精制纪念铜样币
20元（Won）
金日成花（Kimilsungia）
CCST-0084

朝鲜2004年金正日花精制纪念铜样币
20元（Won）
金正日花（Kimjongilia）
CCST-0085

朝鲜2004年金达莱花精制纪念铜样币
20元（Won）
金达莱花（Jindallae）
CCST-0086

朝鲜2004年金日成故居-万景台精制纪念铜样币
20元（Won）
金日成故居-万景台（President Kim Il Sung's Birthplace in Mangyondae）
CCST-0087

朝鲜2004年金正日故居-白头山密营精制纪念铜样币
20元（Won）
金正日故居-白头山密营（Chairman Kim Jong Il's Birthplace in the Paektusan Secret Camp）
CCST-0088

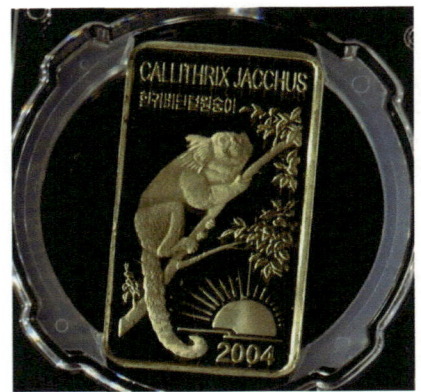

朝鲜2004年金正淑故居-会宁精制纪念铜样币
20元（Won）
金正淑故居-会宁（Anti-Japanese War Heroine Kim Jong Suk's Birthplace in Hoeryong）
CCST-0089

朝鲜2004年生肖猴年-普通狨精制长方形纪念铜样币
20元（Won）
生肖猴年-普通狨（Year of the Monkey-Callithrix Jacchus）
CCST-0090

朝鲜2004年生肖猴年-青长尾猴精制长方形纪念铜样币
20元（Won）
生肖猴年-青长尾猴（Year of the Monkey-Cercopithecus Mitis）
错误（Mint Error）：Cercopjthecus Mitis
CCST-0091

朝鲜2004年生肖猴年-赤掌柽柳猴精制长方形纪念铜样币
20元（Won）
生肖猴年-赤掌柽柳猴（Year of the Monkey-Saguinus Midas）
CCST-0092

错币（Mint Error） CCE（CCEN/CCET/CCEO）

朝鲜2004年生肖猴年-青长尾猴精制长方形纪念铝币文字错币
1元（Won）
生肖猴年-青长尾猴（Year of the Monkey-Cercopithecus Mitis）
错误（Mint Error）：
Cercopjthecus Mitis
CCEN-0004

朝鲜2004年生肖猴年-青长尾猴精制长方形纪念铝币文字错币
1元（Won）
生肖猴年-青长尾猴（Year of the Monkey-Cercopithecus Mitis）
错误（Mint Error）：
Cercopjthecus Mitis
CCET-0003

朝鲜2004年生肖猴年-青长尾猴精制长方形纪念铜币文字错币
1元（Won）
生肖猴年-青长尾猴（Year of the Monkey-Cercopithecus Mitis）
错误（Mint Error）： Cercopjthecus Mitis
CCEN-0005

朝鲜2004年生肖猴年-青长尾猴精制长方形纪念银币文字错币

7元（Won）

999银（20克）

生肖猴年-青长尾猴（Year of the Monkey-Cercopithecus Mitis）

错误（Mint Error）：Cercopjthecus Mitis

CCEN-0006

朝鲜2004年生肖猴年-青长尾猴精制长方形纪念铜币文字错币

20元（Won）

生肖猴年-青长尾猴（Year of the Monkey-Cercopithecus Mitis）

错误（Mint Error）：Cercopjthecus mitis

CCET-0004

朝鲜2004年生肖猴年-青长尾猴精制长方形纪念紫铜币文字错币

20元（Won）

生肖猴年-青长尾猴（Year of the Monkey-Cercopithecus Mitis）

错误（Mint Error）：Cercopjthecus Mitis

CCET-0005

错币样币（Essai）CCES (CCESN/CCEST/CCESO)

朝鲜2004年生肖猴年-青长尾猴精制长方形纪念铝样币文字错币
1元（Won）
生肖猴年-青长尾猴（Year of the Monkey-Cercopithecus Mitis）
错误（Mint Error）：
Cercopjthecus Mitis
CCEST-0001

朝鲜2004年生肖猴年-青长尾猴精制长方形纪念铜样币文字错币
20元（Won）
生肖猴年-青长尾猴（Year of the Monkey-Cercopithecus Mitis）
错误（Mint Error）：
Cercopjthecus Mitis
CCEST-0002

2005年

常规币（Coin）CC (CCN/CCT/CCO)

朝鲜2005年《6·15共同宣言》5周年-朝鲜民俗精制纪念铝币
1元（Won）
《6·15共同宣言》5周年-朝鲜民俗
（5th Anniversary of the 6·15 Joint Declaration-Korean Folk）
CCT-0143

朝鲜2005年《6·15共同宣言》5周年-白头山精制纪念铝币

1元（Won）

《6·15共同宣言》5周年-白头山
(5th Anniversary of the 6·15 Joint Declaration-Mt.Paektu)
CCT-0144

朝鲜2005年《6·15共同宣言》5周年-祖国统一三大宪章纪念塔纪念精制纪念铝币

1元（Won）

《6·15共同宣言》5周年-祖国统一三大宪章纪念塔（5th Anniversary of the 6·15 Joint Declaration-The Monument to Three Charters of National Reunification）
CCT-0145

朝鲜现代纪念币上经常出现的祖国统一三大宪章纪念塔

朝鲜祖国统一三大宪章纪念塔是2001年落成于平壤的，所以2001年之后的部分朝鲜纪念币上才有其图案。纪念塔是花岗岩建筑，非常巨大，高达30米，本身是拟人形态的设计，是两名身着传统服饰的朝鲜妇女，共同托起名为"三大宪章"且背景饰以朝鲜半岛全图与木兰花点缀装饰的纪念牌，象征朝鲜期盼民族统一之意。

何谓"祖国统一三大宪章"，分别是朝鲜领导人金日成所提出的祖国统一三大原则、高丽民主联邦共和国建立方案与全民族大团结十大纲领。

祖国统一三大宪章纪念塔

这套《6·15共同宣言》5周年的系列纪念币每一种也有不同的解读：带有朝鲜民俗舞蹈背景的这枚意为统一下的《阿里郎》表演；背景白头山这枚意为从白头山到汉拿山；背景祖国统一三大宪章纪念塔这枚代表统一后民众的心潮澎湃。另外不少朝鲜现代纪念币以此为主题或带有祖国统一三大宪章纪念塔图案。

朝鲜2005年世界遗产-世界闻名-庆州瞻星台精制纪念铝币

1元（Won）

世界遗产-世界闻名-庆州瞻星台

（World Heritage-World-Famous Cheomseongdae）

CCT-0146

朝鲜现代纪念币上的韩国庆州瞻星台

朝鲜与韩国对自己本民族留存至今的各类历史文化遗产非常重视，给予极高的评价，有些自称世界率先虽有争议，但这些朝鲜民族的历史文化遗产非常有看点，背后也蕴含丰富的历史文化故事，还被联合国教科文组织列入各类世界遗产，也多次登上朝鲜的现代纪念币。

令人不易想象的是这套朝鲜世界遗产主题纪念币上的事物都是存在于今天韩国一方的。

这组世界遗产系列纪念币分为三种一套，纪念币上名为世界闻名的古代建筑就是今天属于韩国一方的庆州瞻星台，当然朝韩历史上同为一国，对于历史文化遗迹朝鲜也理所当然是共享的。

瞻星台是古代文明的象征，朝鲜半岛历史上留存至今的瞻星台主要有两座，就是纪念币上这座位于韩国庆州的瞻星台，另一座是位于朝鲜开城的瞻星台；从留存风貌与建筑价值上讲庆州瞻星台似乎更为完整，也与庆州历史遗迹地区一并成为联合国教科文组织认定的世界文化遗产，亦是韩国认定的国宝之一；朝鲜一方的开城瞻星台也与开城历史建筑与遗迹地区一并成为联合国世界文化遗产。

中国2011年天地之中系列告成观星台精制纪念金币

朝鲜开城瞻星台纪念邮票

瞻星台，也称为观星台与占星台等，是古代为了观测宇宙星空与占卜吉凶等而建，一般多为高台式建筑，属于官方建筑也被称为古代的国家天文台。庆州瞻星台据推测建于新罗王朝的善德女王[①]时期，相当于中国唐代贞观时期也就是唐太宗李世民的年代。而开城瞻星台是高丽王朝时期修建，所以庆州瞻星台被称为朝鲜半岛最古老的天文建筑物，也是目前亚洲现存最古老的天文台[②]。对于亚洲最古老的天文台一般认为是中国西周初年在今天西安所修建的灵台[③]，不过遗址位置已不可考；东汉也有在洛阳修建灵台，著名天文学家发明浑天仪与地动仪的张衡曾在此主持天文工作，如今仅存出土台基遗址。中国现

---

① 公元632-647年

② 不含仅存遗迹的各类天文台

③ 夏朝传说建有天文台清台，商朝传说建有天文台神台

朝鲜开城瞻星台

存最古老的天文台是建于元代河南登封的告成观星台，是天文学家郭守敬参与修建的，这座观星台与周边历史建筑群并称为"天地之中"，也被联合国列入世界文化遗产名录；中国亦有发行大规格纪念金币予以纪念，足见对其之重视。另外留存众多古代天文仪器的北京古观象台是明朝修建的①。

韩国庆州瞻星台

回说朝韩的瞻星台，庆州瞻星台与开城瞻星台相较，无论年代久远、名气高低、建筑规格与工艺水平，无疑是庆州瞻星台更胜一筹，也更世界闻名。且历史上朝韩为一国，朝鲜发行世界闻名庆州瞻星台也算名正言顺。此币设计上除了主图凸显瞻星台外，还有中朝两国文字描述瞻星台的名称。瞻星台纪念币这个题材本身又横跨天文主题纪念币属性，借天文台题材而知名度颇高，天文币收藏者对此枚纪念币亦青睐有加。而后朝方又发行同图大规格庆州瞻星台纪念银币并增加珐琅彩工艺，本来也是非贵金属币到贵金属币皆有，亦有特殊单面样币等珍罕之品。

值得一提的是，虽然朝鲜发行的瞻星台主题纪念币使用的是韩国庆州瞻星台，但也没有抛弃本国的开城瞻星台，2013年开城瞻星台为联合国世界文化遗产名录所列入，2014年朝鲜就以世界文化遗产为题发行系列纪念邮票，其中有专属纪念开城瞻星台的纪念邮票。

---

① 元朝时郭守敬亦在京已建有司天台

朝鲜2005年世界遗产-世界现存最早的金属活字印刷品-《白云和尚抄录佛祖直指心体要节（直指心经）》精制纪念铝币
1元（Won）
世界遗产-世界现存最早的金属活字印刷品-《白云和尚抄录佛祖直指心体要节（直指心经）》（World Heritage-Oldest Existing Book of Movable Metal Print in the World-Buljo Jikji Simche Yojeol）
CCT-0147

世界最早的金属活字印刷品之争

如前文所言,朝鲜这一世界遗产系列的纪念币,全部三种纪念币,所选取的历史文化遗产主题均存于今天的韩国,当然两个国家历史上统一,都拥有这些同一个民族的历史文化遗产。

韩国的一项世界遗产是关于世界上的活字印刷术的,并且存有一些争议,尤其包括对于世界最早金属活字印刷品的认定等等。印刷术一直被认为是中国古代四大发明之一,以及毕昇是活字印刷术发明者,但毕昇的发明并非金属活字印刷术,根据沈括《梦溪笔谈》记载是一种泥活字。

朝鲜就以韩国这项世界遗产为题发行纪念币,这枚纪念币上的主题就是"世界现存最早的金属活字印刷品——《白云和尚抄录佛祖直指心体要节(直指心经)》",这部高丽佛经被联合国教科文组织认定是现存世界上最古老的金属活字本,更被列入世界记忆遗产名录。其实这部佛经是今天的韩国建立前就已流出朝鲜的,但无论其后来入选世界遗产名录,还是知名度之高,都与韩国的大力宣传分不开。

《直指心经》是简称,全称《白云和尚抄录佛祖直指心体要节》,是白云和尚自己领悟禅道的佛经著作,在于继承与扩展石屋禅师的佛道以开导后辈,至1372年此佛经著作完成,于1377年在清州兴德寺用金属活字印刷术印制,这要比德国谷登堡42行《圣经》提前78年印刷发行。且根据韩国方面的描述,13世纪高丽从中国引进毕昇的泥活字印刷术经过改良形成金属活字印刷术,早于《直指心经》已有作品印刷发行,只是未有实物留存。

究竟金属活字印刷品之争该如何看待,我们可以通过时间轴来探寻其中奥妙。关于印刷术由中国古代发明,但活字印刷术的改良与传统原始的各种印刷术客观上讲差异很大。一般认为源自中国古代的印刷术是唐朝时期出现的雕版印刷术,而在雕版印刷术之前,也有很多印刷术的雏形,有人把战国之时出现的封泥、对碑文金石的拓印乃至纺织品上的印染都认为是印刷术的滥觞或因此启迪了雕版印刷术。印刷术的发展是渐进的,雕版印刷术,其实是与后来发明的活字印刷术共同存在的一种技术,甚至刚发明活字印刷术之时因工艺精度与成本所限,雕版印刷术依旧占据主流应用位置,也发展出套色等多重技术。至于活字印刷的鼻祖,毕昇创造发明这种胶泥活字乃至木活字排版,都是北宋时期的事情,约在11世纪,毕昇的发明也是中国印刷术发展中根本性的改革。

包括朝韩也认可他们的金属活字印刷术有毕昇发明的影响,但对于金属活字印刷,中国古代也存在,虽然活字印刷术发明后雕版印刷术仍是主流,但目前已知的记录,两宋时期都有出现金属活字印刷术的成品。无独有偶,一般认为金属活字的发明起源于当时的纸币交子,交子是一种铜版纸币,是纸币涉及面值且发行量巨大就需要加强防伪,所以纸币交子印刷铜版表面上就留出四方空位,空位处这些活字取自《千字文》,变化万千,而其中规律由官家掌握,所印好纸币真伪如何一辨即知。包括到元朝活字印刷术的从业者或改进者王祯也提到南宋有人利用锡活字印刷,但由于没有交子纸币留存的印刷实物乃至确凿证据的雕版,是否对这种金属活字印刷的使用时间可以提前到宋朝的11-12世纪,还有待更多依据的佐证;并且印刷的主体是不变的纸币,活字仅是其排码编号部分,起到防伪与统计等作用,与后世金属活字整体印刷书籍等不可同日而语。

欧洲活字印刷术发明人约翰内斯·古腾堡发明活字印刷术已经15世纪了,虽然远远晚于亚洲尤其是中国,但西方认为活字印刷为独立发明,因为今天使用的印刷技术也源自古腾堡的发明。虽然亦有不同研究声音,证明古腾堡发明活字印刷术也吸取来自中国的技术并受到影响,但无论文献还是文物都不足以令人完全信服。

其实现今的《直指心经》上卷至今下落不明或已经遗失,目前仅存下卷的38章,虽然是朝韩国宝也并未存放在朝鲜与韩国;它今天安静地躺在法国国立图书馆东洋文献室内。从朝韩来到欧洲的过程是复杂的,曾在法国驻京公使馆就职的科兰·德·布兰西,而后改任驻朝代理公使前往汉城[1],将自己收集的古籍交于时任书记官的古恒整理,古恒发现经书的价值,于是在其20世纪初编纂的书籍中首次介绍《直指心经》;至于科兰·德·布兰西如何得到《直

---

① 今首尔

指心经》以及上卷的下落都已经是个谜。后来科兰·德·布兰西将在朝鲜的藏品售予法国国立图书馆,《直指心经》则售予了著名珠宝设计师亨利·维弗,亨利·维弗去世多年后的1954年按照其生前遗愿将《直指心经》捐献给法国国立图书馆,可谓与当年科兰·德·布兰西的藏品殊途同归了。

《直指心经》在西方世界知名度很高,该经文1972年被联合国教科文组织指定为"世界图书之年"的参展图书引起全世界的注意,后来被认定现存最早金属活字印刷品并列入联合国教科文组织世界记忆遗产名录。

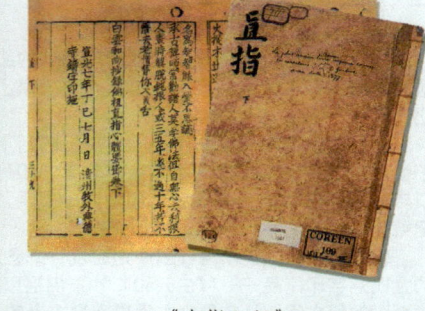

《直指心经》

朝鲜对《直指心经》纪念币的设计图案上主要是经书封面简单明了,文字说明也是朝文中文并存,直接点明主题表明此为世界现存最早的金属活字印刷品;此纪念币非贵金属币到贵金属币皆有,还有样币存在。其实客观的说,与韩国总包揽一些某某发明是自己的不同,《直指心经》的认定一方面是被联合国教科文组织所正式认可的,另一方面主要形容词是"世界现存最早",仅属于"现存"的,话没有说死;且所认定物的属性亦是"金属活字印刷品";并非笼统的把"世界最早"与"印刷术"的发明完全囊括其中或否定他国。

今天的韩国政府还设立有以《直指心经》为名的"直指"世界记忆奖,以推广世界记忆遗产名录。

2005年

朝鲜2005年 世界遗产-民族的骄傲-《八万大藏经》精制纪念铝币

1元(Won)

世界遗产-民族的骄傲-《八万大藏经》(World Heritage-National Pride-Tripitaka Koreana)

CCT-0148

朝鲜民族的骄傲《八万大藏经》

朝鲜民族历史文化遗产系列纪念币中还有一枚纪念币就是这枚名为民族的骄傲主题的《八万大藏经》纪念币,也是分为非贵金属与贵金属纪念币多种,并有样币发行。

《八万大藏经》又称为《高丽大藏经》,所谓"八万",确实不虚此言,因为这部大藏经有1496章,整体6568卷,约有52382960个汉字,以81340块桦木木板雕刻而成,这种古代的木雕版亦可进行雕版印刷，所以《八万大藏经》名副其实。

虽然一般认定这部经书是13世纪雕刻制成，但实际11世纪末已经开始了经书的雕刻，还囊括同时期宋、辽所整理出版的大藏经内容，版本也非常之多，随着时间的推移，也收录前后众多经书的雕刻木板，包括成书后再次增补的内容，这些汇总而成的《八万大藏经》是一部亚洲佛经的集大成者，其一直保管在海印寺中至今。韩国的海印寺也因此被联合国教科文组织列入世界文化遗产，《八万大藏经》亦被联合国教科文组织列入世界记忆遗产名录；本身亦是韩国国宝的第32号，保存所在的海印寺藏经板殿亦是韩国国宝第52号。

一部形制统一且内容极为完整，还使用了八万多块木板所雕刻的《八万大藏经》，足矣成为朝鲜民族的骄傲。

《八万大藏经》

朝鲜世界遗产系列纪念币

虽然朝鲜这套世界遗产系列纪念币，主要遗产都是现存于韩国一方的，但历史上朝韩同为一国，无可厚非。世界遗产主要分为自然遗产、文化遗产和复合遗产三大类。庆州瞻星台作为庆州历史遗迹地区的一部分，整体被联合国教科文组织列入世界文化遗产；《白云和尚抄录佛祖直指心体要节（直指心经）》被联合国教科文组织列入世界记忆遗产名录；《八万大藏经》与保存地海印寺整体被联合国教科文组织列入世界文化遗产，《八万大藏经》亦被联合国教科文组织列入世界记忆遗产名录。

无论朝韩都对自己民族留存至今的历史文化遗产极为重视，毫不吝惜对它们的各种赞美，并以多种形式反复宣传，亦以国家背书发行各类纪念币与纪念邮票，这些都是值得其他国家所学习借鉴的。

朝鲜2005年苏联卫国战争胜利60周年-无名烈士墓精制纪念铝币

1元（Won）

苏联卫国战争胜利60周年-无名烈士墓

（60th Anniversary of the Victory in the Great Patriotic War-The Tomb of the Unknown Soldier）

CCT-0149

朝鲜2005年苏联卫国战争胜利60周年-祖国纪念碑精制纪念铝币

1元（Won）

苏联卫国战争胜利60周年-祖国纪念碑（60th Anniversary of the Victory in the Great Patriotic War-National Memorial）

CCT-0150

火焰永不熄灭的莫斯科无名烈士墓

在这套纪念币发行的60年前，也就是1945年5月8日的午夜，纳粹德国在柏林卡尔斯霍斯特的德国军事工程学校大楼无条件投降。因为时差的原因，苏联已经进入5月9日，并且投降条件也是第二天生效；于是打败法西斯使其签订无条件投降书的5月9日这一天成为了苏联的卫国战争胜利日，这是二战最为重要的一天，此前希特勒已自杀身亡。苏联将5月9日当天定为卫国战争胜利日，苏联革鼎为俄罗斯后，5月9日亦成为俄罗斯极为重要的节日延续至今。

二战胜利多年后，苏联在莫斯科克里姆林宫红墙外的亚历山大花园里建造了一座无名烈士墓，以纪念二战中牺牲的无名烈士们。无名烈士墓由大理石墓基与钢盔和军旗的青铜雕塑组成，辨识度较高，本身也建设在一名无名烈士骨灰埋葬处，因此寓意深远。雕塑前方还有一处五角星火炬，燃烧着真实的火焰，从建设至今火焰从未熄灭过。现今俄罗斯卫国战争胜利周年日的活动中，俄罗斯总统也会向无名烈士墓及各"英雄城市"纪念碑献花。

德国投降意味着二战轴心国的领导者纳粹德国彻底溃败，距离日本投降，以及二战彻底结束不远了。日本1945年8月15日宣布无条件投降，这一年朝鲜也迎来了自己国家与民族的光复，不再被日本侵略者所侵略奴役。

朝鲜发行的苏联卫国战争胜利60周年纪念币是两枚一套，当然也有各类不同材质，具体纪念币图案一枚是无名烈士墓，另一枚是祖国纪念碑[①]。

俄罗斯无名烈士墓

---

① 亦称祖国母亲雕像

朝鲜2005年安重根与《第一江山》精制长方形纪念铝币

1元（Won）

安重根与《第一江山》（An Jung Gun and First Rivers and Mountains）

CCT-0151

击毙伊藤博文的朝韩民族英雄安重根

朝鲜这枚安重根纪念币发行的2005年还是安重根逝世95周年的日子，此纪念币作为长方形纪念币设计，图案均横向展示，有非贵金属纪念币到贵金属纪念币多种。

安重根最重要的护国功绩是在中国的哈尔滨火车站击毙了日本首任的朝鲜统监府统监伊藤博文。伊藤博文还是甲午战争的策划者，正是在其精心策划下，朝鲜一步一步落入日本爪牙，是侵略朝鲜的重要元凶之一，安重根欲杀之而后快。

安重根在中朝韩三国均有极高的影响力，在中国曾被编入小学教材，更被孙中山、章太炎、袁世凯、梁启超、蒋介石、冯玉祥与周恩来等人高度赞誉。至今哈尔滨火车站还有安重根义士纪念馆，展出安重根的事迹与遗墨，车站月台更有其刺杀伊藤博文之时，安重根与伊藤博文的站位展示。朝鲜不同领导人对安重根的评价各有不同，从认可其爱国却否定其两班出身，再到认可其为追求朝鲜独立之仁人志士，到最后认可其为烈士并给予极高称赞。也是这种对其认同上的变化，使得朝鲜发行其相关主题的纪念币。在今天的韩国，安重根的荣誉极高，韩国政府追赠其建国勋章，亦有各种文艺作品纪念研究安重根，海军潜艇亦有以其命名者，包括跆拳道中还有一种名为"重根"的武术套路，全部由32式组成，因安重根殉国之时年仅32岁。

安重根

值得一提的是，安重根还有极高的汉文化素养，颇擅汉字书法，留下墨宝若干，或慷慨激昂或赞美山河。此枚纪念币长方形规格，表面横向展开设计，《第一江山》即是安重根赞美朝鲜三千里江山之作，另还有《为国献身军人本分》等经典手迹，部分遗墨还是今天韩国国宝。纪念币以长方形形式构图，主题图案横向展示，为安重根肖像，《第一江山》书法手迹以及断指手印，因当时安重根等人建立断指联盟以此盟誓，为国赴汤蹈火；砍断手指是作为联盟同志之标志，联盟成员曾在太极旗[①]上断指书写"大韩独立"血书。纪念币从非贵金属铜币与铝币到贵金属银币均有发行；国名一面有"国徽"与"大同门"的同主题不同版本。

---

① 过去朝鲜国旗

朝鲜2005年李儁与《海牙密使事件》精制长方形纪念铝币
1元（Won）
李儁与《海牙密使事件》（Yi Jun and Hague Secret Emissary Affair）
CCT-0152

李氏王朝远亲李儁殉国的海牙密使事件

朝鲜纪念币上的李儁是朝鲜李朝王室的远亲，说起来有点类似中国清朝爱新觉罗宗室觉罗中的觉罗[①]，其为朝鲜太祖李成桂异母兄李元桂之后裔。李儁早年以科举入仕，刚直不阿与忠心爱国是其本色，后来从事法律工作，但俄馆播迁事件中恐波及自身也躲进日本公使馆并流亡东瀛借此留学，期间在早稻田大学攻读法律。待朝鲜（韩国）被迫签订《日韩保护协约》后，彻底沦为了日本的殖民地，李儁深感亡国之恨更加图谋求存，并积极参加以"自强"与"独立"为口号的爱国文化启蒙运动。1907年第二次海牙和平会议将在荷兰举行，李儁认为出使海牙和平会议向世界诸国控诉日

李相卨、李儁与李玮钟

本的侵略行为是挽回国家主权的大好良机，今天看来这是一种天真的想法，但在当时这确实是没有办法之办法；几十年后的伪满洲国也曾寄希望于国联调查，但都是不了了之。彼时的大韩帝国高宗皇帝李熙于宫中密会李儁，并予以授权出使海牙，但一切都是秘密中进行的，这便是海牙密使的成行；海牙密使三人组成员分别为正使李相卨、副使便是纪念币的主人公李儁、以及翻译李玮钟。

　　海牙和平会议是在荷兰海牙召开过两次的国际和平会议，原为俄国沙皇尼古拉二世倡议下举办的，本身也是沙俄疲于列强争霸竞赛的缓兵之计，从此为自身赢得时间与空间，与会各国虽然心怀鬼胎，各有目的，但亦有重大历史意义；有些与会条约至今有效，亦为《战争法》的编纂和发展奠定基础，乃至一定意义上促进了人道主义原则的实行。

　　几经辗转海牙密使们虽成功抵达荷兰，但却没有与会的机会，因列强们已承认《日韩保护协约》[②]，认为朝方人员无外交权，拒绝他们的出席。日本人掌握的统监府[③]更是遥控海外，令人阻挠海牙密使们的活动；同时对各国宣称高宗的委任书属于伪造文书。备受打击的李儁等人只好在当地以立国旗与发传单等形式控诉日本的侵略行径，逐步得到各界人士的认

---

① 努尔哈赤、舒尔哈赤、穆尔哈赤、雅尔哈赤与巴雅喇后人属宗室，努尔哈赤伯叔兄弟旁系后人属觉罗
② 协约规定外交等权限亦归日本
③ 日韩合并后的朝鲜总督府；首任统监为伊藤博文

同,并有呼声令其列席海牙和平会议。

海牙密使事件是李儁的人生高潮也是人生落幕,在伊藤博文挟天子以令诸侯之下,对外宣传李儁等人的授权委任为假,李儁闻之忧愤交加,不久于海牙泣血身亡。关于李儁的暴毙,确实是个谜团,以至于各种阴谋论始终不断,当初的一种说法是其患有丹毒病,因此吐血身亡,这种说法来自《统监府文书》,但从医学角度分析丹毒病主要是一种皮肤炎症状,是否能短期内致人吐血身亡,确实疑点很大;亦有说其会后剖腹自杀乃至被人暗杀等等说法。

几十年后朝韩分治,韩国方面就李儁之死展开大量调查,最终认为李儁剖腹自杀之说只是为唤起民族公愤而虚构的,亦非死于丹毒之病,但具体死因并未详细说明。后韩国政府对李儁追赠建国勋章,并迎回遗骸安葬祖国,韩国各地亦有不同形式对其的纪念事宜。

海牙密使事件对朝鲜历史影响极大,故而当事人各有不同的命运,李儁身死异邦,李相卨被判处死刑,李玮钟判无期徒刑[1],然李相卨并未回国,出走俄罗斯组织大韩光复军政府,后去世于俄国。彼时支持密使出使海牙的韩国皇帝高宗李熙被伊藤博文逼迫,让位于太子李坧也就是后来的纯宗,亦是韩国的末代皇帝[2]。

纪念币长方形形式,主题图案横向展示,左侧有李儁的形象与生卒年等信息,右侧亦有海牙和平会议会场之场景,看得出与会期间列强们唇枪舌剑,更反映弱小朝鲜(韩国)的岌岌可危。纪念币从非贵金属铜币与铝币到贵金属银币均有发行;国名一面有"国徽"与"大同门"的同主题不同版本。

———————

① 李儁亦被判刑但已身亡
② 也被认为是朝鲜李朝最后一位君王

朝鲜2005年生肖鸡年酉鸡精制纪念铜币
1元(Won)
生肖鸡年(Year of the Rooster)
CCN-0333

朝鲜2005年安重根与《第一江山》精制长方形纪念铜币
1元(Won)
安重根与《第一江山》(An Jung Gun and First Rivers and Mountains)
CCT-0153

朝鲜2005年李儁与《海牙密使事件》精制长方形纪念铜币
1元（Won）
李儁与《海牙密使事件》（Yi Jun and Hague Secret Emissary Affair）
CCT-0154

朝鲜2005年安重根与《第一江山》精制长方形纪念铝币
2元（Won）
安重根与《第一江山》（An Jung Gun and First Rivers and Mountains）
CCN-0334

朝鲜2005年李儁与《海牙密使事件》精制长方形纪念铝币
2元（Won）
李儁与《海牙密使事件》（Yi Jun and Hague Secret Emissary Affair）
CCN-0335

朝鲜2005年2006德国世界杯-大力神杯精制纪念银币
5元（Won）
999银（20克）
德国世界杯-大力神杯（2006 FIFA World Cup Germany-FIFA World Cup Trophy）
CCN-0336

朝鲜2005年谢多夫号精制纪念银币
5元（Won）
999银（31克）
谢多夫号（Sedov）
CCN-0337

谢多夫号是俄罗斯历史上有名的航海船舶之一，更是当时世界上最大的航海教练船，建造于1921年，但却老骥伏枥，在2012年俄罗斯庆祝国家建立1150周年之际，从俄罗斯圣彼得堡启航，重走历史上俄罗斯航海家伊万·费奥多罗维奇·克鲁森施滕的航海路线，再度环球航行。此为朝鲜航海船舶系列纪念币之一。

朝鲜2005年濒危野生动物-赛加羚羊精制纪念银币
5元（Won）
999银（20克）
濒危野生动物-赛加羚羊
（Endangered Wildlife-Saiga tatarica）
CCN-0338

朝鲜2005年濒危野生动物-马来貘精制纪念银币
5元（Won）
999银（20克）
濒危野生动物-马来貘
（Endangered Wildlife-Tapirus indicus）
CCN-0339

朝鲜2005年动物-小熊猫精制彩色纪念银币
5元（Won）
999银（15克）
小熊猫（Ailurus Fulgens）
CCN-0340

朝鲜2005年东明圣王高朱蒙之父解慕漱精制纪念铝币
10元（Won）
东明圣王高朱蒙之父解慕漱（Hae Mo Su Father of King Tong Myong Ko Jumong）
CCT-0155

东明圣王高朱蒙之父解慕漱

解慕漱是鼎鼎大名的高句丽国王东明圣王之父，与其子东明圣王高朱蒙不同的是解慕漱的出身与神话传说关联尤甚。解慕漱的夫人是柳花夫人，夫妻二人也分别是朝鲜现代纪念币上出现过的人物。对于其来历，确实都是神话传说，如《三国史记》记载解慕漱为天帝之子，其往来人间也被描述得极具戏剧性；解慕漱经常驾驶五龙战车往来天地之间，五龙战车也是其标志性座驾与象征，这种战车是由五条龙来拉动的，虽然谁也没有见过，但不妨碍纪念币上的描绘。币面五龙背后是解慕漱的肖像，按传说虽然其是神仙下凡，但在人间也建功立业，建立扶余国[①]，当然这段历史也确实比较凌乱，高朱蒙并非解慕漱独子，简单来说解慕漱诸子分别继承王位，但争斗亦不断，最后高豆莫打败解夫娄[②]后将其合并成为卒本扶余，卒本扶余后为高朱蒙所得改建高句丽；值得一提的是亦有说法，所谓的高豆莫就是东明圣王高朱蒙。

为何这段历史如此凌乱甚至漏洞诸多，因这些事迹皆为《桓檀古记》所载，此书亦被历史学界证伪，认为是一本伪书；本身这部《桓檀古记》也是诸多参考另一本伪书《檀奇古史》而成的。

其实无论这些历史人物是否真实存在，但作为史籍传说中帝王将相式的英雄人物，以纪念币形式展现给世界各国的收藏者，也是一种宣传本国历史文化的极佳形式；尤其解慕漱纪念币的设计，以五龙形象点题其传说中所驾驭的五龙战车，解慕漱擅长御龙，亦是本币设计上的精彩之处；此币亦有不同材质规格等形式。今天韩国还有以"解慕漱"所命名的酒类产品。

《新暗行御史》动漫中有以解慕漱命名之角色

① 北扶余
② 东扶余建立者，终生无子，传位于养子金蛙，即金蛙王

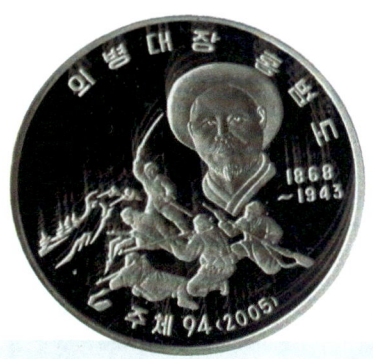

朝鲜2005年洪范图将军精制纪念铝币
10元（Won）
洪范图将军（General Hong Bum Do）
CCT-0156

指挥凤悟洞战斗的洪范图将军

洪范图将军早年领导独立军于中国吉林省延边等地进行抗日战斗，引领独立军重创日寇赢得凤梧洞战役与青山里战役胜利。后来因故去了苏联（今俄罗斯），去世后安葬于哈萨克斯坦。直到2020年韩国总统文在寅对哈萨克斯坦进行国事访问时还请求哈方送还洪范图将军遗骸。

纪念币表面图案是洪范图将军的肖像与其所领导战役中对日作战的激烈战斗场景，描绘出朝鲜独立军的英勇奋战。

洪范图将军

朝鲜2005年地理学家金正浩与《大东舆地图》精制纪念铝币
10元（Won）
地理学家金正浩与《大东舆地图》
（Geographer Kim Jong Ho and TaedongYojido）
CCT-0157

金正浩与《大东舆地图》

《大东舆地图》是朝鲜半岛历史上的十六万二千分之一比例的地图全图，测绘者金正浩是朝鲜李朝时期的地理学家；一些典籍记载其家境贫寒，但根据其所掌握的地图绘制手段，应该只是家道中落而已。在《大东舆地图》完成之前金正浩还有一部名为《青邱图》的地图作品，某种意义上是《大东舆地图》的前身，在此图基础上才达到了后续作品《大东舆地图》的成功。金正浩测绘的办法还是使用旧式测量工具的实测，所以耗时长久，要走遍朝鲜的三千里江山；从时间上也可以看出地图绘制的艰辛与执着，《青邱图》是1834年完成，《大东舆地图》又用了二十多年到1861年完成；相较《青邱图》更为完善的《大东舆地图》从绘图精度到地图规模都是十分领先的。

　　这枚纪念币表面图案是金正浩与《大东舆地图》名称，以及一侧的朝鲜半岛全图，币面朝鲜半岛全图一定程度上体现出《大东舆地图》的特色；该地图上有山脉、河川、岛屿、港口、航路、行政区划、交通网与通信网等等脉络示意，与今天的常规地图极为类似。值得一提的是，《大东舆地图》的绘制对朝鲜全境的勘界也有助于了解中朝边境的具体划分。

朝鲜金正浩与《大东舆地图》纪念邮票

朝鲜2005年龟船发明者李舜臣精制纪念铝币
10元（Won）
龟船发明者李舜臣（Geobukseon Inventor Ri Sun Sin）
CCT-0158

朝鲜2005年生肖鸡年酉鸡精制纪念银币
10元（Won）
999银（31克）
生肖鸡年（Year of the Rooster）
CCN-0341

朝鲜2005年生肖鸡年精制彩色纪念银币
10元（Won）
999银（31克）
生肖鸡年（Year of the Rooster）
CCN-0342

朝鲜2005年东明圣王高朱蒙之父解慕漱精制纪念铜币
20元（Won）
东明圣王高朱蒙之父解慕漱（Hae Mo Su Father of King Tong Myong Ko Jumong）
CCT-0159

朝鲜2005年洪范图将军精制纪念铜币
20元（Won）
洪范图将军（General Hong Bum Do）
CCT-0160

朝鲜2005年地理学家金正浩与《大东舆地图》精制纪念铜币
20元（Won）
地理学家金正浩与《大东舆地图》（Geographer Kim Jong Ho and TaedongYojido）
CCT-0161

朝鲜2005年龟船发明者李舜臣精制纪念铜币

20元（Won）

龟船发明者李舜臣（Geobukseon Inventor Ri Sun Sin）

CCT-0162

朝鲜2005年苏联卫国战争胜利60周年-无名烈士墓精制纪念铜币

20元（Won）

苏联卫国战争胜利60周年-无名烈士墓（60th Anniversary of the Victory in the Great Patriotic War-The Tomb of the Unknown Soldier）

CCT-0163

朝鲜2005年苏联卫国战争胜利60周年-祖国纪念碑精制纪念铜币

20元（Won）

苏联卫国战争胜利60周年-祖国纪念碑（60th Anniversary of the Victory in the Great Patriotic War-National Memorial）

CCT-0164

朝鲜2005年《6·15共同宣言》5周年-朝鲜民俗精制纪念铜币

20元（Won）

《6·15共同宣言》5周年-朝鲜民俗（5th Anniversary of the 6·15 Joint Declaration-Korean Folk）

CCT-0165

朝鲜2005年《6·15共同宣言》5周年-白头山精制纪念铜币

20元（Won）

《6·15共同宣言》5周年-白头山（5th Anniversary of the 6·15 Joint Declaration-Mt.Paektu）

CCT-0166

朝鲜2005年《6·15共同宣言》5周年-祖国统一三大宪章纪念塔精制纪念铜币

20元（Won）

《6·15共同宣言》5周年-祖国统一三大宪章纪念塔（5th Anniversary of the 6·15 Joint Declaration-The Monument to Three Charters of National Reunification）

CCT-0167

朝鲜2005年世界遗产-世界闻名-庆州瞻星台精制纪念铜币

20元（Won）

世界遗产-世界闻名-庆州瞻星台（World Heritage-World-famous Cheomseongdae）

CCT-0168

朝鲜2005年世界遗产-世界现存最早的金属活字印刷品-《白云和尚抄录佛祖直指心体要节（直指心经）》精制纪念铜币

20元（Won）

世界遗产-世界现存最早的金属活字印刷品-《白云和尚抄录佛祖直指心体要节（直指心经）》(World Heritage-Oldest Existing Book of Movable Metal Print in the World-Buljo Jikji Simche Yojeol）

CCT-0169

朝鲜2005年世界遗产-民族的骄傲-《八万大藏经》精制纪念铜币

20元（Won）

世界遗产-民族的骄傲-《八万大藏经》(World Heritage-National Pride-Tripitaka Koreana）

CCT-0170

朝鲜2005年生肖鸡年酉鸡精制纪念铜币

20元（Won）

生肖鸡年（Year of the Rooster）

CCT-0171

朝鲜2005年生肖鸡年精制彩色纪念铜币

20元（Won）

生肖鸡年（Year of the Rooster）

CCT-0172

朝鲜2005年8·15光复60周年精制彩色纪念铜币

20元（Won）

8·15光复60周年（60th Anniversary of the 8·15 National Liberation）

CCT-0173

朝鲜半岛的8·15光复节

1945年8月15日的日本投降标志着朝鲜迎来祖国光复。在1945年8月15日正午，日本天皇裕仁通过广播发表《终战诏书》宣布接受波茨坦公告，无条件投降，彻底结束战争；也标志着朝鲜结束长达35年之久的日本殖民统治。这里的日本殖民统治是从1910年《日韩合并条约》签署算起的[1]，当然更早之时日本已觊觎并逐步侵略朝鲜半岛。

朝韩双方都把"8·15"光复作为自己的祖国光复纪念日，也称为光复节；北南双方每到8月15日均有光复庆祝活动。朝鲜也发行各种"8·15"光复周年主题的纪念币，币面的朝文宣传口号依旧是"由我们民族自己来"。

朝鲜此枚"8·15"光复60周年彩色纪念铜币，配色醒目明快，无论彩虹、光芒四射的朝鲜半岛还是口衔橄榄枝的和平鸽都体现了朝鲜光复的重要意义与对未来和平的强烈期盼。虽然朝鲜铸币工艺有限，彩色币着色水平亦略显粗糙，但也算"花小钱办大事"，不失为一枚色彩鲜艳令人眼前一亮的彩色纪念铜币；此币亦有精制彩色银币等。

---

[1] 韩国方面也称之为"庚戌国耻"

朝鲜2005年南北铁路贯通精制纪念银币

20元（Won）

999银（31克）

南北铁路贯通（The North-South Railway Connection）

CCN-0343

朝韩南北铁路贯通

南北铁路又称朝韩铁路，该铁路的连接工作于2002年开始，至2005年正式完工，不过遗憾的是因各方面原因，当年南北铁路也未正式运行。关于南北公路、铁路连接与贯通的纪念币朝鲜均有发行。

朝鲜2005年4世纪高句丽狩猎者精制纪念银币

20元（Won）
999银（31克）
4世纪高句丽狩猎者
（Hunting · Koguryo Period.4th Cent.）
CCN-0344

朝鲜2005年5世纪高句丽号角武士精制纪念银币

20元（Won）
999银（31克）
5世纪高句丽号角武士（Man Blowing Horn · Koguryo Period.5th Cent.）
CCN-0345

高句丽壁画上的狩猎者与武士

高句丽是公元前1世纪至公元7世纪存在的政权，按朝鲜方面的宣传该政权的创立与很多神话纠缠不清。因为高句丽的特殊位置，在今天尚有很多遗迹位于中国境内的东北地区。高句丽历史上的武备很多都受到中原王朝的影响，以4世纪和5世纪高句丽骑马射箭狩猎者和骑马吹号角武士为题的纪念银币颇具新意，但这个纪念币系列后续并未扩大发行，浅尝辄止而已。但纪念币表面的人物形象皆有出处，服制信息等来自位于中国吉林省集安市现存的高句丽五盔坟中五号墓为主的墓室壁画，这是当地洞沟古墓群中

高句丽五盔坟狩猎者壁画之一

著名的高句丽古墓之一，按时代与特征来说属于高句丽晚期的王室之墓，不过这又与朝鲜发行纪念币上所言的年代有所出入。高句丽五盔坟的壁画比较丰富，对骑马狩猎者有详细的描绘，币面选取壁画人物之一原样打造。同时五盔坟中的四象形象亦被朝鲜借鉴用以发行四象主题系列中的各种纪念币。

朝鲜2005年5世纪高句丽时期锁子甲骑兵精制纪念银币

20元（Won）

999银（31克）

5世纪高句丽时期锁子甲骑兵（Man and Horse Armored with Chainmail·Koguryo Period.5th Cent.）

CCN-0346

高句丽的重装骑兵

古代武备尤其历朝历代武备的演变与特点，往往令研究者喜闻乐道，但因其历史久远，详细记录与出土实物有限，很多关于武备的出现时间与种类称谓还存在不少模糊的空间。朝鲜有关武备主题的纪念币很有限，同时一些朝鲜纪念币的发行有些虎头蛇尾，持续性不佳。在高句丽4-5世纪主题的系列纪念币中，高句丽武士中的重装骑兵也来自古代壁画，只是做了不少修整。

朝鲜此枚纪念币上的币文为"5世纪高句丽时期锁子甲骑兵"，

高句丽古墓中有关锁子甲骑兵的壁画

当时高句丽的锁子甲是自己创制还是如何得来，还有待深入研究，今人研究锁子甲对于其是否等于后世意义上的链甲，还存在不小的争议；当然锁子甲的出现与演变时间跨度较长，世界范围内一般认为锁子甲是公元前5世纪左右出现的，一般认为出现在黑海北部的斯基泰人之处。而朝鲜纪念币上面的锁子甲骑兵形象与高句丽墓葬壁画中的骑兵形象较为类似，不光人披甲，战马也全副武装，俨然一副重装骑兵的形式；但币面的锁子甲骑兵与披甲战马的设计水平有限，有些被卡通化反而略显失真了。历史上锁子甲在亚洲地区使用非常广泛，时间跨度也极长，类似的骑兵有后世金国的铁浮屠，另外锁子甲至中国明清时期仍被军队所列装使用。

朝鲜对于本国历史上武备主题纪念币的开发也是独树一帜的，很可惜朝鲜并非持续发行，寥寥几枚就放弃了这个纪念币系列。

朝鲜2005年猫咪精制纪念银币
20元（Won）
999银（31克）
猫咪（A Cat）
CCN-0347

朝鲜2005年小狗精制纪念银币
20元（Won）
999银（31克）
小狗（A Puppy）
CCN-0348

朝鲜2005年7世纪-青龙精制纪念银币
20元（Won）
999银（31克）
7世纪-青龙（The Century VII-Blue Dragon）
CCN-0349

朝鲜2005年7世纪-白虎精制纪念银币
20元（Won）
999银（31克）
7世纪-白虎（The Century VII-White Tiger）
CCN-0350

朝鲜2005年7世纪-朱雀精制纪念银币
20元（Won）
999银（31克）
7世纪-朱雀（The Century VII-Red Phoenix）
CCN-0351

朝鲜2005年7世纪-玄武精制纪念银币
20元（Won）
999银（31克）
7世纪-玄武（The Century VII-Snake and Tortoise）
CCN-0352

朝鲜2005年安重根与《第一江山》精制长方形纪念银币
20元（Won）
999银（1盎司）
安重根与《第一江山》（An Jung Gun and First Rivers and Mountains）
CCN-0353

朝鲜2005年李儁与《海牙密使事件》精制长方形纪念银币
20元（Won）
999银（1盎司）
李儁与《海牙密使事件》（Yi Jun and Hague Secret Emissary Affair）
CCN-0354

朝鲜2005年朝鲜早期货币-大朝鲜开国497年普制纪念银币

250元（Won）

900银（26.96克）

复刻设计（Remaster Design）

朝鲜早期货币-大朝鲜开国497年（Legal Tender Early Coins of Korea-497th Anniversary of the Founding of the Korea）

CCO-0030

2005年

国名、年份与面值都在币边的特殊纪念币

绝大部分钱币包含国名、年份与面值三要素，极个别情况有无面值的纪念币，近年亦有一些纪念币并不带有年份，但无论设计多么标新立异，钱币的正反两面也会含有这些国家属性信息。特殊情况也有，法国的获奖币，"最后一法郎"波浪形银币①则将部分钱币信息打在币边之上。古往今来的钱币也有很多币边并非齿边与光边，有些是特殊边齿或打有符号与贵金属含量等等，不过也多为钱币内容的辅助信息。朝鲜却在现代纪念币上首开先河，把国名、年份与面值三要素都打在币边之上来发行纪念币！

如此设计清奇的纪念币是朝鲜2005年发行的币面正反完全复刻朝鲜历史上发行过的大朝鲜开国纪年的双龙纹老银币。朝鲜发行货币的情况与中国清末类似，都是方孔制钱与称量货币为主，后来引入西方铸币技术开始发行铸造机制币，机制币也是一面龙纹为主。币面的大朝鲜开国497年是历史上的1888年，这是当时朝鲜的一种纪年方式，辅币等流通货币铸造亦如此使用，并非均为纪念币属性。这枚历史上的大朝鲜开国497年1元②机制银币原版发行于1888年，本身铸造量极少亦有纪念属性，是当时朝鲜京城典圜局采用机制币工艺铸造的，当年的具体发行量不明，现今已极为罕见，是最为名贵的朝鲜机制币历史货币之一。如此极富盛名又相当稀少的钱币，对其进行复刻又是由原国家③发行绝对是个极佳的创意；类似的纪念币品种在20世纪末21世纪初的日本等国家的铅笔收藏市场很有需求，于是欧洲的钱币公司找到朝方进行策划此项目，获得朝鲜同意合作开发，同时委托瑞士休格纳造币厂进行代铸，

---

① 亦有同图金币
② "圜"通假"圆"，"圆"亦写作"元"，面值本意基本一致
③ 朝鲜李氏王朝为朝鲜半岛历史上最后一个统一王朝

休格纳造币厂也为中国铸造过彩色金银币,铸造工艺也是世界领先的。但在"以销定产"模式下,此枚2005年的复刻"大朝鲜开国497年"纪念银币因订单不足500枚而被终止项目开发[1],仅存极少量试铸银币[2],当年也未正式销售,实铸量远小于金银纪念币的计划发行量。当时欧洲钱币公司牵头开发的这套金银纪念币是以朝鲜早期货币为题的,看似还有对历史货币系列纪念币持续复刻发行之意,但壮志未酬身先死,第一组都没有正常发行,此朝鲜历史货币复刻系列纪念币也算告吹。

这枚纪念币是极具特色的,不得而知当时朝方为何批准合作发行,作为复刻币确实将复刻进行至登峰造极,更开创了币边刻字国名、年份与面值的先例,这是一枚法定面值的纪念币,只是为了不破坏整体复刻之感,而把钱币三要素集中在币边,币面正反则原样复刻;由瑞士造币厂代铸,但为求逼真复刻效果,亦未采用精制镜面效果,而是以一种亚光磨砂质地细腻的工艺再现这枚历史名币,名为普制工艺,但实际铸工极为细腻。

值得一提的是关于"大朝鲜开国"这种机制币上的纪年模式,如前文所言这并非是纪念币的属性,只是一种纪年属性,当然这个开国指的是朝鲜李朝开国,"大朝鲜"这种表述也使朝鲜脸上有光;但如此表述引起了当时来到朝鲜的袁世凯的不满,袁世凯后来就任宗主国清朝"驻扎朝鲜总理交涉通商事宜",随着对朝鲜把控的加强,对于朝鲜各项事务均要干涉,"大朝鲜"显然不符合袁世凯心中大清国属国的位置与称呼,便不再允许钱币上使用"大朝鲜"字样,所以"大朝鲜开国"只使用到"开国501"年即1892年,而1893年即"开国502"年开始,朝鲜铸币上的"大朝鲜"的"大"字去掉,只以"朝鲜开国XXX年"形式继续,这种情况直到朝鲜脱离清朝宗藩体系为止。

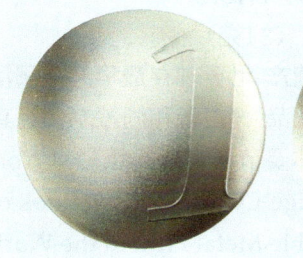

币面正反信息已经非常简约的法国"最后一法郎"纪念银币

历史上的大朝鲜开国497年1元银币

历史上的大朝鲜开国497年1元银币

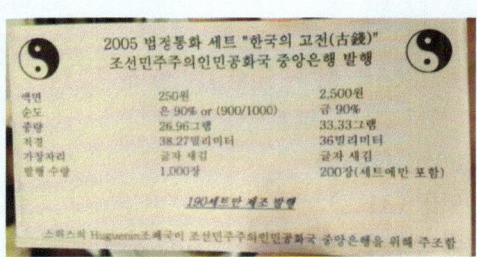

朝鲜大朝鲜开国金银纪念币套装证书

---

① 金币主题项目亦停止
② 金币实铸量更少

朝鲜2005年世界遗产-世界闻名-庆州瞻星台精制纪念银币
1500元（Won）
999银（31克）
世界遗产-世界闻名-庆州瞻星台（World Heritage-World-famous Cheomseongdae）
CCT-0174

朝鲜2005年世界遗产-世界现存最早的金属活字印刷品-《白云和尚抄录佛祖直指心体要节（直指心经）》精制纪念银币
1500元（Won）
999银（31克）
世界遗产-世界现存最早的金属活字印刷品-《白云和尚抄录佛祖直指心体要节（直指心经）》（World Heritage-Oldest Existing Book of Movable Metal Print in the World-Buljo Jikji Simche Yojeol）
CCT-0175

朝鲜2005年世界遗产-民族的骄傲-《八万大藏经》精制纪念银币
1500元（Won）
999银（31克）
世界遗产-民族的骄傲-《八万大藏经》（World Heritage-National Pride-Tripitaka Koreana）
CCT-0176

朝鲜2005年朝鲜劳动党成立60周年精制纪念银币

1500元（Won）

999银（31克）

朝鲜劳动党成立60周年（60th Anniversary of the Workers' Party of Korea）

CCN-0355

朝鲜2005年祖国解放60周年精制纪念银币

1500元（Won）

999银（31克）

祖国解放60周年（60th Anniversary of the Korea's Liberation）

CCO-0031

此币俗称"小号"银币。

朝鲜2005年东明圣王高朱蒙之父解慕漱精制纪念银币

1500元（Won）

999银（1盎司）

东明圣王高朱蒙之父解慕漱（Hae Mo Su Father of King Tong Myong Ko Jumong）

CCT-0177

朝鲜2005年洪范图将军精制纪念银币

1500元（Won）

999银（1盎司）

洪范图将军（General Hong Bum Do）

CCT-0178

朝鲜2005年地理学家金正浩与《大东舆地图》精制纪念银币
1500元（Won）
999银（1盎司）
地理学家金正浩与《大东舆地图》（Geographer Kim Jong Ho and TaedongYojido）
CCT-0179

朝鲜2005年龟船发明者李舜臣精制纪念银币
1500元（Won）
999银（1盎司）
龟船发明者李舜臣（Geobukseon Inventor Ri Sun Sin）
CCT-0180

朝鲜2005年苏联卫国战争胜利60周年-无名烈士墓精制纪念银币
1500元（Won）
999银（31克）
苏联卫国战争胜利60周年-无名烈士墓（60th Anniversary of the Victory in the Great Patriotic War-The Tomb of the Unknown Soldier）
CCT-0181

朝鲜2005年苏联卫国战争胜利60周年-祖国纪念碑精制纪念银币

1500元（Won）

999银（31克）

苏联卫国战争胜利60周年-祖国纪念碑（60th Anniversary of the Victory in the Great Patriotic War-National Memorial）

CCT-0182

朝鲜2005年朝鲜早期货币-大朝鲜开国495年普制纪念金币

2500元（Won）

900金（33.33克）

复刻设计（Remaster Design）

朝鲜早期货币-大朝鲜开国495年（Legal Tender Early Coins of Korea-495th Anniversary of the Founding of the Korea）

CCO-0032

国名、年份与面值都在币边历史复刻名纪念币

朝鲜这种首开先河，把国名、年份与面值三要素都打在币边上的纪念币，选取的都是历史上知名的机制钱币，这是2枚一套的金银纪念币，都没有正式发行，且金币实铸量更远少

于银币实铸量;工艺上金银币相同,都为了逼真复刻历史货币之感,放弃了瑞士造币厂先进的精制镜面工艺,而是以一种亚光磨砂质地细腻的工艺再现这枚历史名币,名为普制工艺,但实际铸工极为细腻。其中银币是复刻大朝鲜开国497年(1888年)1元银币,金币则是复刻历史上并不存在的大朝鲜开国495年(1886年)20元金币,资料显示这枚金币本身是纪念币属性[①],且20元面值金币历史上仅存铜镀金材质[②]的试铸样币,并未正式发行,作为金币铜样币自然铸造量极为稀少,是当时朝鲜京城典圜局采用机制币工艺试铸的,亦是最为名贵的朝鲜机制历史样币之一。

历史上大朝鲜开国494年、495年与497年均铸造各种面值与材质的正用币与试铸样币等。

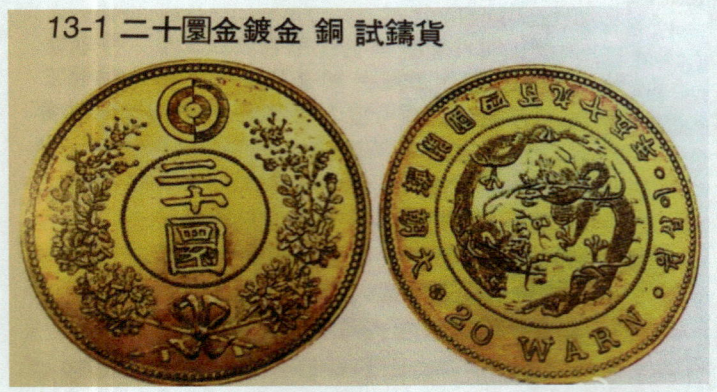

历史上的大朝鲜开国495年20元金币是一枚铜镀金样币

① 当时清朝的金本位制度除新疆饷金金币局部地区流通外包括所有实铸并存世的大清金币等机制金币并未正式发行与流通
② 韩国一说材质均为锡镀金

朝鲜2005年 世界遗产-民族的骄傲-《八万大藏经》精制纪念金币

22000元(Won)

999金(1盎司)

世界遗产-民族的骄傲-《八万大藏经》

(World Heritage-National Pride-Tripitaka Koreana)

CCT-0183

样币（Essai） CCS (CCSN/CCST/CCSO)

朝鲜2005年《6·15共同宣言》5周年-朝鲜民俗精制纪念铝样币
1元（Won）
《6·15共同宣言》5周年-朝鲜民俗
(5th Anniversary of the 6·15
Joint Declaration-Korean Folk)
CCST-0093

朝鲜2005年《6·15共同宣言》5周年-白头山精制纪念铝样币
1元（Won）
《6·15共同宣言》5周年-白头山
(5th Anniversary of the 6·15
Joint Declaration-Mt.Paektu)
CCST-0094

朝鲜2005年《6·15共同宣言》5周年-祖国统一三大宪章纪念塔精制纪念铝样币
1元（Won）
《6·15共同宣言》5周年-祖国统一三大宪章纪念塔（5th Anniversary of the 6·15 Joint Declaration-The Monument to Three Charters of National Reunification)
CCST-0095

朝鲜2005年苏联卫国战争胜利60周年-无名烈士墓精制纪念铝样币
1元（Won）
苏联卫国战争胜利60周年-无名烈士墓
（60th Anniversary of the Victory in the Great Patriotic War-The Tomb of the Unknown Soldier）
CCST-0096

朝鲜2005年苏联卫国战争胜利60周年-祖国纪念碑精制纪念铝样币
1元（Won）
苏联卫国战争胜利60周年-祖国纪念碑（60th Anniversary of the Victory in the Great Patriotic War-National Memorial）
CCST-0097

朝鲜2005年世界遗产-世界闻名-庆州瞻星台精制纪念铝样币
1元（Won）
世界遗产-世界闻名-庆州瞻星台（World Heritage-World-famous Cheomseongdae）
CCST-0098

朝鲜2005年世界遗产-世界现存最早的金属活字印刷品-《白云和尚抄录佛祖直指心体要节（直指心经）》精制纪念铝样币

1元（Won）

世界遗产-世界现存最早的金属活字印刷品-《白云和尚抄录佛祖直指心体要节（直指心经）》（World Heritage-Oldest Existing Book of Movable Metal Print in the World-Buljo Jikji Simche Yojeol）

CCST-0099

朝鲜2005年世界遗产-民族的骄傲-《八万大藏经》精制纪念铝样币

1元（Won）

世界遗产-民族的骄傲-《八万大藏经》（World Heritage-National Pride-Tripitaka Koreana）

CCST-0100

朝鲜2005年安重根与《第一江山》精制长方形纪念铝样币

1元（Won）

安重根与《第一江山》（An Jung Gun and First Rivers and Mountains）

CCST-0101

朝鲜2005年李儁与《海牙密使事件》精制长方形纪念铝样币
1元（Won）
李儁与《海牙密使事件》(Yi Jun and Hague Secret Emissary Affair)
CCST-0102

朝鲜2005年安重根与《第一江山》精制长方形纪念铜样币
1元（Won）
安重根与《第一江山》(An Jung Gun and First Rivers and Mountains)
CCST-0103

朝鲜2005年李儁与《海牙密使事件》精制长方形纪念铜样币
1元（Won）
李儁与《海牙密使事件》(Yi Jun and Hague Secret Emissary Affair)
CCST-0104

朝鲜2005年地理学家金正浩与《大东舆地图》精制纪念铝样币
10元（Won）
地理学家金正浩与《大东舆地图》(Geographer Kim Jong Ho and TaedongYojido)
CCST-0105

朝鲜2005年东明圣王高朱蒙之父解慕漱精制纪念铝样币

10元（Won）

东明圣王高朱蒙之父解慕漱（Hae Mo Su Father of King Tong Myong Ko Jumong）

CCST-0106

朝鲜2005年洪范图将军精制纪念铝样币

10元（Won）

洪范图将军（General Hong Bum Do）

CCST-0107

朝鲜2005年龟船发明者李舜臣精制纪念铝样币

10元（Won）

龟船发明者李舜臣（Geobukseon Inventor Ri Sun Sin）

CCST-0108

朝鲜2005年《6·15共同宣言》5周年-朝鲜民俗精制纪念铜样币

20元（Won）

《6·15共同宣言》5周年-朝鲜民俗（5th Anniversary of the 6·15 Joint Declaration-Korean Folk）

CCST-0109

朝鲜2005年《6·15共同宣言》5周年-白头山精制纪念铜样币

20元（Won）

《6·15共同宣言》5周年-白头山（5th Anniversary of the 6·15 Joint Declaration-Mt.Paektu）

CCST-0110

朝鲜2005年《6·15共同宣言》5周年-祖国统一三大宪章纪念塔精制纪念铜样币

20元（Won）

《6·15共同宣言》5周年-祖国统一三大宪章纪念塔（5th Anniversary of the 6·15 Joint Declaration-The Monument to Three Charters of National Reunification）

CCST-0111

朝鲜2005年地理学家金正浩与《大东舆地图》精制纪念铜样币

20元（Won）

地理学家金正浩与《大东舆地图》（Geographer Kim Jong Ho and TaedongYojido）

CCST-0112

朝鲜2005年东明圣王高朱蒙之父解慕漱精制纪念铜样币

20元（Won）

东明圣王高朱蒙之父解慕漱（Hae Mo Su Father of King Tong Myong Ko Jumong）

CCST-0113

朝鲜2005年洪范图将军精制纪念铜样币

20元（Won）

洪范图将军（General Hong Bum Do）

CCST-0114

朝鲜2005年龟船发明者李舜臣精制纪念铜样币

20元（Won）

龟船发明者李舜臣（Geobukseon Inventor Ri Sun Sin）

CCST-0115

朝鲜2005年苏联卫国战争胜利60周年-无名烈士墓精制纪念铜样币

20元（Won）

苏联卫国战争胜利60周年-无名烈士墓（60th Anniversary of the Victory in the Great Patriotic War-The Tomb of the Unknown Soldier）

CCST-0116

朝鲜2005年苏联卫国战争胜利60周年-祖国纪念碑精制纪念铜样币

20元（Won）

苏联卫国战争胜利60周年-祖国纪念碑（60th Anniversary of the Victory in the Great Patriotic War-National Memorial）

CCST-0117

朝鲜2005年世界闻名-庆州瞻星台精制纪念铜样币

20元（Won）

世界闻名-庆州瞻星台（World-famous Cheomseongdae）

CCST-0118

朝鲜2005年世界现存最早的金属活字印刷品-《白云和尚抄录佛祖直指心体要节（直指心经）》精制纪念铜样币

20元（Won）

世界现存最早的金属活字印刷品-《白云和尚抄录佛祖直指心体要节（直指心经）》（Oldest Existing Book of Movable Metal Print in the World-Buljo Jikji Simche Yojeol）

CCST-0119

朝鲜2005年民族的骄傲-《八万大藏经》精制纪念铜样币

20元（Won）

民族的骄傲-《八万大藏经》（National Pride-Tripitaka Koreana）

CCST-0120

朝鲜2005年生肖鸡年酉鸡精制纪念铜样币
20元（Won）
生肖鸡年（Year of the Rooster）
CCST-0121

错币（Mint Error） CCE（CCEN/CCET/CCEO）

朝鲜2005年猫咪精制纪念银币合背错币
无面值（No Face Value）
999银（31克）
猫咪（A Cat）
错误（Mint Error）：合背（Two Reverses）
CCEO-0011

朝鲜2005年南北铁路贯通精制纪念银币合背错币
无面值（No Face Value）
999银（31克）
南北铁路贯通（The North-South Railway Connection）
错误（Mint Error）：合背（Two Reverses）
CCEO-0012

2006年

常规币（Coin） CC（CCN/CCT/CCO）

朝鲜2006年亚洲动物-大熊猫精制彩色纪念银币
2元（Won）
999银（7克）
亚洲动物-大熊猫（Fauna of Asia-Panda）
CCN-0356

朝鲜2006年2008北京奥运会-射箭精制纪念银币
5元（Won）
999银（20克）
北京奥运会-射箭（Beijing 2008 Olympic Games-Toxophily）
CCN-0357

朝鲜2006年东明圣王高朱蒙之母柳花夫人精制纪念铝币
10元（Won）
东明圣王高朱蒙之母柳花夫人（Lady Yuhwa Mother of King Tong Myong Ko Jumong）
CCT-0184

东明圣王高朱蒙之母柳花夫人

柳花夫人也称柳花,按朝鲜记载为东明圣王高朱蒙之母,是解慕漱的夫人之一,同时也是与神话传说相关的人物,传说中是河神之女,本身也是半人半神的历史传说人物,关于其诞下东明圣王高朱蒙的记载更是神奇甚至有些荒诞,因为都传说柳花夫人是产下巨蛋而生出高朱蒙,东明圣王高朱蒙等于是卵生人,这是不可思议的,我们知道人类都是胎生,卵生人只存在于类似《山海经》的神话传说中或一些都市传说与未解之谜中。

东明圣王高朱蒙与父亲解慕漱及母亲柳花夫人,好似一些君主制国家发行的王室成员纪念币那般,这一家三口分别登上本国纪念币。

值得一提的是被誉为"海东第一碑"的位于中国吉林省集安的好太王碑对于高朱蒙与柳花夫人的母子关系亦有记载。

韩国电视剧《朱蒙》中的柳花夫人形象(吴妍秀饰)

朝鲜2006年生肖狗年精制彩色纪念银币
10元(Won)
999银(31克)
生肖狗年(Year of the Dog)
CCN-0358

朝鲜2006年东明圣王高朱蒙之母柳花夫人精制纪念铜币
20元(Won)
东明圣王高朱蒙之母柳花夫人
(Lady Yuhwa Mother of King Tong Myong Ko Jumong)
CCT-0185

朝鲜2006年生肖狗年精制彩色纪念铜币
20元（Won）
生肖狗年（Year of the Dog）
CCT-0186

朝鲜2006年欧盟欧元纪念-雅典奥运会精制镶嵌虎眼石纪念银币
700元（Won）
999银（1/2盎司）
镶嵌虎眼石（Tiger's Eye）
欧盟欧元纪念-雅典奥运会（European Union Euro Commemoratives-Athens 2004 Olympic Games）
CCN-0359

"化繁为简"的朝鲜石头纪念币

朝鲜的镶嵌石头纪念银币继续发行，但是不再如过去每种选取不同的石头，而是统一镶嵌虎眼石，同时以欧盟欧元与奥运会体育项目组合为主题，与之前的朝鲜镶嵌各类石头纪念银币还有其它不同，此系列银币直径缩小，对于所镶嵌的虎眼石雕刻细节亦有所下降。

朝鲜2006年2008北京奥运会-鞍马精制纪念银币
1000元（Won）
999银（20克）
北京奥运会-鞍马（Beijing 2008 Olympic Games-Pommel Horse）
CCN-0360

朝鲜奥运主题纪念币上将文翁仲与奥运会体育项目搭配，极其魔幻的纪念币设计。

朝鲜2006年千里马精制纪念铜币
1500元（Won）
千里马（Chollima）
CCN-0361

朝鲜2006年凯旋门精制纪念铜币
1500元（Won）
凯旋门（The Arch of Triumph）
CCN-0362

朝鲜2006年千里马精制纪念银币
1500元（Won）
999银（31盎司）
千里马（Chollima）
CCN-0363

朝鲜2006年凯旋门精制纪念银币
1500元（Won）
999银（31克）
凯旋门（The Arch of Triumph）
CCN-0364

朝鲜2006年幼犬精制纪念银币
1500元（Won）
999银（31克）
幼犬（Puppy）
CCN-0365

朝鲜2006年小猪精制纪念银币
1500元（Won）
999银（31克）
小猪（Pig）
CCN-0366

样币（Essai） CCS (CCSN/CCST/CCSO)

朝鲜2006年东明圣王高朱蒙之母柳花夫人精制纪念铝样币
10元（Won）
东明圣王高朱蒙之母柳花夫人
(Lady Yuhwa Mother of King Tong Myong Ko Jumong)
CCST-0122

朝鲜2006年东明圣王高朱蒙之母柳花夫人精制纪念铜样币
20元（Won）
东明圣王高朱蒙之母柳花夫人
(Lady Yuhwa Mother of King Tong Myong Ko Jumong)
CCST-0123

2007年

常规币（Coin） CC（CCN/CCT/CCO）

朝鲜2007年1996亚特兰大奥运会-田径精制纪念铝币
10元（Won）
亚特兰大奥运会-田径（Atlanta 1996 Olympic Games-Track and Field）
CCT-0187

朝鲜2007年1996亚特兰大奥运会-马术精制纪念铝币
10元（Won）
亚特兰大奥运会-马术（Atlanta 1996 Olympic Games-Equestrian）
CCT-0188

朝鲜2007年2000悉尼奥运会-跨栏赛跑精制纪念铝币
10元（Won）
悉尼奥运会-跨栏赛跑（Sydney 2000 Olympic Games-Hurdle Race）
CCT-0189

朝鲜2007年2000悉尼奥运会-跳水精制纪念铝币

10元（Won）

悉尼奥运会-跳水（Sydney 2000 Olympic Games-Diving）

CCT-0190

朝鲜2007年2000悉尼奥运会-单杠精制纪念铝币

10元（Won）

悉尼奥运会-单杠（Sydney 2000 Olympic Games-Horizontal Bar）

CCT-0191

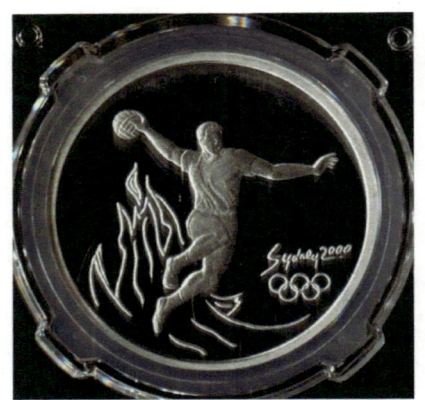 

朝鲜2007年2000悉尼奥运会-排球精制纪念铝币

10元（Won）

悉尼奥运会-排球（Sydney 2000 Olympic Games-Volleyball）

CCT-0192

朝鲜2007年2000悉尼奥运会-射箭精制纪念铝币

10元（Won）

悉尼奥运会-射箭（Sydney 2000 Olympic Games-Toxophily）

CCT-0193

朝鲜2007年2000悉尼奥运会-摔跤
精制纪念铝币
10元（Won）
悉尼奥运会-摔跤（Sydney 2000
Olympic Games-Wrestling）
CCT-0194

朝鲜2007年2008北京奥运会-国际
摔跤精制纪念铝币
10元（Won）
北京奥运会-国际摔跤（Beijing
2008 Olympic Games-Wrestling）
CCT-0195

朝鲜2007年2008北京奥运会-划艇
精制纪念铝币
10元（Won）
北京奥运会-划艇（Beijing 2008
Olympic Games-Rowing）
CCT-0196

朝鲜2007年2008北京奥运会-击剑
精制纪念铝币
10元（Won）
北京奥运会-击剑（Beijing 2008
Olympic Games-Fencing）
CCT-0197

朝鲜2007年2008北京奥运会-棒球
精制纪念铝币
10元（Won）
北京奥运会-棒球（Beijing 2008
Olympic Games-Baseball）
CCT-0198

朝鲜2007年2008北京奥运会-举重
精制纪念铝币
10元（Won）
北京奥运会-举重（Beijing 2008
Olympic Games-Weightlifting）
CCT-0199

朝鲜2007年2008北京奥运会-跨栏
赛跑精制纪念铝币
10元（Won）
北京奥运会-跨栏赛跑（Beijing
2008 Olympic Games-Hurdle
Race）
CCT-0200

朝鲜2007年2008北京奥运会-马术
精制纪念铝币
10元（Won）
北京奥运会-马术（Beijing 2008
Olympic Games-Equestrian）
CCT-0201

关于朝鲜2008北京奥运会主题纪念币运动项目中文使用的问题，一种观点认为2007-2008年朝鲜发行的大部分带中文汉字奥运项目主题的纪念币都是错币，但更为客观的来说某些译名只是翻译不同，只有中文汉字的书写使用出现错误或错体才是错币；比如"跆拳道"写成"泰拳道"这肯定严重出错，至于说"铁人三项"朝鲜翻译成"三种赛"以及"马术"朝鲜翻译成"赛马"，虽然也有重大疏忽，但只要"三种赛"与"马术"的中文汉字没有问题，本书则未把它们归为错币。

朝鲜2007年2008北京奥运会-手球精制纪念铝币
10元（Won）
北京奥运会-手球（Beijing 2008 Olympic Games-Handball）
CCT-0202

朝鲜2007年2008北京奥运会-拳击精制纪念铝币
10元（Won）
北京奥运会-拳击（Beijing 2008 Olympic Games-Boxing）
CCT-0203

朝鲜2007年2008北京奥运会-体操精制纪念铝币
10元（Won）
北京奥运会-体操（Beijing 2008 Olympic Games-Gymnastics）
CCT-0204

朝鲜2007年2008北京奥运会-游泳精制纪念铝币
10元（Won）
北京奥运会-游泳（Beijing 2008 Olympic Games-Swimming）
CCT-0205

朝鲜2007年2008北京奥运会-跆拳道精制纪念铝币
10元（Won）
北京奥运会-跆拳道（Beijing 2008 Olympic Games-Taekwon-Do）
错误（Mint Error）："泰拳道"（Chinese Character：Taekwon-Do）
CCT-0206

"以错闻名"的一套朝鲜奥运纪念币

朝鲜这套北京奥运会纪念币说"错字百出"未免有些夸张，实际上这是一套因翻译与中文汉字使用不准确而出现诸多问题的朝鲜奥运纪念币，有些奥运会体育项目的翻译与中文汉字使用更令人啼笑皆非；该套纪念币名气很大，的确"以错闻名"了，该套纪念币是以2007与2008年两个年份发行，主题为纪念2008年中国北京第29届夏季奥运会，具体题材为全部的奥运会比赛项目，也分为铝币、铜币与银币等材质，铝币与铜币亦有同图样币发行。

也有收藏者把这套朝鲜发行的北京奥运系列纪念币称为"错币大全"，亦有阴谋论者认为这套纪念币是朝鲜"将错就错"的夺取眼球之举，刻意出错只是纪念币营销的手段而已。

实际上虽然这套纪念币上的中文汉字略显歪扭[1]，但并非枚枚出错，主要问题集中在对于奥运项目的中文汉字名称翻译不规范，如"铁人三项"币面作"三种赛"；或部分中文汉字缺少偏旁笔画，如"球"字少一点；或直接出现错字，如"跆拳道"误作"泰拳道"[2]；或本身未出错但部分文字书写笔画怪异，如比赛的"赛"字等。

作为本身不太受钱币收藏者待见的一套朝鲜奥运主题纪念币大全套，却因中文汉字相关题材与错币话题较多，而一时间拥趸众多。

---
① 此前部分朝鲜纪念币上的中文汉字亦有笔锋不佳者
② 跆拳道作为朝鲜"国技"更是不应该

朝鲜2007年2000北南离散家属会面精制纪念铝币
10（Won）
北南离散家属会面（Reunion of Separated Families and Relatives from North and South）
CCT-0207

朝鲜2007年2001北南离散家属会面精制纪念铝币
10（Won）
北南离散家属会面（Reunion of Separated Families and Relatives from North and South）
CCT-0208

朝鲜2007年918-1392高丽航海商船历史精制纪念铝币
10元（Won）
918-1392高丽航海商船历史（918-1392 History of Seafaring Merchantman Koryo Period）
CCT-0209

朝鲜2007年《6·15共同宣言》精制纪念铝币
10元（Won）
《6·15共同宣言》（6·15 Joint Declaration）
CCT-0210

朝鲜2007年野生动物-朝鲜虎精制纪念铝币

10元（Won）

野生动物-朝鲜虎（Wildlife-Tiger）

CCT-0211

朝鲜2007年朝鲜鸟类动物-白腹黑啄木鸟精制纪念铝币

10元（Won）

朝鲜鸟类动物-白腹黑啄木鸟（Birds of Korea-Dryocopus javensis）

CCT-0212

朝鲜2007年朝鲜鸟类动物-毛腿沙鸡精制纪念铝币

10元（Won）

朝鲜鸟类动物-毛腿沙鸡（Birds of Korea-Syrrhaptes Paradoxus）

CCT-0213

朝鲜2007年朝鲜鸟类动物-蓝翅八色鸫精制纪念铝币

10元（Won）

朝鲜鸟类动物-蓝翅八色鸫（Birds of Korea-Pitta Brachyura）

CCT-0214

朝鲜2007年朝鲜鸟类动物-黑琴鸡精制纪念铝币

10元（Won）

朝鲜鸟类动物-黑琴鸡（Birds of Korea-Lyrurus Tetrix）

CCT-0215

朝鲜2007年史前动物-雷龙精制纪念铝币

10元（Won）

史前动物-雷龙（Prehistoric Animals-Brontosaurus）

CCT-0216

朝鲜2007年青龙精制纪念铝币

10元（Won）

青龙（Blue Dragon）

CCT-0217

朝鲜2007年玄武精制纪念铝币

10元（Won）

玄武（Hyonmu）

CCT-0218

朝鲜2007年金刚山仙女精制纪念铝币
10元（Won）
金刚山仙女（Fairy of Mt.Kumgang Playing Flute）
CCT-0219

朝鲜2007年富强金糖2号注射液大大促进人类健康精制纪念铝币
10元（Won）
富强金糖2号注射液大大促进人类健康（Pugang Kumdang-2 Injection Greatly Promotes Human Health）
CCT-0220

朝鲜的"脑白金"著名保健品富强金糖2号广告币

朝鲜不光有"高丽人参"与"虎骨酒"这类传统医药保健品，更有现代化的金糖2号注射液，这种保健品被朝鲜列入现代纪念币发行序列，俨然成了一种国家背书的保健品广告币。如前文所言，朝鲜当年已在海外币展推出过带有本国造币机构电话号码的广告纪念币，可以见得这枚"金糖2号"纪念币也绝非朝鲜最后一枚带有广告属性的纪念币！该主题也有多种规格与材质的纪念币发行，同时亦有铝样币与铜样币发行。

金糖2号注射液

朝鲜2007年祝贺97香港回归中国精制纪念铝币

10元（Won）

香港回归中国（Hong Kong's Return to China）

CCT-0221

朝鲜2007年抗美援朝保家卫国-中国人民志愿军精制纪念铝币

10元（Won）

抗美援朝保家卫国-中国人民志愿军（The War to Resist U.S. Aggression and Aid Korea-Chinese People's Volunteer Army）

CCT-0222

朝鲜2007年朝鲜民俗童玩一组-放风筝精制纪念铝币

10元（Won）

朝鲜民俗童玩一组-放风筝（Korean Folk.I-Kite-Flying）

CCT-0223

朝鲜2007年朝鲜民俗童玩二组-跳板精制纪念铝币

10元（Won）

朝鲜民俗童玩二组-跳板（Korean Folk.II-Seesawing）

CCT-0224

朝鲜2007年朝鲜民俗童玩三组-摔跤精制纪念铝币

10元（Won）

朝鲜民俗童玩三组-摔跤（Korean Folk.III-Wrestling）

CCT-0225

朝鲜2007年朝鲜民俗童玩四组-荡秋千精制纪念铝币

10元（Won）

朝鲜民俗童玩四组-荡秋千（Korean Folk.IV-Swinging）

CCT-0226

朝鲜2007年朝鲜民俗童玩五组-跳绳精制纪念铝币

10元（Won）

朝鲜民俗童玩五组-跳绳（Korean Folk.V-Ropeskipping）

CCT-0227

朝鲜2007年金刚山观光旅游纪念-5000年前朝鲜始祖檀君精制纪念铝币

10元（Won）

金刚山观光旅游纪念-5000年前朝鲜始祖檀君（Memories of Mt.Kumgang-5000 Years ago Portrayal of King Tangun）

CCT-0228

朝鲜2007年高句丽建国始祖东明圣王高朱蒙精制纪念铝币

10元（Won）

高句丽建国始祖东明圣王高朱蒙（Founder of Korea's First Feudal Kingdom King Tong Myong Ko Jumong）

CCT-0229

朝鲜2007年至圣先师孔子精制纪念铝币

10元（Won）

至圣先师孔子（The Great Sage Confucius）

CCT-0230

世界上有孔子学院，朝鲜半岛亦有孔子后裔

朝鲜的这枚孔子主题纪念币，设计得非常简洁，主题图案一面就是立身中正的孔子形象，下方是中文汉字的币文，且是由右至左书写的繁体汉字"至圣先师孔子"。孔子是中国古代著名的思想家、政治家、教育家，更是儒家学派创始人，属于世界知名的文化名人，大中华文化圈都以孔子学说为正统，其学说有助于统治者以儒家思想治理天下，备受重视，更被后世朝代尊为"大成至圣先师"；其后人亦封为衍圣公，是贵族爵位的一种，属于世受皇恩，至民国改为"大成至圣先师奉祀官"而绵延至今。今天中国亦有孔子学院，孔子学院旨在宣传发展儒家文化，加强中外文化交流与合作，发展友好关系，促进世界多元文化的发展。

孔子画像

朝鲜纪念币上有孔子并不令人惊讶，随着家族演变与人数繁衍，孔子后人的脚步早已遍及全球，亦有各行各业中的佼佼者，朝鲜半岛上朝韩两国均有孔子后裔的分布，这些后裔很多也在《孔子世家谱》上有载，相信他们也能看到朝鲜所发行的至圣先师孔子纪念币，该纪念币也有铝币、铜币与银币等不同材质，亦有铝样币与铜样币发行。

朝鲜2007年人造地球卫星"光明星1号"精制纪念铝币

10元（Won）

人造地球卫星"光明星1号"（Artificial Earth Satellite Kwangmyongsong-1）

CCT-0231

人造地球卫星"光明星1号"

朝鲜2007年1996亚特兰大奥运会-艺术体操精制彩色纪念铝币

10元（Won）

亚特兰大奥运会-艺术体操（Atlanta 1996 Olympic Games-Rhythmic Gymnastics）

CCT-0232

朝鲜2007年1999生肖兔年-福兔精制彩色纪念铝币

10元（Won）

生肖兔年-福兔（Year of the Rabbit-Fortune Rabbit）

CCT-0233

朝鲜2007年亚洲动物-绿头鸭精制彩色纪念铝币
10元（Won）
亚洲动物-绿头鸭（Fauna of Asia-Mallard）
CCT-0234

朝鲜2007年亚洲动物-鹦鹉精制彩色纪念铝币
10元（Won）
亚洲动物-鹦鹉（Fauna of Asia-Parrot）
CCT-0235

朝鲜2007年大熊猫精制彩色纪念铝币
10元（Won）
大熊猫（Giant Panda）
CCT-0236

朝鲜2007年97上海国际邮票钱币博览会-大熊猫精制彩色纪念铝币
10元（Won）
97上海国际邮票钱币博览会-大熊猫（97 Shanghai International Stamp & Coin Exposition-Panda）
CCT-0237

朝鲜2007年开城高丽人参精制彩色纪念铝币
10元（Won）
开城高丽人参（Kaesong Koryo Insam）
CCT-0238

朝鲜2007年国色天香精制彩色纪念铝币
10元（Won）
国色天香（National Beauty and Heavenly Fragrance）
CCT-0239

朝鲜2007年抗美援朝-朝中友谊塔精制彩色纪念铝币
10元（Won）
抗美援朝-朝中友谊塔（The War to Resist U.S. Aggression and Aid Korea-DPRK-China Friendship Tower）
CCT-0240

朝鲜2007年1996亚特兰大奥运会-艺术体操精制纪念铜币
20元（Won）
亚特兰大奥运会-艺术体操（Atlanta 1996 Olympic Games-Rhythmic Gymnastics）
CCT-0241

朝鲜2007年1996亚特兰大奥运会-
田径精制纪念铜币
20元（Won）
亚特兰大奥运会-田径（Atlanta
1996 Olympic Games-Track and
Field）
CCT-0242

朝鲜2007年1996亚特兰大奥运会-
马术精制纪念铜币
20元（Won）
亚特兰大奥运会-马术（Atlanta
1996 Olympic Games-Equestrian）
CCT-0243

朝鲜2007年2000悉尼奥运会-跳水
精制纪念铜币
20元（Won）
悉尼奥运会-跳水（Sydney 2000
Olympic Games-Diving）
CCT-0244

朝鲜2007年2000悉尼奥运会-跨栏
赛跑精制纪念铜币
20元（Won）
悉尼奥运会-跨栏赛跑（Sydney
2000 Olympic Games-Hurdle
Race）
CCT-0245

朝鲜2007年2000悉尼奥运会-单杠精制纪念铜币

20元（Won）

悉尼奥运会-单杠（Sydney 2000 Olympic Games-Horizontal Bar）

CCT-0246

朝鲜2007年2000悉尼奥运会-排球精制纪念铜币

20元（Won）

悉尼奥运会-排球（Sydney 2000 Olympic Games-Volleyball）

CCT-0247

朝鲜2007年2000悉尼奥运会-射箭精制纪念铜币

20元（Won）

悉尼奥运会-射箭（Sydney 2000 Olympic Games-Toxophily）

CCT-0248

朝鲜2007年2000悉尼奥运会-摔跤精制纪念铜币

20元（Won）

悉尼奥运会-摔跤（Sydney 2000 Olympic Games-Wrestling）

CCT-0249

朝鲜2007年2006德国世界杯精制纪念铜币
20元（Won）
德国世界杯（2006 FIFA World Cup Germany）
CCT-0250

朝鲜2007年2008北京奥运会-国际摔跤精制纪念铜币
20元（Won）
北京奥运会-国际摔跤（Beijing 2008 Olympic Games-Wrestling）
CCT-0251

朝鲜2007年2008北京奥运会-划艇精制纪念铜币
20元（Won）
北京奥运会-划艇（Beijing 2008 Olympic Games-Rowing）
CCT-0252

朝鲜2007年2008北京奥运会-击剑精制纪念铜币
10元（Won）
北京奥运会-击剑（Beijing 2008 Olympic Games-Fencing）
CCT-0253

朝鲜2007年2008北京奥运会-棒球精制纪念铜币
20元（Won）
北京奥运会-棒球（Beijing 2008 Olympic Games-Baseball）
CCT-0254

朝鲜2007年2008北京奥运会-举重精制纪念铜币
20元（Won）
北京奥运会-举重（Beijing 2008 Olympic Games-Weightlifting）
CCT-0255

朝鲜2007年2008北京奥运会-跨栏赛跑精制纪念铜币
20元（Won）
北京奥运会-跨栏赛跑（Beijing 2008 Olympic Games-Hurdle Race）
CCT-0256

朝鲜2007年2008北京奥运会-马术精制纪念铜币
20元（Won）
北京奥运会-马术（Beijing 2008 Olympic Games-Equestrian）
CCT-0257

关于朝鲜2008北京奥运会主题纪念币运动项目中文使用的问题，一种观点认为2007-2008年朝鲜发行的大部分带中文汉字奥运项目主题的纪念币都是错币，但更为客观的来说某些译名只是翻译不同，只有中文汉字的书写使用出现错误或错体才是错币；比如"跆拳道"写成"泰拳道"这肯定严重出错，至于说"铁人三项"朝鲜翻译成"三种赛"以及"马术"朝鲜翻译成"赛马"，虽然也有重大疏忽，但只要"三种赛"与"马术"的中文汉字没有问题，本书则未把它们归为错币。

朝鲜2007年2008北京奥运会-手球精制纪念铜币
20元（Won）
北京奥运会-手球（Beijing 2008 Olympic Games-Handball）
CCT-0258

朝鲜2007年2008北京奥运会-拳击精制纪念铜币
20元（Won）
北京奥运会-拳击（Beijing 2008 Olympic Games-Boxing）
CCT-0259

朝鲜2007年2008北京奥运会-体操精制纪念铜币
20元（Won）
北京奥运会-体操（Beijing 2008 Olympic Games-Gymnastics）
CCT-0260

朝鲜2007年2008北京奥运会-游泳精制纪念铜币
20元（Won）
北京奥运会-游泳（Beijing 2008 Olympic Games-Swimming）
CCT-0261

朝鲜2007年2008北京奥运会-跆拳道精制纪念铜币
20元（Won）
北京奥运会-跆拳道（Beijing 2008 Olympic Games-Taekwon-Do）
错误（Mint Error）："泰拳道"（Chinese Character: Taekwon-Do）
CCT-0262

朝鲜2007年野生动物-朝鲜虎精制纪念铜币
20元（Won）
野生动物-朝鲜虎（Wildlife-Tiger）
CCT-0263

朝鲜2007年朝鲜鸟类动物-白腹黑啄木鸟精制纪念铜币

20元（Won）

朝鲜鸟类动物-白腹黑啄木鸟（Birds of Korea-Dryocopus javensis）

CCT-0264

朝鲜2007年朝鲜鸟类动物-毛腿沙鸡精制纪念铜币

20元（Won）

朝鲜鸟类动物-毛腿沙鸡（Birds of Korea-Syrrhaptes Paradoxus）

CCT-0265

朝鲜2007年朝鲜鸟类动物-蓝翅八色鸫精制纪念铜币

20元（Won）

朝鲜鸟类动物-蓝翅八色鸫（Birds of Korea-Pitta Brachyura）

CCT-0266

朝鲜2007年朝鲜鸟类动物-黑琴鸡精制纪念铜币

20元（Won）

朝鲜鸟类动物-黑琴鸡（Birds of Korea-Lyrurus Tetrix）

CCT-0267

朝鲜2007年1999生肖兔年-福兔精制纪念铜币
20元（Won）
生肖兔年-福兔（Year of the Rabbit-Fortune Rabbit）
CCT-0268

朝鲜2007年亚洲动物-绿头鸭精制纪念铜币
20元（Won）
亚洲动物-绿头鸭（Fauna of Asia-Mallard）
CCT-0269

朝鲜2007年亚洲动物-鹦鹉精制纪念铜币
20元（Won）
亚洲动物-鹦鹉（Fauna of Asia-Parrot）
CCT-0270

朝鲜2007年大熊猫精制纪念铜币
20元（Won）
大熊猫（Giant Panda）
CCT-0271

朝鲜2007年97上海国际邮票钱币博览会-大熊猫精制纪念铜币
20元（Won）
97上海国际邮票钱币博览会-大熊猫
（97 Shanghai International Stamp & Coin Exposition-Panda）
CCT-0272

朝鲜2007年史前动物-雷龙精制纪念铜币
20元（Won）
史前动物-雷龙（Prehistoric Animals-Brontosaurus）
CCT-0273

朝鲜2007年青龙精制纪念铜币
20元（Won）
青龙（Blue Dragon）
CCT-0274

朝鲜2007年玄武精制纪念铜币
20元（Won）
玄武（Hyonmu）
CCT-0275

朝鲜2007年开城高丽人参精制纪念铜币

20元（Won）

开城高丽人参（Kaesong Koryo Insam）

CCT-0276

朝鲜2007年国色天香精制纪念铜币

20元（Won）

国色天香（National Beauty and Heavenly Fragrance）

CCT-0277

朝鲜2007年《6·15共同宣言》精制纪念铜币

20元（Won）

《6·15共同宣言》（6·15 Joint Declaration）

CCT-0278

朝鲜2007年2000北南离散家属会面精制纪念铜币

20（Won）

北南离散家属会面（Reunion of Separated Families and Relatives from North and South）

CCT-0279

朝鲜2007年2001北南离散家属会面精制纪念铜币
20（Won）
北南离散家属会面（Reunion of Separated Families and Relatives from North and South）
CCT-0280

朝鲜2007年918-1392高丽航海商船历史精制纪念铜币
20元（Won）
918-1392高丽航海商船历史（918-1392 History of Seafaring Merchantman Koryo Period）
CCT-0281

朝鲜2007年富强金糖2号注射液大大促进人类健康精制纪念铜币
20元（Won）
富强金糖2号注射液大大促进人类健康（Pugang Kumdang-2 Injection Greatly Promotes Human Health）
CCT-0282a大（Big）
CCT-0282b小（Small）

朝鲜2007年祝贺97香港回归中国精制纪念铜币
20元（Won）
香港回归中国（Hong Kong's Return to China）
CCT-0283

朝鲜2007年朝鲜民俗童玩一组-放风筝精制纪念铜币
20元（Won）
朝鲜民俗童玩一组-放风筝（Korean Folk.I-Kite-Flying）
CCT-0284

朝鲜2007年朝鲜民俗童玩二组-跳板精制纪念铜币
20元（Won）
朝鲜民俗童玩二组-跳板（Korean Folk.II-Seesawing）
CCT-0285

朝鲜2007年朝鲜民俗童玩三组-摔跤精制纪念铜币
20元（Won）
朝鲜民俗童玩三组-摔跤（Korean Folk.III-Wrestling）
CCT-0286

朝鲜2007年朝鲜民俗童玩四组-荡秋千精制纪念铜币
20元（Won）
朝鲜民俗童玩四组-荡秋千
（Korean Folk.IV-Swinging）
CCT-0287

朝鲜2007年朝鲜民俗童玩五组-跳绳精制纪念铜币
20元（Won）
朝鲜民俗童玩五组-跳绳（Korean Folk.V-Ropeskipping）
CCT-0288

朝鲜2007年金刚山仙女精制纪念铜币
20元（Won）
金刚山仙女（Fairy of Mt.Kumgang Playing Flute）
CCT-0289

朝鲜2007年金刚山观光旅游纪念-妙吉祥大佛精制纪念铜币
20元（Won）
金刚山观光旅游纪念-妙吉祥大佛（Memories of Mt.Kumgang-Myogilsang Buddhist）
CCT-0290

朝鲜2007年金刚山观光旅游纪念-5000年前朝鲜始祖檀君精制纪念铜币

20元（Won）

金刚山观光旅游纪念-5000年前朝鲜始祖檀君（Memories of Mt.Kumgang-5000 Years ago Portrayal of King Tangun）

CCT-0291

朝鲜2007年高句丽建国始祖东明圣王高朱蒙精制纪念铜币

20元（Won）

高句丽建国始祖东明圣王高朱蒙（Founder of Korea's First Feudal Kingdom King Tong Myong Ko Jumong）

CCT-0292

朝鲜2007年至圣先师孔子精制纪念铜币

20元（Won）

至圣先师孔子（The Great Sage Confucius）

CCT-0293

朝鲜2007年抗美援朝保家卫国-中国人民志愿军精制纪念铜币

20元（Won）

抗美援朝保家卫国-中国人民志愿军（The War to Resist U.S. Aggression and Aid Korea-Chinese People's Volunteer Army）

CCT-0294

朝鲜2007年抗美援朝-朝中友谊塔精制纪念铜币
20元（Won）
抗美援朝-朝中友谊塔（The War to Resist U.S. Aggression and Aid Korea-DPRK-China Friendship Tower）
CCT-0295

朝鲜2007年人造地球卫星"光明星1号"精制纪念铜币
20元（Won）
人造地球卫星"光明星1号"（Artificial Earth Satellite Kwangmyongsong-1）
CCT-0296

朝鲜2007年德国训练船协会成立100周年-伊丽莎白公爵夫人号精制纪念铜币
20元（Won）
德国训练船协会成立100周年-伊丽莎白公爵夫人号（100th Anniversary of the Deutscher Schulschiff-Verein e.V.-Grossherzogin Elisabeth）
CCT-0297

朝鲜2007年德国训练船协会成立100周年-弗里德里希·奥古斯特大公号精制纪念铜币

20元（Won）

德国训练船协会成立100周年-弗里德里希·奥古斯特大公号（100th Anniversary of the Deutscher Schulschiff-Verein e.V.-Grossherzog Friedrich August）

CCT-0298

朝鲜2007年德国训练船协会成立100周年-埃特尔·弗里德里希公主号精制纪念铜币

20元（Won）

德国训练船协会成立100周年-埃特尔·弗里德里希公主号（100th Anniversary of the Deutscher Schulschiff-Verein e.V.-Prinzess Eitel Friedrich）

CCT-0299

帝王将相筹办的德国训练船协会

德国训练船协会是1900年筹建的，至2000年是协会成立100周年，值得一提的是这套本是2000年发行的纪念币，但是朝鲜在2007年对很多过往纪念币的主题以2007年份再发行，因此包括很多纪念币都推出了2007年份的铜样币与铝样币。

德国训练船协会是1900年在下萨克森州的奥尔登堡注册成立的，当时欧洲的弗里德里希·奥古斯特大公与德皇威廉二世都是协会的赞助人与参与者。伊丽莎白公爵夫人号、弗里德里希·奥古斯特大公号与埃特尔·弗里德里希公主号都是当时欧洲的知名船舶，也都是注册在德国训练船协会名下的舰船。

朝鲜部分现代纪念币亦有外销欧洲钱币收藏市场的情况，所以很多题材也是选取当地市场钱币收藏者所感兴趣的主题发行，正因此发行了一些与朝鲜并无关联的主题的纪念币。

朝鲜2007年亚洲动物-绿头鸭精制彩色纪念铜币
20元（Won）
亚洲动物-绿头鸭（Fauna of Asia-Mallard）
CCT-0300

朝鲜2007年亚洲动物-鹦鹉精制彩色纪念铜币
20元（Won）
亚洲动物-鹦鹉（Fauna of Asia-Parrot）
CCT-0301

朝鲜2007年97上海国际邮票钱币博览会-大熊猫精制彩色纪念铜币
20元（Won）
97上海国际邮票钱币博览会-大熊猫（97 Shanghai International Stamp & Coin Exposition-Panda）
CCT-0302

朝鲜2007年开城高丽人参精制彩色纪念铜币
20元（Won）
开城高丽人参（Kaesong Koryo Insam）
CCT-0303

朝鲜2007年国色天香精制彩色纪念铜币
20元（Won）
国色天香（National Beauty and Heavenly Fragrance）
CCT-0304

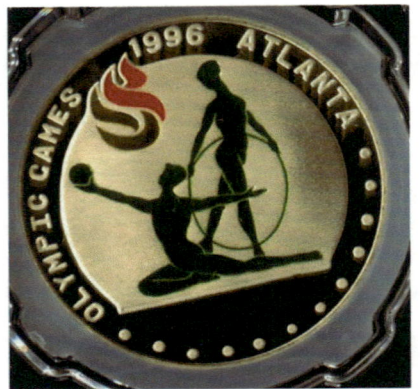

朝鲜2007年1996亚特兰大奥运会-艺术体操精制彩色纪念铜币
20元（Won）
亚特兰大奥运会-艺术体操
（Atlanta 1996 Olympic Games-Rhythmic Gymnastics）
CCT-0305

朝鲜2007年抗美援朝-朝中友谊塔精制彩色纪念铜币
20元（Won）
抗美援朝-朝中友谊塔（The War to Resist U.S. Aggression and Aid Korea-DPRK-China Friendship Tower）
CCT-0306

朝鲜2007年生肖猪年精制彩色纪念铜币
20元（Won）
生肖猪年（Year of the Pig）
CCT-0307

朝鲜2007年戴胜鸟精制纪念紫铜币
20元（Won）
戴胜鸟（A Hoopoe）
CCN-0367

朝鲜2007年猫头鹰精制纪念紫铜币
20元（Won）
猫头鹰（An Owl）
CCN-0368

朝鲜2007年玄武精制纪念银币
1500元（Won）
999银（1盎司）
玄武（Hyonmu）
CCT-0308

朝鲜2007年金刚山仙女精制纪念银币
1500元（Won）
999银（1盎司）
金刚山仙女（Fairy of Mt.Kumgang Playing Flute）
CCT-0309

朝鲜2007年至圣先师孔子精制纪念银币
1500元（Won）
999银（1盎司）
至圣先师孔子（The Great Sage Confucius）
CCT-0310

朝鲜2007年抗美援朝保家卫国-中国人民志愿军精制纪念银币
1500元（Won）
999银（1盎司）
抗美援朝保家卫国-中国人民志愿军（The War to Resist U.S. Aggression and Aid Korea-Chinese People's Volunteer Army）
CCT-0311

朝鲜2007年抗美援朝-朝中友谊塔精制彩色纪念银币
1500元（Won）
999银（1盎司）
抗美援朝-朝中友谊塔（The War to Resist U.S. Aggression and Aid Korea-DPRK-China Friendship Tower）
CCT-0312

朝鲜2007年动物-刺猬精制纪念金币
30000元（Won）
9999金（15.5克）
刺猬（Hedgehog）
CCN-0369

样币（Essai） CCS（CCSN/CCST/CCSO）

朝鲜2007年1996亚特兰大奥运会-田径精制纪念铝样币
10元（Won）
亚特兰大奥运会-田径（Atlanta 1996 Olympic Games-Track and Field）
CCST-0124

朝鲜2007年1996亚特兰大奥运会-马术精制纪念铝样币
10元（Won）
亚特兰大奥运会-马术（Atlanta 1996 Olympic Games-Equestrian）
CCST-0125

朝鲜2007年2000悉尼奥运会-跳水精制纪念铝样币
10元（Won）
悉尼奥运会-跳水（Sydney 2000 Olympic Games-Diving）
CCST-0126

朝鲜2007年2000悉尼奥运会-跨栏赛跑精制纪念铝样币
10元（Won）
悉尼奥运会-跨栏赛跑（Sydney 2000 Olympic Games-Hurdle Race）
CCST-0127

朝鲜2007年2000悉尼奥运会-单杠精制纪念铝样币
10元（Won）
悉尼奥运会-单杠（Sydney 2000 Olympic Games-Horizontal Bar）
CCST-0128

朝鲜2007年2000悉尼奥运会-排球精制纪念铝样币
10元（Won）
悉尼奥运会-排球（Sydney 2000 Olympic Games-Volleyball）
CCST-0129

朝鲜2007年2000悉尼奥运会-射箭
精制纪念铝样币
10元（Won）
悉尼奥运会-射箭（Sydney 2000
Olympic Games-Toxophily）
CCST-0130

朝鲜2007年2000悉尼奥运会-摔跤
精制纪念铝样币
10元（Won）
悉尼奥运会-摔跤（Sydney 2000
Olympic Games-Wrestling）
CCST-0131

朝鲜2007年2008北京奥运会-国际
摔跤精制纪念铝样币
10元（Won）
北京奥运会-国际摔跤（Beijing
2008 Olympic Games-Wrestling）
CCST-0132

朝鲜2007年2008北京奥运会-划艇
精制纪念铝样币
10元（Won）
北京奥运会-划艇（Beijing 2008
Olympic Games-Rowing）
CCST-0133

2007年

朝鲜2007年2008北京奥运会-击剑精制纪念铝样币
10元（Won）
北京奥运会-击剑（Beijing 2008 Olympic Games-Fencing）
CCST-0134

朝鲜2007年2008北京奥运会-棒球精制纪念铝样币
10元（Won）
北京奥运会-棒球（Beijing 2008 Olympic Games-Baseball）
CCST-0135

朝鲜2007年2008北京奥运会-举重精制纪念铝样币
10元（Won）
北京奥运会-举重（Beijing 2008 Olympic Games-Weightlifting）
CCST-0136

朝鲜2007年2008北京奥运会-跨栏赛跑精制纪念铝样币
10元（Won）
北京奥运会-跨栏赛跑（Beijing 2008 Olympic Games-Hurdle Race）
CCST-0137

朝鲜2007年2008北京奥运会-马术精制纪念铝样币
10元（Won）
北京奥运会-马术（Beijing 2008 Olympic Games-Equestrian）
CCST-0138

  关于朝鲜2008北京奥运会主题纪念币运动项目中文使用的问题，一种观点认为2007-2008年朝鲜发行的大部分带中文汉字奥运项目主题的纪念币都是错币，但更为客观的来说某些译名只是翻译不同，只有中文汉字的书写使用出现错误或错体才是错币；比如"跆拳道"写成"泰拳道"这肯定严重出错，至于说"铁人三项"朝鲜翻译成"三种赛"以及"马术"朝鲜翻译成"赛马"，虽然也有重大疏忽，但只要"三种赛"与"马术"的中文汉字没有问题，本书则未把它们归为错币。

朝鲜2007年2008北京奥运会-手球精制纪念铝样币
10元（Won）
北京奥运会-手球（Beijing 2008 Olympic Games-Handball）
CCST-0139

朝鲜2007年2008北京奥运会-拳击精制纪念铝样币
10元（Won）
北京奥运会-拳击（Beijing 2008 Olympic Games-Boxing）
CCST-0140

朝鲜2007年2008北京奥运会-体操
精制纪念铝样币
10元（Won）
北京奥运会-体操（Beijing 2008
Olympic Games-Gymnastics）
CCST-0141

朝鲜2007年2008北京奥运会-游泳
精制纪念铝样币
10元（Won）
北京奥运会-游泳（Beijing 2008
Olympic Games-Swimming）
CCST-0142

朝鲜2007年2008北京奥运会-跆拳
道精制纪念铝样币
10元（Won）
北京奥运会-跆拳道（Beijing 2008
Olympic Games-Taekwon-Do）
错误（Mint Error）："泰拳道"
（Chinese Character：Taekwon-Do）
CCST-0143

朝鲜2007年《6·15共同宣言》精
制纪念铝样币
10元（Won）
《6·15共同宣言》（6·15 Joint
Declaration）
CCST-0144

朝鲜2007年2000北南离散家属会面精制纪念铝样币
10（Won）
北南离散家属会面（Reunion of Separated Families and Relatives from North and South）
CCST-0145

朝鲜2007年2001北南离散家属会面精制纪念铝样币
10（Won）
北南离散家属会面（Reunion of Separated Families and Relatives from North and South）
CCST-0146

朝鲜2007年野生动物-朝鲜虎精制纪念铝样币
10元（Won）
野生动物-朝鲜虎（Wildlife-Tiger）
CCST-0147

朝鲜2007年朝鲜鸟类动物-白腹黑啄木鸟精制纪念铝样币
10元（Won）
朝鲜鸟类动物-白腹黑啄木鸟（Birds of Korea-Dryocopus Javensis）
CCST-0148

朝鲜2007年朝鲜鸟类动物-毛腿沙鸡精制纪念铝样币
10元（Won）
朝鲜鸟类动物-毛腿沙鸡（Birds of Korea-Syrrhaptes Paradoxus）
CCST-0149

朝鲜2007年朝鲜鸟类动物-蓝翅八色鸫精制纪念铝样币
10元（Won）
朝鲜鸟类动物-蓝翅八色鸫（Birds of Korea-Pitta Brachyura）
CCST-0150

朝鲜2007年朝鲜鸟类动物-黑琴鸡精制纪念铝样币
10元（Won）
朝鲜鸟类动物-黑琴鸡（Birds of Korea-Lyrurus Tetrix）
CCST-0151

朝鲜2007年史前动物-雷龙精制纪念铝样币
10元（Won）
史前动物-雷龙（Prehistoric Animals-Brontosaurus）
CCST-0152

朝鲜2007年青龙精制纪念铝样币
10元（Won）
青龙（Blue Dragon）
CCST-0153

朝鲜2007年玄武精制纪念铝样币
10元（Won）
玄武（Hyonmu）
CCST-0154

朝鲜2007年金刚山仙女精制纪念铝样币
10元（Won）
金刚山仙女（Fairy of Mt.Kumgang Playing Flute）
CCST-0155

朝鲜2007年918-1392高丽航海商船历史精制纪念铝样币
10元（Won）
918-1392高丽航海商船历史
（918-1392 History of Seafaring Merchantman Koryo Period）
CCST-0156

朝鲜2007年富强金糖2号注射液大大促进人类健康精制纪念铝样币
10元（Won）
富强金糖2号注射液大大促进人类健康（Pugang Kumdang-2 Injection Greatly Promotes Human Health）
CCST-0157

朝鲜2007年祝贺97香港回归中国精制纪念铝样币
10元（Won）
香港回归中国（Hong Kong's Return to China）
CCST-0158

朝鲜2007年朝鲜民俗童玩一组-放风筝精制纪念铝样币
10元（Won）
朝鲜民俗童玩一组-放风筝（Korean Folk.I-Kite-Flying）
CCST-0159

朝鲜2007年朝鲜民俗童玩二组-跳板精制纪念铝样币
10元（Won）
朝鲜民俗童玩二组-跳板（Korean Folk.II-Seesawing）
CCST-0160

朝鲜2007年朝鲜民俗童玩三组-摔跤精制纪念铝样币
10元（Won）
朝鲜民俗童玩三组-摔跤（Korean Folk.III-Wrestling）
CCST-0161

朝鲜2007年朝鲜民俗童玩四组-荡秋千精制纪念铝样币
10元（Won）
朝鲜民俗童玩四组-荡秋千（Korean Folk.IV-Swinging）
CCST-0162

朝鲜2007年朝鲜民俗童玩五组-跳绳精制纪念铝样币
10元（Won）
朝鲜民俗童玩五组-跳绳（Korean Folk.V-Ropeskipping）
CCST-0163

朝鲜2007年金刚山观光旅游纪念-5000年前朝鲜始祖檀君精制纪念铝样币
10元（Won）
金刚山观光旅游纪念-5000年前朝鲜始祖檀君（Memories of Mt.Kumgang-5000 Years ago Portrayal of King Tangun）
CCST-0164

朝鲜2007年高句丽建国始祖东明圣王高朱蒙精制纪念铝样币
10元（Won）
高句丽建国始祖东明圣王高朱蒙
（Founder of Korea's First Feudal Kingdom King Tong Myong Ko Jumong）
CCST-0165

朝鲜2007年至圣先师孔子精制纪念铝样币
10元（Won）
至圣先师孔子（The Great Sage Confucius）
CCST-0166

朝鲜2007年抗美援朝保家卫国-中国人民志愿军精制纪念铝样币
10元（Won）
抗美援朝保家卫国-中国人民志愿军
（The War to Resist U.S. Aggression and Aid Korea-Chinese People's Volunteer Army）
CCST-0167

朝鲜2007年人造地球卫星"光明星1号"精制纪念铝样币
10元（Won）
人造地球卫星"光明星1号"
（Artificial Earth Satellite Kwangmyongsong-1）
CCST-0168

朝鲜2007年1996亚特兰大奥运会-艺术体操精制彩色纪念铝样币
10元（Won）
亚特兰大奥运会-艺术体操
（Atlanta 1996 Olympic Games-Rhythmic Gymnastics）
CCST-0169

朝鲜2007年1999生肖兔年-福兔精制彩色纪念铝样币
10元（Won）
生肖兔年-福兔（Year of the Rabbit-Fortune Rabbit）
CCST-0170

朝鲜2007年亚洲动物-绿头鸭精制彩色纪念铝样币
10元（Won）
亚洲动物-绿头鸭（Fauna of Asia-Mallard）
CCST-0171

朝鲜2007年亚洲动物-鹦鹉精制彩色纪念铝样币

10元（Won）

亚洲动物-鹦鹉（Fauna of Asia-Parrot）

CCST-0172

朝鲜2007年大熊猫精制彩色纪念铝样币

10元（Won）

大熊猫（Giant Panda）

CCST-0173

朝鲜2007年97上海国际邮票钱币博览会-大熊猫精制彩色纪念铝样币

10元（Won）

97上海国际邮票钱币博览会-大熊猫（97 Shanghai International Stamp & Coin Exposition-Panda）

CCST-0174

朝鲜2007年开城高丽人参精制彩色纪念铝样币

10元（Won）

开城高丽人参（Kaesong Koryo Insam）

CCST-0175

朝鲜2007年国色天香精制彩色纪念铝样币
10元（Won）
国色天香（National Beauty and Heavenly Fragrance）
CCST-0176

朝鲜2007年抗美援朝-朝中友谊塔精制彩色纪念铝样币
10元（Won）
抗美援朝-朝中友谊塔（The War to Resist U.S. Aggression and Aid Korea-DPRK-China Friendship Tower）
CCST-0177

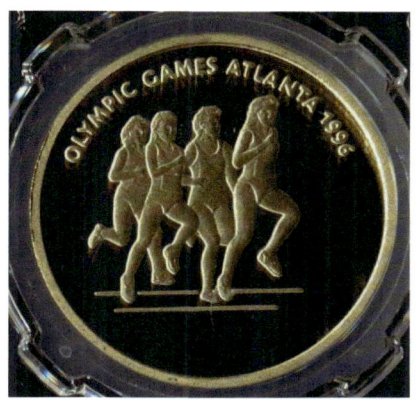

朝鲜2007年1996亚特兰大奥运会-艺术体操精制纪念铜样币
20元（Won）
亚特兰大奥运会-艺术体操（Atlanta 1996 Olympic Games-Rhythmic Gymnastics）
CCST-0178

朝鲜2007年1996亚特兰大奥运会-田径精制纪念铜样币
20元（Won）
亚特兰大奥运会-田径（Atlanta 1996 Olympic Games-Track and Field）
CCST-0179

朝鲜2007年1996亚特兰大奥运会-
马术精制纪念铜样币
20元（Won）
亚特兰大奥运会-马术（Atlanta
1996 Olympic Games-Equestrian）
CCST-0180

朝鲜2007年2000悉尼奥运会-跳水
精制纪念铜样币
20元（Won）
悉尼奥运会-跳水（Sydney 2000
Olympic Games-Diving）
CCST-0181

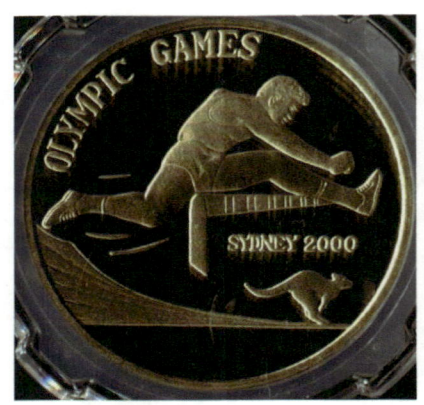

朝鲜2007年2000悉尼奥运会-跨栏
赛跑精制纪念铜样币
20元（Won）
悉尼奥运会-跨栏赛跑（Sydney
2000 Olympic Games-Hurdle
Race）
CCST-0182

朝鲜2007年2000悉尼奥运会-单杠
精制纪念铜样币
20元（Won）
悉尼奥运会-单杠（Sydney 2000
Olympic Games-Horizontal Bar）
CCST-0183

朝鲜2007年2000悉尼奥运会-排球
精制纪念铜样币
20元（Won）
悉尼奥运会-排球（Sydney 2000
Olympic Games-Volleyball）
CCST-0184

朝鲜2007年2000悉尼奥运会-射箭
精制纪念铜样币
20元（Won）
悉尼奥运会-射箭（Sydney 2000
Olympic Games-Toxophily）
CCST-0185

朝鲜2007年2000悉尼奥运会-摔跤
精制纪念铜样币
20元（Won）
悉尼奥运会-摔跤（Sydney 2000
Olympic Games-Wrestling）
CCST-0186

朝鲜2007年2006德国世界杯精制
纪念铜样币
2元（Won）
德国世界杯（2006 FIFA World
Cup Germany）
CCST-0187

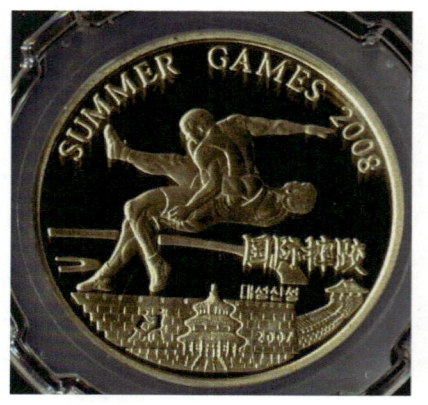

朝鲜2007年2008北京奥运会-国际摔跤精制纪念铜样币
20元（Won）
北京奥运会-国际摔跤（Beijing 2008 Olympic Games-Wrestling）
CCST-0188

朝鲜2007年2008北京奥运会-划艇精制纪念铜样币
20元（Won）
北京奥运会-划艇（Beijing 2008 Olympic Games-Rowing）
CCST-0189

朝鲜2007年2008北京奥运会-击剑精制纪念铜样币
10元（Won）
北京奥运会-击剑（Beijing 2008 Olympic Games-Fencing）
CCST-0190

朝鲜2007年2008北京奥运会-棒球精制纪念铜样币
20元（Won）
北京奥运会-棒球（Beijing 2008 Olympic Games-Baseball）
CCST-0191

朝鲜2007年2008北京奥运会-举重精制纪念铜样币
20元（Won）
北京奥运会-举重（Beijing 2008 Olympic Games-Weightlifting）
CCST-0192

朝鲜2007年2008北京奥运会-跨栏赛跑精制纪念铜样币
20元（Won）
北京奥运会-跨栏赛跑（Beijing 2008 Olympic Games-Hurdle Race）
CCST-0193

朝鲜2007年2008北京奥运会-马术精制纪念铜样币
20元（Won）
北京奥运会-马术（Beijing 2008 Olympic Games-Equestrian）
CCST-0194

朝鲜2007年2008北京奥运会-手球精制纪念铜样币
20元（Won）
北京奥运会-手球（Beijing 2008 Olympic Games-Handball）
CCST-0195

朝鲜2007年2008北京奥运会-拳击精制纪念铜样币
20元（Won）
北京奥运会-拳击（Beijing 2008 Olympic Games-Boxing）
CCST-0196

朝鲜2007年2008北京奥运会-体操精制纪念铜样币
20元（Won）
北京奥运会-体操（Beijing 2008 Olympic Games-Gymnastics）
CCST-0197

朝鲜2007年2008北京奥运会-游泳精制纪念铜样币
20元（Won）
北京奥运会-游泳（Beijing 2008 Olympic Games-Swimming）
CCST-0198

———————
①

朝鲜2007年2008北京奥运会-跆拳道精制纪念铜样币
20元（Won）
北京奥运会-跆拳道（Beijing 2008 Olympic Games-Taekwon-Do）
错误（Mint Error）："泰拳道"（Chinese Character: Taekwon-Do）
CCST-0199

朝鲜2007年《6·15共同宣言》精制纪念铜样币
20元（Won）
《6·15共同宣言》（6·15 Joint Declaration）
CCST-0200

朝鲜2007年2000北南离散家属会面精制纪念铜样币
20（Won）
北南离散家属会面（Reunion of Separated Families and Relatives from North and South）
CCST-0201

朝鲜2007年2001北南离散家属会面精制纪念铜样币
20（Won）
北南离散家属会面（Reunion of Separated Families and Relatives from North and South）
CCST-0202

朝鲜2007年918-1392高丽航海商船历史精制纪念铜样币
20元（Won）
918-1392高丽航海商船历史（918-1392 History of Seafaring Merchantman Koryo Period）
CCST-0203

朝鲜2007年野生动物-朝鲜虎精制纪念铜样币
20元（Won）
野生动物-朝鲜虎（Wildlife-Tiger）
CCST-0204

朝鲜2007年朝鲜鸟类动物-白腹黑啄木鸟精制纪念铜样币
20元（Won）
朝鲜鸟类动物-白腹黑啄木鸟（Birds of Korea-Dryocopus Javensis）
CCST-0205

朝鲜2007年朝鲜鸟类动物-毛腿沙鸡精制纪念铜样币
20元（Won）
朝鲜鸟类动物-毛腿沙鸡（Birds of Korea-Syrrhaptes Paradoxus）
CCST-0206

朝鲜2007年朝鲜鸟类动物-蓝翅八色鸫精制纪念铜样币
20元（Won）
朝鲜鸟类动物-蓝翅八色鸫（Birds of Korea-Pitta Brachyura）
CCST-0207

朝鲜2007年朝鲜鸟类动物-黑琴鸡精制纪念铜样币

20元（Won）

朝鲜鸟类动物-黑琴鸡（Birds of Korea-Lyrurus Tetrix）

CCST-0208

朝鲜2007年1999生肖兔年-福兔精制纪念铜样币

20元（Won）

生肖兔年-福兔（Year of the Rabbit-Fortune Rabbit）

CCST-0209

朝鲜2007年亚洲动物-绿头鸭精制纪念铜样币

20元（Won）

亚洲动物-绿头鸭（Fauna of Asia-Mallard）

CCST-0210

朝鲜2007年亚洲动物-鹦鹉精制纪念铜样币

20元（Won）

亚洲动物-鹦鹉（Fauna of Asia-Parrot）

CCST-0211

朝鲜2007年大熊猫精制纪念铜样币
20元（Won）
大熊猫（Giant Panda）
CCST-0212

朝鲜2007年97上海国际邮票钱币博览会-大熊猫精制纪念铜样币
20元（Won）
97上海国际邮票钱币博览会-大熊猫
（97 Shanghai International Stamp & Coin Exposition-Panda）
CCST-0213

朝鲜2007年史前动物-雷龙精制纪念铜样币
20元（Won）
史前动物-雷龙（Prehistoric Animals-Brontosaurus）
CCST-0214

朝鲜2007年青龙精制纪念铜样币
20元（Won）
青龙（Blue Dragon）
CCST-0215

朝鲜2007年玄武精制纪念铜样币
20元（Won）
玄武（Hyonmu）
CCST-0216

朝鲜2007年开城高丽人参精制纪念铜样币
20元（Won）
开城高丽人参（Kaesong Koryo Insam）
CCST-0217

朝鲜2007年国色天香精制纪念铜样币
20元（Won）
国色天香（National Beauty and Heavenly Fragrance）
CCST-0218

朝鲜2007年金刚山仙女精制纪念铜样币
20元（Won）
金刚山仙女（Fairy of Mt.Kumgang Playing Flute）
CCST-0219

朝鲜2007年金刚山观光旅游纪念-妙吉祥大佛精制纪念铜样币
10元（Won）
金刚山观光旅游纪念-妙吉祥大佛（Memories of Mt.Kumgang-Myogilsang Buddhist）
CCST-0220

朝鲜2007年金刚山观光旅游纪念-5000年前朝鲜始祖檀君精制纪念铜样币
20元（Won）
金刚山观光旅游纪念-5000年前朝鲜始祖檀君（Memories of Mt.Kumgang-5000 Years ago Portrayal of King Tangun）
CCST-0221

朝鲜2007年高句丽建国始祖东明圣王高朱蒙精制纪念铜样币
20元（Won）
高句丽建国始祖东明圣王高朱蒙（Founder of Korea's First Feudal Kingdom King Tong Myong Ko Jumong）
CCST-0222

2007年

朝鲜2007年至圣先师孔子精制纪念铜样币
20元（Won）
至圣先师孔子（The Great Sage Confucius）
CCST-0223

朝鲜2007年富强金糖2号注射液大大促进人类健康精制纪念铜样币
20元（Won）
富强金糖2号注射液大大促进人类健康（Pugang Kumdang-2 Injection Greatly Promotes Human Health）
CCST-0224

朝鲜2007年祝贺97香港回归中国精制纪念铜样币
20元（Won）
香港回归中国（Hong Kong's Return to China）
CCST-0225

朝鲜2007年朝鲜民俗童玩一组-放风筝精制纪念铜样币
20元（Won）
朝鲜民俗童玩一组-放风筝
（Korean Folk.I-Kite-Flying）
CCST-0226

朝鲜2007年朝鲜民俗童玩二组-跳板精制纪念铜样币
20元（Won）
朝鲜民俗童玩二组-跳板（Korean Folk.II-Seesawing）
CCST-0227

朝鲜2007年朝鲜民俗童玩三组-摔跤精制纪念铜样币
20元（Won）
朝鲜民俗童玩三组-摔跤（Korean Folk.III-Wrestling）
CCST-0228

朝鲜2007年朝鲜民俗童玩四组-荡秋千精制纪念铜样币
20元（Won）
朝鲜民俗童玩四组-荡秋千
（Korean Folk.IV-Swinging）
CCST-0229

朝鲜2007年朝鲜民俗童玩五组-跳绳精制纪念铜样币
20元（Won）
朝鲜民俗童玩五组-跳绳（Korean Folk.V-Ropeskipping）
CCST-0230

朝鲜2007年人造地球卫星"光明星1号"精制纪念铜样币
20元（Won）
人造地球卫星"光明星1号"（Artificial Earth Satellite Kwangmyongsong-1）
CCST-0231

朝鲜2007年抗美援朝保家卫国-中国人民志愿军精制纪念铜样币
20元（Won）
抗美援朝保家卫国-中国人民志愿军（The War to Resist U.S. Aggression and Aid Korea-Chinese People's Volunteer Army）
CCST-0232

朝鲜2007年抗美援朝-朝中友谊塔精制纪念铜样币
20元（Won）
抗美援朝-朝中友谊塔（The War to Resist U.S. Aggression and Aid Korea-DPRK-China Friendship Tower）
CCST-0233

朝鲜2007年抗美援朝-朝中友谊塔精制彩色纪念铜样币

20元（Won）

抗美援朝-朝中友谊塔（The War to Resist U.S. Aggression and Aid Korea-DPRK-China Friendship Tower）

CCST-0234

朝鲜2007年1996亚特兰大奥运会-艺术体操精制彩色纪念铜样币

20元（Won）

亚特兰大奥运会-艺术体操（Atlanta 1996 Olympic Games-Rhythmic Gymnastics）

CCST-0235

2007年

迟到的样币——朝鲜2007年版铜铝样币

2007年[①]，朝鲜发行了大量的纪念币，有全新主题[②]的纪念币，亦有一批过去发行过的纪念币主题的各式样币，均以2007年[③]等年号发行，这类样币以铝样币与铜样币为主，国名一面都是大同门也就是富强造币会社出品，与正用币无甚区别，但样币国名一面在大同门中心偏右的空白处有朝文"견본"的样币字样，并且除了这种阳文模式的加字，还有阴文模式的加字；钱币图案一面能见到局部因阴文锤击而产生的痕迹，当然还是阳文模式的加字样币更为普遍。

这一批样币，也是朝鲜现代纪念币样币中的重要组成部分，甚至绝大部分[④]，对于发行目的乃至具体发行数量也是莫衷一是。一些已经20世纪90年代反复发行过的纪念币却于2007年左右发行纪念样币，令人觉得不可思议。尤其是1997香港回归中国、1999年生肖兔年乃至各类以往奥运会等主题的样币，年份也并非重要周年，与2007年等年号搭配一起颇显矛盾，俨然一套迟来的样币。至于具体这批样币的发行情况，朝鲜方面依旧佛系，其造币机构亦

---

① 奥运会主题为2007与2008年，亦有其他年份
② 主要以2008北京奥运会为主
③ 北京奥运会为2007年与2008年年号
④ "国徽版"与"大同门"版均有样币存在；流通币与纸币亦有加字或特殊编号之样币与样钞；纪念币另有加中文汉字"试作品"等样币

无任何声明与解释。还有一种来自部分代理商的说法，说这是一批"呈样币"或"呈样纪念样币"，当然以实际情况来看"呈样"二字的解读肯定站不住脚，一来发行量绝非极其稀少的个位数字，二来部分主题的纪念币朝鲜早已反复发行，多年后再度呈样意欲何为？更主要的是为何要集中在2007年与其他几个主要年份发行，而并非这种样币历年皆有发行？！

　　创收外汇是朝鲜现代纪念币发行的重要目的之一，以此方针为指引朝方发行这些纪念样币的背景与缘由就不言而喻了。朝鲜发行纪念币受到题材选取与工艺水平等限制，这是国情使然，重新设计与开发全新主题纪念币一方面人力与时间成本较高，另一方面因设计与铸造工艺水平有限成品也未必精彩；反而一些过去反复发行过的纪念币，一来题材宽泛适合长期销售，二来年份改变亦不被认为是超发再铸，三来同主题钱币轻车熟路方便铸造，最主要加字样币更增加珍稀程度。虽然这批纪念样币洋洋洒洒，颇为壮观，但最终市场认可上也事与愿违。其实客观上讲，样币种类有很多，广义上它们均可称之为样币，但实际操作中各类样币却各不相同，很多国家亦有把样币作为一种特殊纪念币而少量发行的，样币也并非必须只有个位数字的极稀少发行量，有些西方国家的样币也系列发行且发行量还不少！

朝文"견본"加字样币的国名一面，正用币国名一面无样币字样

错币（Mint Error） CCE（CCEN/CCET/CCEO）

朝鲜2007年2008北京奥运会-跆拳道精制纪念铝币文字错币
10元（Won）
北京奥运会-跆拳道（Beijing 2008 Olympic Games-Taekwon-Do）
错误（Mint Error）："泰拳道"（Chinese Character：Taekwon-Do）
CCET-0006

朝鲜2007年2008北京奥运会-跆拳道精制纪念铜币文字错币
20元（Won）
北京奥运会-跆拳道（BeiJing 2008 Olympic Games-Taekwon-Do）
错误（Mint Error）："泰拳道"
（Chinese Character：Taekwon-Do）
CCET-0007

中国1980年世界杯纪念银币上的"赛"简化字"宷"

2008年

常规币（Coin） CC (CCN/CCT/CCO)

朝鲜2008年踯躅花普制铝币
1钱（Chon）
踯躅花（Choljuk）
CCN-0370

与金达莱花同属一科的踯躅花

踯躅花是一种杜鹃花,我们更熟悉的名字是映山红,是杜鹃科的植物。严格来说金达莱花也是杜鹃科花卉,踯躅花与金达莱花是同一科的物种。踯躅花在朝鲜也体现春天的到来;更有一些朝鲜日用品品牌以"踯躅花"命名。值得一提的是踯躅花朝文还有两种写法"철쭉꽃"与"철죽꽃",不过钱币上选择的是前者。

踯躅花主要出现在朝鲜流通币上,并未在纪念币上有所出现。

朝鲜2008年木兰花普制铝币
5钱(Chon)
木兰花(Magnolia)
CCN-0371

朝鲜真正的国花——木兰花

朝鲜真正的国花是木兰花,也称为天女花,中朝两国均有生长分布。之前朝鲜国花是何花卉总被以讹传讹,其实木兰花已登上朝鲜的流通硬币与纸币,之后还出现在国家象征即国鸟、国树、国犬与国花系列纪念币中,发行了国花木兰花纪念银币。朝鲜对木兰花的认可度极高,木兰花被誉为民族智慧和气派之象征,金日成青睐木兰花的各种特性,称其为花中之王,之后将其定为国花。除了流通货币之上的木兰花图案,朝鲜也在国内众多体制内相关单位如革命遗迹、社区公园、机关单位与大中小学内广泛种植木兰花。朝鲜木兰花国花纪念银币的发行也反复印证了木兰花为其国花之属性。

朝鲜2008年北京奥运会-帆艇精制纪念铝币
10元(Won)
北京奥运会-帆艇(BeiJing 2008 Olympic Games-Sailboat)
CCT-0313

朝鲜2008年北京奥运会-划艇精制纪念铝币
10元（Won）
北京奥运会-划艇（BeiJing 2008 Olympic Games-Rowing）
CCT-0314

朝鲜2008年北京奥运会-篮球精制纪念铝币
10元（Won）
北京奥运会-篮球（BeiJing 2008 Olympic Games-Basketball）
CCT-0315

朝鲜2008年北京奥运会-垒球精制纪念铝币
10元（Won）
北京奥运会-垒球（BeiJing 2008 Olympic Games-Softball）
CCT-0316

朝鲜2008年北京奥运会-排球精制纪念铝币
10元（Won）
北京奥运会-排球（BeiJing 2008 Olympic Games-Volleyball）
CCT-0317

朝鲜2008年北京奥运会-乒乓球精制纪念铝币
10元（Won）
北京奥运会-乒乓球（BeiJing 2008 Olympic Games-Table Tennis）
CCT-0318

朝鲜2008年北京奥运会-曲棍球精制纪念铝币
10元（Won）
北京奥运会-曲棍球（BeiJing 2008 Olympic Games-Hockey）
CCT-0319

朝鲜2008年北京奥运会-柔道精制纪念铝币
10元（Won）
北京奥运会-柔道（BeiJing 2008 Olympic Games-Judo）
CCT-0320

朝鲜2008年北京奥运会-三种赛精制纪念铝币
10元（Won）
北京奥运会-三种赛（BeiJing 2008 Olympic Games-Triathlon）
CCT-0321

朝鲜2008年北京奥运会-射击精制纪念铝币
10元（Won）
北京奥运会-射击（BeiJing 2008 Olympic Games-Shooting）
CCT-0322

朝鲜2008年北京奥运会-射箭精制纪念铝币
10元（Won）
北京奥运会-射箭（BeiJing 2008 Olympic Games-Toxophily）
CCT-0323

朝鲜2008年北京奥运会-网球精制纪念铝币
10元（Won）
北京奥运会-网球（BeiJing 2008 Olympic Games-Tennis）
CCT-0324

朝鲜2008年北京奥运会-现代五项全能运动精制纪念铝币
10元（Won）
北京奥运会-现代五项全能运动（BeiJing 2008 Olympic Games-Modern Pentathlon）
CCT-0325

朝鲜2008年北京奥运会-羽毛球精制纪念铝币
10元（Won）
北京奥运会-羽毛球（BeiJing 2008 Olympic Games-Badminton）
CCT-0326

朝鲜2008年北京奥运会-自行车赛精制纪念铝币
10元（Won）
北京奥运会-自行车赛（BeiJing 2008 Olympic Games-Cycling）
CCT-0327

朝鲜2008年北京奥运会-足球精制纪念铝币
10元（Won）
北京奥运会-足球（BeiJing 2008 Olympic Games-Soccer）
CCT-0328

朝鲜2008年戈尔希·福克号建造50周年精制纪念金币
10元（Won）
917金（1克）
戈尔希·福克号建造50周年（50th Anniversary of the Gorch Fock）
CCN-0372

朝鲜2008年亚历山大·冯·洪堡号建造100周年精制纪念金币

10元（Won）

917金（1克）

亚历山大·冯·洪堡号建造100周年（100th Anniversary of the Alexander von Humboldt）

CCN-0373

朝鲜2008年伊丽莎白公爵夫人号建造100周年精制纪念金币

10元（Won）

917金（1克）

伊丽莎白公爵夫人号建造100周年（100th Anniversary of the Grossherzogin Elisabeth）

CCN-0374

朝鲜2008年德意志号建造80周年精制纪念金币

10元（Won）

917金（1克）

德意志号建造80周年（80th Anniversary of the Deutschland）

CCN-0375

朝鲜2008年苏特·迪恩号建造90周年精制纪念金币

10元（Won）

917金（1克）

苏特·迪恩号建造90周年（90th Anniversary of the Seute Deern）

CCN-0376

欧洲名舰名船题材的朝鲜纪念小金币

朝鲜的现代纪念币亦有与欧美经销商合作开发的情况，尤其过去外销欧洲的纪念币亦有不少，题材自然是选取西方相关之内容，名舰名船一直是朝鲜发行的一个系列纪念币主题，从非贵金属的铜币到贵金属的金银币均有发行，尤其是当时发行这种小金币，规格只有1克，铸工比较精湛，售价适中，一般的钱币与工艺品收藏者也可以接受，并符合欧洲钱币收藏市场对小金币的收藏习惯，同时也满足一些珠宝商镶嵌首饰之用，所以当时朝鲜发行了若干这类舰船主题的小金币。由于发行年份比较集中，但这些名舰名船的建造时间并不统一，所以纪念币并不能赶上准确的周年年份。

很多国家的钱币收藏者或工艺品收藏者都有收藏各国小金币的习惯，因小金币价格适中收藏者均可接受，且主题多变小巧玲珑，甚至有些藏家专门集藏各国小金币，这类小金币规格一般在1克左右①，近年亦有半克者出现；含金量主要为999金，像朝鲜这种含金量917金的亦或者其他国家含金量500金②的小金币相对少见。

这类小金币还有一个极佳的优势，适合改造镶嵌用作其它珠宝饰品挂件，如镶嵌项链吊坠一直是一种热门的小金币改装方案。朝鲜这套船舶主题的纪念小金币，本身帆船是幸运的意义，加之对历史船舶纪念的文化属性，因此在西方钱币收藏市场有比较良好的沉淀。

① 过去1/25盎司比较多
② 有些国家会在含金量500金币的基础上镀999金以保证小金币的黄金色泽

朝鲜2008年北京奥运会-帆艇精制纪念铜币

20元（Won）

北京奥运会-帆艇（BeiJing 2008 Olympic Games-Sailboat）

CCT-0329

朝鲜2008年北京奥运会-划艇精制纪念铜币
20元（Won）
北京奥运会-划艇（BeiJing 2008 Olympic Games-Rowing）
CCT-0330

朝鲜2008年北京奥运会-篮球精制纪念铜币
20元（Won）
北京奥运会-篮球（BeiJing 2008 Olympic Games-Basketball）
CCT-0331

朝鲜2008年北京奥运会-垒球精制纪念铜币
20元（Won）
北京奥运会-垒球（BeiJing 2008 Olympic Games-Softball）
CCT-0332

朝鲜2008年北京奥运会-排球精制纪念铜币
20元（Won）
北京奥运会-排球（BeiJing 2008 Olympic Games-Volleyball）
CCT-0333

朝鲜2008年北京奥运会-乒乓球精制纪念铜币
20元（Won）
北京奥运会-乒乓球（BeiJing 2008 Olympic Games-Table Tennis）
CCT-0334

朝鲜2008年北京奥运会-曲棍球精制纪念铜币
20元（Won）
北京奥运会-曲棍球（BeiJing 2008 Olympic Games-Hockey）
CCT-0335

朝鲜2008年北京奥运会-柔道精制纪念铜币
20元（Won）
北京奥运会-柔道（BeiJing 2008 Olympic Games-Judo）
CCT-0336

朝鲜2008年北京奥运会-三种赛精制纪念铜币
20元（Won）
北京奥运会-三种赛（BeiJing 2008 Olympic Games-Triathlon）
CCT-0337

朝鲜2008年北京奥运会-射击精制纪念铜币
20元（Won）
北京奥运会-射击（BeiJing 2008 Olympic Games-Shooting）
CCT-0338

朝鲜2008年北京奥运会-射箭精制纪念铜币
20元（Won）
北京奥运会-射箭（BeiJing 2008 Olympic Games-Toxophily）
CCT-0339

朝鲜2008年北京奥运会-网球精制纪念铜币
20元（Won）
北京奥运会-网球（BeiJing 2008 Olympic Games-Tennis）
CCT-0340

朝鲜2008年北京奥运会-现代五项全能运动精制纪念铜币
20元（Won）
北京奥运会-现代五项全能运动（BeiJing 2008 Olympic Games-Modern Pentathlon）
CCT-0341

朝鲜2008年北京奥运会-羽毛球精制纪念铜币
20元（Won）
北京奥运会-羽毛球（BeiJing 2008 Olympic Games-Badminton）
CCT-0342

朝鲜2008年北京奥运会-自行车赛精制纪念铜币
20元（Won）
北京奥运会-自行车赛（BeiJing 2008 Olympic Games-Cycling）
CCT-0343

朝鲜2008年北京奥运会-足球精制纪念铜币
20元（Won）
北京奥运会-足球（BeiJing 2008 Olympic Games-Soccer）
CCT-0344

朝鲜2008年生肖鼠年精制彩色纪念铜币
20元（Won）
生肖鼠年（Year of the Rat）
CCT-0345

朝鲜2008年生肖-申猴精制彩色纪念铜币

20元（Won）

生肖-申猴（Chinese Zodiac-Monkey）

CCT-0346

朝鲜生肖纪念币的发行习惯

朝鲜的生肖主题纪念币历年都有发行，发行习惯多变，没有固定规律，且材质多种，规格多样，本色彩色各异，还有部分异形币；但部分虎头蛇尾，未必能按整轮十二生肖完整发行；有不带具体年份的十二生肖纪念币，不带具体发行年份以便长期发售；或以某年份十二生肖纪念币整套12枚发行，方便一次集齐，但这样的缺点在于总有出现拆套单枚的情况，看起来好像朝鲜搞错了某种生肖纪念币所对应之年份。

朝鲜2008年北京奥运会-100米赛跑精制纪念铜铝双金属纪念币

30元（Won）

双金属（Bimetallic）

北京奥运会-100米赛跑（BeiJing 2008 Olympic Games-100-Metre Race）

CCT-0347

朝鲜2008年北京奥运会-跳远精制纪念铜铝双金属纪念币
30元（Won）
双金属（Bimetallic）
北京奥运会-跳远（BeiJing 2008 Olympic Games-Broad Jump）
CCT-0348

朝鲜2008年北京奥运会-体操精制纪念铜铝双金属纪念币
30元（Won）
双金属（Bimetallic）
北京奥运会-体操（BeiJing 2008 Olympic Games-Gymnastics）
CCT-0349

朝鲜2008年北京奥运会-跳高精制纪念铜铝双金属纪念币
30元（Won）
双金属（Bimetallic）
北京奥运会-跳高（BeiJing 2008 Olympic Games-High Jump）
CCT-0350

朝鲜2008年北京奥运会-掷铅球精制纪念铜铝双金属纪念币
30元（Won）
双金属（Bimetallic）
北京奥运会-掷铅球（BeiJing 2008 Olympic Games-Shot-Put）
CCT-0351

朝鲜2008年北京奥运会-掷标枪精制纪念铜铝双金属纪念币

30元（Won）

双金属（Bimetallic）

北京奥运会-掷标枪（BeiJing 2008 Olympic Games-Javelin Throw）

CCT-0352

朝鲜2008年北京奥运会-撑杆跳高精制纪念铜铝双金属纪念币

30元（Won）

双金属（Bimetallic）

北京奥运会-撑杆跳高（BeiJing 2008 Olympic Games-Pole Vault）

CCT-0353

朝鲜2008年北京奥运会-掷铁饼精制纪念铜铝双金属纪念币

30元（Won）

双金属（Bimetallic）

北京奥运会-掷铁饼（BeiJing 2008 Olympic Games-Discus Throw）

CCT-0354

朝鲜首套双金属材质的体育纪念币。

朝鲜2008年2007-2008国际极地年-北极动物精制纪念银币

1000元（Won）
999银（20克）
2007-2008国际极地年-北极动物（International Polar Year 2007-2008-Arctic Animals）
CCN-0377

国际极地年

国际极地年由国际科学理事会和世界气象组织主办，对于极地科考有重要意义，有意思的是国际极地年是近半个世纪才举办一届，纪念币上的2007-2008年极地年也是最近一次举办的，按顺序是第四届国际极地年。国际极地年关注气候变迁与环境生态，历史上的国际极地年（联袂国际地理年）还促成《南极条约》的诞生等重要国际议程。

国际极地年是全世界的大事，很多国家参与到其中，并于2007与2008年发行了相关主题的各式纪念币，朝鲜亦没有落下。

国际极地年标志

朝鲜2008年朝鲜建国60周年精制纪念银币

1500元（Won）
999银（31克）
朝鲜建国60周年（60th Anniversary of the Founding of the DPRK）
CCN-0378

朝鲜2008年朝鲜民俗童玩一组-放风筝精制纪念银币

1500元（Won）
999银（1盎司）
朝鲜民俗童玩一组-放风筝（Korean Folk.I-Kite-Flying）
CCT-0355

朝鲜2008年朝鲜民俗童玩二组-跳板精制纪念银币
1500元（Won）
999银（1盎司）
朝鲜民俗童玩二组-跳板（Korean Folk.II-Seesawing）
CCT-0356

朝鲜2008年朝鲜民俗童玩三组-摔跤精制纪念银币
1500元（Won）
999银（1盎司）
朝鲜民俗童玩三组-摔跤（Korean Folk.III-Wrestling）
CCT-0357

朝鲜2008年朝鲜民俗童玩四组-荡秋千精制纪念银币
1500元（Won）
999银（1盎司）
朝鲜民俗童玩四组-荡秋千（Korean Folk.IV-Swinging）
CCT-0358

朝鲜2008年朝鲜民俗童玩五组-跳绳精制纪念银币
1500元（Won）
999银（1盎司）
朝鲜民俗童玩五组-跳绳（Korean Folk.V-Ropeskipping）
CCT-0359

朝鲜2008年抗美援朝-朝中友谊塔精制彩色纪念银币
1500元（Won）
999银（1盎司）
抗美援朝-朝中友谊塔（The War to Resist U.S. Aggression and Aid Korea-DPRK-China Friendship Tower）
CCT-0360

样币（Essai） CCS（CCSN/CCST/CCSO）

朝鲜2008年踯躅花普制纪念铝样币
1钱（Chon）
踯躅花（Choljuk）
CCSN-0010

朝鲜2008年木兰花普制纪念铝样币
5钱（Chon）
木兰花（Magnolia）
CCSN-0011

朝鲜2008年北京奥运会-帆艇精制纪念铝样币
10元（Won）
北京奥运会-帆艇（BeiJing 2008 Olympic Games-Sailboat）
CCST-0236

朝鲜2008年北京奥运会-划艇精制纪念铝样币
10元（Won）
北京奥运会-划艇（BeiJing 2008 Olympic Games-Rowing）
CCST-0237

朝鲜2008年北京奥运会-篮球精制纪念铝样币
10元（Won）
北京奥运会-篮球（BeiJing 2008 Olympic Games-Basketball）
CCST-0238

朝鲜2008年北京奥运会-垒球精制纪念铝样币
10元（Won）
北京奥运会-垒球（BeiJing 2008 Olympic Games-Softball）
CCST-0239

朝鲜2008年北京奥运会-排球精制纪念铝样币
10元（Won）
北京奥运会-排球（BeiJing 2008 Olympic Games-Volleyball）
CCST-0240

朝鲜2008年北京奥运会-乒乓球精制纪念铝样币
10元（Won）
北京奥运会-乒乓球（BeiJing 2008 Olympic Games-Table Tennis）
CCST-0241

朝鲜2008年北京奥运会-曲棍球精制纪念铝样币
10元（Won）
北京奥运会-曲棍球（BeiJing 2008 Olympic Games-Hockey）
CCST-0242

朝鲜2008年北京奥运会-柔道精制纪念铝样币
10元（Won）
北京奥运会-柔道（BeiJing 2008 Olympic Games-Judo）
CCST-0243

朝鲜2008年北京奥运会-三种赛精制纪念铝样币
10元（Won）
北京奥运会-三种赛（BeiJing 2008 Olympic Games-Triathlon）
CCST-0244

朝鲜2008年北京奥运会-射击精制纪念铝样币
10元（Won）
北京奥运会-射击（BeiJing 2008 Olympic Games-Shooting）
CCST-0245

朝鲜2008年北京奥运会-射箭精制纪念铝样币
10元（Won）
北京奥运会-射箭（BeiJing 2008 Olympic Games-Toxophily）
CCST-0246

朝鲜2008年北京奥运会-网球精制纪念铝样币
10元（Won）
北京奥运会-网球（BeiJing 2008 Olympic Games-Tennis）
CCST-0247

朝鲜2008年北京奥运会-现代五项全能运动精制纪念铝样币
10元（Won）
北京奥运会-现代五项全能运动（BeiJing 2008 Olympic Games-Modern Pentathlon）
CCST-0248

朝鲜2008年北京奥运会-羽毛球精制纪念铝样币
10元（Won）
北京奥运会-羽毛球（BeiJing 2008 Olympic Games-Badminton）
CCST-0249

朝鲜2008年北京奥运会-自行车赛精制纪念铝样币
10元（Won）
北京奥运会-自行车赛（BeiJing 2008 Olympic Games-Cycling）
CCST-0250

朝鲜2008年北京奥运会-足球精制纪念铝样币
10元（Won）
北京奥运会-足球（BeiJing 2008 Olympic Games-Soccer）
CCST-0251

朝鲜2008年北京奥运会-帆艇精制纪念铜样币
20元（Won）
北京奥运会-帆艇（BeiJing 2008 Olympic Games-Sailboat）
CCST-0252

朝鲜2008年北京奥运会-划艇精制纪念铜样币
20元（Won）
北京奥运会-划艇（BeiJing 2008 Olympic Games-Rowing）
CCST-0253

朝鲜2008年北京奥运会-篮球精制纪念铜样币
20元（Won）
北京奥运会-篮球（BeiJing 2008 Olympic Games-Basketball）
CCST-0254

朝鲜2008年北京奥运会-垒球精制纪念铜样币
20元（Won）
北京奥运会-垒球（BeiJing 2008 Olympic Games-Softball）
CCST-0255

朝鲜2008年北京奥运会-排球精制纪念铜样币
20元（Won）
北京奥运会-排球（BeiJing 2008 Olympic Games-Volleyball）
CCST-0256

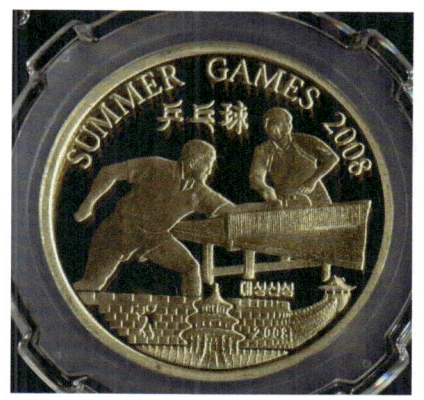

朝鲜2008年北京奥运会-乒乓球精制纪念铜样币
20元（Won）
北京奥运会-乒乓球（BeiJing 2008 Olympic Games-Table Tennis）
CCST-0257

朝鲜2008年北京奥运会-曲棍球精制纪念铜样币
20元（Won）
北京奥运会-曲棍球（BeiJing 2008 Olympic Games-Hockey）
CCST-0258

朝鲜2008年北京奥运会-柔道精制纪念铜样币
20元（Won）
北京奥运会-柔道（BeiJing 2008 Olympic Games-Judo）
CCST-0259

朝鲜2008年北京奥运会-三种赛精制纪念铜样币
20元（Won）
北京奥运会-三种赛（BeiJing 2008 Olympic Games-Triathlon）
CCST-0260

朝鲜2008年北京奥运会-射击精制纪念铜样币
20元（Won）
北京奥运会-射击（BeiJing 2008 Olympic Games-Shooting）
CCST-0261

朝鲜2008年北京奥运会-射箭精制纪念铜样币
20元（Won）
北京奥运会-射箭（BeiJing 2008 Olympic Games-Toxophily）
CCST-0262

朝鲜2008年北京奥运会-网球精制纪念铜样币
20元（Won）
北京奥运会-网球（BeiJing 2008 Olympic Games-Tennis）
CCST-0263

朝鲜2008年北京奥运会-现代五项全能运动精制纪念铜样币
20元（Won）
北京奥运会-现代五项全能运动（BeiJing 2008 Olympic Games-Modern Pentathlon）
CCST-0264

朝鲜2008年北京奥运会-羽毛球精制纪念铜样币
20元（Won）
北京奥运会-羽毛球（BeiJing 2008 Olympic Games-Badminton）
CCST-0265

朝鲜2008年北京奥运会-自行车赛精制纪念铜样币
20元（Won）
北京奥运会-自行车赛（BeiJing 2008 Olympic Games-Cycling）
CCST-0266

朝鲜2008年北京奥运会-足球精制纪念铜样币
20元（Won）
北京奥运会-足球（BeiJing 2008 Olympic Games-Soccer）
CCST-0267

2009年

常规币（Coin） CC (CCN/CCT/CCO)

朝鲜2009年亚洲动物-大熊猫精制彩色纪念银币
2元（Won）
999银（7克）
亚洲动物-大熊猫（Fauna of Asia-Panda）
CCN-0379

朝鲜2009年戈尔希·福克号建造50周年精制纪念银币
5元（Won）
999银（20克）
戈尔希·福克号建造50周年（50th Anniversary of the Gorch Fock）
CCN-0380

朝鲜2009年德意志号建造80周年精制纪念银币
5元（Won）
999银（20克）
德意志号建造80周年（80th Anniversary of the Deutschland）
CCN-0381

朝鲜2009年帕萨特号建造100周年精制纪念银币
5元（Won）
999银（20克）
帕萨特号建造100周年（100th Anniversary of the Passat）
CCN-0382

朝鲜2009年青年之赞号建造25周年精制纪念银币
5元（Won）
999银（20克）
青年之赞号号建造25周年（25th Anniversary of the Dar Mlodziezy）
CCN-0383

朝鲜航海船舶系列纪念币还有为数众多的纪念银币。

朝鲜2009年圣家族大教堂精制纪念金币
10元（Won）
917金（1克）
圣家族大教堂（Sagrada Familia）
CCN-0384

朝鲜2009年阿尔汉布拉宫精制纪念金币
10元（Won）
917金（1克）
阿尔汉布拉宫（Alhambra）
CCN-0385

朝鲜2009年世界奇观-埃菲尔铁塔精制纪念金币

10元（Won）

917金（1克）

世界奇观-埃菲尔铁塔（Wonders of the World-Eiffel Tower）

CCN-0386

朝鲜2009年世界奇观-亚琛大教堂精制纪念金币

10元（Won）

917金（1克）

世界奇观-亚琛大教堂（Wonders of the World-Aachen Cathedral）

CCN-0387

朝鲜2009年世界奇观-雅典卫城精制纪念金币

10元（Won）

917金（1克）

世界奇观-雅典卫城（Wonders of the World-The Akropolis）

CCN-0388

朝鲜2009年世界奇观-比萨斜塔精制纪念金币

10元（Won）

917金（1克）

世界奇观-比萨斜塔（Wonders of the World-Leaning Tower of Pisa）

CCN-0389

朝鲜2009年世界奇观-德累斯顿茨温格宫精制纪念金币

10元（Won）

917金（1克）

德累斯顿茨温格宫（Wonders of the World-Dresdner Zwinger）

CCN-0390

朝鲜2009年世界奇观-米纳克希安曼寺精制纪念金币

10元（Won）

917金（1克）

米纳克希安曼寺（Wonders of the World-Meenakshi Amman Temple）

CCN-0391

朝鲜2009年世界奇观-西安兵马俑精制纪念金币

10元（Won）

917金（1克）

西安兵马俑（Wonders of the World-Terracotta Army of Xian）

CCN-0392

朝鲜的世界奇观系列纪念金币

世界奇观也是很多国家都发行过的纪念币主题，因为世界上古今奇观建筑众多，钱币收藏者喜闻乐见，多为系列发行，各具特色，无论收藏整套还是选取青睐的某种主题，可选择性也极强。朝鲜这套世界奇观主题纪念金币，展示各国的名胜古迹，比萨斜塔、雅典卫城乃至西安兵马俑，应有尽有。

近年这类小金币还有一个趋势，很多连币面年份也没有了，就是方便镶嵌佩戴等改装使用，以礼品工艺品属性为主，亦不具体年份，以求这些金币可以常年销售。

朝鲜2009年生肖牛年丑牛精制彩色纪念铜币
20元（Won）
生肖牛年（Year of the Ox）
CCT-0361

朝鲜2009年生肖-子鼠精制彩色纪念铜币
20元（Won）
生肖-子鼠（Chinese Zodiac-Rat）
CCT-0362

朝鲜2009年生肖-丑牛精制彩色纪念铜币
20元（Won）
生肖-丑牛（Chinese Zodiac-Ox）
CCT-0363

朝鲜2009年生肖-寅虎精制彩色纪念铜币
20元（Won）
生肖-寅虎（Chinese Zodiac-Tiger）
CCT-0364

朝鲜2009年生肖-卯兔精制彩色纪念铜币
20元（Won）
生肖-卯兔（Chinese Zodiac-Rabbit）
CCT-0365

朝鲜2009年生肖-辰龙精制彩色纪念铜币
20元（Won）
生肖-辰龙（Chinese Zodiac-Dragon）
CCT-0366

朝鲜2009年生肖-巳蛇精制彩色纪念铜币
20元（Won）
生肖-巳蛇（Chinese Zodiac-Snake）
CCT-0367

朝鲜2009年生肖-午马精制彩色纪念铜币
20元（Won）
生肖-午马（Chinese Zodiac-Horse）
CCT-0368

朝鲜2009年生肖-未羊精制彩色纪念铜币
20元（Won）
生肖-未羊（Chinese Zodiac-Goat）
CCT-0369

朝鲜2009年生肖-申猴精制彩色纪念铜币
20元（Won）
生肖-申猴（Chinese Zodiac-Monkey）
CCT-0370

朝鲜2009年生肖-酉鸡精制彩色纪念铜币
20元（Won）
生肖-酉鸡（Chinese Zodiac-Rooster）
CCT-0371

朝鲜2009年生肖-戌狗精制彩色纪念铜币
20元（Won）
生肖-戌狗（Chinese Zodiac-Dog）
CCT-0372

朝鲜2009年生肖-亥猪精制彩色纪念铜币
20元（Won）
生肖-亥猪（Chinese Zodiac-Pig）
CCT-0373

朝鲜2009年莱夫·埃里克松精制纪念银币
350元（Won）
999银（1/5盎司）
莱夫·埃里克松（Leif Eriksson）
CCT-0374

发现美洲的维京探险家莱夫·埃里克松

　　朝鲜不光有航海船舶等系列纪念币，还把伟大的探险家与其所属的船舶组合展示作为主题而发行的纪念银币，当然这类非朝鲜本国题材的纪念币也多是与他国经销商合作开发的。

　　莱夫·埃里克松是古代北欧维京人探险家，一般认为其比克里斯托弗·哥伦布早500多年发现北美洲，亦是首个发现美洲的欧洲探险家，当然这种说法还存在一些争议。莱夫·埃里克松在全世界的知名度极高，美国亦有其纪念日与为之发行纪念邮票。朝鲜这枚银币上是欧洲美洲大陆的地形走势，还有航行中的龙头维京战船；但无论山海走势，还是战船形象，乃至莱夫·埃里克松设计上还是非常朝鲜化的，颇具东方设计风格。

美国发行的莱夫·埃里克松纪念邮票

朝鲜2009年马可·波罗精制纪念银币
350元（Won）
999银（1/5盎司）
马可·波罗（Marco Polo）
CCT-0375

记述东方最富有国家的马可·波罗

　　马可·波罗是古代意大利的探险家与旅行家，当时意大利还是威尼斯共和国，马可·波罗远赴中土，在中国见闻后回国，不慎在海战中成了俘虏，后通过其在狱中口述并由鲁斯蒂谦代笔的《马可·波罗游记》而闻名天下。马可·波罗的游记虽然存在争议，也包括其自述在中国元朝担任官职的说法亦缺乏有力佐证，但确实让欧洲人了解到亚洲的风土人情尤其是与中国有关的信息，对东西方的发展与交流有巨大的贡献，相传马可·波罗从欧洲带来的很多新鲜事物以至在亚洲流传至今。

　　朝鲜这枚马可·波罗纪念银币的设计中规中矩，地图上是马可·波罗探险过程中行进与返回欧洲的水路与陆路路线，巨大的帆船是马可·波罗曾经所乘坐的航船，马可·波罗的半身像占据币面较大部分，从设计风格上看也比较东方化。马可·波罗虽然到访中国但并未抵达朝鲜，不过历史上元朝时期朝鲜属于元朝的征东行省①范围，也算有所交集。马可·波罗世界闻名，《马可·波罗游记》也被各种形式的艺术改编而广为人知，除朝鲜外中蒙等国也纷纷发行马可·波罗主题的纪念币以纪念这位不远万里而来的国际友人，马可·波罗与忽必烈的形象也曾一同在纪念币上出现，其中不乏精彩之币更获得国际大奖。

中国1983年马可·波罗纪念银币获得1985年克劳斯世界硬币大奖赛"最具历史意义币奖"

中国1993年马可·波罗纪念银币获得1993年《德国钱币杂志》"年度硬币排行榜（世界十佳）"第七名

① 征东等处行中书省

纽埃 2015 年马可·波罗仿古纪念银币

蒙古 2003 年马可·波罗精制金银纪念币

朝鲜2009年2010南非世界杯精制纪念银币

1000元（Won）

999银（20克）

南非世界杯（2010 FIFA World Cup South Africa）

CCT-0376

朝鲜2009年高句丽建国始祖东明圣王高朱蒙精制纪念银币

1500元（Won）

999银（1盎司）

高句丽建国始祖东明圣王高朱蒙（Founder of Korea's First Feudal Kingdom King Tong Myong Ko Jumong）

CCT-0377

朝鲜2009年金刚山观光旅游纪念-妙吉祥大佛精制纪念银币

1500元（Won）

999银（1盎司）

金刚山观光旅游纪念-妙吉祥大佛（Memories of Mt.Kumgang-Myogilsang Buddhist）

CCT-0378

纪念章(Medal) CCM (CCMN/CCMT/CCMO)

朝鲜2009年生肖-寅虎精制彩色纪念铜章

生肖-寅虎（Chinese Zodiac-Tiger）

CCMT-0001

币章同图的2009年生肖纪念章

2009年朝鲜十二生肖彩色纪念铜币是12枚一套同时发行的；2009年是虎年，这年与生肖纪念铜币图案相同还发行了无面值的彩色纪念铜章与彩色纪念银章①。

---

① 银章仅选用生肖动物头部图案

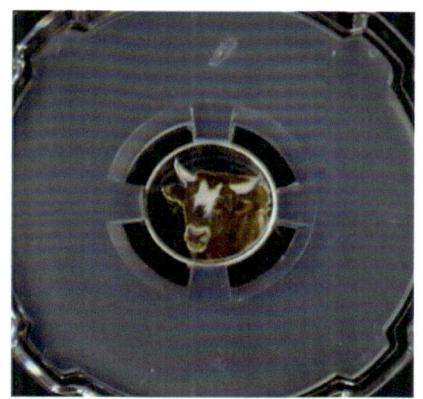

朝鲜2009年生肖-鼠精制彩色纪念银章
999银（1/25盎司）
生肖-鼠（Chinese Zodiac-Rat）
CCMT-0002

朝鲜2009年生肖-牛精制彩色纪念银章
999银（1/25盎司）
生肖-牛（Chinese Zodiac-Ox）
CCMT-0003

朝鲜2009年生肖-虎精制彩色纪念银章
999银（1/25盎司）
生肖-虎（Chinese Zodiac-Tiger）
CCMT-0004

朝鲜2009年生肖-兔精制彩色纪念银章
999银（1/25盎司）
生肖-兔（Chinese Zodiac-Rabbit）
CCMT-0005

2009年

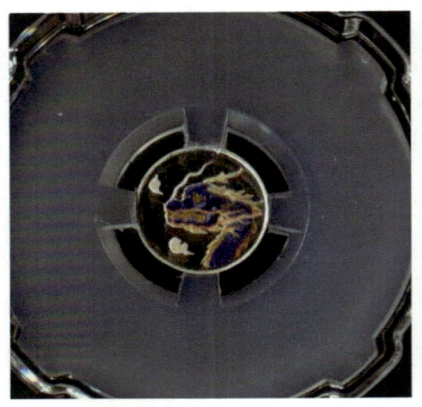

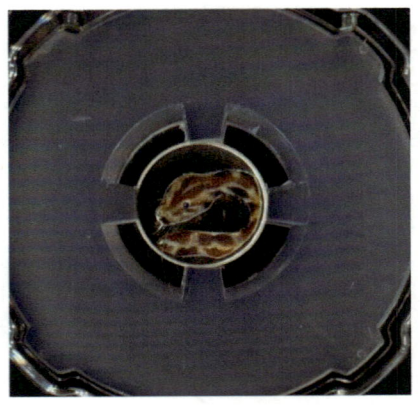

朝鲜2009年生肖-龙精制彩色纪念银章

999银（1/25盎司）

生肖-龙（Chinese Zodiac-Dragon）

CCMT-0006

朝鲜2009年生肖-蛇精制彩色纪念银章

999银（1/25盎司）

生肖-蛇（Chinese Zodiac-Snake）

CCMT-0007

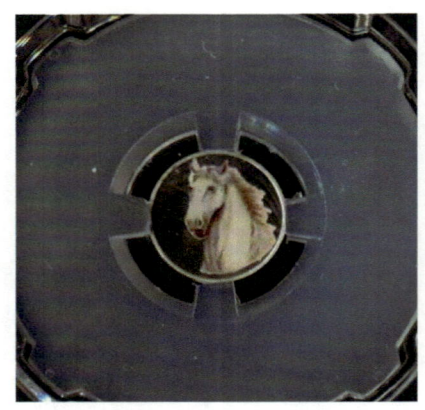

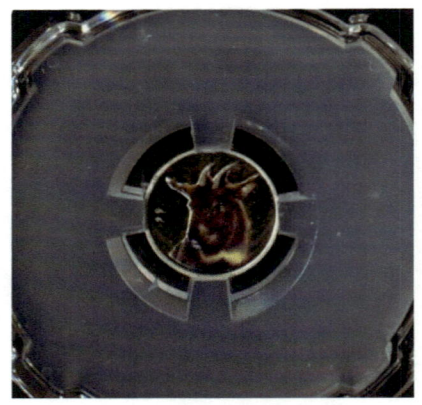

朝鲜2009年生肖-马精制彩色纪念银章

999银（1/25盎司）

生肖-马（Chinese Zodiac-Horse）

CCMT-0008

朝鲜2009年生肖-羊精制彩色纪念银章

999银（1/25盎司）

生肖-羊（Chinese Zodiac-Goat）

CCMT-0009

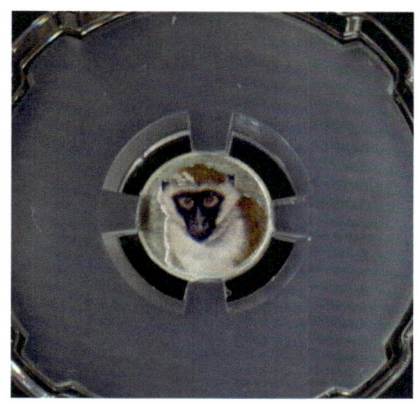

朝鲜2009年生肖-猴精制彩色纪念银章
999银（1/25盎司）
生肖-猴（Chinese Zodiac-Monkey）
CCMT-0010

朝鲜2009年生肖-鸡精制彩色纪念银章
999银（1/25盎司）
生肖-鸡（Chinese Zodiac-Rooster）
CCMT-0011

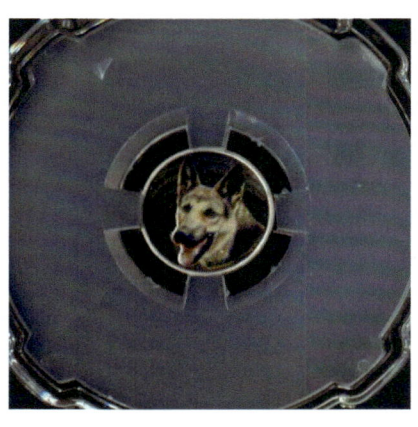

朝鲜2009年生肖-狗精制彩色纪念银章
999银（1/25盎司）
生肖-狗（Chinese Zodiac-Dog）
CCMT-0012

朝鲜2009年生肖-猪精制彩色纪念银章
999银（1/25盎司）
生肖-猪（Chinese Zodiac-Pig）
CCMT-0013

2009年

2010年

常规币（Coin） CC（CCN/CCT/CCO）

朝鲜2010年先军革命领导50周年精制纪念银币
无面值（No Face Value）
999银（31克）
先军革命领导50周年（50th Anniversary of the Songun Revolutionary Leadership）
CCN-0393

朝鲜2010年朝鲜劳动党成立65周年精制纪念银币
无面值（No Face Value）
999银（31克）
朝鲜劳动党成立65周年（65th Anniversary of the Workers' Party of Korea）
CCN-0394

朝鲜2010年朝鲜劳动党成立65周年精制纪念金币
无面值（No Face Value）
999金（31克）
朝鲜劳动党成立65周年（65th Anniversary of the Workers' Party of Korea）
CCN-0395

无面值也是币

　　朝鲜部分重大政治类主题纪念币，发行非常特殊，有些是没有面值的，并非那种因出错出现合面或合背情况而造成的没有面值，而是发行之始就无面值存在。这本身也是钱币中一种较为特殊的情况，我们一般说任何一个国家常规的钱币发行，无论纪念币还是流通币，都要包含三要素：即国名、年份与面值；这三要素象征一枚法定面值钱币的身份与国家背书。

　　但一些国家所发行的纪念币，也确实有特殊情况出现，如前文所言，一些国家为部分礼品与饰品属性为主的纪念币尤其是小金币为方便年年售卖，不拘于某年，所以开始有不带年份之纪念币铸造发行；亦有部分纪念币出于整体设计与审美的考量而放弃增加年份。更令人惊叹的则属不带面值的纪念币，面值是一枚钱币之所以称之为币的根本，也是各类钱币与纪念章的根本区别，常理如此却也往往有所例外。

　　如中国1982年发行的熊猫金币，这是中国熊猫系列投资金币的滥觞，熊猫系列投资银币也要多年后发行，本是正式发行的纪念金币，却因历史因素等诸多考量，未设计面值①；再如墨西哥自由女神投资系列金银币，至今都只有规格与成色标识而没有钱币面值。因此是币是章，常规情况下要看面值有无，但国家正式发行且予以肯定的无面值钱币也偶有存在，也的确属于币的范畴。

　　由此可以得出，各国发行纪念币也不一定完全遵循钱币上国名、年份与面值"三要素"原则。当然朝鲜这类重大政治主题纪念币的无面值情况与前文所言艺术品属性为主的小金币、或者投资属性金银币的情况并不相同，它们虽然都没有面值却不能算做纪念章，朝鲜官方新闻宣传均称之为纪念币，是国家层面予以肯定的无面值纪念币，这也是一种钱币逾越面值这一必要条件的先决条件；同时这类重要政治主题纪念币一般朝鲜并不外销，且流出极

---

① 之后官方解读属于刻意发行的无面值金币，而并非坊间传闻遗漏设计等错误

少，国际钱币收藏市场上亦极为罕见，部分更作为奖励而对内颁发①，因此多为朝鲜本国政要人士等收藏与消化。

帕劳无年份的各类异形纪念小金币

中国1982年熊猫金币（无面值）

---

① 亦有一定的奖章与纪念章属性

朝鲜2010年亚洲动物-大熊猫精制彩色纪念银币
2元（Won）
999银（7克）
亚洲动物-大熊猫（Fauna of Asia-Panda）
CCN-0396

朝鲜2010年史前动物-三角龙精制长方形纪念铝币

10元（Won）

史前动物-三角龙（Prehistoric Animals-Triceratops）

CCN-0397

朝鲜2010年史前动物-盘足龙精制长方形纪念铝币

10元（Won）

史前动物-盘足龙（Prehistoric Animals-Eunlopus）

CCN-0398

朝鲜2010年史前动物-马门溪龙精制长方形纪念铝币

10元（Won）

史前动物-马门溪龙（Prehistoric Animals-Mamenchisaurus）

CCN-0399

朝鲜2010年史前动物-梁龙精制长方形纪念铝币

10元（Won）

史前动物-梁龙（Prehistoric Animals-Diplodocus）

CCN-0400

朝鲜2010年史前动物-雷龙精制长方形纪念铝币

10元（Won）

史前动物-雷龙（Prehistoric Animals-Brontosaurus）

CCN-0401

朝鲜2010年史前动物-甲龙精制长方形纪念铝币

10元（Won）

史前动物-甲龙（Prehistoric Animals-Ankylosaurus）

CCN-0402

 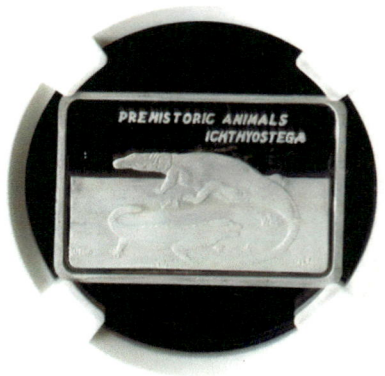

朝鲜2010年史前动物-霸王龙精制长方形纪念铝币

10元（Won）

史前动物-霸王龙（Prehistoric Animals-Tyrannosaurus）

CCN-0403

朝鲜2010年史前动物-鱼石螈精制长方形纪念铝币

10元（Won）

史前动物-鱼石螈（Prehistoric Animals-Ichthyostega）

CCN-0404

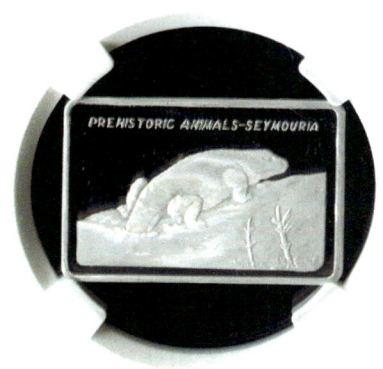

朝鲜2010年史前动物-西蒙龙精制长方形纪念铝币

10元（Won）

史前动物-西蒙龙（Prehistoric Animals-Seymouria）

CCN-0405

科普利器-朝鲜史前动物纪念币

史前动物类主题的纪念币很多国家都会有发行，因史前动物纪念币收藏者众多，尤以恐龙主题纪念币更被青睐，且被诸多青少年钱币收藏者喜好集藏，朝鲜亦有恐龙为题的纪念币，20世纪90年代发行，材质版式众多，银币还出现了几种版别之分。

进入21世纪的第一个十年，朝鲜发行了一套史前动物为题的长方形纪念币，包含恐龙在内的多种史前动物纷纷登上币面，以长方形横向展示这些史前动物的生活形态。这类纪念币有助于收藏者对史前动物有所了解与认知；无论中国吉林省延边地区还是朝韩两国在内，在地质年代时期也均生活过各种恐龙，亦有出土过相关化石，如朝鲜角龙、朝鲜恐爪龙等，吉林延边近年亦有发现大型恐龙足迹群。

朝鲜这套纪念币币面除了史前动物的形象就是它们的拉丁学名，难能可贵的是这么多枚史前动物纪念币而币面的拉丁学名文字拼写并未出现过去鱼类动物或生肖猴年灵长类动物纪念币的拼写错误。

蒙古2019年生命的演变系列中华盗龙仿古镀玫瑰金纪念银币

朝鲜2010年开城观光旅游纪念-安和寺罗汉殿精制纪念铜币

10元（Won）

开城观光旅游纪念-安和寺罗汉殿（Memories of Kaesong-Anhwasa Nahanjeon）

CCN-0406

罗汉殿又称罗汉堂,是寺庙中供奉罗汉的殿堂;很多寺院无论规模大小,均设有罗汉殿,安和寺罗汉殿内塑有诸多罗汉,所谓五百罗汉即供奉于此,当然不一定要塑像五百尊,根据寺院规模罗汉数量或多或少。

朝鲜2010年开城观光旅游纪念-安和寺精制纪念铜币

10元(Won)
开城观光旅游纪念-安和寺(Memories of Kaesong-Anhwasa)
CCN-0407

安和寺始建于930年,是朝鲜历史上高丽王朝时期的佛寺,在开城众多寺庙中属于规模最小的寺庙之一,一般认为这是唯一一座在朝鲜战争中完整保存下来的寺庙,其他同时期寺庙或战后重建或损毁严重。

安和寺与罗汉殿

朝鲜2010年开城观光旅游纪念-表忠碑精制纪念铜币

10元(Won)
开城观光旅游纪念-表忠碑(Memories of Kaesong-Pyochungbi)
CCN-0408

表忠寺始建于654年，是朝鲜历史上新罗王朝时期的佛寺，由当时著名的佛教大师元晓大师筹建，表忠寺是其后来的寺名，最初名为竹林寺，历史上即遭到损毁，后世亦有多次重建；表忠碑为其寺中著名碑文。

表忠碑

朝鲜2010年开城观光旅游纪念-灵通寺普光院精制纪念铜币
10元（Won）
开城观光旅游纪念-灵通寺普光院
（Memories of Kaesong-Ryongthongsa Bogwangwon）
CCN-0409

灵通寺始建于朝鲜历史上高丽王朝时期，是历史上本为高丽王子的高僧大德大觉禅师剃发为僧的寺院，院内还立有"大觉国师碑"等历史遗存，普光院是其重要组成部分，亦有部分佛像与相关文物在内展出。灵通寺其实早已毁于古代战火，仅有部分建筑遗存，今天的灵通寺是金正日发起重建的，至2005年才修建完毕。

灵通寺

朝鲜2010年开城观光旅游纪念-成均馆大成殿精制纪念铜币

10元（Won）

开城观光旅游纪念-成均馆大成殿（Memories of Kaesong-Sungkyunkwan Daeseongjeon）

CCN-0410

成均馆相当于朝鲜版的国子监，后来也曾经暂使用过国子监之名，不过不久即恢复，是过去朝鲜封建时期国家的最高学府，除了涉及儒学教育与科举制度外，还有一些其他科目的教习，俨然是一所培养人才的综合大学，始建于11世纪的朝鲜高丽时期。现在成均馆还设立高丽博物馆展示历史上成均馆培育人才所获得的重要成果，如金属活字印刷、高丽青瓷等等。

成均馆高丽博物馆

今天的朝鲜与韩国均有历史遗存的成均馆，因历史上高丽王朝的都城在开城，李朝的都城在首尔，而成均馆都是在都城所设立的，因其还肩负部分科举考场之职。朝鲜的成均馆早已没有了教育职能，今天已是开城的名胜古迹之一；而韩国的成均馆不光是首尔的名胜古迹，后来还改组为成均馆大学，是一所世界知名的大学，在韩国大学排行榜上亦常列前五名的排名，是一所真正的研究型综合大学。

值得一提的是，开城成均馆内的核心建筑大成殿也是朝鲜境内最后的"孔庙"遗迹，当然今天殿内已不供奉孔子之位。大成殿是祭祀孔子的地方，大成殿的设立当然源自中国，但亚洲诸多国家中以孔子儒家学说为治国理念者均有分布与设置，中国著名的大成殿为山东省曲阜的孔庙大成殿以及北京国子监旁的孔庙大成殿，而各地文庙亦有设立大成殿。祭孔的习俗在朝韩亦有延续，两国今天均有孔子后裔分布；当然今天祭孔主要是在韩国举行，每年韩国首尔的成均馆与成均馆大学均联合在大成殿举办祭孔大典。

朝鲜2010年开城观光旅游纪念-成均馆玄化寺七层石塔精制纪念铜币

10元（Won）

开城观光旅游纪念-成均馆玄化寺七层石塔（Memories of Kaesong-Sungkyunkwan 7-Storeyed Pagoda of Hyonhwasa）

CCN-0411

玄化寺在成均馆外，也是始建于11世纪的高丽时期，七层石塔是其标志性建筑，在高丽时期属于规格较高的石塔，作为成均馆范围内的历史遗迹，与成均馆除了登上朝鲜纪念币外还登上朝鲜纪念邮票，亦是朝鲜国宝之一。

成均馆玄化寺七层石塔等石塔

朝鲜2010年开城观光旅游纪念-崧阳书院祠堂精制纪念铜币

10元（Won）

开城观光旅游纪念-崧阳书院祠堂

（Memories of Kaesong-Sungyang Sowon）

CCN-0412

崧阳书院就是前文提到过的朝鲜为之发行纪念币的、历史上被李成桂五子李芳远派人刺杀于善竹桥的朝鲜理学之祖大忠臣郑梦周的故居。郑梦周死后谥号文忠，此故居最初也称为文忠堂，后改称崧阳书院并设有祠堂，进行儒学教育与祭祀郑梦周之用。

崧阳书院今天是朝鲜的国宝之一，也

崧阳书院

是开城的名胜古迹中年代最久远的建筑之一，至今书院内还留有部分郑梦周的遗迹与遗物进行展示。

朝鲜2010年开城观光旅游纪念-开城南大门精制纪念铜币

10元（Won）

开城观光旅游纪念-开城南大门（Memories of Kaesong-Kaesong Namdaemun）

CCN-0413

　　开城南大门始建于朝鲜李朝成立之初的1394年，作为开城内城的南门本属于箭楼，有御敌之职能。今天的开城南大门也是朝鲜的国宝之一，与之对应的韩国也有一座知名的南大门，又称崇礼门，也是韩国的国宝之一。

　　今天开城南大门的形制是李朝末期改建的，遗憾的是，在1950年朝鲜战争中被战火损毁，现存南大门是战争结束后于1954年进行重建的。

开城南大门

朝鲜2010年开城观光旅游纪念-王建王陵精制纪念铜币

10元（Won）

开城观光旅游纪念-王建王陵（Memories of Kaesong-Wanggeonwangneung）

CCN-0414

　　王建就是朝鲜高丽王朝的开国国王，前文提到过朝鲜发行过以高丽太祖王建为题的各种规格的纪念币；而朝鲜王陵一类的纪念币有东明王陵、恭愍王陵与檀君陵等，王建王陵的纪念币是直到这套开城观光旅游系列纪念币才有所发行。

　　王建王陵又称显陵，始建于高丽时期；属于高句丽式石室土墓建筑，周遭还有各类文武大臣石翁仲、石柱与石栏杆等石质构件。

　　值得一提的是，高丽太祖王建王陵改建碑为金日成亲笔所书。

王建王陵

朝鲜2010年开城观光旅游纪念-朴渊瀑布精制纪念铜币

10元（Won）

开城观光旅游纪念-朴渊瀑布

（Memories of Kaesong-Pakyon Falls）

CCN-0415

朴渊瀑布是位于开城郊区的一座瀑布，是流经圣居山及天摩山之间险峻山沟的溪涧而经朴渊流下所形成的瀑布，瀑布西岸还有一座泛槎亭，其与朴渊瀑布一同登上过朝鲜的纪念邮票。

朴渊瀑布被称为松都①三绝之一，松都三绝包括黄真伊、徐敬德与朴渊瀑布，前两位是朝鲜的历史名人，其中黄真伊也登上了朝鲜现代纪念币。

值得一提的是朴渊瀑布纪念币是这套开城观光旅游系列纪念币中唯一一枚自然景观主题的纪念币。

朴渊瀑布

---

① 开城别称

朝鲜开城观光旅游纪念币

这是10枚一套以朝鲜开城观光旅游为题的系列纪念铜币，当然所谓观光旅游纪念并非完全是一种旅游景点纪念礼品，与前文所言朝鲜发行的金刚山观光旅游纪念币形式相同，都为展示所纪念区域的名胜古迹与自然风光的纪念币，朝鲜也在国际钱币收藏市场发售与宣传这些纪念币。

开城是朝鲜的历史名城，是历史上高丽时期的都城，也称为开京，位于今天朝鲜的中西部，著名的高丽参即产于此，更是因南北韩军事分界线板门店的所在城市而被大众所知；朝韩双方共同管理，实行不同经济政策的经济特区开城工业园区也位于此地。

开城风景优美，名胜古迹与自然景观数不胜数，如前文所言包括开城瞻星台在内的开城历史建筑与遗迹地区一并成为联合国世界文化遗产；朝鲜其他系列纪念币中亦有不少开城名胜古迹主题的存在，唯有这套开城观光旅游系列纪念币更为详细地展示了开城的各色景观。

值得一提的是，这套开城观光旅游纪念币属于系列第一组，系列第二组与第一组纪念币图案相同、规格一致，只是2017年再度发行。

朝鲜2010年生肖-鼠精制纪念铝币
20元（Won）
生肖-鼠（Chinese Zodiac-Rat）
CCT-0379

朝鲜2010年生肖-牛精制纪念铝币
20元（Won）
生肖-牛（Chinese Zodiac-Ox）
CCT-0380

朝鲜2010年生肖-虎精制纪念铝币
20元（Won）
生肖-虎（Chinese Zodiac-Tiger）
CCT-0381

朝鲜2010年生肖-兔精制纪念铝币
20元（Won）
生肖-兔（Chinese Zodiac-Rabbit）
CCT-0382

朝鲜2010年生肖-龙精制纪念铝币
20元（Won）
生肖-龙（Chinese Zodiac-Dragon）
CCT-0383

朝鲜2010年生肖-蛇精制纪念铝币
20元（Won）
生肖-蛇（Chinese Zodiac-Snake）
CCT-0384

朝鲜2010年生肖-马精制纪念铝币
20元（Won）
生肖-马（Chinese Zodiac-Horse）
CCT-0385

朝鲜2010年生肖-羊精制纪念铝币
20元（Won）
生肖-羊（Chinese Zodiac-Goat）
CCT-0386

朝鲜2010年生肖-猴精制纪念铝币
20元（Won）
生肖-猴（Chinese Zodiac-Monkey）
CCT-0387

朝鲜2010年生肖-鸡精制纪念铝币
20元（Won）
生肖-鸡（Chinese Zodiac-Rooster）
CCT-0388

朝鲜2010年生肖-狗精制纪念铝币
20元（Won）
生肖-狗（Chinese Zodiac-Dog）
CCT-0389

朝鲜2010年生肖-猪精制纪念铝币
20元（Won）
生肖-猪（Chinese Zodiac-Pig）
CCT-0390

朝鲜2010年梅花鹿与高丽参精制彩色纪念铝币
20元（Won）
梅花鹿与高丽参（Sika Deer and Koryo Insam）
CCT-0391

朝鲜2010年动物-朝鲜虎精制彩色纪念铝币
20元（Won）
朝鲜虎（Korean Tiger）
CCT-0392

朝鲜2010年动物-兔子精制彩色纪念铝币
20元（Won）
兔子（Rabbit）
CCT-0393

朝鲜2010年动物-河马精制彩色纪念铝币
20元（Won）
河马（Hippopotamus Amphibius）
CCT-0394

朝鲜2010年生肖-寅虎精制彩色纪念铜币

20元（Won）

生肖-寅虎（Chinese Zodiac-Tiger）

CCT-0395

朝鲜2010年大型团体操和艺术表演《阿里郎》-舞者精制铜铝双金属纪念币

20元（Won）

双金属（Bimetallic）

大型团体操和艺术表演《阿里郎》-舞者（Mass Gymnastics and Artistic Performance "Arirang"-Dancer）

CCT-0396

朝鲜2010年大型团体操和艺术表演《阿里郎》-五一体育场精制铜铝双金属纪念币

20元（Won）

双金属（Bimetallic）

大型团体操和艺术表演《阿里郎》-五一体育场（Mass Gymnastics and Artistic Performance "Arirang"-May Day Stadium）

CCT-0397

朝鲜2010年大型团体操和艺术表演《阿里郎》-仙鹤精制铜铝双金属纪念币
20元（Won）
双金属（Bimetallic）
大型团体操和艺术表演《阿里郎》-仙鹤（Mass Gymnastics and Artistic Performance "Arirang"-Crane）
CCT-0398

朝鲜2010年非洲动物-狮子精制铜铝双金属纪念币
20元（Won）
双金属（Bimetallic）
非洲动物-狮子（The Animal of Africa-Lion）
CCT-0399

朝鲜2010年非洲动物-大象精制铜铝双金属纪念币
20元（Won）
双金属（Bimetallic）
非洲动物-大象（The Animal of Africa-Elephant）
CCT-0400

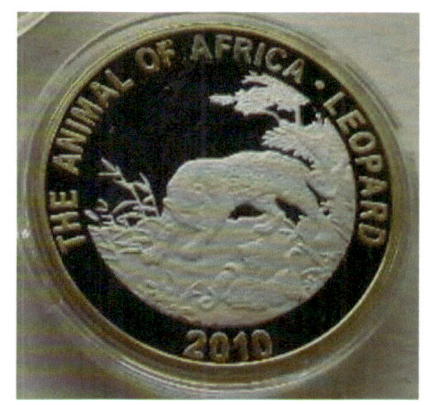

朝鲜2010年非洲动物-豹子精制铜铝双金属纪念币
20元（Won）
双金属（Bimetallic）
非洲动物-豹子（The Animal of Africa-Leopard）
CCT-0401

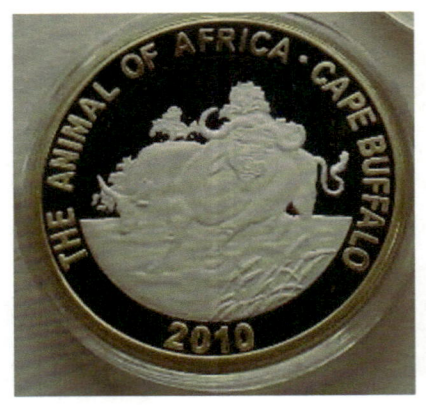

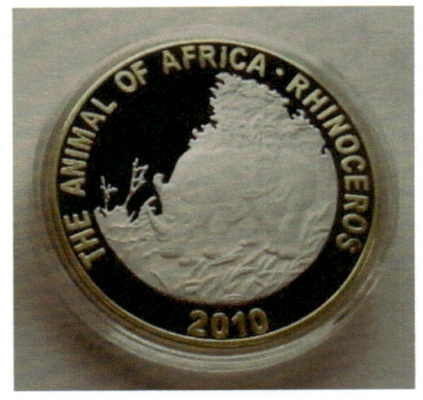

朝鲜2010年非洲动物-非洲水牛精制铜铝双金属纪念币
20元（Won）
双金属（Bimetallic）
非洲动物-非洲水牛（The Animal of Africa-Cape Buffalo）
CCT-0402

朝鲜2010年非洲动物-犀牛精制铜铝双金属纪念币
20元（Won）
双金属（Bimetallic）
非洲动物-犀牛（The Animal of Africa-Rhinoceros）
CCT-0403

朝鲜2010年生肖-鼠精制纪念铜币
50元（Won）
生肖-鼠（Chinese Zodiac-Rat）
CCT-0404

朝鲜2010年生肖-牛精制纪念铜币
50元（Won）
生肖-牛（Chinese Zodiac-Ox）
CCT-0405

朝鲜2010年生肖-虎精制纪念铜币
50元（Won）
生肖-虎（Chinese Zodiac-Tiger）
CCT-0406

朝鲜2010年生肖-兔精制纪念铜币
50元（Won）
生肖-兔（Chinese Zodiac-Rabbit）
CCT-0407

朝鲜2010年生肖-龙精制纪念铜币
50元（Won）
生肖-龙（Chinese Zodiac-Dragon）
CCT-0408

朝鲜2010年生肖-蛇精制纪念铜币
50元（Won）
生肖-蛇（Chinese Zodiac-Snake）
CCT-0409

朝鲜2010年生肖-马精制纪念铜币
50元（Won）
生肖-马（Chinese Zodiac-Horse）
CCT-0410

朝鲜2010年生肖-羊精制纪念铜币
50元（Won）
生肖-羊（Chinese Zodiac-Goat）
CCT-0411

朝鲜2010年生肖-猴精制纪念铜币
50元（Won）
生肖-猴（Chinese Zodiac-Monkey）
CCT-0412

朝鲜2010年生肖-鸡精制纪念铜币
50元（Won）
生肖-鸡（Chinese Zodiac-Rooster）
CCT-0413

朝鲜2010年生肖-狗精制纪念铜币
50元（Won）
生肖-狗（Chinese Zodiac-Dog）
CCT-0414

朝鲜2010年生肖-猪精制纪念铜币
50元（Won）
生肖-猪（Chinese Zodiac-Pig）
CCT-0415

朝鲜2010年梅花鹿与高丽参精制纪念铜币
50元（Won）
梅花鹿与高丽参（Sika Deer and Koryo Insam）
CCT-0416

朝鲜2010年动物-朝鲜虎精制纪念铜币
50元（Won）
朝鲜虎（Korean Tiger）
CCT-0417

朝鲜2010年动物-兔子精制纪念铜币
50元（Won）
兔子（Rabbit）
CCT-0418

朝鲜2010年动物-河马精制纪念铜币
50元（Won）
河马（Hippopotamus Amphibius）
CCT-0419

朝鲜2010年史前动物-雷龙精制纪念银币
1500元（Won）
999银（1盎司）
史前动物-雷龙（Prehistoric Animals-Brontosaurus）
CCT-0420

朝鲜2010年祝贺97香港回归中国精制纪念银币
1500元（Won）
999银（1盎司）
香港回归中国（Hong Kong's Return to China）
CCT-0421

朝鲜2010年金刚山观光旅游纪念-5000年前朝鲜始祖檀君精制纪念银币

1500元（Won）

999银（1盎司）

金刚山观光旅游纪念-5000年前朝鲜始祖檀君（Memories of Mt.Kumgang-5000 Years ago Portrayal of King Tangun）

CCT-0422

朝鲜2010年人造地球卫星"光明星1号"精制纪念银币

1500元（Won）

999银（1盎司）

人造地球卫星"光明星1号"（Artificial Earth Satellite Kwangmyongsong-1）

CCT-0423

朝鲜2010年大型团体操和艺术表演《阿里郎》-舞者精制银铜双金属纪念币

1500元（Won）

999银/铜（银20克）

双金属（Bimetallic）

大型团体操和艺术表演《阿里郎》-舞者（Mass Gymnastics and Artistic Performance "Arirang"-Dancer）

CCT-0424

2010年

朝鲜2010年大型团体操和艺术表演《阿里郎》-五一体育场精制银铜双金属纪念币

1500元（Won）

999银/铜（银20克）

双金属（Bimetallic）

大型团体操和艺术表演《阿里郎》-五一体育场（Mass Gymnastics and Artistic Performance "Arirang"-May Day Stadium）

CCT-0425

朝鲜2010年大型团体操和艺术表演《阿里郎》-仙鹤精制银铜双金属纪念币

1500元（Won）

999银/铜（银20克）

双金属（Bimetallic）

大型团体操和艺术表演《阿里郎》-仙鹤（Mass Gymnastics and Artistic Performance "Arirang"-Crane）

CCT-0426

朝鲜2010年非洲动物-狮子精制银铜双金属纪念币

1500元（Won）

999银/铜（银20克）

双金属（Bimetallic）

非洲动物-狮子（The Animal of Africa-Lion）

CCT-0427

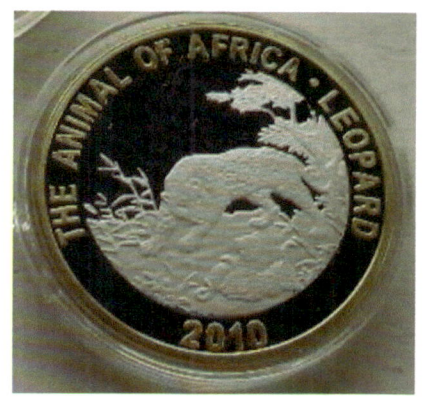

朝鲜2010年非洲动物-大象精制银铜双金属纪念币
1500元（Won）
999银/铜（银20克）
双金属（Bimetallic）
非洲动物-大象（The Animal of Africa-Elephant）
CCT-0428

朝鲜2010年非洲动物-豹子精制银铜双金属纪念币
1500元（Won）
999银/铜（银20克）
双金属（Bimetallic）
非洲动物-豹子（The Animal of Africa-Leopard）
CCT-0429

朝鲜2010年非洲动物-非洲水牛精制银铜双金属纪念币
1500元（Won）
999银/铜（银20克）
双金属（Bimetallic）
非洲动物-非洲水牛（The Animal of Africa-Cape Buffalo）
CCT-0430

朝鲜2010年非洲动物-犀牛精制银铜双金属纪念币
1500元（Won）
999银/铜（银20克）
双金属（Bimetallic）
非洲动物-犀牛（The Animal of Africa-Rhinoceros）
CCT-0431

朝鲜2010年高丽青瓷精制纪念金币

15000元（Won）

999金（1/2盎司）

高丽青瓷（Koryo Celadon）

CCT-0432

经典的朝鲜高丽青瓷金银币

前文所言朝鲜高丽青瓷"初登场"是登上朝鲜祖国解放50周年的纪念银币之上，虽然主题并非高丽青瓷，但也非常精彩。除了祖国解放纪念币之外，在民族文化遗产系列等纪念币上也有高丽青瓷的身影，而后朝鲜更是将高丽青瓷独立列为一个系列而发行各种纪念币，因此也诞生了很多经典钱币。

其实最经典的朝鲜高丽青瓷纪念币图案之蓝本是2001年高丽青瓷纪念币上瓷器图案，后续年份发行也多以此枚币上青瓷图案为蓝本！

韩国1970年高丽青瓷象嵌铜彩牡丹纹梅瓶精制纪念银币

民族的就是世界的！高丽青瓷是朝鲜高丽时期生产的瓷器，可谓今天朝韩两国之"国瓷"；与朝鲜一致，韩国亦同样重视高丽青瓷，早在1970年所发行的纪念银币上就有瓷器花瓶的身影，是一尊被称之为象嵌铜彩牡丹纹梅瓶的高丽青瓷瓷器，梅瓶上有三束巨大的牡丹花纹是象嵌技术的巅峰之作，亦是韩国第346号国宝。高丽青瓷整体呈青翠之色，格调淡雅清新，更有独特的制瓷工艺如采用象嵌手法给青瓷增加各种美妙的花纹，这也是高丽青瓷所特有的魅力！朝鲜2010与2011年更发行半盎司与5盎司规格的金银纪念币，再度开启了朝鲜高丽青瓷系列纪念币；因其发行量极其稀少[①]且铸工相对精湛，受到钱币收藏者的普遍认可。

朝鲜2010年高丽青瓷精制纪念金币证书

---

① 金币发行量66枚与银币发行量88枚

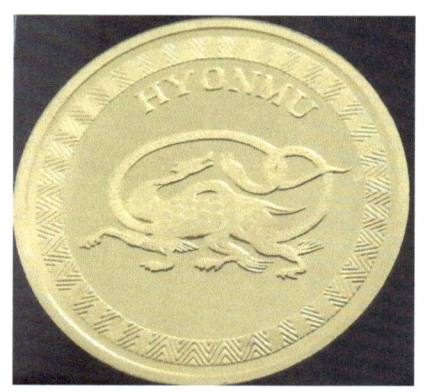

朝鲜2010年玄武精制纪念金币
30000元（Won）
999金（1盎司）
玄武（Hyonmu）
CCT-0433

朝鲜2010年青龙精制纪念金币
30000元（Won）
999金（1盎司）
青龙（Blue Dragon）
CCT-0434

样币（Essai） CCS (CCSN/CCST/CCSO)

朝鲜2010年生肖-鼠精制纪念铝样币
20元（Won）
生肖-鼠（Chinese Zodiac-Rat）
CCST-0268

朝鲜2010年生肖-牛精制纪念铝样币
20元（Won）
生肖-牛（Chinese Zodiac-Ox）
CCST-0269

朝鲜2010年生肖-虎精制纪念铝样币

20元（Won）

生肖-虎（Chinese Zodiac-Tiger）

CCST-0270

朝鲜2010年生肖-兔精制纪念铝样币

20元（Won）

生肖-兔（Chinese Zodiac-Rabbit）

CCST-0271

朝鲜2010年生肖-龙精制纪念铝样币

20元（Won）

生肖-龙（Chinese Zodiac-Dragon）

CCST-0272

朝鲜2010年生肖-蛇精制纪念铝样币

20元（Won）

生肖-蛇（Chinese Zodiac-Snake）

CCST-0273

朝鲜2010年生肖-马精制纪念铝样币
20元（Won）
生肖-马（Chinese Zodiac-Horse）
CCST-0274

朝鲜2010年生肖-羊精制纪念铝样币
20元（Won）
生肖-羊（Chinese Zodiac-Goat）
CCST-0275

朝鲜2010年生肖-猴精制纪念铝样币
20元（Won）
生肖-猴（Chinese Zodiac-Monkey）
CCST-0276

朝鲜2010年生肖-鸡精制纪念铝样币
20元（Won）
生肖-鸡（Chinese Zodiac-Rooster）
CCST-0277

朝鲜2010年生肖-狗精制纪念铝样币
20元（Won）
生肖-狗（Chinese Zodiac-Dog）
CCST-0278

朝鲜2010年生肖-猪精制纪念铝样币
20元（Won）
生肖-猪（Chinese Zodiac-Pig）
CCST-0279

朝鲜2010年梅花鹿与高丽参精制彩色纪念铝样币
20元（Won）
梅花鹿与高丽参（Sika Deer and Koryo Insam）
CCST-0280

朝鲜2010年动物-朝鲜虎精制彩色纪念铝样币
20元（Won）
朝鲜虎（Korean Tiger）
CCST-0281

朝鲜2010年动物-兔子精制彩色纪念铝样币
20元（Won）
兔子（Rabbit）
CCST-0282

朝鲜2010年动物-河马精制彩色纪念铝样币
20元（Won）
河马（Hippopotamus Amphibius）
CCST-0283

朝鲜2010年生肖-鼠精制纪念铜样币
50元（Won）
生肖-鼠（Chinese Zodiac-Rat）
CCST-0284

朝鲜2010年生肖-牛精制纪念铜样币
50元（Won）
生肖-牛（Chinese Zodiac-Ox）
CCST-0285

朝鲜2010年生肖-虎精制纪念铜样币
50元（Won）
生肖-虎（Chinese Zodiac-Tiger）
CCST-0286

朝鲜2010年生肖-兔精制纪念铜样币
50元（Won）
生肖-兔（Chinese Zodiac-Rabbit）
CCST-0287

朝鲜2010年生肖-龙精制纪念铜样币
50元（Won）
生肖-龙（Chinese Zodiac-Dragon）
CCST-0288

朝鲜2010年生肖-蛇精制纪念铜样币
50元（Won）
生肖-蛇（Chinese Zodiac-Snake）
CCST-0289

朝鲜2010年生肖-马精制纪念铜样币

50元（Won）

生肖-马（Chinese Zodiac-Horse）

CCST-0290

朝鲜2010年生肖-羊精制纪念铜样币

50元（Won）

生肖-羊（Chinese Zodiac-Goat）

CCST-0291

朝鲜2010年生肖-猴精制纪念铜样币

50元（Won）

生肖-猴（Chinese Zodiac-Monkey）

CCST-0292

朝鲜2010年生肖-鸡精制纪念铜样币

50元（Won）

生肖-鸡（Chinese Zodiac-Rooster）

CCST-0293

朝鲜2010年生肖-狗精制纪念铜样币
50元（Won）
生肖-狗（Chinese Zodiac-Dog）
CCST-0294

朝鲜2010年生肖-猪精制纪念铜样币
50元（Won）
生肖-猪（Chinese Zodiac-Pig）
CCST-0295

朝鲜2010年梅花鹿与高丽参精制纪念铜样币
50元（Won）
梅花鹿与高丽参（Sika Deer and Koryo Insam）
CCST-0296

朝鲜2010年动物-朝鲜虎精制纪念铜样币
50元（Won）
朝鲜虎（Korean Tiger）
CCST-0297

朝鲜2010年动物-兔子精制纪念铜样币
50元（Won）
兔子（Rabbit）
CCST-0298

朝鲜2010年动物-河马精制纪念铜样币
50元（Won）
河马（Hippopotamus amphibius）
CCST-0299

2011年

常规币（Coin） CC (CCN/CCT/CCO)

朝鲜2011年伟大的金正日同志出任朝鲜人民军最高司令官20周年精制纪念银币
无面值（No Face Value）
999银（31克）
伟大的金正日同志出任朝鲜人民军最高司令官20周年（20th Anniversary of Chairman Kim Jong Il's Assumption of the Supreme Commandership of the Korean People's Army）
CCO-0033

朝鲜2011年伟大的金正日同志出任朝鲜人民军最高司令官20周年精制纪念金币

无面值（No Face Value）

999金（31克）

伟大的金正日同志出任朝鲜人民军最高司令官20周年（20th Anniversary of Chairman Kim Jong Il's Assumption of the Supreme Commandership of the Korean People's Army）

CCO-0034

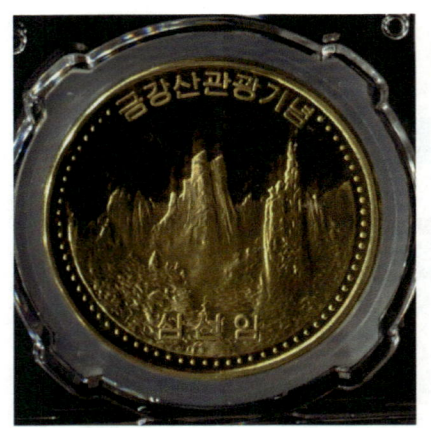

朝鲜2011年金刚山观光旅游纪念-三仙岩精制纪念铜币

10元（Won）

金刚山观光旅游纪念-三仙岩（Memories of Mt.Kumgang-Samseonam）

CCN-0416

　　三仙岩属于金刚山外金刚范围，三仙岩是金刚山名景之一，山体外观类似天上下凡的三位神仙而得名。三仙岩是金刚山重要的景色，一些朝鲜画家也有反映三仙岩的各种画作，且在朝鲜战争之前，朝鲜早期的邮票上亦有三仙岩之身影。

三仙岩

朝鲜2011年金刚山观光旅游纪念-鬼面岩精制纪念铜币

10元（Won）

金刚山观光旅游纪念-鬼面岩（Memories of Mt.Kumgang-Gwimyeonam）

CCN-0417

鬼面岩属于金刚山内金刚范围，鬼面岩也是以山体外观形似鬼面而得名。

外金刚风光

鬼面岩

朝鲜2011年金刚山观光旅游纪念-妙吉祥大佛精制纪念铜币

10元（Won）

金刚山观光旅游纪念-妙吉祥大佛（Memories of Mt.Kumgang-Myogilsang Buddhist）

CCN-0418

2011年

妙吉祥大佛属于金刚山内金刚范围，妙吉祥大佛主题的纪念币如前文所言，早在2000年朝鲜已发行过金刚山观光旅游纪念主题的纪念币，这套金刚山观光旅游纪念币的第一组只有两个题材，妙吉祥大佛就是之一。妙吉祥大佛属于摩崖造像，是朝鲜历史上的高丽时期所修建。

朝鲜2011年金刚山观光旅游纪念-明镜台精制纪念铜币

10元（Won）

金刚山观光旅游纪念-明镜台（Memories of Mt.Kumgang-Myeonggyeongdae）

CCN-0419

明镜台属于金刚山内金刚范围，明镜台是一处自然景观，命名与佛教禅意相关。

内金刚风光

朝鲜2011年金刚山观光旅游纪念-表训寺精制纪念铜币

10元（Won）

金刚山观光旅游纪念-表训寺（Memories of Mt.Kumgang-Pyohunsa）

CCN-0420

表训寺属于金刚山内金刚范围，始建于朝鲜历史上的新罗时期，是7世纪兴建的，历史非常悠久。表训寺非常幸运，也是金刚山范围内唯一没有被朝鲜战争的战火所毁坏的寺庙，更被朝鲜列为国宝之一。

表训寺

朝鲜2011年金刚山观光旅游纪念-西山大师碑精制纪念铜币
10元（Won）
金刚山观光旅游纪念-西山大师碑（Memories of Mt.Kumgang-Seosandaesabi）
CCN-0421

西山大师碑属于金刚山内金刚范围，西山大师是朝鲜的民族英雄，他所处的时期正是万历朝鲜战争①之时，西山大师门下弟子众多，国难之时组织义军，率领僧兵抵抗倭寇，并取得不小的胜利，抗击倭寇的义举也被广为流传，后于金刚山立碑以纪念之。西山大师碑包含各类石质构件组合于此，上有须弥石座，下有龟趺为底，碑身立于其间。

西山大师传业甚广，门下再传弟子绵延至今，其所处的佛教流派亦是今天韩国佛教的主要流派之一。

西山大师碑

---

① 朝韩惯称壬辰祖国战争与壬辰卫国战争或韩国有时亦称壬辰倭乱

朝鲜2011年金刚山观光旅游纪念-普德庵精制纪念铜币

10元（Won）

金刚山观光旅游纪念-普德庵（Memories of Mt.Kumgang-Bodeokam）

CCN-0422

普德庵属于金刚山内金刚范围，普德庵始建于高句丽时期，今天的形制是17世纪后期改建而成的。普德庵距离八潭很近，本身建筑极具特色，是用一根铜柱支撑而建立在20多米高悬崖峭壁之上，此建筑还并非单层，因此险峻异常。

普德庵

朝鲜2011年金刚山观光旅游纪念-金刚山八仙女精制纪念铜币

10元（Won）

金刚山观光旅游纪念-金刚山八仙女（Memories of Mt.Kumgang-Fairy of Mt.Kumgang）

CCN-0423

金刚山八仙女本是神话传说，她们下凡来到金刚山八潭①，八潭属于金刚山内金刚范围。朝鲜有关金刚山八仙女主题的纪念币非常之多，无论是金刚山八仙女主题，还是《阿里郎》主题乃至纪念章之上都有金刚山仙女的身影，金刚山仙女俨然与千里马形象一并成为朝鲜现代纪念币章的标志性题材之一。

① 称八仙潭

朝鲜2011年金刚山观光旅游纪念-三日浦精制纪念铜币

10元（Won）

金刚山观光旅游纪念-三日浦

（Memories of Mt.Kumgang-Samilpo）

CCN-0424

三日浦属于金刚山海金刚范围，三日浦本身是一处天然湖泊，景色优美是绝佳的旅游胜地，亦是朝鲜的关东八景之一。三日浦的名字由来也颇具传奇，为何唤作"三日"；相传朝鲜新罗时期①的孝昭王金理洪来此游览，原计划游玩一日即返回宫中，但留恋美景无法自拔，足足赏玩了三日才返，三日浦由此得名。

三日浦

_____

① 已是统一新罗

朝鲜2011年金刚山观光旅游纪念-海金刚精制纪念铜币

10元（Won）

金刚山观光旅游纪念-海金刚（Memories of Mt.Kumgang-Haegeumgang）

CCN-0425

海金刚主要是金刚山中与海有关的自然景色，包含湖泊与大海；从三日浦的名字由来可知此地景色俱佳，海金刚又划分为海金刚区、三日浦区与丛石亭区。海金刚能看到成群的奇峰异石，是朝鲜版的石林，另外在海金刚看日出也是极佳的观景之选！

海金刚风光

朝鲜金刚山观光旅游纪念币

  这是10枚一套以朝鲜金刚山观光旅游为题的系列纪念铜币，属于该系列的第二组纪念币与开城观光旅游系列纪念币性质近似，但金刚山以自然风景为主，此两套纪念币图案侧重风情各有不同，各具特色。

  金刚山是朝鲜名山，自然景观优美且多具瀑布，一般划分为外金刚，内金刚与海金刚三部分[①]。2002年便成立金刚山观光地区，后又升格为金刚山国际观光特别区，最初也允许韩国游客来此旅游，后发生一系列事件旅游被暂停，重启作为旅游项目地区的议题还在长期搁置中。

  值得一提的是这套金刚山观光旅游纪念币与第一组早在2000年发行的金刚山观光旅游纪念币之间还有一种不带年份之金刚山观光旅游纪念银币，币面没有年份，但按朝方资料是2005年所铸造发行，并且仅见有一枚鬼面岩主题，图案亦与此版纪念铜币中的鬼面岩略有差异。2000年版的第一组只有妙吉祥大佛与朝鲜始祖檀君两个主题，并且有贵金属纪念银币等发行；第三组2017年版与第二组此版图案规格完全一致，只是2017年再度发行的。

---

① 亦有增加新金刚而划分为四部分之说法

朝鲜2009年世界奇观-蓝色清真寺精制纪念金币
10元（Won）
917金（1克）
世界奇观-蓝色清真寺（Wonders of the World-Blue Mosque）
CCN-0426

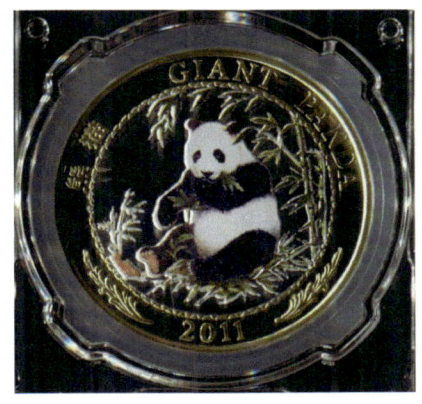

朝鲜2011年生肖兔年卯兔精制彩色纪念铜币

20元（Won）
生肖兔年（Year of the Rabbit）
CCT-0435

朝鲜2011年动物-大熊猫精制彩色铜铝双金属纪念币

20元（Won）
双金属（Bimetallic）
大熊猫（Giant Panda）
CCT-0436

朝鲜2011年动物-北极熊精制彩色铜铝双金属纪念币

20元（Won）
双金属（Bimetallic）
北极熊（Artic Bear）
CCT-0437

朝鲜2011年动物-褐熊精制彩色铜铝双金属纪念币

20元（Won）
双金属（Bimetallic）
褐熊（Brown Bear）
CCT-0438

朝鲜首套彩色双金属纪念币

朝鲜2011年生肖-鼠精制铜铝双金属纪念币

30元（Won）

双金属（Bimetallic）

生肖-鼠（Chinese Zodiac-Rat）

CCT-0439

朝鲜2011年生肖-牛精制铜铝双金属纪念币

30元（Won）

双金属（Bimetallic）

生肖-牛（Chinese Zodiac-Ox）

CCT-0440

朝鲜2011年生肖-虎精制铜铝双金属纪念币

30元（Won）

双金属（Bimetallic）

生肖-虎（Chinese Zodiac-Tiger）

CCT-0441

朝鲜2011年生肖-兔精制铜铝双金属纪念币

30元（Won）

双金属（Bimetallic）

生肖-兔（Chinese Zodiac-Rabbit）

CCT-0442

朝鲜2011年生肖-龙精制铜铝双金属纪念币

30元（Won）

双金属（Bimetallic）

生肖-龙（Chinese Zodiac-Dragon）

CCT-0443

朝鲜2011年生肖-蛇精制铜铝双金属纪念币

30元（Won）

双金属（Bimetallic）

生肖-蛇（Chinese Zodiac-Snake）

CCT-0444

朝鲜2011年生肖-马精制铜铝双金属纪念币

30元（Won）

双金属（Bimetallic）

生肖-马（Chinese Zodiac-Horse）

CCT-0445

朝鲜2011年生肖-羊精制铜铝双金属纪念币

30元（Won）

双金属（Bimetallic）

生肖-羊（Chinese Zodiac-Goat）

CCT-0446

朝鲜2011年生肖-猴精制铜铝双金属纪念币
30元（Won）
双金属（Bimetallic）
生肖-猴（Chinese Zodiac-Monkey）
CCT-0447

朝鲜2011年生肖-鸡精制铜铝双金属纪念币
30元（Won）
双金属（Bimetallic）
生肖-鸡（Chinese Zodiac-Rooster）
CCT-0448

朝鲜2011年生肖-狗精制铜铝双金属纪念币
30元（Won）
双金属（Bimetallic）
生肖-狗（Chinese Zodiac-Dog）
CCT-0449

朝鲜2011年生肖-猪精制铜铝双金属纪念币
30元（Won）
双金属（Bimetallic）
生肖-猪（Chinese Zodiac-Boar）
CCT-0450

朝鲜首套生肖系列双金属纪念币

朝鲜2011年生肖兔年-辞旧迎新精制铜铝双金属纪念币
30元（Won）
双金属（Bimetallic）
生肖兔年-辞旧迎新（Year of the Rabbit-Ring in the New Year）
CCT-0451

朝鲜2011年生肖兔年-新钱币精制铜铝双金属纪念币
30元（Won）
双金属（Bimetallic）
生肖兔年-新钱币（Year of the Rabbit-New Coin）
CCT-0452

朝鲜2011年浙江省瑞安中学建校115周年精制铜铝双金属纪念币
30元（Won）
双金属（Bimetallic）
浙江省瑞安中学建校115周年（115th Anniversary of the Zhejiang Ruian High School）
CCT-0453

瑞安中学是中国浙江省的一所重点中学，办学规模巨大，硬件设置齐备，师资力量雄厚，知名度极高；本身也历史悠久，是在清朝末年光绪年间创办的，创始人为中国甲骨文研究第一人孙诒让先生。创办之初是孙诒让创办的学计馆与项湘藻等创办的方言馆合并而成的瑞安普通学堂。

朝鲜瑞安中学纪念币分为铜铝双金属币与银币两种，图案相同，图案一面均为孙诒让肖像。

曾为本书香港版本目录书书写过序言的黄瑞勇先生中学就毕业于此。

孙诒让先生

朝鲜2011年2014索契冬奥会-速滑精制纪念银币
1000元（Won）
999银（20克）
索契冬奥会-速滑（Sochi 2014 Olympic Winter Games-Speed Skating）
CCT-0454

朝鲜2011年浙江省瑞安中学建校115周年精制纪念银币
1500元（Won）
999银（1盎司）
浙江省瑞安中学建校115周年（115th Anniversary of the Zhejiang Ruian High School）
CCT-0455

朝鲜2011年中国贵金属币收藏沙龙精制纪念银币
7500元（Won）
999银（5盎司）
中国贵金属币收藏沙龙（China Precious Metal Coins Collection）
CCT-0456

中国贵金属币收藏沙龙

21世纪以来随着中国国力的稳步增强，经济得到长足发展，国内钱币收藏群体的经济实力也越发强劲；除了本国钱币外也开始大肆收集世界各国钱币，且收藏贵金属纪念币也已非常普遍。

朝鲜现代纪念币被中国钱币收藏者看好也因朝鲜的特殊国情，如前文所言，有人期盼朝鲜深化改革，有人期盼朝鲜半岛统一合并；一如其他一些亚洲发展中国家的发展模式，国家在翻天覆地变化后经济实力增长，新兴起的钱币收藏群体对本国旧有发行的各类钱币颇有兴致，以至于洛阳纸贵，一币难求，从而使许多朝鲜现代纪念币收藏者手中的藏品在未来获利巨大[1]。

中国1979年国际儿童
纪念银币

朝鲜方面也了解中国是其最大的现代纪念币收藏市场，中国钱币收藏者对贵金属纪念币的需求也日益增长，尤其受到西方国家的一定限制后，很多朝鲜现代纪念币在西方国家或互联网上销售不便，于是更多侧重于中国题材或中国市场需求与口味的纪念币诞生。中国贵金属币收藏沙龙纪念银币应运而生，此币规格较大，设计风格简单明了偏朴实无华，币面左上花卉元素取自新中国首枚精制纪念银币即1979年国际儿童年纪念银币[2]，因币面主图为儿童浇花图案，此币也被俗称为"浇花"金银币，这种设计是对经典元素的一种复刻与再现；右下角抽象的圆形币胚代表各式钱币；再无其他过度设计，"中国贵金属币收藏沙龙"的中英文覆于币面；中国贵金属币收藏沙龙广义上讲是指新世纪以来中国逐步兴起的各类中高端贵金属钱币收藏组织团体。

此币发行量极少，沉淀已非常充分！

---

① 部分东南亚国家委托他国造币厂代铸之纪念币已有类似情况，但国情与朝鲜并不一致，一方面这些纪念币铸造精美且发行量稀少，另一方面本国也未有重大政治变革只是经济逐步发展提高
② 亦有同图金币

朝鲜2011年12世纪高丽青瓷精制纪念银币
7500元（Won）
999银（5盎司）
12世纪高丽青瓷（12th Century Koryo Celadon）
CCT-0457

错币（Mint Error） CCE（CCEN/CCET/CCEO）

朝鲜2011年动物-褐熊精制彩色铜铝双金属纪念币文字错币
20元（Won）
双金属（Bimetallic）
褐熊（Brown Bear）
错误（Mint Error）："褐"（Chinese Character:Brown）
CCET-0008

2012年

常规币（Coin） CC（CCN/CCT/CCO）

朝鲜2012年金正日诞辰70周年-伟大的金正日同志永远活在人民的心中精制纪念金币
无面值（No Face Value）
999金（31克）
金正日诞辰70周年-伟大的金正日同志永远活在人民的心中（70th Birth Anniversary of Leader Kim Jong Il-Kim Jong Il Always Living in Hearts of People）
CCO-0035

朝鲜2012年濒危野生动物-里海海豹精制纪念银币
5元（Won）
999银（20克）
濒危野生动物-里海海豹（Endangered Wildlife-Phoca caspica）
CCN-0427

朝鲜2012年濒危野生动物-渔猫精制纪念银币
5元（Won）
999银（20克）
濒危野生动物-渔猫（Endangered Wildlife-Prionailurus viverrinus）
CCN-0428

朝鲜2012年濒危野生动物-麋鹿精制纪念银币
5元（Won）
999银（20克）
濒危野生动物-麋鹿（Endangered Wildlife-Elaphurus davidianus）
CCN-0429

朝鲜2012年朝鲜民族文化遗产-古朝鲜时期古朝鲜文字，陶器与曲刃琵琶剑精制纪念铜币

20元（Won）

朝鲜民族文化遗产-古朝鲜时期古朝鲜文字，陶器与曲刃琵琶剑（Korean National Cultural Heritage-Gojoseon Period Ancient Writing, Ceramic and Lute-shaped Bronze Dagger）

CCT-0458

朝鲜2012年朝鲜民族文化遗产-百济时期金铜弥勒菩萨半跏思惟像精制纪念铜币

20元（Won）

朝鲜民族文化遗产-百济时期金铜弥勒菩萨半跏思惟像（Korean National Cultural Heritage-Baekje Period Geumdong Mireuk Bosal Bangasayusang）

CCT-0459

朝鲜2012年朝鲜民族文化遗产-高句丽时期锁子甲骑兵精制纪念铜币

20元（Won）

朝鲜民族文化遗产-高句丽时期锁子甲骑兵（Korean National Cultural Heritage-Koguryo Period Man and Horse Armored with Chainmail）

CCT-0460

朝鲜2012年朝鲜民族文化遗产-渤海时期上京石灯精制纪念铜币
20元（Won）
朝鲜民族文化遗产-渤海时期上京石灯（Korean National Cultural Heritage-Palhae Period Sanggyong Stone Lantern）
CCT-0461

朝鲜2012年朝鲜民族文化遗产-李朝时期龟船、《训民正音》与《朝鲜王朝实录》精制纪念铜币
20元〔Won〕
朝鲜民族文化遗产-李朝时期龟船、《训民正音》与《朝鲜王朝实录》（Korean National Cultural Heritage-Ri Dynasty Geobukseon, Hunmin jeongeum and Joseon Wangjo Sillok）
CCT-0462

朝鲜2012年生肖龙年辰龙精制彩色纪念铜币
20元（Won）
生肖龙年（Year of the Dragon）
CCT-0463

朝鲜2012年2014巴西世界杯精制纪念银币
1000元（Won）
999银（20克）
巴西世界杯（2014 FIFA World Cup Brazil）
CCT-0464

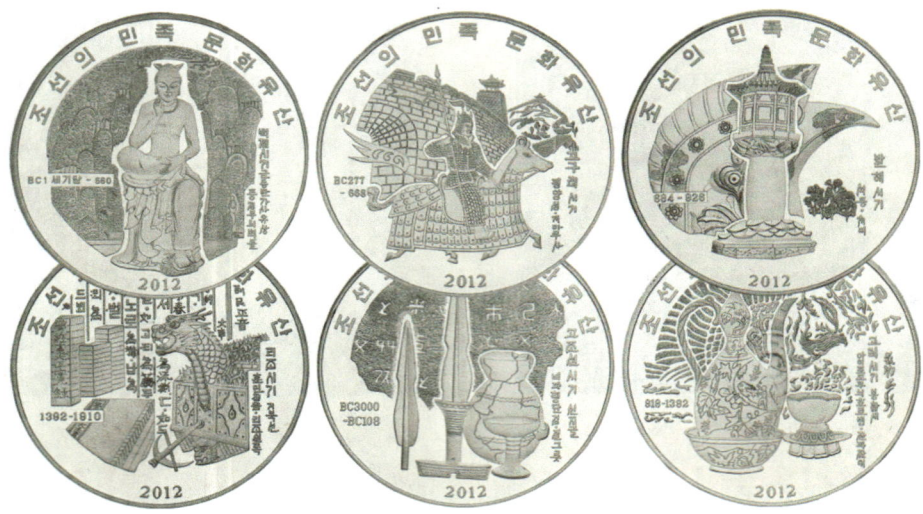

朝鲜2012年朝鲜民族文化遗产-古朝鲜时期古朝鲜文字，陶器与曲刃琵琶剑精制纪念银币

1500元（Won）

999银（1盎司）

朝鲜民族文化遗产-古朝鲜时期古朝鲜文字，陶器与曲刃琵琶剑（Korean National Cultural Heritage-Gojoseon Period Ancient Writing,Ceramic and Lute-shaped Bronze Dagger）

CCT-0465

朝鲜2012年朝鲜民族文化遗产-百济时期金铜弥勒菩萨半跏思惟像精制纪念银币

1500元（Won）

999银（1盎司）

朝鲜民族文化遗产-百济时期金铜弥勒菩萨半跏思惟像（Korean National Cultural Heritage-Baekje Period Geumdong Mireuk Bosal Bangasayusang）

CCT-0466

朝鲜2012年朝鲜民族文化遗产-高句丽时期锁子甲骑兵精制纪念银币

1500元（Won）

999银（1盎司）

朝鲜民族文化遗产-高句丽时期锁子甲骑兵（Korean National Cultural Heritage-Koguryo Period Man and Horse Armored with Chainmail）

CCT-0467

朝鲜2012年朝鲜民族文化遗产-渤海时期上京石灯精制纪念银币

1500元（Won）

999银（1盎司）

朝鲜民族文化遗产-渤海时期上京石灯（Korean National Cultural Heritage-Palhae Period Sanggyong Stone Lantern）

CCT-0468

朝鲜2012年朝鲜民族文化遗产-高丽时期青瓷镶嵌辰砂彩葡萄童子纹瓢形注子·承盘与青瓷菊花纹托盏精制纪念银币

1500元（Won）

999银（1盎司）

朝鲜民族文化遗产-高丽时期青瓷镶嵌辰砂彩葡萄童子纹瓢形注子·承盘与青瓷菊花纹托盏（Korean National Cultural Heritage-Koryo Period Celadon Gourd-shaped Ewer and Stand with Inlaid Grape and Child Design and Celadon Flower-shaped Cup and Stand with Incised Grass and Flower Design）

CCT-0469

朝鲜2012年朝鲜民族文化遗产-李朝时期龟船、《训民正音》与《朝鲜王朝实录》精制纪念银币

1500元（Won）

999银（1盎司）

朝鲜民族文化遗产-李朝时期龟船、《训民正音》与《朝鲜王朝实录》（Korean National Cultural Heritage-Ri Dynasty Geobukseon,Hunminjeongeum and Joseon Wangjo Sillok）

CCT-0470

朝鲜2012年朝鲜民族文化遗产-古朝鲜时期古朝鲜文字，陶器与曲刃琵琶剑精制纪念银币

3000元（Won）

999银（2盎司）

朝鲜民族文化遗产-古朝鲜时期古朝鲜文字，陶器与曲刃琵琶剑（Korean National Cultural Heritage-Gojoseon Period Ancient Writing,Ceramic and Lute-shaped Bronze Dagger）

CCT-0471

朝鲜2012年朝鲜民族文化遗产-百济时期金铜弥勒菩萨半跏思惟像精制纪念银币

3000元（Won）

999银（2盎司）

朝鲜民族文化遗产-百济时期金铜弥勒菩萨半跏思惟像（Korean National Cultural Heritage-Baekje Period Geumdong Mireuk Bosal Bangasayusang）

CCT-0472

朝鲜2012年朝鲜民族文化遗产-高句丽时期锁子甲骑兵精制纪念银币

3000元（Won）
999银（2盎司）
朝鲜民族文化遗产-高句丽时期锁子甲骑兵（Korean National Cultural Heritage-Koguryo Period Man and Horse Armored with Chainmail）
CCT-0473

朝鲜2012年朝鲜民族文化遗产-渤海时期上京石灯精制纪念银币

3000元（Won）
999银（2盎司）
朝鲜民族文化遗产-渤海时期上京石灯（Korean National Cultural Heritage-Palhae Period Sanggyong Stone Lantern）
CCT-0474

朝鲜2012年朝鲜民族文化遗产-高丽时期青瓷镶嵌辰砂彩葡萄童子纹瓢形注子·承盘与青瓷菊花纹托盏精制纪念银币

3000元（Won）
999银（2盎司）
朝鲜民族文化遗产-高丽时期青瓷镶嵌辰砂彩葡萄童子纹瓢形注子·承盘与青瓷菊花纹托盏（Korean National Cultural Heritage-Koryo Period Celadon Gourd-shaped Ewer and Stand with Inlaid Grape and Child Design and Celadon Flower-shaped Cup and Stand with Incised Grass and Flower Design）
CCT-0475

朝鲜2012年朝鲜民族文化遗产-李朝时期龟船、《训民正音》与《朝鲜王朝实录》精制纪念银币

3000元（Won）
999银（2盎司）
朝鲜民族文化遗产-李朝时期龟船、《训民正音》与《朝鲜王朝实录》（Korean National Cultural Heritage-Ri Dynasty Geobukseon,Hunminjeongeum and Joseon Wangjo Sillok）
CCT-0476

朝鲜2012年朝鲜民族文化遗产-古朝鲜时期古朝鲜文字，陶器与曲刃琵琶剑精制纪念银币

3000元（Won）

999银（2盎司）

朝鲜民族文化遗产-古朝鲜时期古朝鲜文字，陶器与曲刃琵琶剑（Korean National Cultural Heritage-Gojoseon Period Ancient Writing,Ceramic and Lute-shaped Bronze Dagger）

CCT-0477

朝鲜2012年朝鲜民族文化遗产-百济时期金铜弥勒菩萨半跏思惟像精制纪念银币

3000元（Won）

999银（2盎司）

朝鲜民族文化遗产-百济时期金铜弥勒菩萨半跏思惟像（Korean National Cultural Heritage-Baekje Period Geumdong Mireuk Bosal Bangasayusang）

CCT-0478

朝鲜2012年朝鲜民族文化遗产-渤海时期上京石灯精制纪念银币

3000元（Won）

999银（2盎司）

朝鲜民族文化遗产-渤海时期上京石灯（Korean National Cultural Heritage-Palhae Period Sanggyong Stone Lantern）

CCT-0479

朝鲜2012年朝鲜民族文化遗产-新罗时期石窟庵本尊佛释迦如来佛像精制纪念银币

3000元（Won）
999银（2盎司）
朝鲜民族文化遗产-新罗时期石窟庵本尊佛释迦如来佛像（Korean National Cultural Heritage-Silla Period Seokguram Grotto Sakyamuni Tathagata Buddha）
CCT-0480

朝鲜2012年朝鲜民族文化遗产-高丽时期青瓷镶嵌辰砂彩葡萄童子纹瓢形注子·承盘与青瓷菊花纹托盏精制纪念银币

3000元（Won）
999银（2盎司）
朝鲜民族文化遗产-高丽时期青瓷镶嵌辰砂彩葡萄童子纹瓢形注子·承盘与青瓷菊花纹托盏（Korean National Cultural Heritage-Koryo Period Celadon Gourd-shaped Ewer and Stand with Inlaid Grape and Child Design and Celadon Flower-shaped Cup and Stand with Incised Grass and Flower Design）
CCT-0481

朝鲜民族文化遗产系列纪念币

朝鲜民族文化遗产系列纪念币，总结了朝鲜历史上极具代表性的各类民族文化遗产主题，通过这套纪念币的发行更为全面地展示了朝鲜民族文化遗产的风貌[①]，整体系列较为庞大，因此组别不同，规格各异，还有各种不同材质的纪念币发行。

朝鲜民族文化遗产系列纪念币从发行种类上讲，也有差异之处，虽然都名为朝鲜民族文

---

① 先前发行的朝鲜世界遗产系列纪念币主题中只包含被认证的各类朝鲜世界遗产事物

化遗产系列，但有5枚一套与6枚一套之差异，一般把6枚一套图案的称之为"老版"，而把5枚一套图案的称之为"新版"，虽然它们都是2012年所发行；一般认为5枚套"新版"银币比6枚套"老版"银币工艺有所提高，因其浮雕略高，镜面更亮，细节更佳。新旧两版纪念币的主题亦有差异，其中个别主题意义重大还被单独发行其他更大规格之贵金属金银币。

值得一提的是朝鲜民族文化遗产系列纪念币币面主题的相关文物中亦有不少是今日韩国方面国立中央博物馆的馆藏或位于韩国的不可移动文物。

严格来说至2012年已发行的朝鲜民族文化遗产系列纪念币是七种纪念主题，后亦有都加[①]，各主题所属为朝鲜历史上不同时期的王朝政权，就各种主题分别谈谈来龙去脉。

古朝鲜时期古朝鲜文字，陶器与曲刃琵琶剑；币面给出的古朝鲜年代范围是公元前3000~公元前108年，朝鲜半岛过去使用中国传入的汉字，包括古代朝鲜与中国特殊的关系，使用中文汉字这都是不争的事实；但朝鲜方面依旧宣称存在古朝鲜文字，即6世纪或之前中文汉字尚未普遍传入之时所形成的文字，这种文字也被称之为"神志文字"，神志是传说中檀君朝鲜时期发明文字之人，神志文字就是以其命名的，神志也就是朝鲜版的仓颉；古代中国有仓颉造字的神话传说，古代朝鲜就有神志造字的神话传说。朝韩学者对朝鲜文字的沿革还有另外一套说法，即"古朝鲜文字来自中国金文的演变，而现在使用的朝韩谚文[②]来自中古朝鲜文字的演变"。当然无论哪种说法，都存在比较大的争议。至于古朝鲜时期的陶器，也确实历史比较久远，与币面所列时期基本对应朝鲜的史前时代，这时期的陶器属于栉文土器与无文土器，这类陶器也有一些出土文物保存在朝韩的博物馆之中，至于朝鲜的制瓷还是古代引入了中国部分制瓷技术而逐步发展起来的。古朝鲜时期的曲刃琵琶剑，这类青铜剑在朝鲜与中国东北地区的出土文物中还是比较多见的，形制也比较有特色，外观典型因此辨识度较高，一般认为是中国辽宁青铜文化之延伸，也是古代东北地区少数民族的共同遗物；朝韩两国则作为本国重要历史文物予以宣传和研究。典型的这类曲刃琵琶剑曲刃短茎属

曲刃青铜短剑：辽宁式铜剑　　　曲刃青铜短剑：朝鲜（韩国）式铜剑

---

① 2013年民族文化遗产系列纪念币增加高丽青瓷透刻七宝纹香炉纪念币，2014年民族文化遗产系列纪念币增加庆州瞻星台纪念币
② 朝鲜称朝鲜字、韩国称韩字

于短剑，剑身与剑柄需要分别铸造，又因剑刃有明显曲度，从而类似琵琶的外观，名称也由此而来。一般按形制分为辽宁式铜剑与朝鲜（韩国）式铜剑两种，还有一说剑茎带有部分凹槽者为朝鲜半岛出土所独有①。

百济时期金铜弥勒菩萨半跏思惟像；币面给出的百济年代范围是公元前1世纪末-660年，实际上纪念币上这尊金铜弥勒菩萨半跏思惟像是现实中存在的文物，是韩国的第83号国宝，现藏于韩国国立中央博物馆。韩国对这尊佛像的年代定义是朝鲜历史上的三国时代约为7世纪前半段。金铜弥勒菩萨半跏思惟像比较好辨识的即是右腿搭在于左腿之上，右手做思惟状，总体是倚坐形态，这类佛像形式与铸造在亚洲其他国家也有广泛的出现，金铜弥勒菩萨半跏思惟像在朝鲜一般被认为是弥勒佛，其实思惟像还被认为是悉达多太子，又称思惟太子；日本也受到朝鲜这类佛像传播的影响，对思惟像的供奉也曾盛行。

金铜弥勒菩萨半跏思惟像

半跏思惟像服饰的褶皱无论真实文物还是纪念币之上铸造得都比较逼真，这也是其有别中土佛像的显著特征，但对于这尊思惟像具体时期的定义，韩国与朝鲜认知不同，朝鲜纪念币上把其定义为百济时期，但韩国国立中央博物馆的陈列说明中对出土地标记得不明，年代亦未有准确定义，因日治时期出土资料不全，所以对于这尊佛像，到底是新罗时期还是百济时期还有很大争议。此佛像意义重大，被誉为研究朝鲜（韩国）古代佛教雕刻史的起点，其与日本等国历史上盛行供奉的半跏思惟像形象基本一致，这尊金铜弥勒菩萨半跏思惟像形象崇高意义深远，也被朝鲜反复发行不同规格之纪念币，尤其还有超大规格之纪念金币。

高句丽时期锁子甲骑兵；币面给出的高句丽年代范围是277-668年，以前朝鲜也发行过有关武备的纪念币，纪念币币文为"5世纪高句丽时期锁子甲骑兵"，本枚纪念币的设计与先前的锁子甲骑兵主题纪念币的图案类似，但做了不少优化，由于年代久远朝韩均无完整出土的高句丽时期锁子甲骑兵的完整甲胄，加之当时受到周边国家和地区甲胄装备的影响，具体如何定义这类高句丽锁子甲还有不少争议，主要而言这种形象是来自于高句丽时期古墓的一些带有士兵形象的壁画。

渤海时期上京石灯；币面给出的渤海年代范围是884-928年，渤海时期大致属于朝鲜历史上的统一新罗与后三国时代；历

渤海上京石灯

① 此说亦不绝对

史上渤海国是受中国唐朝册封的少数民族政权，立国年代为698-926年，包含今天的中国东北与朝鲜以及俄罗斯部分地区，也因此上京石灯作为文物保存于今日中国黑龙江省的宁安县，历史上这里曾是渤海国龙泉府兴隆寺，上京石灯所属的渤海上京龙泉府遗址是国家重点文物保护单位。上京石灯也称渤海石灯幢或渤海石灯塔，本身是佛教建筑艺术的一种重要形式，历史意义与价值巨大，是唐代中原文化对渤海文化影响与相互融合的见证。

新罗时期石窟庵本尊佛释迦如来佛像；币面给出的新罗年代范围是公元前1世纪-935年，这是"老版"朝鲜名族文化遗产系列纪念币6枚套中不存在的主题，于"新版"朝鲜民族文化遗产系列纪念币5枚套中出现，石窟庵本尊佛释迦如来佛像位于韩国庆州，也是韩国的第24号国宝，还是联合国教科文组织所认定的世界文化遗产。石窟庵修建时间记载比较明确，751年始建，774年竣工；建筑很有特色，以300多块石料构成本尊佛释迦如来佛像主室的圆形屋顶，亦是建筑学上穹顶技术的高明之作。石窟庵内还有30余座大小各异的佛像，雕刻精美各具特色，历史与艺术价值极高；若论名气无疑本尊佛释迦如来佛像更高，也被朝鲜单独以此主题发行大小规格之纪念金币。

石窟庵本尊佛释迦如来佛像

高丽时期青瓷镶嵌辰砂彩葡萄童子纹瓢形注子·承盘与青瓷菊花纹托盏；币面给出的高丽年代范围是918-1392年，高丽青瓷世界闻名，是朝鲜（韩国）的国家名片之一；青瓷镶嵌辰砂彩葡萄童子纹瓢形注子·承盘与青瓷菊花纹托盏都是颇具代表性的高丽青瓷，前者青瓷注子图案首次纪念币上亮相更是出自朝鲜1995年祖国解放50周年纪念银币之上；两种瓷器的原型文物现今都保存在韩国国立中央博物馆之中，前者番号"德寿19"，后者番号"本馆2063"。之所以辰砂彩葡萄童子纹瓢形注子名气较高，被朝鲜引用发行于纪念币之上，是因高丽青瓷并非单纯的青绿色瓷器，还有很多其他制瓷技术，予以点缀，整体产品线也是异常丰富的，由此可见古代朝鲜高超的制瓷技术。所谓承盘就是盛放注子的碗状物，注子类似茶壶一般认为是盛酒器皿，此件青瓷重点在于注子，如前文所言以镶嵌辰砂等方式形成葡萄与童子的纹饰，更被称为铜画青瓷，再如注子的把手也烧制成类似葡萄藤之状，足见匠心。今天韩国方面研究认为青瓷上这类工艺始于高丽时期的12世纪。另外一件青瓷菊花纹托盏也是典型的高丽青瓷器皿，托盏类似花瓣般组成，整体典雅优美，这种青瓷托盏根据研究其原型物是高丽时期的金属托盏，青瓷的成品也体现了部分金属托盏原有的细节。菊花纹是这类高丽青瓷产品上常见的花草纹，也被称为唐草纹与卷草纹等，因中国唐代比较盛行而得名，也流传至周边国家，至今日韩的唐草纹产品络绎不绝，如美国知名的Zippo打火机也一直有唐草纹主题系列。与币面这种素色菊花纹青瓷托盏类似形制的，还有一种青瓷托盏表面利用镶嵌技术嵌入彩色菊花纹，在托盏上下部分[①]均进行嵌入，更显工艺之繁复；韩国国立中央

---

① 一般为分体烧制

博物馆亦有馆藏这类托盏，如编号"德寿400"者。高丽青瓷主题也是朝鲜现代纪念币中一个独立的门类，随着发展，纪念币品种也逐渐增多。

李朝时期龟船、《训民正音》与《朝鲜王朝实录》；币面给出的李朝年代范围是1392—1910年，这是"老版"朝鲜民族文化遗产系列纪念币6枚套中所存在的主题，"新版"朝鲜民族文化遗产系列纪念币5枚套中并不存在。龟船是朝鲜古代历史上著名的大型战船，外观奇特，形似神龟，提到龟船

高丽青瓷菊花纹托盏

就联想到朝鲜的民族英雄李舜臣将军，李舜臣是爱国名将，朝鲜李朝时期的大英雄，龟船这种战船就是在其改造下战斗力达到巅峰，也被朝韩认为是当时世界第一艘装甲舰，当然这种说法或有夸大其词，争议也比较大。历史上万历朝鲜之役中的闲山岛海战与鸣梁海战均为李舜臣利用龟船赢得胜利，龟船在抗倭战斗中取得了优异的海战成绩。《训民正音》与《朝鲜王朝实录》都是被记录在案的世界遗产中的世界记忆遗产。《训民正音》又称为谚文，简单来说就是今天的朝鲜文（韩文）。古代中华文化圈的影响力非凡，中文汉字自然随着这种影响力传播到周边国家与地区，也包括很多属国属地。在15世纪中期以前，朝鲜本土使用的朝鲜文只有发音却无文字，同时朝鲜地区是以中文汉字作为书写工具的，但当时使用中文汉字频率较高的还是朝鲜的贵族与官员阶层，官方重要文件也使用汉字，但对于普通民众确有不便，朝鲜文本身无法书写，汉字他们又无从掌握；后来朝鲜世宗大王下令创制朝鲜文的书写文字，这就是《训民正音》。《训民正音》对今天的朝鲜与韩国意义极为重大，历史上通过这种创制文字的方式进一步丰富与发展朝鲜民族的文化与语言，至于《训民正音》颁布的重大周年朝韩双方均有纪念仪式，其也是韩国第70号国宝。朝鲜在2019年还发行了《训民正音》创立575周年主题的纪念币，有银币与铜币等规格。《朝鲜王朝实录》是朝鲜李朝《太祖大王实录》到《哲宗大王实录》近500年的历代实录统编①，也称为《李朝实录》，是一种编年体文言文形式的历史记录，也是韩国第151号国宝。《朝鲜王朝实录》历史意义重大，不光是研究朝鲜半岛历史、政治、经济与文化的重要史料，还包含对周边国家与地区的极有价值的相关史料。

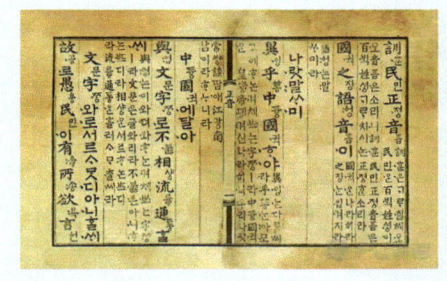

《训民正音》

《朝鲜王朝实录》（《李朝实录》）

---

① 如包含至日韩合并之前的全部实录则已超过500年

朝鲜2012年朝鲜民俗童玩-放风筝精制纪念金币
4000元（Won）
999金（1/10盎司）
朝鲜民俗童玩-放风筝（Korean Folk-Kite-Flying）
CCT-0482

朝鲜2012年朝鲜民俗童玩-摔跤精制纪念金币
4000元（Won）
999金（1/10盎司）
朝鲜民俗童玩-摔跤（Korean Folk-Wrestling）
CCT-0484

朝鲜2012年朝鲜民俗童玩-荡秋千精制纪念金币
4000元（Won）
999金（1/10盎司）
朝鲜民俗童玩-荡秋千（Korean Folk-Swingingg）
CCT-0483

朝鲜2012年青龙精制纪念金币
15000元（Won）
999金（1/2盎司）
青龙（Blue Dragon）
CCT-0485

朝鲜2012年朝鲜民族文化遗产-古朝鲜时期古朝鲜文字,陶器与曲刃琵琶剑精制纪念金币

22000元(Won)

999金(1盎司)

朝鲜民族文化遗产-古朝鲜时期古朝鲜文字,陶器与曲刃琵琶剑(Korean National Cultural Heritage-Gojoseon Period Ancient Writing,Ceramic and Lute-shaped Bronze Dagger)

CCT-0486

朝鲜2012年朝鲜民族文化遗产-百济时期金铜弥勒菩萨半跏思惟像精制纪念金币

22000元(Won)

999金(1盎司)

朝鲜民族文化遗产-百济时期金铜弥勒菩萨半跏思惟像(Korean National Cultural Heritage-Baekje Period Geumdong Mireuk Bosal Bangasayusang)

CCT-0487

朝鲜2012年朝鲜民族文化遗产-高句丽时期锁子甲骑兵精制纪念金币

22000元(Won)

999金(1盎司)

朝鲜民族文化遗产-高句丽时期锁子甲骑兵(Korean National Cultural

Heritage-Koguryo Period Man and Horse Armored with Chainmail）
CCT-0488

朝鲜2012年朝鲜民族文化遗产-渤海时期上京石灯精制纪念金币
22000元（Won）
999金（1盎司）
朝鲜民族文化遗产-渤海时期上京石灯（Korean National Cultural Heritage-Palhae Period Sanggyong Stone Lantern）
CCT-0489

朝鲜2012年朝鲜民族文化遗产-高丽时期青瓷镶嵌辰砂彩葡萄童子纹瓢形注子·承盘与青瓷菊花纹托盏精制纪念金币
22000元（Won）
999金（1盎司）
朝鲜民族文化遗产-高丽时期青瓷镶嵌辰砂彩葡萄童子纹瓢形注子·承盘与青瓷菊花纹托盏（Korean National Cultural Heritage-Koryo Period Celadon Gourd-shaped Ewer and Stand with Inlaid Grape and Child Design and Celadon Flower-shaped Cup and Stand with Incised Grass and Flower Design）
CCT-0490

朝鲜2012年朝鲜民族文化遗产-李朝时期龟船、《训民正音》与《朝鲜王朝实录》精制纪念金币
22000元（Won）
999金（1盎司）
朝鲜民族文化遗产-李朝时期龟船、《训民正音》与《朝鲜王朝实录》（Korean National Cultural Heritage-Ri Dynasty Geobukseon,Hunminjeongeum and Joseon Wangjo Sillok）
CCT-0491

朝鲜2012年朝鲜民族文化遗产-百济时期金铜弥勒菩萨半跏思惟像精制纪念金币
150000元（Won）
999金（5盎司）
朝鲜民族文化遗产-百济时期金铜弥勒菩萨半跏思惟像（Korean National Cultural Heritage-Baekje Period Geumdong Mireuk Bosal Bangasayusang）
CCT-0492

样币（Essai） CCS（CCSN/CCST/CCSO）

朝鲜2012年朝鲜民族文化遗产-古朝鲜时期古朝鲜文字，陶器与曲刃琵琶剑精制纪念铜样币
20元（Won）
朝鲜民族文化遗产-古朝鲜时期古朝鲜文字，陶器与曲刃琵琶剑（Korean National Cultural Heritage-Gojoseon Period Ancient Writing, Ceramic and Lute-shaped Bronze Dagger）
CCST-0300

朝鲜2012年朝鲜民族文化遗产-百济时期金铜弥勒菩萨半跏思惟像精制纪念铜样币
20元（Won）
朝鲜民族文化遗产-百济时期金铜弥勒菩萨半跏思惟像（Korean National Cultural Heritage-Baekje Period Geumdong Mireuk Bosal Bangasayusang）
CCST-0301

朝鲜2012年朝鲜民族文化遗产-高句丽时期锁子甲骑兵精制纪念铜样币
20元（Won）
朝鲜民族文化遗产-高句丽时期锁子甲骑兵（Korean National Cultural Heritage-Koguryo Period Man and Horse Armored with Chainmail）
CCST-0302

朝鲜2012年朝鲜民族文化遗产-渤海时期上京石灯精制纪念铜样币
20元（Won）
朝鲜民族文化遗产-渤海时期上京石灯（Korean National Cultural Heritage-Palhae Period Sanggyong Stone Lantern）
CCST-0303

朝鲜2012年朝鲜民族文化遗产-李朝时期龟船、《训民正音》与《朝鲜王朝实录》精制纪念铜样币

20元（Won）

朝鲜民族文化遗产-李朝时期龟船、《训民正音》与《朝鲜王朝实录》（Korean National Cultural Heritage-Ri Dynasty Geobukseon,Hunminjeongeum and Joseon Wangjo Sillok）

CCST-0304

2013年

常规币（Coin） CC（CCN/CCT/CCO）

朝鲜2013年朝鲜民族文化遗产-新罗时期石窟庵本尊佛释迦如来佛像精制纪念铝币

2元（Won）

朝鲜民族文化遗产-新罗时期石窟庵本尊佛释迦如来佛像（Korean National Cultural Heritage-Silla Period Seokguram Grotto Sakyamuni Tathagata Buddha）

CCT-0493

朝鲜2013年生肖蛇年-莉莉丝精制全息幻彩纪念银币

5元（Won）

999银（20克）

生肖蛇年-莉莉丝（The Year of the Snake-Lilith）

CCN-0430

朝鲜2013年生肖蛇年-莉莉丝仿古全息幻彩纪念银币

5元（Won）

999银（20克）

生肖蛇年-莉莉丝（The Year of the Snake-Lilith）

CCN-0431

朝鲜纪念币上一反常态的蛇蝎美人莉莉丝

  朝鲜现代纪念币给人一种"团结紧张与严肃活泼"之感，虽然各国纪念币之设计越来越天马行空与标新立异，但朝鲜的纪念币并不出格，一向在选题上比较严肃与保守。不过朝鲜纪念币中偶尔也有一些例外，比如这枚与欧洲钱币商合作开发的生肖蛇年主题的纪念银币，不光使用了全息幻彩工艺，还一反常态地以蛇蝎美人莉莉丝裸身盘蛇的形象示人，把这种美女蛇与生肖蛇年画等号，不了解币面人物为莉莉丝者，常以朝鲜那枚"裸女银币"而称谓此币。

  很多西方的神话传说，包括《圣经》中都有莉莉丝的身影。莉莉丝本是苏美尔神话中出现的神话人物，是亚当的原配妻子，无论莉莉丝化身为蛇还是人身蛇尾，都与毒蛇的形象无法分开，后来其背叛亚当离开了伊甸园，亚当与夏娃偷吃禁果也与其有关。莉莉丝还被认为是撒旦的情人，后来更被视为女魔头与女巫一般的人物。

  朝鲜纪念币上的莉莉丝形象也大有来头，这人身莉莉丝身体缠绕着一条巨蛇，原型是英国画家约翰·柯里尔的名作《有蛇的莉莉丝》，此纪念银币亦有仿古与精制两种不同币面处理方式，均使用全息幻彩工艺；值得一提的是原作中金发莉莉丝上身赤裸，而朝鲜此币图案上进行调整，蟒蛇将莉莉丝上身重要部分包裹不再赤裸，可见朝鲜对钱币设计图的尺度亦有变通之举。

朝鲜2013年2005猫咪精制纪念铝币

10元（Won）

猫咪（A Cat）

CCN-0432

朝鲜2013年名画-李庆胤《竹与鹤》精制纪念铝币
20元（Won）
名画-李庆胤《竹与鹤》（Famous Painting-Ri Kyong Yun-Bamboo and Crane）
CCN-0433

  李庆胤，朝鲜李朝时期的著名画家，也是朝鲜王室后裔。李庆胤擅长花鸟画、山水画与人物画，传世作品《竹与鹤》[1]，笔法灵动，栩栩如生，将自然生长的竹子与仙鹤的灵动合二为一，把古代名画搬上现代纪念币也是很多国家发行纪念币中常见的行为。值得一提的是李庆胤一门皆画家，其弟与其三子皆是朝鲜著名的画家。

---

[1] 有时也被称为《竹鹤图》

朝鲜其他画家的《竹与鹤》作品

朝鲜2013年生肖-子鼠精制纪念铜币
20元（Won）
生肖-子鼠（Chinese Zodiac-Rat）
CCT-0494

朝鲜2013年生肖-丑牛精制纪念铜币
20元（Won）
生肖-丑牛（Chinese Zodiac-Ox）
CCT-0495

朝鲜2013年生肖-寅虎精制纪念铜币
20元（Won）
生肖-寅虎（Chinese Zodiac-Tiger）
CCT-0496

朝鲜2013年生肖-卯兔精制纪念铜币
20元（Won）
生肖-卯兔（Chinese Zodiac-Rabbit）
CCT-0497

朝鲜2013年生肖-辰龙精制纪念铜币
20元（Won）
生肖-辰龙（Chinese Zodiac-Dragon）
CCT-0498

朝鲜2013年生肖-巳蛇精制纪念铜币
20元（Won）
生肖-巳蛇（Chinese Zodiac-Snake）
CCT-0499

朝鲜2013年生肖-未羊精制纪念铜币
20元（Won）
生肖-未羊（Chinese Zodiac-Goat）
CCT-0500

　　此套十二生肖纪念币朝鲜发行的较为特殊，全套十二枚，却"跨年"发行，分为2013年年号的11枚生肖主题纪念币与2014年年号的1枚生肖马年主题纪念币，极有可能是2013年准备按套发行，但因2014年即马年，如此便把生肖马年币以2014年年号"当之无愧"的单独发行，从而造成了整套纪念币的散装之感。

朝鲜2013年生肖-申猴精制纪念铜币
20元（Won）
生肖-申猴（Chinese Zodiac-Monkey）
CCT-0501

朝鲜2013年生肖-酉鸡精制纪念铜币
20元（Won）
生肖-酉鸡（Chinese Zodiac-Rooster）
CCT-0502

朝鲜2013年生肖-戌狗精制纪念铜币
20元（Won）
生肖-戌狗（Chinese Zodiac-Dog）
CCT-0503

朝鲜2013年生肖-亥猪精制纪念铜币
20元（Won）
生肖-亥猪（Chinese Zodiac-Boar）
CCT-0504

朝鲜2013年生肖蛇年巳蛇精制长方形纪念铜币
20元（Won）
生肖蛇年（Year of the Snake）
CCT-0505

朝鲜2013年生肖蛇年巳蛇精制彩色纪念铜币
20元（Won）
生肖蛇年（Year of the Snake）
CCT-0506

朝鲜2013年亚洲动物-大熊猫精制纪念铜币
50元（Won）
亚洲动物-大熊猫（The Animal of Asia-Panda）
CCT-0507

朝鲜2013年亚洲动物-蛇精制纪念铜币
50元（Won）
亚洲动物-蛇（The Animal of Asia-Snake）
CCT-0508

2013年

朝鲜2013年亚洲动物-孔雀精制纪念铜币
50元（Won）
亚洲动物-孔雀（The Animal of Asia-Peacock）
CCT-0509

朝鲜2013年生肖-鼠精制铜铝双金属纪念币
100元（Won）
双金属（Bimetallic）
生肖-鼠（Chinese Zodiac-Rat）
CCT-0510

朝鲜2013年生肖-牛精制铜铝双金属纪念币
100元（Won）
双金属（Bimetallic）
生肖-牛（Chinese Zodiac-Ox）
CCT-0511

朝鲜2013年生肖-虎精制铜铝双金属纪念币
100元（Won）
双金属（Bimetallic）
生肖-虎（Chinese Zodiac-Tiger）
CCT-0512

朝鲜2013年生肖-兔精制铜铝双金属纪念币

100元（Won）

双金属（Bimetallic）

生肖-兔（Chinese Zodiac-Rabbit）

CCT-0513

朝鲜2013年生肖-龙精制铜铝双金属纪念币

100元（Won）

双金属（Bimetallic）

生肖-龙（Chinese Zodiac-Dragon）

CCT-0514

朝鲜2013年生肖-蛇精制铜铝双金属纪念币

100元（Won）

双金属（Bimetallic）

生肖-蛇（Chinese Zodiac-Snake）

CCT-0515

朝鲜2013年生肖-马精制铜铝双金属纪念币

100元（Won）

双金属（Bimetallic）

生肖-马（Chinese Zodiac-Horse）

CCT-0516

朝鲜2013年生肖-羊精制铜铝双金属纪念币
100元（Won）
双金属（Bimetallic）
生肖-羊（Chinese Zodiac-Goat）
CCT-0517

朝鲜2013年生肖-猴精制铜铝双金属纪念币
100元（Won）
双金属（Bimetallic）
生肖-猴（Chinese Zodiac-Monkey）
CCT-0518

朝鲜2013年生肖-鸡精制铜铝双金属纪念币
100元（Won）
双金属（Bimetallic）
生肖-鸡（Chinese Zodiac-Rooster）
CCT-0519

朝鲜2013年生肖-狗精制铜铝双金属纪念币

100元（Won）

双金属（Bimetallic）

生肖-狗（Chinese Zodiac-Dog）

CCT-0520

朝鲜2013年生肖-猪精制铜铝双金属纪念币

100元（Won）

双金属（Bimetallic）

生肖-猪（Chinese Zodiac-Boar）

CCT-0521

朝鲜2013年铁路的历史-先军红旗1型电力机车精制纪念银币

1000元（Won）

999银（20克）

铁路的历史-先军红旗1型电力机车（The History of the Railway-Songun Red Flag-class Electric Locomotive）

CCT-0522

以中苏为师的先军红旗1型电力机车

朝鲜现代纪念币中以铁路历史为主题的系列纪念币很多都是与外方合作的，铁路与火车主题所选也多是西方国家的历史名车，但该系列中还有一枚银币主题引人注意，这就是纪念先军红旗1型电力机车。说到先军红旗1型电力机车与中国也有渊源，这是一台以中苏为师的朝鲜自行生产的电力机车，早期型号是以前苏联时期H60电力机车与中国韶山1型电力机车为同一原型车；至2010年后，新型先军红旗1型电力机车则以中国韶山3型电力机车为原型车进行自主生产制造，但并未广泛量产。

先军红旗1型电力机车

2013年

朝鲜2013年朝鲜民族文化遗产-高丽时期青瓷透刻七宝纹香炉精制纪念银币
3000元（Won）
999银（2盎司）
朝鲜民族文化遗产-高丽时期青瓷透刻七宝纹香炉（Korean National Cultural Heritage-Koryo Period Celadon Incense Burner with Openwork）
CCT-0523

并非高丽青瓷（系列）二组的透刻七宝纹香炉金银纪念币

一些收藏者把朝鲜2010与2011年版的高丽青瓷金银纪念币作为独立序列予以收藏，称之为"高丽青瓷（系列）一组"，但实际上2010与2011年版的高丽青瓷金银纪念币的主题图案早在2001年的高丽青瓷纪念币上就出现过，不过作为十年后的再度发行，当做全新系列亦未尝不可。

但按朝鲜发行纪念币的序列命名，将朝鲜2013年发行的高丽青瓷主题纪念币中的透刻七宝纹香炉[①]称之为"高丽青瓷（系列）二组"是不准确的。从币面形制与币文都可以得出，这是延续2012年新老两版[②]朝鲜民族文化遗产系列纪念币的新增币种，主题是高丽时期的青瓷透刻七宝纹香炉，有金币与银币两种规格。

高丽青瓷透刻七宝纹香炉

高丽青瓷中的透刻七宝纹香炉也是高丽青瓷中的传世名品亦是代表作之一，现藏于韩国国立中央博物馆，馆藏番号"德寿2990"，亦是韩国第95号国宝。香炉由透刻的盖子及炉身与底座分别组成，透刻的盖子是香炉的看点，球状形态与类似金钱眼的七宝纹透刻纹理非常精美，作为香炉盖镂空是溢出香气所必需的。炉身是由花瓣形式组合而成的，古代要烧制这种形态的瓷器也殊为不易。与纪念币上的香炉图案角度不同，实际透刻七宝纹香炉是三足形式支撑的，此三足的细节处理更加独具匠心，是三只小兔子的模样。这尊透刻七宝纹香炉集合了高丽青瓷的各种优秀技法，不过遗憾的是，现实中这尊馆藏的香炉底部已有破损与缺失，底部正是采用类似"铜钉法"的模式修复，但仍有不小面积的缺失。

---

① 亦称透雕七宝香炉
② 6枚主题一套与5枚主题一套

朝鲜2013年柳京饭店精制纪念银币
3000元（Won）
999银（2盎司）
柳京饭店（Ryugyong Hotel）
CCT-0524

金字塔形的柳京饭店

柳京饭店位于朝鲜的首都平壤市，是极具特色的金字塔形摩天大楼建筑物，亦是平壤的地标之一。命名柳京饭店，因古代平壤多种柳树，风景优美，"柳京"也成了平壤的别称。

柳京饭店被广为人知一方面是其独特的造型，另一方面也是其总伴随着烂尾的传闻，经常被戏称为世界上最大的烂尾楼。实际上柳京饭店始建于1987年，而1989年宣布所谓基本完工并开幕后的柳京饭店并未正式投入使用，无论是资金还是电力的缺乏都使得柳京饭店的建设断断续续，甚至到了21世纪还有很多窗户安装与内部装修没有完工。

不过柳京饭店也引入外资进行合作，当年埃及电信就有投资，后来原本有新闻称凯宾斯基酒店集团也会参与经营柳京饭店，包括宣布2013年的正式营业但最后都成为泡影，凯宾斯基酒店集团也放弃了柳京饭店项目的合作经营。

不过柳京饭店并没有想象的那么古板与落后，2018年开始柳京饭店的部分玻璃幕墙已逐步安装LED荧幕，结合互联网时代未来安装裸眼3D的创意幕墙也并非没有可能。相信终究有一天柳京饭店会作为朝鲜最高规格的酒店正式投入使用的。

柳京饭店

朝鲜2013年朝鲜民族文化遗产-高丽时期青瓷透刻七宝纹香炉精制纪念金币
15000元（Won）
999金（1/2盎司）
朝鲜民族文化遗产-高丽时期青瓷透刻七宝纹香炉（Korean National Cultural Heritage-Koryo Period Celadon Incense Burner with Openwork）
CCT-0525

朝鲜2013年朝鲜民族文化遗产-新罗时期石窟庵本尊佛释迦如来佛像精制纪念金币
15000元（Won）
999金（1/2盎司）
朝鲜民族文化遗产-新罗时期石窟庵本尊佛释迦如来佛像（Korean National Cultural Heritage-Silla Period Seokguram Grotto Sakyamuni Tathagata Buddha）
CCT-0526

样币（Essai） CCS (CCSN/CCST/CCSO)

朝鲜2013年生肖蛇年巳蛇精制长方形纪念铜样币
20元（Won）
生肖蛇年（Year of the Snake）
CCST-0305

2014年

常规币（Coin） CC（CCN/CCT/CCO）

朝鲜2014年民俗童玩-放风筝精制纪念铝币
10元（Won）
民俗童玩-放风筝（Folk Game-Kite-Flying）
CCT-0527

朝鲜2014年民俗童玩-抽陀螺精制纪念铝币
10元（Won）
民俗童玩-抽陀螺（Folk Game-Spinning Top）
CCT-0528

朝鲜2014年民俗童玩-踢毽子精制纪念铝币
10元（Won）
民俗童玩-踢毽子（Folk Game-Shuttlecock Game）
CCT-0529

朝鲜2014年民俗童玩-跳格子精制纪念铝币
10元（Won）
民俗童玩-跳格子（Folk Game-Hopscotch）
CCT-0530

更为卡通化的朝鲜新版民族童玩纪念币

朝鲜现代纪念币中新版民俗童玩主题系列纪念币中以儿童形象进行了卡通化再创作，一改过去写实的风格；卡通化风格主题与人物也在朝鲜更多的诸如贺岁系列等纪念币上有所体现。

朝鲜2014年高丽时期金铜观世音菩萨坐像精制纪念铝币
10元（Won）
高丽时期金铜观世音菩萨坐像（Koryo Period Geumdong Gwaneum Bosal）
CCT-0531

朝鲜2014年高丽时期大理石观世音菩萨坐像精制纪念铝币
10元（Won）
高丽时期大理石观世音菩萨坐像（Koryo Period Marble Gwaneum Bosal）
CCT-0532

朝鲜2014年高丽时期金铜阿弥陀如来坐像精制纪念铝币

10元（Won）

高丽时期金铜阿弥陀如来坐像（Koryo Period Geumdong Amitabha Buddha）

CCT-0533

> 此系列3枚纪念币主题为朝鲜历史上高丽时期不同材质的、具有代表性的重要佛像文物，但这个系列并未扩大发行，也并无该系列其他时期的佛像文物主题纪念币。

朝鲜2014年12世纪高丽青瓷透刻莲花唐草童子纹注子·承盘精制纪念铝币

10元（Won）

12世纪高丽青瓷透刻莲花唐草童子纹注子·承盘（12th Century Koryo Celadon Ewer with Openwork Lotus and Child Design）

CCT-0534

更为卡通化的新版民族童玩

高丽青瓷透雕莲花唐草童子纹注子与承盘同后来多次登上朝鲜现代纪念币的高丽青瓷镶嵌辰砂彩葡萄童子纹瓢形注子与承盘的设计烧造风格有所类似，都是把童子纹与唐草花纹相结合。莲花唐草童子纹，是在莲花唐草中暗藏童子纹饰，莲花与童子纹饰搭配，有莲生贵子与多子多福的美好寓意；中国古代亦有不少莲花童子纹的瓷器与丝织品，唐草纹这种形式也是由中国传入朝（韩）日等亚洲国家的。

如前文所言，透刻①是高丽青瓷烧造工艺中重要的技术手段之一，在此技术的成熟运用下诞生了很多高丽青瓷精品，如今传世的诸多高丽青瓷上都能看到透刻这种工艺。透刻莲花唐草童子纹注子的所配承盘亦不简单，以花瓣为形组合烧制，对工艺水平要求甚高；唯朝鲜精制纪念币铸造工艺水平有限，无法再现高丽青瓷的各种细节之美。

高丽青瓷透刻莲花唐草童子纹注子·承盘

---

① 亦称透雕与镂刻等

朝鲜2014年12世纪高丽青瓷透刻七宝纹香炉精制纪念铝币

10元（Won）

12世纪高丽青瓷透刻七宝纹香炉（12th Century Koryo Celadon Incense Burner with Openwork）

CCT-0535

高丽青瓷中透刻七宝纹香炉先前已在朝鲜民族文化遗产系列纪念币中出现，这尊香炉的命名与看点之一在于透刻的七宝纹炉盖，但此枚纪念币上所涉及图案并未放置此透刻炉盖，且展示上也与先前民族文化遗产纪念币上的香炉角度不同，而是把此香炉的三足形式完整展示出来，香炉三足是以兔子形象所呈现的，这是细节上的独具匠心与重要看点。

高丽青瓷透刻七宝纹香炉

朝鲜2014年12世纪高丽青瓷鱼龙形注子精制纪念铝币

10元（Won）

12世纪高丽青瓷鱼龙形注子（12th Century Koryo Celadon Fish Dragon-Shaped Ewer）

CCT-0536

高丽青瓷中象形青瓷的代表作就是此币之上的青瓷鱼龙形注子，也是今天藏于韩国国立中央博物馆的高丽青瓷精品，馆藏番号"开城2"，亦是韩国国宝第61号。这尊象形青瓷把青瓷注子烧制成鱼龙形态，鱼龙头部为龙躯体为鱼，是以传说中海兽鯱的形象而来，鯱本身是日本一种传说中的海兽，如日本名古屋城的代表物被装饰在其城堡顶部的就是金鯱。鱼龙形注子出水口就是龙头部分，为求逼真龙眼部分还以氧化铁颜料画龙点睛，其余无论是鱼龙锋利的牙齿，两侧巨大鱼鳍与分布周身的鳞片都栩栩如生细节极佳；注子底部烧制成花瓣状态且把手也是模拟花茎形式烧制而成，这都是当时高丽青瓷器皿的一些典型技法。

虽然铸币工艺有限，但纪念币高度还原了这尊高丽青瓷鱼龙形注子。值得一提的是高丽时期朝鲜生产了为数众多的象形青瓷，其中不乏精品，如现藏于韩国国立中央博物馆的韩国第96号国宝青瓷龟龙形注子。

高丽青瓷鱼龙形注子

12世纪高丽青瓷纪念币

此3枚一套纪念币是朝鲜现代纪念币中又一套以12世纪高丽青瓷为题的纪念币，主题均为存世的高丽青瓷中极具代表性的品种，亦有金银铜铝等不同规格纪念币，还有铜铝样币等发行。

朝鲜2014年朝鲜千里马精制纪念铜币
15元（Won）
朝鲜千里马（Korean Chollima）
CCT-0537

朝鲜2014年民俗童玩-放风筝精制纪念铜币

20元（Won）

民俗童玩-放风筝（Folk Game-Kite-Flying）

CCT-0538

朝鲜2014年民俗童玩-抽陀螺精制纪念铜币

20元（Won）

民俗童玩-抽陀螺（Folk Game-Spinning Top）

CCT-0539

朝鲜2014年民俗童玩-踢毽子精制纪念铜币

20元（Won）

民俗童玩-踢毽子（Folk Game-Shuttlecock Game）

CCT-0540

朝鲜2014年民俗童玩-跳格子精制纪念铜币

20元（Won）

民俗童玩-跳格子（Folk Game-Hopscotch）

CCT-0541

2014年

朝鲜2014年千里马铜像精制纪念铜币
20元（Won）
千里马铜像（Chollima Statue）
CCT-0542

朝鲜2014年高丽时期金铜观世音菩萨坐像精制纪念铜币
20元（Won）
高丽时期金铜观世音菩萨坐像（Koryo Period Geumdong Gwaneum Bosal）
CCT-0543

朝鲜2014年高丽时期大理石观世音菩萨坐像精制纪念铜币
20元（Won）
高丽时期大理石观世音菩萨坐像（Koryo Period Marble Gwaneum Bosal）
CCT-0544

朝鲜2014年高丽时期金铜阿弥陀如来坐像精制纪念铜币
20元（Won）
高丽时期金铜阿弥陀如来坐像（Koryo Period Geumdong Amitabha Buddha）
CCT-0545

朝鲜2014年朝鲜开城文化遗迹-成均馆，表忠碑与金铜塔精制纪念铜币

20元（Won）

朝鲜开城文化遗迹-成均馆，表忠碑与金铜塔（Korean Kaesong Cultural Heritage-Sungkyunkwan,Pyochungbi and Geumdong Pagoda）

CCT-0546

朝鲜2014年朝鲜开城文化遗迹-成均馆，表忠碑与3号墓文翁仲精制纪念铜币

20元（Won）

朝鲜开城文化遗迹-成均馆，表忠碑与3号墓文翁仲（Korean Kaesong Cultural Heritage-Sungkyunkwan,Pyochungbi and Tomb No.3 Civil Official）

CCT-0547

朝鲜2014年朝鲜开城文化遗迹-成均馆，表忠碑与3号墓武翁仲精制纪念铜币

20元（Won）

朝鲜开城文化遗迹-成均馆，表忠碑与3号墓武翁仲（Korean Kaesong Cultural Heritage-Sungkyunkwan,Pyochungbi and Tomb No.3 Military Officer）

CCT-0548

人型石像生——文武官翁仲

石像生是个广泛的称谓，在中华文化圈国家中君王与贵族墓地之前所矗立的各类石雕像统称为石像生；无论是天上或人间才有的神兽与动物，还是文武官员都是这类石雕像的雕刻对象；但唯独人型石像生还有独特的称谓即翁仲，又因这种石翁仲分为文官与武官等形象，则称之为文翁仲与武翁仲。文翁仲与武翁仲除服饰差异外，文翁仲一般手持圭、笏或印，武翁仲一般手持刀、剑或其他兵器。朝鲜君王墓葬前的翁仲摆放与中原王朝帝王墓葬前的翁仲摆放习惯略有差异。

文武官翁仲又称文官俑或武官俑，但陶俑、木俑、唐三彩俑等也经常使用类似称谓，唯有石翁仲之称比较明确地指代墓前石人。

关于翁仲的来历也有不同说法，如《过秦论》里"铸以为金人十二"，这十二金人就是翁仲的原型。也有说来自阮翁仲与李翁仲等传说，这些名为"翁仲"之人不是力大无穷，就是身高过人，且多为秦国军旅所用，立下汗马功劳，他们的塑像便成为后来翁仲的由来。再就是部分学者认为"翁仲"是个外来词汇，可能源自蒙古与突厥的语言，本身指代石刻人像，因草原民族早有石刻立像的风俗习惯。

朝鲜2014年朝鲜开城文化遗迹-成均馆，表忠碑与龙头雕塑精制纪念铜币
20元（Won）
朝鲜开城文化遗迹-成均馆，表忠碑与龙头雕塑（Korean Kaesong Cultural Heritage-Sungkyunkwan,Pyochungbi and Dragon Head Decoration）
CCT-0549

朝鲜2014年朝鲜开城文化遗迹-成均馆，表忠碑与南大门精制纪念铜币
20元（Won）
朝鲜开城文化遗迹-成均馆，表忠碑与南大门（Korean Kaesong Cultural Heritage-Sungkyunkwan,Pyochungbi and Namdaemun）
CCT-0550

朝鲜开城文化遗迹系列纪念币是一套与朝鲜2010年开城观光旅游系列纪念币近似的币种,是以成均馆分表忠寺配合开城周边不同历史文物遗迹为题而发行的。

成均馆高丽博物馆龙头雕塑

朝鲜2014年12世纪高丽青瓷透雕莲花唐草童子纹注子·承盘精制纪念铜币
20元(Won)
12世纪高丽青瓷透雕莲花唐草童子纹注子·承盘(12th Century Koryo Celadon Ewer with Openwork Lotus and Child Design)
CCT-0551

朝鲜2014年12世纪高丽青瓷透刻七宝纹香炉精制纪念铜币
20元(Won)
12世纪高丽青瓷透刻七宝纹香炉(12th Century Koryo Celadon Incense Burner with Openwork)
CCT-0552

朝鲜2014年12世纪高丽青瓷鱼龙形注子精制纪念铜币

20元（Won）

12世纪高丽青瓷鱼龙形注子（12th Century Koryo Celadon Fish Dragon-Shaped Ewer）

CCT-0553

朝鲜2014年生肖马年午马精制纪念铜币

20元（Won）

生肖马年（Year of the Horse）

CCT-0554

朝鲜2014年生肖马年午马精制长方形纪念铜币

20元（Won）

生肖马年（Year of the Horse）

CCT-0555

朝鲜2014年生肖马年午马精制彩色纪念铜币

20元（Won）

生肖马年（Year of the Horse）

CCT-0556

朝鲜2014年非洲动物-斑马精制彩色纪念铜币

20元（Won）

非洲动物-斑马（The Animal of Africa-Zebra）

CCT-0557

朝鲜2014年非洲动物-豹子精制彩色纪念铜币

20元（Won）

非洲动物-豹子（The Animal of Africa-Leopard）

CCT-0558

朝鲜2014年非洲动物-大象精制彩色纪念铜币

20元（Won）

非洲动物-大象（The Animal of Africa-Elephant）

CCT-0559

朝鲜2014年非洲动物-狮子精制彩色纪念铜币

20元（Won）

非洲动物-狮子（The Animal of Africa-Lion）

CCT-0560

朝鲜2014年非洲动物-长颈鹿精制彩色纪念铜币
20元（Won）
非洲动物-长颈鹿（The Animal of Africa-Giraffe）
CCT-0561

朝鲜2014年非洲动物-鸵鸟精制彩色纪念铜币
20元（Won）
非洲动物-鸵鸟（The Animal of Africa-Ostrich）
CCT-0562

朝鲜2014年非洲动物-犀牛精制彩色纪念铜币
20元（Won）
非洲动物-犀牛（The Animal of Africa-Rhinoceros）
CCT-0563

朝鲜2014年非洲动物-野猪精制彩色纪念铜币
20元（Won）
非洲动物-野猪（The Animal of Africa-Wild Boar）
CCT-0564

朝鲜2014年非洲动物-水牛精制彩色纪念铜币

20元（Won）

非洲动物-水牛（The Animal of Africa-Buffalo）

CCT-0565

朝鲜2014年动物-大熊猫精制彩色纪念铜币

20元（Won）

大熊猫（Giant Panda）

CCT-0566

朝鲜2014年民俗童玩-放风筝精制纪念银币

1000元（Won）

999银（20克）

民俗童玩-放风筝（Folk Game-Kite-Flying）

CCT-0567

朝鲜2014年民俗童玩-抽陀螺精制纪念银币

1000元（Won）

999银（20克）

民俗童玩-抽陀螺（Folk Game-Spinning Top）

CCT-0568

朝鲜2014年民俗童玩-踢毽子精制纪念银币
1000元（Won）
999银（20克）
民俗童玩-踢毽子（Folk Game-Shuttlecock Game）
CCT-0569

朝鲜2014年民俗童玩-跳格子精制纪念银币
1000元（Won）
999银（20克）
民俗童玩-跳格子（Folk Game-Hopscotch）
CCT-0570

朝鲜2014年千里马铜像精制纪念银币
1500元（Won）
999银（1盎司）
千里马铜像（Chollima Statue）
CCT-0571

朝鲜2014年朝鲜民族文化遗产-新罗时期庆州瞻星台精制彩色纪念银币

3000元（Won）

999银（2盎司）

朝鲜民族文化遗产-新罗时期庆州瞻星台（Korean National Cultural Heritage-Silla Period Cheomseongdae）

CCT-0572

此币彩色亦为采用透明珐琅彩色工艺加工，唯此珐琅彩较厚而已。

朝鲜2014年柳京饭店精制纪念金币

4000元（Won）

999金（1/10盎司）

柳京饭店（Ryugyong Hotel）

CCT-0573

朝鲜2014年生肖马年午马精制纪念金币

15000元（Won）

999金（1/2盎司）

生肖马年（Year of the Horse）

CCT-0574

朝鲜2014年朝鲜民族文化遗产-新罗时期石窟庵本尊佛释迦如来佛像精制纪念金币
30000元（Won）
999金（1盎司）
朝鲜民族文化遗产-新罗时期石窟庵本尊佛释迦如来佛像（Korean National Cultural Heritage-Silla Period Seokguram Grotto Sakyamuni Tathagata Buddha）
CCT-0575

朝鲜2014年12世纪高丽青瓷精制纪念金币
150000元（Won）
999金（5盎司）
12世纪高丽青瓷（12th Century Koryo Celadon）
CCT-0576

样币（Essai） CCS (CCSN/CCST/CCSO)

朝鲜2014年民俗童玩-放风筝精制纪念铝样币
10元（Won）
民俗童玩-放风筝（Folk Game-Kite-Flying）
CCST-0306

朝鲜2014年民俗童玩-抽陀螺精制纪念铝样币
10元（Won）
民俗童玩-抽陀螺（Folk Game-Spinning Top）
CCST-0307

朝鲜2014年民俗童玩-踢毽子精制纪念铝样币
10元（Won）
民俗童玩-踢毽子（Folk Game-Shuttlecock Game）
CCST-0308

朝鲜2014年民俗童玩-跳格子精制纪念铝样币
10元（Won）
民俗童玩-跳格子（Folk Game-Hopscotch）
CCST-0309

朝鲜2014年高丽时期金铜观世音菩萨坐像精制纪念铝样币
10元（Won）
高丽时期金铜观世音菩萨坐像（Koryo Period Geumdong Gwaneum Bosal）
CCST-0310

朝鲜2014年高丽时期大理石观世音菩萨坐像精制纪念铝样币
10元（Won）
高丽时期大理石观世音菩萨坐像（Koryo Period Marble Gwaneum Bosal）
CCST-0311

朝鲜2014年高丽时期金铜阿弥陀如来坐像精制纪念铝样币
10元（Won）
高丽时期金铜阿弥陀如来坐像（Koryo Period Geumdong Amitabha Buddha）
CCST-0312

朝鲜2014年12世纪高丽青瓷透雕莲花唐草童子纹注子·承盘精制纪念铝样币
10元（Won）
12世纪高丽青瓷透雕莲花唐草童子纹注子·承盘（12th Century Koryo Celadon Ewer with Openwork Lotus and Child Design）
CCST-0313

朝鲜2014年12世纪高丽青瓷透刻七宝纹香炉精制纪念铝样币
10元（Won）
12世纪高丽青瓷透刻七宝纹香炉（12th Century Koryo Celadon Incense Burner with Openwork）
CCST-0314

朝鲜2014年12世纪高丽青瓷鱼龙形注子精制纪念铝样币
10元（Won）
12世纪高丽青瓷鱼龙形注子（12th Century Koryo Celadon Fish Dragon-Shaped Ewer）
CCST-0315

朝鲜2014年千里马铜像精制纪念铝样币
20元（Won）
千里马铜像（Chollima Statue）
CCST-0316

朝鲜2014年高丽时期金铜观世音菩萨坐像精制纪念铜样币
20元（Won）
高丽时期金铜观世音菩萨坐像（Koryo Period Geumdong Gwaneum Bosal）
CCST-0317

朝鲜2014年高丽时期大理石观世音菩萨坐像精制纪念铜样币
20元（Won）
高丽时期大理石观世音菩萨坐像
（Koryo Period Marble Gwaneum Bosal）
CCST-0318

朝鲜2014年高丽时期金铜阿弥陀如来坐像精制纪念铜样币
20元（Won）
高丽时期金铜阿弥陀如来坐像（Koryo Period Geumdong Amitabha Buddha）
CCST-0319

朝鲜2014年朝鲜开城文化遗迹-成均馆，表忠碑与金铜塔精制纪念铜样币
20元（Won）
朝鲜开城文化遗迹-成均馆，表忠碑与金铜塔（Korean Kaesong Cultural Heritage-Sungkyunkwan, Pyochungbi and Geumdong Pagoda）
CCST-0320

朝鲜2014年朝鲜开城文化遗迹-成均馆，表忠碑与3号墓文翁仲精制纪念铜样币
20元（Won）
朝鲜开城文化遗迹-成均馆，表忠碑与3号墓文翁仲（Korean Kaesong Cultural Heritage-Sungkyunkwan, Pyochungbi and Tomb No.3 Civil Official）
CCST-0321

朝鲜2014年朝鲜开城文化遗迹-成均馆，表忠碑与3号墓武翁仲精制纪念铜样币
20元（Won）
朝鲜开城文化遗迹-成均馆，表忠碑与3号墓武翁仲（Korean Kaesong Cultural Heritage-Sungkyunkwan,Pyochungbi and Tomb No.3 Military Officer）
CCST-0322

朝鲜2014年朝鲜开城文化遗迹-成均馆，表忠碑与龙头雕塑精制纪念铜样币
20元（Won）
朝鲜开城文化遗迹-成均馆，表忠碑与龙头雕塑（Korean Kaesong Cultural Heritage-Sungkyunkwan,Pyochungbi and Dragon Head Decoration）
CCST-0323

朝鲜2014年朝鲜开城文化遗迹-成均馆，表忠碑与南大门精制纪念铜样币
20元（Won）
朝鲜开城文化遗迹-成均馆，表忠碑与南大门（Korean Kaesong Cultural Heritage-Sungkyunkwan,Pyochungbi and Namdaemun）
CCST-0324

朝鲜2014年12世纪高丽青瓷透雕莲花唐草童子纹注子·承盘精制纪念铜样币

20元（Won）

12世纪高丽青瓷透雕莲花唐草童子纹注子·承盘（12th Century Koryo Celadon Ewer with Openwork Lotus and Child Design）

CCST-0325

朝鲜2014年12世纪高丽青瓷透刻七宝纹香炉精制纪念铜样币

20元（Won）

12世纪高丽青瓷透刻七宝纹香炉（12th Century Koryo Celadon Incense Burner with Openwork）

CCST-0326

朝鲜2014年12世纪高丽青瓷鱼龙形注子精制纪念铜样币

20元（Won）

12世纪高丽青瓷鱼龙形注子（12th Century Koryo Celadon Fish Dragon-Shaped Ewer）

CCST-0327

朝鲜2014年民俗童玩-放风筝精制纪念铜样币

20元（Won）

民俗童玩-放风筝（Folk Game-Kite-Flying）

CCST-0328

朝鲜2014年民俗童玩-抽陀螺精制纪念铜样币

20元（Won）

民俗童玩-抽陀螺（Folk Game-Spinning Top）

CCST-0329

朝鲜2014年民俗童玩-踢毽子精制纪念铜样币

20元（Won）

民俗童玩-踢毽子（Folk Game-Shuttlecock Game）

CCST-0330

朝鲜2014年民俗童玩-跳格子精制纪念铜样币

20元（Won）

民俗童玩-跳格子（Folk Game-Hopscotch）

CCST-0331

朝鲜2014年千里马铜像精制纪念铜样币

20元（Won）

千里马铜像（Chollima Statue）

CCST-0332

朝鲜2014年生肖马年午马精制长方形纪念铜样币
20元（Won）
生肖马年（Year of the Horse）
CCST-0333

2015年

常规币（Coin） CC（CCN/CCT/CCO）

朝鲜2015年朝鲜劳动党成立70周年精制纪念银币
无面值（No Face Value）
999银（31克）
朝鲜劳动党成立70周年（70th Anniversary of the Workers' Party of Korea）
CCN-0434

朝鲜2015年朝鲜劳动党成立70周年精制纪念金币

无面值（No Face Value）

999金（31克）

朝鲜劳动党成立70周年（70th Anniversary of the Workers' Party of Korea）

CCN-0435

朝鲜2015年17世纪名画-《钓龙人》精制纪念铝币

2元（Won）

17世纪名画-《钓龙人》（17th Century Famous Painting-Dragon Catcher）

CCT-0577

朝鲜的钓龙人，东方版圣乔治屠龙

朝鲜现代纪念币中的名画系列发行了很多纪念币，把朝鲜历史上不同时期的著名画作展现于世人面前，纪念币上这些画作东方韵味极强，又极具朝鲜特色，有些还标注了这些画作的诞生年代，是朝鲜现代纪念币中独树一帜的。

值得一提的是《钓龙人》系列纪念币是朝鲜历史名画纪念币大系列的开篇之作。

朝鲜名画－《钓龙人》

俄罗斯与英国等国至今仍发行各类圣乔治屠龙主题纪念币

朝鲜2015年18世纪名画-《农耕图》精制纪念铝币

2元（Won）

18世纪名画-《农耕图》（18th Century Famous Painting-Farming Oxen Plow）

CCT-0578

朝鲜农耕之图

  此纪念币上所标注的18世纪朝鲜名画《农耕图》[①]所展示的是农忙之时，农夫与耕牛在田间树下稍作休息之状；由于铸币工艺所限，小农经济的田间地头风光没有更多地展示于币面。类似的画作在重视农业生产的古代东方国家均有存在，如中国南宋著名画家楼璹所作《耕织图》，亦是农人与耕牛画面为主，更是古代劝课农桑画作的代表作之一。

  值得一提的是，本身朝鲜历史名画系列纪念币是按画作年份为顺，《钓龙人》为第一组，《农耕图》为第二组。但朝方依旧耿耿于怀《钓龙人》纪念币的选材问题，包括当时要尽快发行一枚中国龙题材之纪念币，遂在本应属于名画系列第三组的安坚所绘《龙》主题的纪念币上做了改动；一方面原本以画作居中展示，通过线条隔开左右或上下两侧为纪念币发行年份与名画名称信息的模式被打破，再者名画年份也非按作品历史实际顺序进行，这枚《龙》纪念币[②]选取的是15世纪的朝鲜历史名画安坚所绘之《龙》。

朝鲜画家杨基薰作品《农耕图》

---

① 亦称《牧牛图》

② 钱币收藏圈亦俗称"大龙"币

朝鲜2015年主体思想塔精制纪念铝币
2元（Won）
主体思想塔（The Tower of Juche Idea）
CCT-0579

朝鲜2015年祖国解放70周年-凯旋门精制纪念铝币
2元（Won）
祖国解放70周年-凯旋门（70th Anniversary of the Korea's Liberation-The Arch of Triumph）
CCT-0580

朝鲜2015年千里马铜像精制纪念铝币
2元（Won）
千里马铜像（Chollima Statue）
CCT-0581

朝鲜2015年千里马精制纪念铝币
2元（Won）
千里马（Chollima）
CCT-0582

朝鲜2015年朝鲜劳动党成立70周年-建党纪念塔精制纪念铝币
2元（Won）
朝鲜劳动党成立70周年-建党纪念塔（70th Anniversary of the Workers' Party of Korea-The Monument to Party Founding）
CCT-0583

朝鲜2015年新罗骑马人物陶器（主人）精制纪念铜币
5元（Won）
新罗骑马人物陶器（主人）
（Silla Horse-Rider-Shaped Vessel(Master)）
CCT-0584

本以为是骑马手办，其实是把配了仆人的韩国国宝壶

　　朝鲜现代纪念币属于当代产物，按说应该资料齐备，但仍旧有不少误解与误读。朝鲜2015年发行的新罗骑马人物陶器主题的纪念币，精制工艺，有贵金属与非贵金属材质。一般钱币收藏者多称之为"新罗人陶俑"，当然这并不是一个准确的命名，陶器材质没有问题，但实际上这个"俑"与我们通常理解的用于摆放的骑马俑不尽相同，这件器皿并非仅是一种古代手办模型，这件陶器还是一件实用器，是可以使用的器皿，所以正式称谓还是"陶器"比较妥帖；并且此物还不是独一件，原物是成套出土的，分为"主仆二者"。

　　这件（套）文物目前保存在韩国国立中央博物馆，番号"本馆9705"，亦是韩国第91号国宝，正式的名称是"新罗骑马人物陶器"，为公元6世纪之物；且同时出土的器皿包括主与仆两者，在朝鲜纪念币币面看到的是其主人形象的陶器，还有一件同样骑马造型仆人形象的陶器并未登上纪念币。

　　注子这类器皿在高丽青瓷中也比较常见，这类器皿是古代的一种酒壶。仔细看币面的主人骑马形象，会发现其背后有一处奇怪的盆状物，包括马缰绳前边还有一个长管，这并非什么古代骑兵的秘密武器装备，如果把这个器皿定义为一种骑兵俑，那这种形态在古今现实的骑兵装备中是均找不到任何出处的，因为这两个奇怪的"装备"在现实中不会存在，其实是注子（壶）的进口与出口，背后的盆状物类似一个漏斗装置，以此灌入酒水，前边管子方可倒酒。从出土地到骑马人陶器身着服饰等多重佐证得出这是新罗时期之物，是朝鲜日治时期1924年5月30日在新罗旧都庆州市路东洞的金铃冢所发现的，这里也是诸多古代墓冢的所在

2015年

地。出土后这组骑马人物陶器便吸引了各界的目光，从其形制到人物服饰与马具武备等特征都为研究新罗时期的历史提供了重要参考，也是今天古代新罗文化的代表文物之一。

新罗骑马人物陶器制造精美，细节完善，还是具有实用价值之器皿，在当时生产难度较高，更有对应的仆人形象陶器，同样也是注子形态，这在当时需要巨大的生产成本。今人通过X光透视等方式研究其制作工艺细节，须知当时新罗还未有来自中

原的高超陶器制作工艺，此注子陶器应是复合制造，就是分别烧制然后通过一些拼接手段而成，包括前边出水管口的塑形，后边漏斗形的入水口在当时的工艺下都不易制造。所以韩方研究推测此墓主人有可能是一位夭折的新罗王子，新罗骑马人物陶器作为陪葬品与其一同下葬；因为在新罗时期，此物确实并非一般人家之物，也非一般人士可以拥有的，应为王族之物。

朝鲜对此纪念币也称之为"骑马人物形明器"，"明器"也作"冥器"，这类器皿一般是专门制造的随葬品，最初的明器多指死者生前所用器物，后来才有以陶、木与铅等材质仿制实用器物而制造随葬品。但如此精美的新罗骑马人物陶器，制造工艺也比较复杂，理应为王族生前所用或所藏之物。

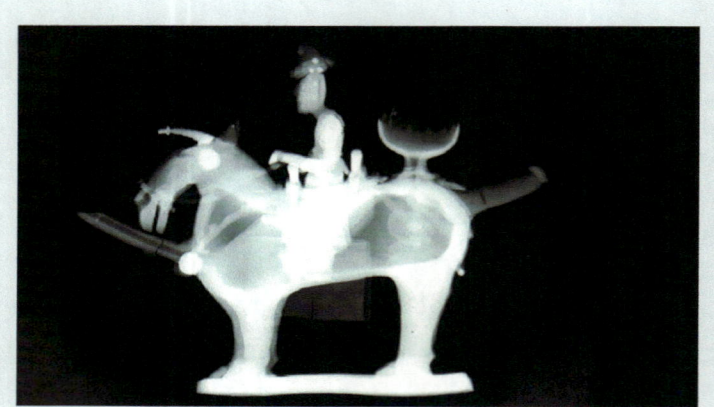

新罗骑马人物陶器（主人）

新罗骑马人物陶器（仆人）

新罗骑马人物陶器出土场景

朝鲜2015年17世纪名画-《钓龙人》精制纪念铜币
5元（Won）
17世纪名画-《钓龙人》（17th Century Famous Painting-Dragon Catcher）
CCT-0585

朝鲜2015年朝鲜劳动党成立70周年-建党纪念塔精制纪念铜币
5元（Won）
朝鲜劳动党成立70周年-建党纪念塔（70th Anniversary of the Workers' Party of Korea-The Monument to Party Founding）
CCT-0586

朝鲜2015年主体思想塔精制纪念铜币
5元（Won）
主体思想塔（The Tower of Juche Idea）
CCT-0587

朝鲜2015年祖国解放70周年-凯旋门精制纪念铜币
5元（Won）
祖国解放70周年-凯旋门（70th Anniversary of the Korea's Liberation-The Arch of Triumph）
CCT-0588

朝鲜2015年千里马铜像精制纪念铜币
5元（Won）
千里马铜像（Chollima Statue）
CCT-0589

朝鲜2015年千里马精制纪念铜币
5元（Won）
千里马（Chollima）
CCT-0590

朝鲜2015年朝鲜劳动党成立70周年-建党纪念塔精制纪念银币
5元（Won）
999银（1/4盎司）
朝鲜劳动党成立70周年-建党纪念塔（70th Anniversary of the Workers' Party of Korea -The Monument to Party Founding）
CCT-0591

朝鲜2015年高丽时期金铜弥勒菩萨坐像精制纪念铝币
10元（Won）
高丽时期金铜弥勒菩萨坐像（Koryo Period Geumdong Mireuk Bosal）
CCT-0592

朝鲜以不同时期的佛像为题的系列纪念币，也分为不同材质，种类较多还有样币发行；此枚纪念币主题是高丽时期金铜弥勒菩萨，不同于那尊著名的韩国国宝也同样登上朝鲜历史文化遗产系列纪念币的百济时期金铜弥勒菩萨半跏思惟像，这尊弥勒菩萨坐像与半跏思惟像坐姿与手势皆不同，实际塑像材质相近，风格也更具朝鲜本土风情。

虽然朝鲜铸币工艺水平有限，但进入2010年代后，部分铸币水平较之过去有所提高，也算完整地把佛像的诸多细节表现于币面。

朝鲜2015年高丽时期浮石寺塑造如来坐像精制纪念铝币

10元（Won）

高丽时期浮石寺塑造如来坐像（Koryo Period Pusoksa Clay Seated Tathagata Buddha）

CCT-0593

朝鲜佛像主题系列纪念币的另一枚，币面这尊大名鼎鼎的坐佛位于被列为联合国世界遗产的浮石寺中，也是今天韩国的国宝。浮石寺位于今天韩国庆尚北道的荣州市，是始建于7世纪中后期新罗时期的寺庙；后来与其他几座古寺共同申请并通过成为联合国世界遗产之一。

因所属寺庙为世界遗产，所以浮石寺塑造如来坐像也极为知名，纪念币无法展示此如来坐像的真实全貌，实际这是一尊通体金色的佛像，本身是高丽时期早期的佛像还有明显的新罗时期特征，这尊塑造如来坐像之所以称之为塑造坐像是因其以泥塑与木材塑形，整体涂抹金漆，也因此金光闪闪。浮石寺塑造如来坐像是朝韩两国现存这种形制的如来坐像中历史最悠久的，还是韩国第45号国宝，历史与文化价值极高。

朝鲜铸币工艺水平近年亦有所提高，如浮石寺塑造如来坐像这类佛像纪念币的铸币表现，从整体到细节，都优于过去的朝鲜纪念币。

浮石寺塑造如来坐像

朝鲜2015年动物-朝鲜国鸟苍鹰精制纪念铝币

10元（Won）

朝鲜国鸟苍鹰（Korean National Bird Goshawk）

CCT-0594

朝鲜的国鸟是苍鹰，朝鲜还专门有发行国鸟、国树、国花与国犬的系列纪念币与纪念邮票。朝鲜苍鹰也就是历史上多有记载的海东青，这种禽类中朝韩三国多有分布，亦是一种保护动物。今天朝鲜最高领导人金正恩的专机也以此为名，是为"苍鹰1号"专机。

"苍鹰1号"专机

朝鲜2015年动物-鹰精制纪念铝币

10元（Won）

鹰（Dogsuli）

CCT-0595

朝鲜2015年凤山假面舞精制纪念铝币
10元（Won）
凤山假面舞（Pongsan Talchum）
CCT-0596

  凤山假面舞是各类朝鲜族假面舞中的一种，假面舞在中朝韩三国的朝鲜族民俗中都有存在。凤山假面舞因在朝鲜黄海北道凤山郡这里所形成，所以命名为凤山假面舞，至今已近200年历史。凤山假面舞是有自己剧情的一种民俗剧舞蹈形式，演出前还有相关的祭祀活动，多为端午节与夏至夜进行表演，更具特色的是，需要搭配假面与假发等服饰，假面舞之名也由此而来。

凤山假面舞

朝鲜2015年剑舞精制纪念铝币
10元（Won）
剑舞（Geomchum）
CCT-0597

  剑舞是朝鲜民族的传统舞蹈，剑舞起源于武术，是一种把武术套路与舞蹈动作相结合的舞蹈形式，是需要手持剑类道具进行挥舞的舞蹈，一说过去多用于宫廷演出。今天的剑舞与传统剑舞不同，剑舞也随着时代变化而多样化了，舞蹈演员有单人形式亦有多人形式，所持有长剑亦有短剑，比较传统的剑舞应该是双手持短剑如纪念币上这般形象。韩国还将晋州剑舞申请联合国教科文组织的非物质文化遗产。

剑舞

朝鲜2015年扇舞精制纪念铝币
10元（Won）
扇舞（Buchaechum）
CCT-0598

扇舞是朝鲜民族的传统舞蹈，更是诸多国家民俗舞蹈中多有存在的一种舞蹈形式，以扇子作为道具，今天的扇舞主要是朝鲜民族演绎民俗风情时所进行的表演。

扇舞

朝鲜2015年寺党舞精制纪念铝币
10元（Won）
寺党舞（Sadangchum）
CCT-0599

　　寺党舞中的寺党其实是朝鲜封建王朝时代从事舞蹈演艺行业演员的称谓，寺党更似游走的戏班，成员主要来自庶民阶层，社会地位低下，尤其男性成员，被称之为男寺党，多为流浪各地的舞蹈演艺人员所组成。

　　寺党舞各地巡演，有些地方演出后寺党们不被允许逗留甚至都不能在当地过夜，本身是一种流动性极强的游走戏班模式。过去寺党舞的表演人员有男亦有女，纯粹的男寺党演出从20世纪初期开始盛行，一般小几十人组成一个寺党①，无论城市与农村四处巡游表演；表演形式也不一而足，无论舞蹈、杂耍抑或者小品均有呈现；有些表演还带有抨击丑恶讽刺当下的性质，因此比较受欢迎。

寺党舞

　　寺党舞至今犹在，当然演员的社会地位已发生根本变化，现已作为一种舞蹈艺术形式长期存在。朝韩两国也都存在不同形式的寺党舞，韩国的寺党舞多指男寺党，男寺党在韩国很早就被认定为本国的无形文化财产②，后来男寺党亦被联合国教科文组织认定为非物质文化遗产。

---

① 类似于今日之"男团"
② 韩国对非物质文化遗产的称谓

朝鲜2015年农乐舞精制纪念铝币

10元（Won）

农乐舞（Nongakchum）

CCT-0600

　　农乐舞也称农乐，是脱胎于朝鲜族农村农闲时集体娱乐活动而形成的民俗舞蹈形式，是一种把舞蹈与乐器等相结合的大众表演艺术。过去的农乐舞，舞者在田间地头穿着华丽的服饰，配合乐调偏偏起舞，而农乐舞的主要目的就是祈福、祭祀与驱邪等。传统的农乐舞形式多样，也有加入各类剧情如同舞蹈小品一般，不同地区的农乐舞表演内容上的差异也非常巨大。

　　而今的韩国农乐，已是联合国教科文组织认定的非物质文化遗产。

农乐舞

朝鲜2015年长鼓舞精制纪念铝币

10元（Won）

长鼓舞（Jangguchum）

CCT-0601

　　长鼓舞亦是诸多国家的民俗舞蹈中都存在的一种舞蹈形式，中朝韩三国的朝鲜族都有这类舞蹈，一般认为这种朝鲜族的长鼓起源于印度细腰鼓，后来随着丝绸之路传入中原而至朝鲜，中国的朝鲜族长鼓舞被列入本国的国家级非物质文化遗产名录。

长鼓舞

朝鲜2015年生肖羊年精制纪念铝币

10元（Won）

生肖羊年（Year of the Goat）

CCT-0602

朝鲜2015年名画-安坚《龙》精制纪念银币

10元（Won）

999银（1/2盎司）

名画-安坚《龙》(Famous Painting-An Gyeon-Dragon)

CCT-0603

安坚的"大龙币"

朝方发行了名画系列中以朝鲜历史上著名画家安坚所作《龙》为主题的大龙图案的纪念币①。

安坚是朝鲜李朝时期的著名职业画家，画风受到中国国画的影响，明显带有中国两宋院体画风格特点，逐步自成风格，更擅长山水画。在朝鲜15世纪的著名画家里，可以说是首推安坚的，其代表作有《青山白云图》与《梦游桃园图》等，还有一些因历史久远被误传为安坚所作实则无法考证的画作等。作为其代表作《青山白云图》已失传，但还有藏于日本天理大学天理图书馆的安坚梦幻之作《梦游桃园图》，据传此画为安坚梦境所见，醒来三日内完成，堪称杰作。

朝鲜名画——安坚《龙》

韩剧《师任堂：光的日记》中也有描述画家安坚的部分，这是一部描写申师任堂的电视连续剧；剧中有对安坚的描述，如"安坚的《金刚山图》是500年来发现的唯一真迹"，当然这只是连续剧中的艺术夸张与戏说，但足见安坚在朝韩艺术史上的历史地位。

---

① 此币也被钱币收藏圈俗称为"大龙币"

朝鲜2015年主体思想塔精制纪念银币
10元（Won）
999银（1/2盎司）
主体思想塔（The Tower of Juche Idea）
CCT-0604

朝鲜2015年千里马铜像精制纪念银币
10元（Won）
999银（1/2盎司）
千里马铜像（Chollima Statue）
CCT-0605

朝鲜2015年名画-李庆胤《竹与鹤》精制纪念铝币
20元（Won）
名画-李庆胤《竹与鹤》（Famous Painting-Ri Kyong Yun-Bamboo and Crane）
CCN-0436

朝鲜2015年名画-张承业《雉》精制纪念铝币
20元（Won）
名画-张承业《雉》（Famous Painting-Jang Sung Op-Pheasant）
CCN-0437

2015年

不愿做宫廷画师的张承业

张承业是19世纪朝鲜李朝时期的著名画家,尤善花鸟画;其幼时家贫,失去双亲,先是流浪街头其后再为人奴仆都是张承业早年的经历,但其喜爱绘画并不因出身而放弃,随着对绘画技艺的磨炼以及对生活艰辛的体会,其画风摆脱了传统呆板的构图与风格,下笔更接近所绘事物的本质形象,尤其花鸟画中动物的灵动形态,可谓下笔如有神。

张承业亦有"画仙"之称,为了区别另一位朝鲜历史上的"画仙"金弘道,加之张承业有醉酒作画之风,其也被称为"醉画仙"。也许是因字号巧合,张承业号"吾园"与号"檀园"的金弘道及号"蕙园"的申润福合称朝鲜画家中的"三园"。

对世俗利益的不屑一顾使得张承业放弃宫廷画师之职,依旧寄情于山水,流连各地,继续追求绘画的无上境界。

朝鲜名画——张承业《雄鸡图》

朝鲜2015年1998生肖虎年精制纪念铝币
20元(Won)
生肖虎年(Year of the Tiger)
CCN-0438

朝鲜2015年动物-水牛精制纪念铝币
20元(Won)
动物-水牛(Buffalo)
CCN-0439

朝鲜2015年动物-海豚精制纪念铝币
20元（Won）
动物-海豚（Dolphin）
CCN-0440

朝鲜2015年动物-海龟精制纪念铝币
20元（Won）
动物-海龟（Sea Turtle）
CCN-0441

朝鲜2015年动物-大象精制纪念铝币
20元（Won）
动物-大象（Elephant）
CCN-0442

朝鲜2015年动物-犀牛精制纪念铝币
20元（Won）
动物-犀牛（A Rhinoceros）
CCN-0443

朝鲜2015年1998法国世界杯精制纪念铝币
20元（Won）
法国世界杯（1998 FIFA World Cup France）
CCN-0444

朝鲜2015年高丽时期金铜弥勒菩萨坐像精制纪念铜币
20元（Won）
高丽时期金铜弥勒菩萨坐像（Koryo Period Geumdong Mireuk Bosal）
CCT-0606

朝鲜2015年高丽时期浮石寺塑造如来坐像精制纪念铜币
20元（Won）
高丽时期浮石寺塑造如来坐像（Koryo Period Pusoksa Clay Seated Tathagata Buddha）
CCT-0607

朝鲜2015年凤山假面舞精制纪念铜币
20元（Won）
凤山假面舞（Pongsan Talchum）
CCT-0608

朝鲜2015年剑舞精制纪念铜币
20元（Won）
剑舞（Geomchum）
CCT-0609

朝鲜2015年扇舞精制纪念铜币
20元（Won）
扇舞（Buchaechum）
CCT-0610

朝鲜2015年寺党舞精制纪念铜币
20元（Won）
寺党舞（Sadangchum）
CCT-0611

朝鲜2015年农乐舞精制纪念铜币
20元（Won）
农乐舞（Nongakchum）
CCT-0612

朝鲜2015年长鼓舞精制纪念铜币
20元（Won）
长鼓舞（Jangguchum）
CCT-0613

朝鲜2015年动物-朝鲜国鸟苍鹰精制纪念铜币
20元（Won）
朝鲜国鸟苍鹰（Korean National Bird Goshawk）
CCT-0614

朝鲜2015年动物-鹰精制纪念铜币
20元（Won）
鹰（Dogsuli）
CCT-0615

朝鲜2015年生肖羊年精制纪念铜币
20元（Won）
生肖羊年（Year of the Goat）
CCT-0616

朝鲜2015年生肖羊年未羊精制彩色纪念铜币
20元（Won）
生肖羊年（Year of the Goat）
CCT-0617

朝鲜2015年朝鲜劳动党成立70周年-建党纪念塔精制纪念银币
20元（Won）
999银（1盎司）
朝鲜劳动党成立70周年-建党纪念塔（70th Anniversary of the Workers' Party of Korea-The Monument to Party Founding）
CCT-0618

朝鲜2015年动物-灰林鸮精制纪念银币
20元（Won）
999银（31克）
灰林鸮（Strix aluco）
CCN-0445

朝鲜2015年动物-红腹锦鸡精制纪念银币
20元（Won）
999银（31克）
红腹锦鸡（Chrysolophus pictus）
CCN-0446

朝鲜2015年动物-丹顶鹤精制纪念银币
20元（Won）
999银（31克）
丹顶鹤（Grus Japonensis）
CCN-0447

朝鲜2015年动物-苍鹰精制纪念银币
20元（Won）
999银（31克）
苍鹰（Accipiter Gentilis）
CCN-0448

朝鲜2015年动物-白头海雕精制纪念银币
20元（Won）
999银（31克）
白头海雕（Bald Eagle）
CCN-0449

朝鲜2015年动物-马精制纪念银币
20元（Won）
999银（31克）
马（Horse）
CCN-0450

朝鲜2015年主体思想塔精制纪念银币
20元（Won）
999银（1盎司）
主体思想塔（The Tower of Juche Idea）
CCT-0619

朝鲜2015年主体思想塔仿古纪念银币
20元（Won）
999银（1盎司）
主体思想塔（The Tower of Juche Idea）
仿古工艺再加工（Rework）
CCT-0620

朝鲜2015年祖国解放70周年-凯旋门精制纪念银币
20元（Won）
999银（1盎司）
祖国解放70周年-凯旋门（70th Anniversary of the Korea's Liberation-The Arch of Triumph）
CCT-0621

朝鲜2015年祖国解放70周年-凯旋门仿古纪念银币
20元（Won）
999银（1盎司）
祖国解放70周年-凯旋门（70th Anniversary of the Korea's Liberation-The Arch of Triumph）
仿古工艺再加工（Rework）
CCT-0622

朝鲜2015年千里马精制纪念银币

20元（Won）

999银（1盎司）

千里马（Chollima）

CCT-0623

朝鲜2015年动物-灰林鸮精制纪念金币

200元（Won）

999金（31克）

灰林鸮（Strix Aluco）

CCN-0451

朝鲜2015年动物-丹顶鹤精制纪念金币

200元（Won）

999金（31克）

丹顶鹤（Grus Japonensis）

CCN-0452

朝鲜2015年动物-苍鹰精制纪念金币

200元（Won）

999金（31克）

苍鹰（Accipiter Gentilis）

CCN-0453

朝鲜2015年动物-白头海雕精制纪念金币
200元（Won）
999金（31克）
白头海雕（Bald Eagle）
CCN-0454

朝鲜2015年动物-马精制纪念金币
200元（Won）
999金（31克）
马（Horse）
CCN-0455

朝鲜2015年高丽时期浮石寺塑造如来坐像精制纪念银币
750元（Won）
999银（1/2盎司）
高丽时期浮石寺塑造如来坐像（Koryo Period Pusoksa Clay Seated Tathagata Buddha）
CCT-0624

朝鲜2015年17世纪名画-《钓龙人》精制纪念银币
750元（Won）
999银（1/2盎司）
17世纪名画-《钓龙人》（17th Century Famous Painting-Dragon Catcher）
CCT-0625

朝鲜2015年12—14世纪高丽青瓷瓶与宋代白瓷八角形香炉精制纪念银币

750元（Won）

999银（1/2盎司）

12—14世纪高丽青瓷瓶与宋代白瓷八角形香炉（12-14th Century Koryo Celadon and Song Dynasty White Porcelain Incense Burner）

CCT-0626

朝鲜现代纪念币上的中国宋代白瓷

高丽瓷器中不光有青瓷，按颜色划分还有白瓷与黑瓷等，白瓷也是高丽瓷器中独特的一个分支。青瓷与白瓷联袂出现在朝鲜纪念币上，也是极具看点的设计，当然碍于本色金银币的铸造工艺，币面上看不出这些高丽瓷器的颜色差异。但朝鲜这枚青瓷与白瓷主题的纪念币上，不光有朝鲜的高丽青瓷外还有质地精良的中国宋代白瓷八角形香炉。

币面之上的中国宋代白瓷八角形香炉之原型文物现藏于韩国国立中央博物馆，番号"德寿4949"①；这种白瓷也叫做青白瓷，还被称为"影青"，在北宋早期，中国的景德镇已经可以烧造这种瓷器，随着技术进步与成熟，后来的白瓷可做到瓷薄如玉，胎质纯白。

这种白瓷八角形香炉是八角形的喇叭花状，下部还有阳刻莲花瓣纹饰，白瓷胎体透薄，如此塑形殊为不易。遗憾的是，香炉经过时间的洗礼，颇具历史的沧桑，目前该八角形香炉的棱角略有褪色，底部也已无釉，但不妨碍人们欣赏其精美的器型。

中国宋代白瓷八角形香炉

---

① 与之形制类似带有底座的白瓷香炉韩国国立中央博物馆亦藏有多种

朝鲜2015年动物-朝鲜国鸟苍鹰精制纪念银币
1500元（Won）
999银（1盎司）
朝鲜国鸟苍鹰（Korean National Bird Goshawk）
CCT-0627

朝鲜2015年动物-鹰精制纪念银币
1500元（Won）
999银（1盎司）
鹰（Dogsuli）
CCT-0628

朝鲜2015年凤山假面舞精制纪念银币
1500元（Won）
999银（1盎司）
凤山假面舞（Pongsan Talchum）
CCT-0629

朝鲜2015年剑舞精制纪念银币
1500元（Won）
999银（1盎司）
剑舞（Geomchum）
CCT-0630

朝鲜2015年扇舞精制纪念银币
1500元（Won）
999银（1盎司）
扇舞（Buchaechum）
CCT-0631

朝鲜2015年寺党舞精制纪念银币
1500元（Won）
999银（1盎司）
寺党舞（Sadangchum）
CCT-0632

朝鲜2015年农乐舞精制纪念银币
1500元（Won）
999银（1盎司）
农乐舞（Nongakchum）
CCT-0633

朝鲜2015年长鼓舞精制纪念银币
1500元（Won）
999银（1盎司）
长鼓舞（Jangguchum）
CCT-0634

朝鲜2015年12—14世纪高丽青瓷瓶与宋代白瓷八角形香炉精制金银双金属纪念币

5000元（Won）

999银999金（银1/28盎司/金1/10盎司）

双金属（Bimetallic）

12—14世纪高丽青瓷瓶与宋代白瓷八角形香炉（12-14th Century Koryo Celadon and Song Dynasty White Porcelain Incense Burner）

CCT-0635

朝鲜现代纪念币中贵金属双金属币始于此

朝鲜现代纪念币包括高丽青瓷系列纪念币都是从2015年开始发行金银双金属纪念币的，此前朝鲜有铜铝双金属币亦有银铜双金属币，但均为贵金属的双金属币至此时才出现。金银材质张力各不同，且贵金属硬度差异较大，要铸造成双金属币难度大，残次品率也高，对于朝鲜这种铸币工艺水平十分有限的国家难度极高。所以多是选取一些重要的国家历史文化与国际政治主题，如高丽青瓷系列、朝中友谊系列与千里马雕塑等主题才发行金银双金属纪念币。

值得一提的是，此枚双金属币金银材质衔接部分的内圈链式纹饰，此处等同于同主题银币上的链式纹饰，要在双金属衔接处呈现这种纹饰组合，以朝鲜之铸币工艺而言十分不易。

样币（Essai） CCS (CCSN/CCST/CCSO)

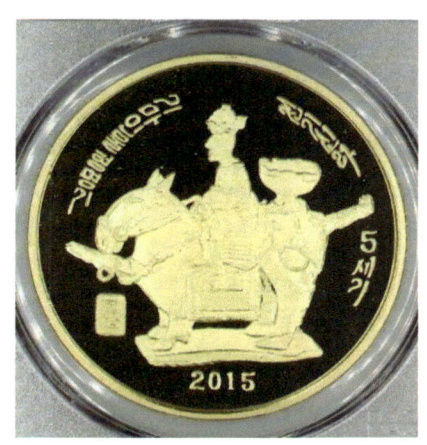

朝鲜2015年新罗骑马人物陶器（主人）精制纪念铜样币

5元（Won）

新罗骑马人物陶器（主人）（Silla Horse-rider-shaped Vessel(Master)）

CCST-0334

朝鲜2015年动物-朝鲜国鸟苍鹰精制纪念铝样币
10元（Won）
朝鲜国鸟苍鹰（Korean National Bird Goshawk）
CCST-0335

朝鲜2015年动物-鹰精制纪念铝样币
10元（Won）
鹰（Dogsuli）
CCST-0336

朝鲜2015年凤山假面舞精制纪念铝样币
10元（Won）
凤山假面舞（Pongsan Talchum）
CCST-0337

朝鲜2015年剑舞精制纪念铝样币
10元（Won）
剑舞（Geomchum）
CCST-0338

朝鲜2015年扇舞精制纪念铝样币
10元（Won）
扇舞（Buchaechum）
CCST-0339

朝鲜2015年寺党舞精制纪念铝样币
10元（Won）
寺党舞（Sadangchum）
CCST-0340

朝鲜2015年农乐舞精制纪念铝样币
10元（Won）
农乐舞（Nongakchum）
CCST-0341

朝鲜2015年长鼓舞精制纪念铝样币
10元（Won）
长鼓舞（Jangguchum）
CCST-0342

朝鲜2015年高丽时期金铜弥勒菩萨坐像精制纪念铝样币

10元（Won）

高丽时期金铜弥勒菩萨坐像（Koryo Period Geumdong Mireuk Bosal）

CCST-0343

朝鲜2015年高丽时期浮石寺塑造如来坐像精制纪念铝样币

10元（Won）

高丽时期浮石寺塑造如来坐像（Koryo Period Pusoksa Clay Seated Tathagata Buddha）

CCST-0344

朝鲜2015年生肖羊年精制纪念铝样币

10元（Won）

生肖羊年（Year of the Goat）

CCST-0345

朝鲜2015年动物-朝鲜国鸟苍鹰精制纪念铜样币

20元（Won）

朝鲜国鸟苍鹰（Korean National Bird Goshawk）

CCST-0346

朝鲜2015年动物-鹰精制纪念铜样币
20元（Won）
鹰（Dogsuli）
CCST-0347

朝鲜2015年凤山假面舞精制纪念铜样币
20元（Won）
凤山假面舞（Pongsan Talchum）
CCST-0348

朝鲜2015年剑舞精制纪念铜样币
20元（Won）
剑舞（Geomchum）
CCST-0349

朝鲜2015年扇舞精制纪念铜样币
20元（Won）
扇舞（Buchaechum）
CCST-0350

朝鲜2015年寺党舞精制纪念铜样币
20元（Won）
寺党舞（Sadangchum）
CCST-0351

朝鲜2015年农乐舞精制纪念铜样币
20元（Won）
农乐舞（Nongakchum）
CCST-0352

朝鲜2015年长鼓舞精制纪念铜样币
20元（Won）
长鼓舞（Jangguchum）
CCST-0353

朝鲜2015年高丽时期金铜弥勒菩萨坐像精制纪念铜样币
20元（Won）
高丽时期金铜弥勒菩萨坐像（Koryo Period Geumdong Mireuk Bosal）
CCST-0354

朝鲜2015年高丽时期浮石寺塑造如来坐像精制纪念铜样币
20元（Won）
高丽时期浮石寺塑造如来坐像（Koryo Period Pusoksa Clay Seated Tathagata Buddha）
CCST-0355

朝鲜2015年生肖羊年精制纪念铜样币
20元（Won）
生肖羊年（Year of the Goat）
CCST-0356

臆造币（Fantasy） CCF（CCFN/CCFT/CCFO）

朝鲜2015年劳动党朝鲜劳动党成立70周年-金日成精制纪念银币
1500元（Won）
999银（1盎司）
朝鲜劳动党成立70周年-金日成（70th Anniversary of the Workers' Party of Korea-Eternal Leader Comrade Kim Il Sung）
韩国臆造（South Korea Fantasy）
CCFO-0001

朝鲜2015年劳动党朝鲜劳动党成立70周年-金正日精制纪念银币

1500元（Won）

999银（1盎司）

朝鲜劳动党成立70周年-金正日（70th Anniversary of the Workers' Party of Korea-Great Leader Comrade Kim Jong Il）

韩国臆造（South Korea Fantasy）

CCFO-0002

朝鲜2015年劳动党朝鲜劳动党成立70周年-金正淑精制纪念银币

1500元（Won）

999银（1盎司）

朝鲜劳动党成立70周年-金正淑（70th Anniversary of the Workers' Party of Korea-Anti-Japanese War Heroine Kim Jong Suk）

韩国臆造（South Korea Fantasy）

CCFO-0003

朝鲜2015年劳动党朝鲜劳动党成立70周年-金日成精制纪念银币

50000元（Won）

999银（1公斤）

朝鲜劳动党成立70周年-金日成（70th Anniversary of the Workers' Party of Korea-Eternal Leader Comrade Kim Il Sung）

韩国臆造（South Korea Fantasy）

CCFO-0004

朝鲜2015年劳动党朝鲜劳动党成立70周年-金正日精制纪念银币

50000元（Won）

999银（1公斤）

朝鲜劳动党成立70周年-金正日（70th Anniversary of the Workers' Party of Korea-Great Leader Comrade Kim Jong Il）

韩国臆造（South Korea Fantasy）

CCFO-0005

朝鲜2015年劳动党朝鲜劳动党成立70周年-金正淑精制纪念银币

50000元（Won）

999银（1公斤）

朝鲜劳动党成立70周年-金正淑（70th Anniversary of the Workers' Party of Korea-Anti-Japanese War Heroine Kim Jong Suk）

韩国臆造（South Korea Fantasy）

CCFO-0006

现实中没有的纪念币靠臆造币来完成

何为臆造币？臆造币是一种本身不存在的，没有官方背书的，不具有法定面值的钱币，甚至说其为币都有些牵强，某种层面上讲属于纪念章似乎更贴切；臆造币这种现象在古今中外都有广泛存在，就钱币研究而言不能以假币笼统的一言以蔽之，朝鲜的臆造币就更为特殊了，很多臆造币的出现其实弥补了一国钱币领域里的"历史遗憾"。朝鲜受制于国情与政策，很多主题的纪念币非常慎重或完全不发行，这就给臆造者出售臆造币提供了极大的遐想空间。

类似中国清末民国时期的臆造币，当时外国人来华有喜好集藏钱者，发现中国钱币无论方孔制钱还是机制钱币基本没有带帝王将相头像的，唯独有光绪帝头像的也只有一种在川藏边疆地区行用的"四川卢比"银币"四川卢地"铜样片，于是当时的钱币商就发现了这个特殊的商机，及至民国开始铸造了各种清室帝后乃至一些民国军政要员头像的臆造币，一时间不明真相者纷纷抢购，以至洛阳纸贵；有些甚至编入当时的正规钱币书籍图录，可见其受欢迎程度。

需要指出的是臆造币不同于纯粹意义上的假币，是因为臆造币多是凭空捏造出来的，并非完全仿制某一种流通货币，且臆造目的一般不是为了充当货币流通。而朝鲜当代发行纪念币的政策即是近年基本不再发行金家人物头像之纪念币，于是给臆造币提供了空间。

西方国家臆造币中比较知名的即英国国王爱德华八世系列臆造币，几乎是当代最大规模的臆造币系列。因为这位不爱江山爱美人的英王爱德华八世，登基后为了辛普森夫人闪电退位，留下一段帝王佳话却也造成了其短暂在位期间英国与英联邦国家和地区巨大的钱币发行空缺。于是英国的钱币商最先开发这个臆造币项目，整个纪念爱德华八世的系列臆造币前后分几批发行了几十年[①]，虽然币面年份都固定在其登基的1936年，但世人皆知这些臆造币并非是1936年铸造的。

所以各国无中生有的臆造币，有些客观上讲确实具备了一些艺术性与文化性，亦可作为纪念章来特殊看待。朝鲜的臆造币种类并不多，也极易分辨，这几种臆造币结合朝鲜国情与铸造工艺风格来看都绝非朝鲜所国产，韩国与俄罗斯钱币商都有臆造过朝鲜主题的臆造币，这套金家人物与故居组合的臆造币，设计上模拟朝鲜原有类似主题纪念币之风格，甚至还臆造出了此臆造币的臆造样币；但各方面细节还是出卖了它。

英国爱德华八世臆造币

---

① 臆造者也并非同一批钱币商

臆造币样币（Fantasy） CCFS（CCFSN/CCFST/CCFSO）

2015年

朝鲜2015年劳动党朝鲜劳动党成立70周年-金日成精制纪念银样币
1500元（Won）
999银（1盎司）
朝鲜劳动党成立70周年-金日成（70th Anniversary of the Workers' Party of Korea-Eternal Leader Comrade Kim Il Sung）
韩国臆造（South Korea Fantasy）
CCFSO-0001

532

朝鲜2015年劳动党朝鲜劳动党成立70周年-金正日精制纪念银样币

1500元（Won）

999银（1盎司）

朝鲜劳动党成立70周年-金正日（70th Anniversary of the Workers' Party of Korea-Great Leader Comrade Kim Jong Il）

韩国臆造（South Korea Fantasy）

CCFSO-0002

朝鲜2015年劳动党朝鲜劳动党成立70周年-金正淑精制纪念银样币

1500元（Won）

999银（1盎司）

朝鲜劳动党成立70周年-金正淑（70th Anniversary of the Workers' Party of Korea-Anti-Japanese War Heroine Kim Jong Suk）

韩国臆造（South Korea Fantasy）

CCFSO-003

2016年

常规币（Coin） CC (CCN/CCT/CCO)

朝鲜2016年平壤爱国妇女白善行精制纪念铝币

2元（Won）

平壤爱国妇女白善行（Pyongyang Patriot Baek Seon Haeng）

CCT-0636

白氏善行白寡妇

在金日成的回忆录《与世纪同行》中就有提到过这位白善行，以及对她作为伟大战争英雄的称赞与肯定。

白善行生活在日治时期的朝鲜，并未活到朝鲜光复，对于白善行的具体名字，一直没有定论与记载，只知道姓白，尤其关于其出生地亦有不同的记录，朝鲜宣称其出生在平壤，韩国则宣称其出生在江原道。

白善行纪念馆

一般认为白善行在20岁之前即成为寡妇，作为传统女性一辈子守节未有再嫁，同时勤俭持家，且经营有道，成为远近驰名的女商人，也积累下巨大家业与财富。白善行富则达济天下，乐善好施，捐献土地与资金开办朝鲜人自己的学校，由此从"白寡妇"而得名"白善行"，受人敬仰。

白善行的善举很多，除了捐助筹办诸多学校外，还捐资修建了横跨大同江的白山大桥这种大型建筑工程；看到朝鲜人没有自己的工会礼堂，又捐助了平壤的一栋三层楼房作为公会礼堂所使用，她的善举甚至得到了日治时期朝鲜总督府的表彰，包括要授予其勋章等荣誉，但均被白善行婉拒。这也是朝鲜光复建国后对各类资本家进行批判，但确将白善行列为资本家中爱国榜样的原因之一。

白善行捐助的作为公会礼堂的石造三层楼房，就是今天平壤白善行纪念馆的所在地，设立于此也可更好地缅怀白善行的事迹；同时今天这里仍作为阅览室、礼堂与活动室用以发挥其原有之功能。纪念币也以此为主题，将白善行纪念馆列于币面，背景是纪念馆所在的三层楼房、馆外的白善行半身铜像及金正日亲笔题写的"白氏善行纪念碑"；足见朝鲜方面对白善行的重视与肯定。

白善行的善举得到了今天朝韩两国一致的高度认可与赞扬。

朝鲜2016年女诗人，书法家黄真伊瓷精制纪念铝币
2元（Won）
女诗人，书法家黄真伊（Poetess Calligrapher Hwang Jin Yi）
CCT-0637

一代名妓黄真伊

朝鲜纪念币上的黄真伊，因其身份特殊，所以币面朝鲜文对其的介绍主要是女诗人与书法家黄真伊。《一代名妓黄真伊》是过去韩国导演尹逢春曾拍摄过的一部电影，实际上这部电影的中文译名并不严谨，这部电影《一代名妓黄真伊》(Hwang Jin-yiui ilsaeng)更准确的翻译应该叫做《黄真伊的一生》，也许"一代名妓"这种称谓更令人眼前一亮吧①，更何况黄真伊其实是妓生，不同于我们常规理解的妓女，妓生具体是什么，基本相当于朝鲜版的日本艺伎，当然还有一些差异。一般来说传统的妓生是为朝鲜王族与两班贵族表演歌舞的，原本是卖艺不卖身的②。妓生要接受各种技艺的训练，如文学、舞蹈与乐器等等，不同地区的妓生所擅长的又各有不同，如晋州剑舞比较知名则此地的妓生便擅长剑舞。还有一种药局妓生，我们熟悉的大长今就是药局妓生，也就是医女，医女相当于朝鲜王室御医手下的护士，但后来也为贵族表演，遂称为药局妓生③。

《黄真伊》电视剧海报（河智苑饰）

妓生的命运各有不同，有的默默无闻，为他人服务一生；有的如黄真伊一般成为女诗人、书法家或文学家而史上留名；还有一些通过婚嫁，嫁入两班贵族甚至王族家庭，完成身份与阶层的的转变，但一般仅能为妾室④。当代韩国亦有现代妓生存在，伴生于旅游业，与日本艺伎的工作性质类似。

黄真伊是开城人，开城旧称松都，因其名声在外更擅长诗词也被称为"松都三绝"之一，其余"二绝"则为开城的朴渊瀑布与哲学家徐敬德，黄真伊与朴渊瀑布均出现在朝鲜现代纪念币之上，亦有不少影视文艺作品皆以黄真伊为主角。

---

① 黄真伊这枚纪念币也经常被人称为"朝鲜为妓女所发行的纪念币"
② "卖艺不卖身"并不绝对
③ 药局妓生甚至被称为"医妓"后官方禁止医女陪酒饮宴，但收效甚微
④ 偶有特例

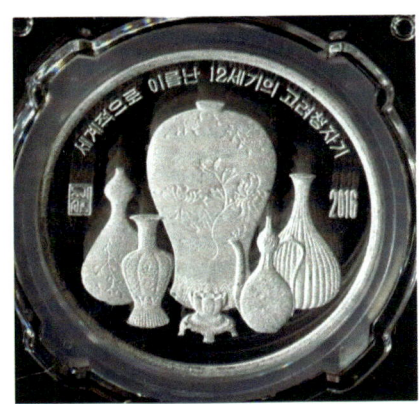

朝鲜2016年世界闻名-12世纪高丽青瓷精制纪念铝币
2元（Won）
世界闻名-12世纪高丽青瓷（World-famous 12th Century Koryo Celadon）
CCT-0638

朝鲜纪念币上集中展示高丽青瓷

世界闻名-12世纪高丽青瓷，是朝鲜现代纪念币中集中展示最多高丽青瓷瓷器的纪念币，诸多精品青瓷现身于币面之上，占据C位的正是当年韩国1970年瓷器纪念银币上高丽青瓷的代表作——象嵌铜彩牡丹纹梅瓶，其他有朝鲜1995年祖国解放50周年纪念银币上最早出现的高丽青瓷镶嵌辰砂彩葡萄童子纹瓢形注子①与正中偏下是高丽青瓷透刻七宝纹香炉②等。

C位这尊共同登上朝韩两国纪念币的高丽青瓷象嵌铜彩牡丹纹梅瓶，朝鲜定义时间为12世纪，韩国定义时间为12－13世纪，今天藏于韩国国立中央博物馆，亦是韩国第346号国宝。

这件梅瓶的看点在于器型较大③，翡色细腻，且运用象嵌与铜彩工艺，瓶身三束巨大的牡丹花纹饰就是在象嵌青瓷上用含铜的颜料进行上色再加工，这是鼎盛时期高丽青瓷的代表作之一，也因此被朝韩两国所重视，同时登上了两国的纪念币。

青瓷象嵌铜画牡丹纹梅瓶

---

① 不带承盘展示
② 不带炉盖展示
③ 较之于一般高丽青瓷

朝鲜2016年金刚山8仙女-吹笛仙女精制纪念铝币
2元（Won）
金刚山8仙女-吹笛仙女（Fairy of Mt.Kumgang-Playing Flute）
CCT-0639

朝鲜2016年生肖猴年精制纪念铝币
2元（Won）
生肖猴年（Year of the Monkey）
CCT-0640

朝鲜2016年新加坡国际钱币展销会-滨海湾金沙酒店精制纪念铝币

2元（Won）

新加坡国际钱币展销会-滨海湾金沙酒店（Singapore International Coin Fair-Marina Bay Sands）

CCT-0641

新加坡国际钱币展销会的举办地滨海湾地标级建筑

新加坡国际钱币展销会纪念币朝鲜在多年前已有发行，朝鲜造币机构也屡次参加该钱币展销会，在2010年滨海湾金沙酒店落成后，新加坡国际钱币展销会就一直在此举办。

新加坡钱币展销会由美国熊猫公司主办，是亚太地区规模及影响力较大的国际钱币展销会之一；而滨海湾金沙酒店坐落于新加坡滨海湾，是由三座主题酒店大楼组合而成，顶部连有如飞船一般极其壮观的空中花园，是新加坡的著名地标之一，更有世界上最大的屋顶无边泳池，还可俯瞰新加坡世界级的城市天际线美景，新加坡国际钱币展销会在此举行可谓强强联合！

新加坡滨海湾金沙酒店

朝鲜2016年千里马精制纪念铝币

2元（Won）

千里马（Chollima）

CCT-0642

朝鲜2016年名画-金得臣《班常图》精制纪念铝币

2元（Won）

名画-金得臣《班常图》（Famous Painting-Gim Deuk Sin-Bansangdo）

CCT-0643

金得臣的《班常图》与朝鲜的两班社会

  金得臣是朝鲜李朝18世纪时期的著名画家，擅长人物画与各类风俗画作，开拓现实主义是其主要画风。金得臣出身宫廷画师世家，其父金应履亦是供职于宫廷的画师。金得臣擅长的风俗画，又称朝鲜风俗画；是一种写实描绘朝鲜封建王朝时期社会生活的画作，反映封建时代的历史文化特征，除美术价值外亦极具历史研究价值，因此在朝鲜绘画史占据重要地位，不少朝鲜历史上的著名画家都擅长这种风俗画，朝鲜亦不只一次把这些名画家的风俗画搬上纪念币。

  金得臣流传的画作亦有不少，如《破寂图》《班常图》《树下一家图》《归市图》与《斗钱图》等，多为表现朝鲜社会风俗主题的画作，其中《班常图》是其代表作之一。《班常图》很多人不明其意，但根据画作的内容以往又被称之为《路上见谒图》，看似是人们简单的路遇互相拜谒，实则不然，画作反映了朝鲜封建王朝时期森严的社会等级。所谓"班常"，是指两班[①]与常民[②]，常民路遇等级高贵的两班需要主动拜谒才合乎封建伦常，但实际是一种不平等的社会制度。

  朝鲜封建王朝时期又称之为两班社会，因为两班是占支配地位的群体，属于李朝王族宗室以外的臣民中的最高阶级。这些臣民一般分为良民和贱民，良民中为首的就是两班贵族，基本相当于中国的士大夫阶层，但又有不同的是，由于朝鲜历史情况特殊，李朝持续五百余年，且不同阶层人士并不通婚，两班贵族阶层等于世代交替，很多两班贵族家庭绵延四五百年历史或更久远，特权也一直世袭保留着，所以整体朝鲜社会就被两班所支配。"两班"这一贵族名词的由来也颇有意思，乍听"两班"非常陌生，也很具朝鲜特色，但实际这就是帝王左右分为两班的文武大臣，还有一说为高丽时期贵族主要居住在都城的东西两边。关于两班还有细分，除了文武大臣这种正宗高级两班外，地方城市中的两班称为在地两班，而部分乡绅这类更低级的两班有时也称为乡班。两班以下称作中人，多为两班的妾室所生子女，但这也是高于平民百姓的阶层，诸如一些没有品级的实际社会管理工作，类似中国封建社会的皂吏等多由此类人担当。中人以下称作常民，可以理解为从事正常职业的平民百姓，而从事一些层次较低，如屠宰等脏活累活者，则称作白丁，是最底层的平民百姓。在此四等良民以外还有更低一级的贱民，具体为何，从名称即不言而喻。

  高高在上的两班贵族，也有没落的时候，两班贵族的没落始自朝鲜李朝中后期；原本朝鲜规定两班贵族生活来源为朝廷俸禄，不可从事农业与工商业等职业，颇有些类似清朝八旗子弟只能居住在满城或聚居区范围，生活来源全靠俸禄，无所事事游手好闲还美其名曰"不与民争利"。但随着朝鲜国力衰减，两班贵族中级别较低或家道中落者的生计问题迫

---

① 贵族

② 百姓

在眉睫，李朝中后期已有不少贫困的两班贵族从事农业与工商业等行业为生。更有甚者，为利益所趋，将自家两班族谱转售与富贵商人，甘愿改变与降低自身阶级属性。此时的两班身份不以血统为准更似一种资格，商人可买来贫困的旧有两班贵族族谱而成为新的两班阶层，实现了自身阶级的转换与提升；而朝鲜此时早已朝纲不振，官方对于这类行为，无论是在两班从事劳动，还是变卖两班族谱给他人冒名顶替等行为也往往都是默许的。

朝鲜名画－金得臣《班常图》

遗憾的是朝鲜李朝终其一朝，统治者从未认真考虑过没落两班贵族的生计问题，在过去还为了稳定自身的统治，而强化与森严两班贵族制度，如两班妾室子女须为中人，即是由此诞生。

更加讽刺的是，两班贵族制度与其特权真正的消亡却来自日韩合并。朝鲜在日韩合并后，日本人把持的统监府因不少两班贵族的抗日行为，而对其采取强力镇压的手段，没收财产甚至打入大牢乃是家常便饭，不少两班贵族借机流亡中日两国。二战胜利后回到韩国一方的旧时两班贵族，部分贵族人员领到了一部分过去被没收之财产，但政治经济与特权乃至高人一等的社会地位早已烟消云散。

朝鲜2016年名画-金弘道《吹笛仙童图》精制纪念铝币

2元（Won）

名画-金弘道《吹笛仙童图》（Famous Painting-Gim Hong Do-Fairchild Playing Flute）

CCT-0644

金得臣的《班常图》与朝鲜的两班社会

金弘道有"画仙"之称，是朝鲜李朝中后期的著名画家，尤其擅长朝鲜风俗画，与另外几位风俗画大家，如有"醉画仙"之称号吾园的张承业①及号蕙园的申润福合称风俗画"三园"。

除风俗画之外，山水画与人物画也是金弘道所擅长的绘画领域，因业务水平出众还作为宫廷画师为朝鲜王族宗师画像。

朝鲜这枚纪念币上的《吹笛仙童图》正是金弘道所擅长的人物画像。值得一提的是，今天藏于韩国国立中央博物馆的韩国第527号国宝即金弘道代表作品集《檀园风俗图帖》，其中收录了25幅风俗画，但却没有《吹笛仙童图》。

朝鲜名画－金弘道作品集《檀园风俗图帖》

① 金弘道亦擅长醉酒作画

朝鲜2016年平壤爱国妇女白善行精制纪念铜币

5元（Won）

平壤爱国妇女白善行（Pyongyang Patriot Baek Seon Haeng）

CCT-0645

朝鲜2016年女诗人，书法家黄真伊瓷精制纪念铜币

5元（Won）

女诗人，书法家黄真伊（Poetess Calligrapher Hwang Jin Yi）

CCT-0646

朝鲜2016年世界闻名-12世纪高丽青瓷精制纪念铜币

5元（Won）

世界闻名-12世纪高丽青瓷（World-famous 12th Century Koryo Celadon）

CCT-0647

朝鲜2016年名画-金弘道《吹笛仙童图》精制纪念铜币

5元（Won）

名画-金弘道《吹笛仙童图》(Famous Painting-Gim Hong Do-Fairchild Playing Flute）

CCT-0648

朝鲜2016年金刚山8仙女-吹笛仙女精制纪念铜币
5元（Won）
金刚山8仙女-吹笛仙女（Fairy of Mt.Kumgang-Playing Flute）
CCT-0649

朝鲜2016年生肖猴年精制纪念铜币
5元（Won）
生肖猴年（Year of the Monkey）
CCT-0650

朝鲜2016年新加坡国际钱币展销会-滨海湾金沙酒店精制纪念铜币
5元（Won）
新加坡国际钱币展销会-滨海湾金沙酒店（Singapore International Coin Fair-Marina Bay Sands）
CCT-0651

朝鲜2016年千里马精制纪念铜币
5元（Won）
千里马（Chollima）
CCT-0652

朝鲜2016年坚不可摧的社会主义军事力量-火星10型中远程弹道导弹试射成功精制纪念铜币

10元（Won）

坚不可摧的社会主义军事力量-火星10型中远程弹道导弹试射成功（Unbreakable Socialism Military Muscle-Successful Test-fire of Long-range Strategic Ballistic Missile Hwasong-10）

CCN-0456

朝鲜2016年先军政治-白头山军事力量-水下导弹试射成功精制纪念铜币

10元（Won）

先军政治-白头山军事力量-水下导弹试射成功（Songun Policy-Mt. Paektu Military Muscle-Successful Underwater Test-fire of Strategic Submarine Ballistic Missile）

CCN-0457

朝鲜2016年太空强国-金日成主体思想-光明星2号人造地球卫星成功发射精制纪念铜币

10元（Won）

太空强国-金日成主体思想-光明星2号人造地球卫星成功发射（Full-fledged Space Power-Kim Il Sung Juche Idea-Successful Launch of Artificial Earth Satellite Kwangmyongsong-2）

CCN-0458

朝鲜2016年太空强国-金日成主体思想-光明星3号人造地球卫星第二次成功发射精制纪念铜币

10元（Won）

太空强国-金日成主体思想-光明星3号人造地球卫星第二次成功发射（Full-fledged Space Power-Kim Il Sung Juche Idea-Second Successful Launch of Artificial Earth Satellite Kwangmyongsong-3）

CCN-0459

朝鲜2016年太空强国-金日成主体思想-光明星4号地球观测卫星成功发射精制纪念铜币

10元（Won）

太空强国-金日成主体思想-光明星4号地球观测卫星成功发射（Full-fledged Space Power-Kim Il Sung Juche Idea-Successful Launch of Earth Observation Satellite Kwangmyongsong-4）

CCN-0460

以先军政治为纲领的朝鲜发行了各类卫星与导弹纪念币

诚如朝鲜《劳动新闻》所言"以先军政治是朝鲜革命百战百胜的旗帜"；"先军政治"是我们经常能听到的朝鲜的政治纲领与口号，如其字面意思，先军政治就是朝鲜以军事优先于一切，并以军事为核心，加强革命主体从而推动社会主义事业胜利的政治模式。朝鲜几代领导人都坚持贯彻先军政治模式，坚信先军政治才是保证国泰民安的不二法则！

在这种先军政治的大环境下，朝鲜现代纪念币中亦发行了大量的光明星卫星、北极星导弹与火星导弹等主题的纪念币，侧重内容各有不同，总体规格繁多，自成一系。在现代世界各国纪念币发行中，集中发行若干此类纪念币者尚属少数，尤其在朝韩半岛对于武器导弹这类更为敏感话题的前提下。

朝鲜2016年元山国际友谊航空节-格罗斯特海斗士舰载战斗机精制纪念铜币

10元（Won）

元山国际友谊航空节-格罗斯特海斗士舰载战斗机（Wonsan International Friendship Air Festival-Gloster Gladiator Naval Aircraft）

CCN-0461

朝鲜2016年元山国际友谊航空节-格罗斯特斗士式战斗机精制纪念铜币

10元（Won）

元山国际友谊航空节-格罗斯特斗士式战斗机（Wonsan International Friendship Air Festival-Gloster Gladiator）

CCN-0462

朝鲜2016年元山国际友谊航空节-容克斯斯图卡Ju87俯冲轰炸机精制纪念铜币

10元（Won）

元山国际友谊航空节-容克斯斯图卡Ju87俯冲轰炸机（Wonsan International Friendship Air Festival-Junkers Ju 87"Stuka"）

CCN-0463

元山国际友谊航空节

元山国际友谊航空节是一套以银币与铜币为系列的朝鲜现代纪念币,铜币之上有各种老式战机,银币之上以元山国际友谊航空节的标志为题。

朝鲜2016年首次举办元山国际友谊航空节,举办地点为元山葛麻机场,也是朝鲜历史上的首次航空表演。但好景不长,2017年元山国际友谊航空节因故取消①。

首届元山国际友谊航空节成功举办,在朝鲜亦属盛况空前。主要由朝鲜人民军空军进行特技飞行表演和高丽航空进行民用飞机飞行展示,同时亦有各类文艺汇演结合其中,造访嘉宾也是来自各国的友好人士。

2016年元山国际友谊航空节宣传海报

2017年元山国际友谊航空节因故取消

---

① 据说与美国大学生奥托·瓦姆比尔从朝鲜出狱后死亡有关

朝鲜2016年动物-狮子精制纪念银币
10元(Won)
999银(31克)
狮子(Panthera leo)
CCN-0464

朝鲜2016年动物-金钱豹精制纪念银币
10元（Won）
999银（31克）
金钱豹（Panthera Pardus）
CCN-0465

朝鲜2016年动物-朝鲜虎精制纪念银币
10元（Won）
999银（31克）
朝鲜虎（Panthera Tigris）
CCN-0466

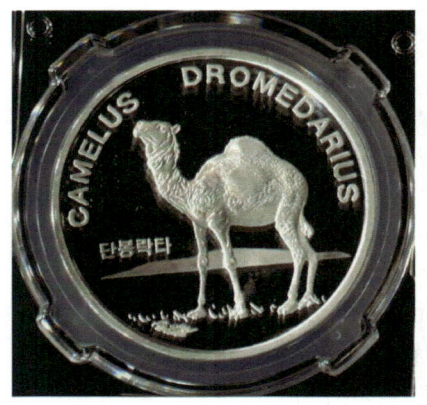

朝鲜2016年动物-单峰驼精制纪念银币
10元（Won）
999银（31克）
单峰驼（Camelus Dromedarius）
CCN-0467

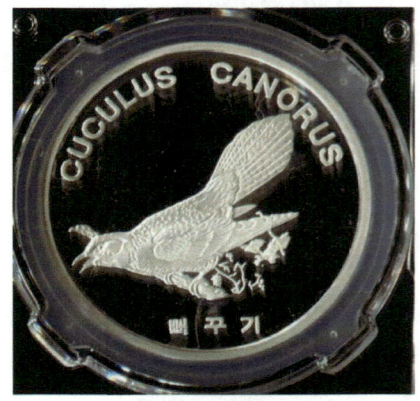

朝鲜2016年动物-大杜鹃精制纪念银币
10元（Won）
999银（31克）
大杜鹃（Cuculus Canorus）
CCN-0468

朝鲜2016年平壤访问纪念-朝鲜民俗-长鼓舞精制纪念铜币
20元（Won）
平壤访问纪念-朝鲜民俗-长鼓舞
（Memories of Pyongyang-Korean Folk-Jangguchum）
CCN-0469

朝鲜2016年平壤访问纪念-朝鲜民俗-农乐舞精制纪念铜币
20元（Won）
平壤访问纪念-朝鲜民俗-农乐舞
（Memories of Pyongyang-Korean Folk-Nongakchum）
CCN-0470

朝鲜2016年平壤访问纪念-朝鲜民俗-剑舞精制纪念铜币
20元（Won）
平壤访问纪念-朝鲜民俗-剑舞
（Memories of Pyongyang-Korean Folk-Geomchum）
CCN-0471

朝鲜2016年平壤访问纪念-朝鲜民俗-放风筝精制纪念铜币
20元（Won）
平壤访问纪念-朝鲜民俗-放风筝
（Memories of Pyongyang-Korean Folk-Kite-Flying）
CCN-0472

朝鲜2016年平壤访问纪念-朝鲜民俗-跳板精制纪念铜币
20元（Won）
平壤访问纪念-朝鲜民俗-跳板
（Memories of Pyongyang-Korean Folk-Seesawing）
CCN-0473

朝鲜2016年平壤访问纪念-朝鲜民俗-摔跤精制纪念铜币
20元（Won）
平壤访问纪念-朝鲜民俗-摔跤
（Memories of Pyongyang-Korean Folk-Wrestling）
CCN-0474

朝鲜2016年平壤访问纪念-朝鲜民俗-荡秋千精制纪念铜币
20元（Won）
平壤访问纪念-朝鲜民俗-荡秋千
（Memories of Pyongyang-Korean Folk-Swingingg）
CCN-0475

朝鲜2016年平壤访问纪念-朝鲜民俗-跳绳精制纪念铜币
20元（Won）
平壤访问纪念-朝鲜民俗-跳绳
（Memories of Pyongyang-Korean Folk-Ropeskipping）
CCN-0476

朝鲜2016年平壤访问纪念-朝鲜民俗-高句丽时期婚礼-新郎精制纪念铜币

20元（Won）

平壤访问纪念-朝鲜民俗-高句丽时期婚礼-新郎（Memories of Pyongyang-Korean Folk-Wedding In the Period of Koguryo-Groom）

CCN-0477

朝鲜2016年平壤访问纪念-朝鲜民俗-高句丽时期婚礼-新娘精制纪念铜币

20元（Won）

平壤访问纪念-朝鲜民俗-高句丽时期婚礼-新娘（Memories of Pyongyang-Korean Folk-Wedding In the Period of Koguryo-Bride）

CCN-0478

平壤访问纪念——朝鲜民俗纪念币卡通化再设计

　　平壤访问纪念这里指的是游客造访平壤，这套以平壤访问为名，实则朝鲜民俗为题的纪念币本质上与过去朝鲜所发行的金刚山及开城旅游纪念币是相似的系列。平壤作为朝鲜的首都自然有诸多独有的政治与文化特点，但遗憾的是这套纪念币并无创新设计，虽然铸币工艺上是有所进步，但设计上到了2016年还在"吃老本"，将过往朝鲜所发行的"童玩系列""民俗舞蹈系列"甚至是"历史民俗婚礼"等纪念币所用之图案等杂糅在一起，只是在纪念币上人物的面部细节等处进行卡通化再设计[①]。

　　平心而论，以平壤的政治与文化特色发行一套全新原创设计的平壤访问系列纪念币，本是一张好牌，却被朝方所浪费。

---

① 但这种改动亦不明显

朝鲜2016年平壤爱国妇女白善行
精制纪念银币
20元（Won）
999银（1盎司）
平壤爱国妇女白善行（Pyongyang Patriot Baek Seon Haeng）
CCT-0653

朝鲜2016年平壤爱国妇女白善行
精制纪念银币
20元（Won）
999银（1盎司）
平壤爱国妇女白善行（Pyongyang Patriot Baek Seon Haeng）
仿古工艺再加工（Rework）
CCT-0654

朝鲜2016年世界闻名-12世纪高丽
青瓷精制纪念银币
20元（Won）
999（1盎司）
世界闻名-12世纪高丽青瓷（World-famous 12th Century Koryo Celadon）
CCT-0655

朝鲜2016年名画-金得臣《班常图》精制纪念银币
20元（Won）
999银（1盎司）
名画-金得臣《班常图》（Famous Painting-Gim Deuk Sin-Bansangdo）
CCT-0656

朝鲜2016年名画-金得臣《班常图》仿古纪念银币

20元（Won）

999银（1盎司）

名画-金得臣《班常图》（Famous Painting-Gim Deuk Sin-Bansangdo）

仿古工艺再加工（Rework）

CCT-0657

朝鲜2016年名画-金弘道《吹笛仙童图》精制纪念银币

20元（Won）

999银（1盎司）

名画-金弘道《吹笛仙童图》（Famous Painting-Gim Hong Do-Fairchild Playing Flute）

CCT-0658

朝鲜2016年名画-金弘道《吹笛仙童图》仿古纪念银币

20元（Won）

999银（1盎司）

名画-金弘道《吹笛仙童图》（Famous Painting-Gim Hong Do-Fairchild Playing Flute）

仿古工艺再加工（Rework）

CCT-0659

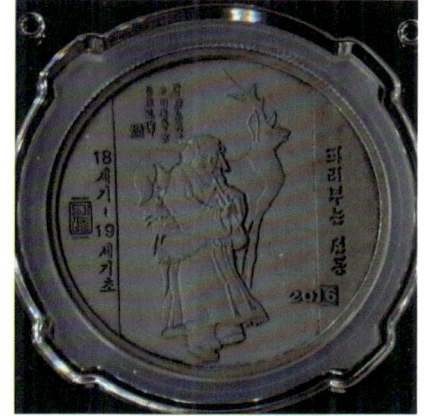

朝鲜2016年尚武精神精制纪念银币
20元（Won）
999银（1盎司）
尚武精神（Sangmu Spirit）
CCT-0660

尚武精神——关于朝鲜古代武术

尚武精神为题的这枚纪念币，因币面朝文书写比较行云流水，难倒了不少钱币收藏者与研究者，有人根据币面人物动作图案认为此币为"古代武术""跆拳道""武士"或"花郎（道）"等主题，实则不然，虽然币面图案确实含有武术的意思，但此币的正式主题就是币面朝文所书之"尚武精神"。

关于朝鲜古代武术，朝鲜方面认为跆拳道是朝鲜的正统武道，韩国亦为本国武术项目申请了联合国教科文组织的非物质文化遗产，如摔跤与跤拳[①]，另如剑舞等已演变为舞蹈形式者也是源自朝鲜古代武术。

提到朝韩武术知名度最高的一定是两国均有且是奥运会正式比赛项目的跆拳道。跆拳道一般被认为是一种糅合朝鲜古代武术跤拳、源自中国的唐手与部分日本空手道等而成的武术。无论是朝韩跆拳道、日本空手道还是琉球唐手道，都是受到中国武术影响而逐步演变形成的。当然现代意义上的跆拳道，从总结形成到跆拳道命名，都是1955年由韩国的崔泓熙将军提出的，后来跆拳道这种形式也被朝鲜所采纳。而形成跆拳道之一的古代武术跤拳，今天已是联合国教科文组织认定的非物质文化遗产，更很早就被韩国定为本国的重要无形文化遗产，这种朝鲜古代武术，也称为韩式脚功或脚戏，我们更熟悉的命名则是跤拳或跆跟，在朝鲜古代如高丽王朝等时期就是军队所需的武术训练项目亦是花郎（道）的训练项目之一。

花郎又称为花郎道，这其实并非一种具体武术[②]，本是朝鲜古代新罗至高丽王朝时期的一种青少年培养制度，青少年被集中训练学习，所训练项目亦非纯粹武技或军事技能，而是文武双全的训练模式，还有诸多的道德礼仪规范训练以培养忠君爱国的思想精神，当然所涉及的武术训练就有跆跟，参与花郎的训练者多被称为"花郎徒"，是古代朝鲜官方培养下的"军校练习生"，也是一种准军事组织，类似者如普鲁士的少年军校。学成归来的花郎徒们确实不少投身于军事领域，诠释着朝鲜古代的尚武精神。

今天韩国还有以尚武为名的金泉尚武足球俱乐部（尚州尚武）等命名，也是取自尚武精神等含义。

---

① 也称跆跟
② 一说花郎为朝鲜古代武术之一

朝鲜2016年尚武精神仿古纪念银币
20元（Won）
999银（1盎司）
尚武精神（Sangmu Spirit）
仿古工艺再加工（Rework）
CCT-0661

朝鲜2016年新加坡国际钱币展销会-滨海湾金沙酒店精制纪念银币
20元（Won）
999银（1盎司）
新加坡国际钱币展销会-滨海湾金沙酒店（Singapore International Coin Fair-Marina Bay Sands）
CCT-0662

朝鲜2016年新加坡国际钱币展销会-滨海湾金沙酒店仿古纪念银币
20元（Won）
999银（1盎司）
新加坡国际钱币展销会-滨海湾金沙酒店（Singapore International Coin Fair-Marina Bay Sands）
仿古工艺再加工（Rework）
CCT-0663

朝鲜2016年元山国际友谊航空节精制纪念银币
20元（Won）
999银（31克）
元山国际友谊航空节（Wonsan International Friendship Air Festival）
CCN-0479

朝鲜2016年坚不可摧的社会主义军事力量-火星10型中远程弹道导弹试射成功精制纪念银币

20元（Won）

999银（31克）

坚不可摧的社会主义军事力量-火星10型中远程弹道导弹试射成功（Unbreakable Socialism Military Muscle-Successful Test-fire of Long-range Strategic Ballistic Missile Hwasong-10）

CCN-0480

朝鲜2016年先军政治-白头山军事力量-水下导弹试射成功精制纪念银币

20元（Won）

999银（31克）

先军政治-白头山军事力量-水下导弹试射成功（Songun Policy-Mt. Paektu Military Muscle-Successful Underwater Test-fire of Strategic Submarine Ballistic Missile）

CCN-0481

朝鲜2016年太空强国-金日成主体思想-光明星2号人造地球卫星成功发射精制纪念银币

20元（Won）

999银（31克）

太空强国-金日成主体思想-光明星2号人造地球卫星成功发射（Full-fledged Space Power-Kim Il Sung Juche Idea-Successful Launch of Artificial Earth Satellite Kwangmyongsong-2）

CCN-0482

朝鲜2016年太空强国-金日成主体思想-光明星3号人造地球卫星第二次成功发射精制纪念银币
20元（Won）
999银（31克）
太空强国-金日成主体思想-光明星3号人造地球卫星第二次成功发射（Full-fledged Space Power-Kim Il Sung Juche Idea-Second Successful Launch of Artificial Earth Satellite Kwangmyongsong-3）
CCN-0483

朝鲜2016年太空强国-金日成主体思想-光明星4号地球观测卫星成功发射精制纪念银币
20元（Won）
999银（31克）
太空强国-金日成主体思想-光明星4号地球观测卫星成功发射（Full-fledged Space Power-Kim Il Sung Juche Idea-Successful Launch of Earth Observation Satellite Kwangmyongsong-4）
CCN-0484

朝鲜2016年千里马精制纪念银币
20元（Won）
999银（1盎司）
千里马（Chollima）
CCT-0664

朝鲜2016年千里马精制纪念金币
20元（Won）
999金（1/10盎司）
千里马（Chollima）
CCT-0665

朝鲜2016年打倒帝国主义同盟成立90周年精制纪念银币
100元（Won）
999银（2盎司）
打倒帝国主义同盟成立90周年
（90th Anniversary of the Down-with-Imperialism Union）
CCN-0485

朝鲜2016年青龙精制纪念银币
400元（Won）
999银（20盎司）
青龙（Blue Dragon）
CCT-0666

朝鲜2016年17世纪名画-《钓龙人》精制纪念银币
400元（Won）
999银（20盎司）
17世纪名画-《钓龙人》（17th Century Famous Painting-Dragon Catcher）
CCT-0667

错币（Mint Error） CCE (CCEN/CCET/CCEO)

朝鲜2016年国徽精制纪念银币合面错币
20元（Won）
999银（31克）
错误（Mint Error）：合面（Two Obverses）
CCEN-0007

2017年

常规币（Coin） CC (CCN/CCT/CCO)

朝鲜2017年抗日女英雄金正淑同志诞辰100周年精制纪念银币
无面值（No Face Value）
999银（31克）
抗日女英雄金正淑同志诞辰100周年（100th Anniversary of Anti-Japanese War Heroine Kim Jong Suk）
CCO-0036

朝鲜2017年抗日女英雄金正淑同志诞辰100周年精制纪念金币
无面值（No Face Value）
999金（31克）
抗日女英雄金正淑同志诞辰100周年（100th Anniversary of Anti-Japanese War Heroine Kim Jong Suk）
CCO-0037

朝鲜2017年生肖鸡年精制纪念铝币
2元（Won）
生肖鸡年（Year of the Rooster）
CCT-0668

朝鲜2017年18世纪名画-《高士骑马图》精制纪念铜币
5元（Won）
18世纪名画-《高士骑马图》（18th Century Famous Painting-Eminent Recluse Rider）
CCT-0669

高士骑马

高士在古代意为高洁之士，一般指志趣与品行皆高尚之人，过去也曾多指修道之人。后来高士这个概念逐步扩大化，也包含隐士等范畴。凡是保持独立人格、追求心灵自由、不趋炎附势且饱学之士，皆可称之为高士。中国历史上历朝历代皆有高士存在，有些高士的事迹也被广为流传，同处于大中华文化圈之影响，朝鲜半岛古代亦有高士存在。

中朝历史上都不乏与高士相关的绘画名作，各种类型的《高士图》很多收藏在博物馆或收藏家的手中。

朝鲜这枚18世纪名画《高士骑马图》纪念币上的画作，更似一种朝鲜传统的风俗画，表现高士潇洒的骑马姿态，颇有"事了拂衣去，深藏功与名"之感。

朝鲜2017年《槿域江山猛虎气象图》长方形精制纪念铜币

5元（Won）

《槿域江山猛虎气象图》（Map of the Land of Rose of Sharon, Symbolic of Korean Tiger）

CCN-0486

《槿域江山猛虎气象图》

朝方介绍《槿域江山猛虎气象图》是20世纪20年代①以朝鲜虎结合朝鲜半岛地形特点而成的颇具象征意味的朝鲜全图，主要目的也是反抗日寇侵占，唤醒民众对朝鲜本国的爱国意识与抗日热情，并以本国国土为自豪来展现三千里江山。

《槿域江山猛虎气象图》的绘制形制是竖版模式，所以朝鲜铸币也遵循如此，铸成竖版长方形纪念币，分为铜币与银币，形式与主题的结合很有特点。

朝鲜《槿域江山猛虎气象图》纪念邮票

---

① 一说此图为1908年由朝鲜新文学运动先驱崔南善创刊《少年》时首发

朝鲜2017年北极星-2型地对地中远程战略弹道导弹试射成功精制纪念铜币

10元（Won）

北极星-2型地对地中远程战略弹道导弹试射成功（Successful Test-fire of Surface-to-surface Medium Long-range Ballistic Missile Pukguksong-2）

CCN-0487

朝鲜2017年火星-14型洲际弹道火箭第二次试射成功精制纪念铜币

10元（Won）

火星-14型洲际弹道火箭第二次试射成功（Second Successful Test-fire of Intercontinental Ballistic Rocket Hwasong-14）

CCN-0488

朝鲜2017年开城观光旅游纪念-安和寺罗汉殿精制纪念铜币

10元（Won）

开城观光旅游纪念-安和寺罗汉殿（Memories of Kaesong-Anhwasa Nahanjeon）

CCN-0489

朝鲜2017年开城观光旅游纪念-安和寺精制纪念铜币

10元（Won）

开城观光旅游纪念-安和寺（Memories of Kaesong-Anhwasa）

CCN-0490

朝鲜2017年开城观光旅游纪念-表忠碑精制纪念铜币
10元（Won）
开城观光旅游纪念-表忠碑（Memories of Kaesong-Pyochungbi）
CCN-0491

朝鲜2017年开城观光旅游纪念-灵通寺普光院精制纪念铜币
10元（Won）
开城观光旅游纪念-灵通寺普光院（Memories of Kaesong-Ryongthongsa Bogwangwon）
CCN-0492

朝鲜2017年开城观光旅游纪念-成均馆大成殿精制纪念铜币
10元（Won）
开城观光旅游纪念-成均馆大成殿（Memories of Kaesong-Sungkyunkwan Daeseongjeon）
CCN-0493

朝鲜2017年开城观光旅游纪念-成均馆玄化寺七层石塔精制纪念铜币
10元（Won）
开城观光旅游纪念-成均馆玄化寺七层石塔（Memories of Kaesong-Sungkyunkwan 7-Storeyed Pagoda of Hyonhwasa）
CCN-0494

朝鲜2017年开城观光旅游纪念-崧阳书院祠堂精制纪念铜币

10元（Won）

开城观光旅游纪念-崧阳书院祠堂（Memories of Kaesong-Sungyang Sowon）

CCN-0495

朝鲜2017年开城观光旅游纪念-开城南大门精制纪念铜币

10元（Won）

开城观光旅游纪念-开城南大门（Memories of Kaesong-Kaesong Namdaemun）

CCN-0496

朝鲜2017年开城观光旅游纪念-王建王陵精制纪念铜币

10元（Won）

开城观光旅游纪念-王建王陵（Memories of Kaesong-Wanggeonwangneung）

CCN-0497

朝鲜2017年开城观光旅游纪念-朴渊瀑布精制纪念铜币

10元（Won）

开城观光旅游纪念-朴渊瀑布（Memories of Kaesong-Pakyon Falls）

CCN-0498

朝鲜2017年金刚山观光旅游纪念-
三仙岩精制纪念铜币
10元（Won）
金刚山观光旅游纪念-三仙岩
（Memories of Mt.Kumgang-
Samseonam）
CCN-0499

朝鲜2017年金刚山观光旅游纪念-
鬼面岩精制纪念铜币
10元（Won）
金刚山观光旅游纪念-鬼面岩
（Memories of Mt.Kumgang-
Gwimyeonam）
CCN-0500

朝鲜2017年金刚山观光旅游纪念-
妙吉祥大佛精制纪念铜币
10元（Won）
金刚山观光旅游纪念-妙吉祥大
佛（Memories of Mt.Kumgang-
Myogilsang Buddhist）
CCN-0501

朝鲜2017年金刚山观光旅游纪念-
明镜台精制纪念铜币
10元（Won）
金刚山观光旅游纪念-明镜台
（Memories of Mt.Kumgang-
Myeonggyeongdae）
CCN-0502

2017年

朝鲜2017年金刚山观光旅游纪念-
表训寺精制纪念铜币
10元（Won）
金刚山观光旅游纪念-表训寺
（Memories of Mt.Kumgang-
Pyohunsa）
CCN-0503

朝鲜2017年金刚山观光旅游纪念-
西山大师碑精制纪念铜币
10元（Won）
金刚山观光旅游纪念-西山大师
碑（Memories of Mt.Kumgang-
Seosandaesabi）
CCN-0504

朝鲜2017年金刚山观光旅游纪念-
普德庵精制纪念铜币
10元（Won）
金刚山观光旅游纪念-普德庵
（Memories of Mt.Kumgang-
Bodeokam）
CCN-0505

朝鲜2017年金刚山观光旅游纪念-
金刚山八仙女精制纪念铜币
10元（Won）
金刚山观光旅游纪念-金刚山八仙
女（Memories of Mt.Kumgang-
Fairy of Mt.Kumgang）
CCN-0506

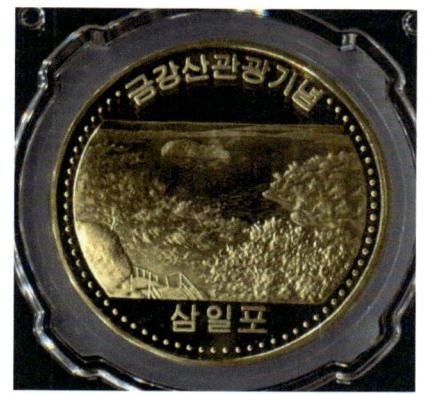

朝鲜2017年金刚山观光旅游纪念-三日浦精制纪念铜币

10元（Won）

金刚山观光旅游纪念-三日浦（Memories of Mt.Kumgang-Samilpo）

CCN-0507

朝鲜2017年金刚山观光旅游纪念-海金刚精制纪念铜币

10元（Won）

金刚山观光旅游纪念-海金刚（Memories of Mt.Kumgang-Haegeumgang）

CCN-0508

朝鲜2017年《朝鲜民主主义人民共和国社会主义宪法》颁布45周年精制纪念铜币

5元（Won）

《朝鲜民主主义人民共和国社会主义宪法》颁布45周年（45th Anniversary of the Socialist Constitution of the Democratic People's Republic of Korea）

CCN-0509

　　《朝鲜民主主义人民共和国社会主义宪法》颁布45周年，其实这是朝鲜建国后的第二部宪法，第一部宪法是1948年通过的《朝鲜民主主义人民共和国宪法》，对比后者首部宪法名称正式字眼里是不带"社会主义"的。现行这部《朝鲜民主主义人民共和国社会主义宪法》是1972年所颁布的，其还有《金日成宪法》与《金日成金正日宪法》等称谓。

　　值得一提的是，2019年修改后的朝鲜宪法序言中保留"有核国家"的描述，但在第59条中删去了过去一直存在的"先军思想"等文字。

　　宪法是一个国家的根本，世界上很多国家都会发行宪法颁布周年的纪念币，朝鲜宪法颁布45周年纪念币的设计与中国宪法颁布10周年纪念币的设计非常类似，的确可以明显看出不少借鉴之处。

《中华人民共和国宪法》（八二宪法）颁布10周年纪念币

朝鲜2017年普天堡战斗胜利80周年精制纪念铜币
10元（Won）
普天堡战斗胜利80周年（80th Anniversary of the Pochonbo Battle）
CCN-0510

普天堡战斗——金日成所领导的历史性抗日战斗

朝鲜视普天堡战斗为其抗日革命战争史上意义重大的战斗，每到周年纪念日还会有特别纪念活动。

普天堡战斗是1937年朝鲜人民革命军主力部队在金日成同志的指挥下所启动的重返祖国进军的第一步，攻打日本当时的战略要冲普天堡并取得重大胜利。朝鲜认为普天堡战斗的意义在于在金日成领导下给日本侵略者重大的打击，此举为朝鲜人民带来祖国光复的曙光，令国民坚信朝鲜没有死，朝鲜仍然活着，朝鲜民族有望光复，一定能靠自主力量实现祖国的独立，从而使更多国民投入到朝鲜的全民抗战中。

普天堡战斗已成为朝鲜的一种革命精神的象征，普天堡更成为革命战绩之地，此地还建起普天堡战斗胜利纪念塔，塔身正面塑有金日成的铜像，朝方经常组织官兵、各界群众与学生来此参观接受爱国主义教育。此外普天堡还被用来命名朝鲜的很多活动，如普天堡火炬奖运动会等。

朝鲜这套纪念币也是朝方首次为普天堡战斗胜利周年而发行纪念币[①]，分为金币、银币与铜币三种。

普天堡战斗胜利纪念塔

---

① 此前有纪念邮票

朝鲜2017年北极星-2型地对地中远程战略弹道导弹试射成功精制纪念银币

20元（Won）

999银（31克）

北极星-2型地对地中远程战略弹道导弹试射成功（Successful Test-fire of Surface-to-surface Medium Long-range Ballistic Missile Pukguksong-2）

CCN-0511

朝鲜2017年火星-14型洲际弹道火箭第二次试射成功精制纪念银币

20元（Won）

999银（31克）

火星-14型洲际弹道火箭第二次试射成功（Second Successful Test-fire of Intercontinental Ballistic Rocket Hwasong-14）

CCN-0512

朝鲜2017年礼物动物-豪猪精制纪念银币

20元（Won）

999银（31克）

礼物动物-豪猪（Gift Animals-Porcupine）

CCN-0513

朝鲜2017年礼物动物-绿猴精制纪念银币

20元（Won）

999银（31克）

礼物动物-绿猴（Gift Animals-Green Monkey）

CCN-0514

朝鲜2017年礼物动物-山羊精制纪念银币

20元（Won）

999银（31克）

礼物动物-山羊（Gift Animals-Goat）

CCN-0515

朝鲜2017年礼物动物-侏猊精制纪念银币

20元（Won）

999银（31克）

礼物动物-侏猊（Gift Animals-Pygmy marmoset）

CCN-0516

金正日的礼物动物

乍听礼品动物令人不明其意，但实际上这些礼品动物就是指海外各国人士与侨民侨胞向金正日所赠送的动物，因而有此称谓。这些礼品动物抵朝后也多生活在朝鲜的中央动物园，朝鲜民众亦可到动物园观赏它们。

金正日已经离开朝鲜人民了，但当年这些作为礼物被馈赠给金正日的动物们，有些还生活在中央动物园，朝鲜人民通过参观动物园观赏礼物动物从而继续缅怀伟人。这些金正日的礼物动物在朝鲜备受重视,在中央动物园亦得到良好的照顾,朝鲜甚至发行纪念币来纪念它们。目前已知的礼物动物纪念币系列有四种动物,也是因为这类礼物动物总数较多,只能选取其中更有代表性者而登上纪念币发行。

　　金正日的礼物动物纪念币不光是一套纯粹的动物主题系列纪念币,还具有浓厚的政治意味。朝鲜动物主题的纪念币种类众多,从铸币工艺可知,这套金正日的礼物动物纪念币铸工较之以往进步提高。但对于部分动物的设计与表现亦有明显不足,可能因这些礼物动物并非朝鲜本土动物,朝方设计人员对其特点的掌握尚有不足。

朝鲜中央动物园

朝鲜2017年国犬《丰山犬》精制纪念银币

20元(Won)

999银(31克)

国犬《丰山犬》(National Dog-Phungsan Dog)

CCN-0517

朝鲜2017年国树《松树》精制纪念银币

20元(Won)

999银(31克)

国树《松树》(National Tree-Pine)

CCN-0518

朝鲜2017年国鸟《苍鹰》精制纪念银币
20元（Won）
999银（31克）
国鸟《苍鹰》（National Bird-Goshawk）
CCN-0519

朝鲜2017年国花《木兰花》精制纪念银币
20元（Won）
999银（31克）
国花《木兰花》（National Flower-Magnolia）
CCN-0520

国犬、国鸟、国树与国花

国犬丰山犬[①]，丰山犬是早在20世纪50年代就被朝鲜确定为国家天然纪念物的物种。本身是朝鲜本地犬种，经过多年培育繁殖与大力发展，丰山犬物种优异，后来还设立了专门的丰山犬天然纪念物保护区。

国树松树，朝鲜把松树作为象征民族之树，象征朝鲜民族走过漫长的历史征程。当年朝鲜国民会创立人金亨稷出狱后创作的歌曲即《南山青松》。另如朝鲜国民会周年主题纪念币与纪念邮票之上也一直有松树的形象。

国鸟苍鹰，这种猛禽作为国鸟体现朝鲜民族机智、勤劳、刚毅的性格与气质。朝鲜苍鹰古代也多称为海东青，朝鲜领导人的专机也以苍鹰命名。

国花木兰花，如前文所言，朝鲜有诸多极具政治象征意义的花卉，有些还与历代领导人有关，甚至以领导人命名，所以朝鲜国花经常被人误解。实际上朝鲜国花就是木兰花，这套朝鲜的国犬、国鸟、国树与国花纪念币也算给国花为木兰花的一种正名。朝鲜著名爱国歌曲，《祖国赞歌》中有歌词道"苍鹰云上飞、木兰花争艳的江山就是智美双全的朝鲜的面貌"！

国犬、国鸟、国树与国花这套纪念银币，比起朝鲜过往发行之纪念币，确实能看到铸币工艺的显著提高，主题图案的雕刻细节与喷砂的细腻程度较之过往有不小的进步。

---

① 朝方亦多称丰山狗

朝鲜2017年生肖鸡年精制纪念银币
20元（Won）
999银（1盎司）
生肖鸡年（Year of the Rooster）
CCT-0670

朝鲜2017年普天堡战斗胜利80周年精制纪念银币
50元（Won）
999银（31克）
普天堡战斗胜利80周年（80th Anniversary of the Pochonbo Battle）
CCN-0521

朝鲜2017年实施普遍的12年制义务教育5周年精制纪念银币
50元（Won）
999银（31克）
实施普遍的12年制义务教育5周年（5th Anniversary of the Universal 12-year Compulsory Education）
CCN-0522

朝鲜所实施普遍的12年制义务教育

　　教育是国之大事，关乎国家的未来，尤其义务教育更是重中之重。东西方的教育制度不同，但都有相关的义务教育制度，历史上义务教育制度起源于西方的德国，德国还是城邦林立之时，已出现义务教育的开端，包括马丁·路德发动的宗教改革运动也促使教会学校向常规学校转变,魏玛公国时期亦有一些强制性的入学法令,多被认为是义务教育的开端;普鲁士国王腓特烈·威廉一世更是颁布法律,强制开展全国范围的小学义务教育。

中国采用的是9年义务教育制度,这是国家统一实施的教育制度,所有适龄儿童与少年都必须享有接受义务教育的权利;9年义务教育制度1985年实施已采用多年,亦有部分地区已开展了12年义务教育,但并没有全国性的普及。虽然此前社会各方意见不一,但不少学者认为中国的12年义务教育制度的基本条件已经具备与趋向成熟,未来何去何从尚在论证之中。

朝鲜在教育与培养人才方面国家投入力度较大,早在1972年已开始实施普遍的11年制义务教育,至2012年朝鲜第12届最高人民会议第六次会议通过法令,决定实施普遍的12年制义务教育制度[1]。12年义务教育,是分为1年的学前教育、5年的小学教育、6年的中学教育[2],如此总计12年。

纪念币的图案设计也很有看点,有卫星图案,正在操作电脑的学生,可见朝鲜对于高科技知识与人才的迫切需要。

平壤第一中学

平壤学生少年宫

---

[1] 亦有3年过渡期安排
[2] 含3年初中与3年高中

朝鲜2017年实施普遍免费医疗65周年精制纪念银币
50元(Won)
999银(31克)
实施普遍免费医疗65周年(65th Anniversary of the Universal,Free Medical Care)
CCN-0523

朝鲜的免费医疗

免费医疗一直是一个世界性话题，很多国家都有各自不同的医疗保障措施，而全面免费医疗也成为一些国家引以为傲的制度，也是一些高赋税高福利国家实行多年的制度，更成为互联网时代各国人民经常性讨论的话题，毕竟生老病死与每个人息息相关。

朝鲜一直对外宣传自己确立世界上最优越的保健制度，由国家层面来实施与负责全国人民的健康，由此对全国实施普遍的免费医疗制度，即从住院、门诊、出诊、诊断、实检、功能诊断、手术和预防接种等所有的医疗以及疗养服务全部免费，由国家买单。朝鲜的免费医疗制度由来已久，1948年建国后仅1年，金日成便计划实施普遍免费医疗制度，至1952年还在朝鲜战争中，朝鲜便正式通过与实施普遍免费医疗制度。

朝鲜的国情与各种举国制度也许更适合这种普遍免费医疗模式[①]。世界上不同国家对于免费医疗的办法不一，促进医疗制度改革是很多国家都在进行的措施，国有医保与商业保险组合是许多国家都有的模式。另外有些国家虽然在国际上号称全民免费医疗，但实际上医疗资源十分有限或落后，不同阶层的人民亦选择不同医疗模式，公立医院虽然免费却无法保证更多的治疗效果与治疗效率，私立医院与出国治疗需要自费并且昂贵，但可得到及时或更佳的医疗效果。

朝鲜这枚实施普遍免费医疗65周年纪念银币主图是医生手持针筒，周围辅以各种医疗形式的简易图案，还有医院的十字符号标记。

平壤妇产科医院

高丽医学院

---

① 对于朝鲜的普遍免费医疗国际上亦有不同看法，主要是对其医疗技术与医护条件的质疑，包括朝鲜因封闭而缺医少药，有些必要的药品只能到黑市上高价换取

朝鲜2017年祖国统一三大宪章精制纪念银币

50元（Won）

999银（31克）

祖国统一三大宪章（Three Charters of National Reunification）

CCN-0524

朝鲜2017年全民族大团结精制纪念银币

50元（Won）

999银（31克）

全民族大团结（Great National Unity）

CCN-0525

朝鲜2017年动物-白孔雀精制纪念银币

50元（Won）

999银（31克）

白孔雀（Pavo Cristatus）

CCN-0526

朝鲜2017年朝鲜国民会成立100周年精制纪念银币

100元（Won）

999银（31克）

朝鲜国民会成立100周年（100th Anniversary of the Korean Nationnal Assembly）

CCN-0527a大字版（Large Chars）

CCN-0527b小字版（Small Chars）

朝鲜国民会成立100周年

朝鲜国民会成立100周年这枚纪念银币使用的图案中"志远"汉字与青松（松树）在此前朝鲜国民会成立周年的纪念邮票上已经反复出现过，同样国民会成立100周年纪念邮票也有"志远"汉字与青松图案。

以青松为背景，也因朝鲜的国树即松树。金亨稷是朝鲜建国领导人金日成父亲，早在1917年金亨稷在平壤学堂谷成立朝鲜国民会，后来公开讲学因言入狱，从日本人的监狱出

金刚山中"志远"题字

狱后还创作了《南山青松》歌曲，并以"志远"为座右铭，以培养奉献祖国和民族的朝鲜年轻人。这就是朝鲜国民会成立100周年纪念币上与往昔国民会成立周年纪念邮票上"志远"汉字与青松图案的由来。

此枚朝鲜国民会成立100周年纪念银币历史意义与政治意义巨大，铸币工艺较之往昔亦有所提高，青松的浮雕细节与镜面的光洁程度亦有所进步。此外此币还有一些广为流传的暗藏彩蛋细节，如银币主题图案一面，主题图案外环有珠圈设计，总计珠圈为100个点以示100周年主题。但在2017年其他主题纪念币上亦有这种主题图案外环的珠圈设计，如"导弹"一类，动物白孔雀，以及国犬、国鸟、国树与国花等纪念币。但此币确有存在版别之分，所谓"大字版"与"小字版"，即国名国徽一面的各种文字数字有大小之分。主要区别在于100元面值的"100"阿拉伯数字，两种版本数字粗细差异明显。因参考数量有限，无法确定哪种版本更为稀少；究其原因可能是铸币过程中修模所致，亦可能本身不止一套铸币模具，出现这种情况在各国铸币上亦非鲜见，提高铸币细节与规范管理是减少这种情况出现的主要办法。

朝鲜2017年动物-老虎精制镶金纪念银币

150元（Won）
999银镶999金（银155.5克/金3.1克）
老虎（Tiger）
CCT-0671

朝鲜首枚镶金银币。

朝鲜2017年北极星-2型地对地中远程战略弹道导弹试射成功精制纪念金币

200元（Won）
999金（31克）
北极星-2型地对地中远程战略弹道导弹试射成功（Successful Test-fire of Surface-to-surface Medium Long-range Ballistic Missile Pukguksong-2）
CCN-0529

朝鲜2017年火星-14型洲际弹道火箭第二次试射成功精制纪念金币

200元（Won）
999金（31克）
火星-14型洲际弹道火箭第二次试射成功（Second Successful Test-fire of Intercontinental Ballistic Rocket Hwasong-14）
CCN-0530

朝鲜2017年普天堡战斗胜利80周年精制纪念金币
200元（Won）
999金（31克）
普天堡战斗胜利80周年（80th Anniversary of the Pochonbo Battle）
CCN-0531

2018年

常规币（Coin） CC（CCN/CCT/CCO）

朝鲜2018年反美精制纪念铝币
5元（Won）
摧毁美国是唯一的答案（Destroy the United States The Only Answerr）
CCT-0672

反美纪念章

朝鲜"反美"纪念币发行的时间点很有趣，要知道2018年朝美首脑会晤开启，也称"金特会"，双方领导人金正恩与唐纳德·约翰·特朗普开启朝美首脑多年来的首次会晤。同时有些国家亦发行了"金特会"主题的各种纪念章，其中以新加坡造币公司的彩色金银铜材质系列纪念章比较出彩,而美国白宫礼品商店这家私人企业①出品的纪念章,名气也很大,一开始还被不少人误读为纪念币,后因工艺一般,仿制门槛较低,而后各地出现诸多仿制品。

美国白宫礼品商店"特金会"主题纪念章

新加坡造币公司"特金会"主题彩色纪念银章

---

① 后经美国媒体证实这是一家美国宾夕法尼亚州的私企公司与美国政府无关,且该礼品商店网站将不少纪念章描述为纪念币,混淆视听确实不该;2020年该礼品商店还推出了2019新型冠状病毒主题的纪念章,此举更令人唏嘘

朝鲜2018年朝鲜建国建军70周年精制纪念铝币

10元（Won）

朝鲜建国建军70周年（70th Anniversary of the Founding of the DPRK and Korean People's Army）

CCT-0673

实物远逊色于设计图的朝鲜建国建军70周年纪念币

朝鲜的建国建军都在1948年，所以建国建军周年相同。

朝鲜的全称是朝鲜民主主义人民共和国，是社会主义性质的国家，于1948年9月9日正式成立。9月9日就是朝鲜国庆节纪念日。

朝鲜人民军是包括陆军、海军、航空与防空军、战略军与特种作战军在内的国家一切军队之统称。朝鲜人民军1948年正式建立，前身源自1932年建立的朝鲜人民革命军①，另一前身为1939年于中国延安建立的朝鲜义勇军②，当时朝方已经有计划地在延安培养自己的军政人员以期赶走日本侵略者谋求祖国光复，到1945年时朝鲜义勇军已有相当规模，二战胜利后朝鲜很快成立了今天的金日成军事综合大学③，推进军事化建设，完成了不少国防与军队建设目标。朝鲜人民军建军节纪念日本是2月8日，经过修改与再次恢复，依旧是每年2月8日，而金日成创建的首支革命武装力量朝鲜人民革命军的纪念日为每年4月25日。

朝鲜以建国建军70周年及单独建国70周年为题发行了多种纪念币，无论本色铝币与两种彩色银币，均为大规格直径之纪念币，银币还采用珐琅彩着色技术，钱币直径均达65毫米之巨。银币主图设计主要由朝鲜国旗、朝鲜劳动党党旗和朝鲜人民军军徽组成，另有文字"1948-2018"与"70周年"等字样。朝鲜人民军军旗有不同军种所属旗帜，有朝鲜人民军军旗，还有陆海空三军军旗，以及朝鲜工农赤卫军军旗④和朝鲜人民军最高司令官旗等。但朝鲜人民军各军军旗上都有这种大五星与嘉禾麦穗组合形式的人民军军徽，因此币面放置军徽更具代表性。铝币主图设计主要以朝鲜人民军军徽为主，亦有文字"1948-2018"与"70周年"等字样，顶部增加了朝鲜的"祖宗发祥之地龙兴之处"的白头山⑤图案，朝鲜有万景台血统与白头山血统之说，因万景台为金日成出生地而白头山密营为金正日出生地，都属于领导人故居。铝币设计上相较更为严肃的银币还颇有看点，山体处烟云缭绕与水波不兴的抽象线条绘制出70周年阿拉伯数字"70"的变体，为政治军事这类严肃主题的纪念币带来一丝浪漫与艺术气息。

---

① 其实1932年金日成创建首支革命武装力量，当时的称谓是反日人民游击队，是1934年扩编时才改称的朝鲜人民革命军

② 朝鲜义勇军前身为1938年国民政府批准成立的朝鲜义勇队

③ 最初名为高级军事学校与金日成陆军大学等

④ 准军事部队组织类似民兵

⑤ 朝鲜所言白头山即中国长白山，今时中朝在长白山亦设有两国界碑

值得一提的是，很多钱币收藏者也发现这套朝鲜建国建军70周年纪念铝币与纪念银币实物与原本宣传时的设计展示图非常不符，甚至引起很多疑问与不必要的麻烦。

朝鲜建国建军70周年是重大的历史、政治与军事主题，值得大书特书，朝方也非常重视，发行的都为大规格币，发行量亦极少①。朝方很早便开始了这套纪念币的预热，此系列纪念币②均由朝鲜仁丰钱币会社③铸造发行，仁丰钱币会社及相关代理商很早就印制了一批中文版的钱币宣传册。从朝鲜方面给出宣传册上的设计展示图来看，此两枚纪念币最初均为彩色设计，甚至金黄色之处还准备增加镀金工艺，但朝鲜的国产彩色币工艺是一种早期比较原始的珐琅彩上色技术，前文也分析过，本身朝鲜使用这种技术比较落后④，而且对细部具体图案上的着色几乎很难实现，因此彩色着色主要属于粗线条加工状态，仔细观之比较质朴，这种彩色工艺在主流造币大国的造币机构中或技术更新或不被使用淘汰已久。通过宣传册上的设计展示图与实物币图相对比，发现银币实物的军徽部分五星、麦穗与嘉禾等处按设计图应为彩色但加工水平有限，遂放弃改为不着色处理，包括旗杆原本应上色的穗绳也没有填充金色或镀金，而是保持本色状态，本身这种彩色币的细部特征加工很多国家的造币机构都未必尽善尽美，何况朝鲜的铸币水平。反观纪念铝币就更夸张了，因受制于制造成本与工艺水平，临时改弦更张，完全放弃了设计图上金红色调的军徽彩色部分，变成全部不着色的本色铝币，作为直径偏大的铝币与银币，铸造细节比较粗糙，朝鲜造币技术水平可见一斑。即便如此少量发行的5盎司彩色纪念银币，还发现了特殊的"版别"，由于发行量只有70枚，这个区别还是很容易对比出来的，当然这种所谓的"版别"，其实只是一种铸币生产上的误差。出现的主要问题是军旗右侧旗杆的箭头部分与穗绳部分本应是喷砂浮雕处理，但极个别的银币，出现漏掉喷砂的无处理光面，少了这一步处理，因此看起来好似两个版本，出现这种情况不外乎铸币模具使用过度，修模不及时或为节省时间节约成本根本没有修模等。

朝鲜仁丰钱币会社宣传册中彩色铝币与彩色银币的设计展示图

朝鲜建国建军70周年纪念银币与铝币均为精制币，但精制镜面的做工确实不佳，过去不少朝鲜发行的5盎司精制彩色银币工艺出众，因为不少这类银币是委托他国造币厂代铸，包括彩色工艺也比较正常。这枚建军建国70周年的5盎司彩色银币是朝鲜国产的首枚5盎司彩色银币，之前朝鲜本国生产的5盎司银币均为本色工艺。亦有经销商宣传这枚朝鲜国产的建军建国70周年纪念铝币为世界上直径最大的铝币，这种说法并不准确，或有待进一步核实。

---

① 银币发行量70枚，铝币发行量700枚
② 含单独建国70周年主题彩色纪念银币，但仁丰钱币会社宣传册上并未列出此币
③ 币面有厂标"I"
④ 西方国家造币机构亦有把此珐琅彩着色技术升级并在彩色币上发扬光大的

建军建国70周年纪念币刚发行之时，因宣传册已广泛传播，但实物图与设计图差异巨大，于是很多钱币收藏者不明就里，担心等来了仿造假币，实则不然，待朝方发行文件公布，文件上可见铝币就是本色设计，因此真相大白，此乃朝方自找乌龙。实物远逊色与设计图的朝鲜建国建军70周年纪念币更像是卖家秀与买家秀之间的对比！

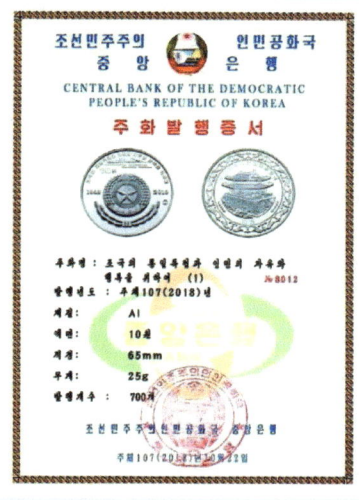

朝鲜建国建军70周年纪念铝币发行文件，实物即是本色币状态

局部出现"版别"，应是铸币模具产生问题

朝鲜2018年两国最高首脑意味深长的会面精制纪念铜币
10元（Won）
两国最高首脑意味深长的会面（Kim-Xi Meeting）
CCN-0532

离奇的朝鲜"错币" 两国首脑"金习会"纪念币

朝鲜"金习会"纪念币币面文字"两国最高首脑意味深长的会面"即"朝中首脑会晤"①，也就是"金习会"②；这也是金正恩就任以来积极与各方会谈的举动，这类会晤还包括"金特会"与"金寅会"。

纪念币表面彩虹状的条幅上中文以汉字记录了2018年的两次"金习会"与具体召开时间，分别是北京市非正式访问与大连市访问，顶部则为中文汉字主题"两国最高首脑意味深长的会面"。纪念币上主要是朝中两国的建筑物，中国是北京天安门广场上的天安门城楼，朝鲜是平壤金日成广场上的人民大学习堂。两国建筑物之间点缀有和平鸽以及

中国2014年中法建交50周年精制金银纪念币

下方空白处有诸多星星。以两国标志性建筑物作为图案的纪念币章，在不少国家发行纪念币中的以两国友好、两国文化年或建交周年等主题中经常出现；且发行国多将友好国家主题居左设计，本图则居右设计，以示尊重。

关于此枚两国首脑主题纪念铜币还有离奇的"错币"，为何说"离奇"，所谓出错，出错在朝方使用的中文汉字上，且是朝方自己主动承认的错误，于是这枚纪念币前后发行两种，出现错误者为首发之币，收录于下文当年的"错币"项目中。朝鲜主动承认的错误是这枚首发币上的中文汉字"两国最高首脑们意味深长的会面"，朝方认为错误出在"首脑们"的"们"上，所以后发的正常纪念币就是前文此处的币文"两国最高首脑意味深长的会面"去掉了"们"字。朝方认为先前是中文汉字用法错误，虽然"首脑们"本身不是错误，如"大国首脑们"都是新闻常用词汇，但应三人或三人以上采用，只有两国首脑则不该称"首脑们"。此种解释也对，但对比朝鲜过去纪念币上的中文汉字错误或笔画上的变体及丢三落四等，突然对汉字"咬文嚼字"起来，令人不免觉得惊讶。其余改动明显之处还有下方原本点缀的两朵对称牡丹花改为并不对称的点点星光③。事实上，后来朝方再发行的这枚所谓正用品之币上还有一些改动，这种改动亦有不妥之处。首发之币朝方所谓"出错"的纪念币表面彩虹状的条幅上以中文汉字记录的两次"金习会"，第一条原为"北京非正式访问"，再度发行修改为"北京市非正式访问"，但对应下方的"大连市访问"；虽然两地都称市，但北京市是中国首都是直辖市，行政区划是省级④，而大连市则是辽宁省的省辖市，市级别差异较大，与其两地并列都称"市"，不去掉"市"仅写"北京"与"大连"；这可能是"咬文嚼字"的朝鲜方面并未注意到的中日行政区域的特点。

---

① 中国称"中朝首脑会晤"
② 中国称"习金会"
③ 此处改动不少钱币收藏者认为破坏了币面整体的对称美观
④ 含自治区、直辖市

朝鲜2018年帝王钱币成立10周年精制纪念铜币

10元（Won）

帝王钱币成立10周年（10th Anniversary of the Di Wang Coins）

CCN-0533

　　帝王钱币2008年成立于中国北京，是朝鲜中央银行造币厂在中国地区的总代理商；帝王钱币创始人为著名的朝鲜钱币专家王彪先生。

朝鲜2018年反美精制纪念铜币

10元（Won）

摧毁美国是唯一的答案（Destroy the United States The Only Answerr）

CCT-0674

朝鲜2018年抗美援朝保家卫国胜利65周年精制纪念银币

20元（Won）

999银（31克）

抗美援朝保家卫国胜利65周年（65th Anniversary of Victory in the War to Resist U.S. Aggression and Aid Korea）

CCN-0534

朝鲜2018年帝王钱币成立10周年精制纪念银币

20元（Won）

999银（31克）

帝王钱币成立10周年（10th Anniversary of the Di Wang Coins）

CCN-0535

朝鲜2018年朝中血盟-献身献血，紧密支持协作的朝中人民精制纪念银币

20元（Won）

999银（31克）

朝中血盟-献身献血，紧密支持协作的朝中人民（DPRK-China Blood Alliance）

CCN-0536

"朝中世代血盟"

"朝中血盟"是此纪念币之概括称谓，朝鲜很多现代纪念币，币面都是一长串的政治标语或口号。此币全称为币面的朝中对应文字"献身献血，紧密支持协作的朝中人民"。

朝鲜方面高调宣称中朝友谊是历史上以"鲜血凝成"的，更是两国人民共同的宝贵财富。历史上的朝鲜战争，之于中国是抗美援朝，中朝两国共同抵御外来侵略，维护国家安全，用鲜血凝成的友谊正是"朝中血盟"的根源。

这枚纪念币上展现的正是朝鲜战争中战士中朝浴血奋战的激烈场景。

朝鲜"朝中血盟纪念银币"朝鲜中央银行造币厂封签局部包含纪念币发行量，材质与规格等信息

朝鲜2018年朝鲜纪念币发行30周年精制纪念银币

20元（Won）

999银（31克）

朝鲜纪念币发行30周年（30th Anniversary of the DPRK to Issue Commemorative Coins）

CCN-0537

朝鲜现代纪念币发行元年

朝鲜的现代纪念币始于哪年，过去一直有不同说法，当然更多是对哪种是第一枚纪念币的争论。但实际上无论贵金属币与非贵金属币还是精制币与普制币，朝鲜的现代纪念币发行元年都是1987，这也是朝鲜方面认定的首发元年，包括后来这枚朝鲜纪念币发行30周年主题的纪念币，也是对朝鲜现代纪念币的发行元年进行正名。

朝鲜1987年开始发行各类纪念币，前文已有列明，虽然受制于铸币工艺与设计水平，但其中亦不乏精品。至于1959年、1974年与1978年特别发行的在流通硬币图案基础上单独铸造增发的"双星"与"单星"外汇钱币，本质上还是流通货币属性，虽然有纪念属性抑或后来根本不再作为流通币使用，但都不能算作严格意义上的纪念币。

在朝鲜纪念币发行30周年纪念币之上，并没有直接复刻往昔朝鲜发行某种纪念币的全图，而是以钱币的模式承载主体思想塔顶部图案，周围有"1987-2017"年份与纪念币30周年"等字样。1987年朝鲜现代纪念币首发之时，前文提过的所谓"镍币三雄"，这三种精制与普制工艺的铜镍合金系列纪念币中就有以主体思想塔为题者，此纪念币30年后如此设计也算是一种对经奖钱币的复刻与致敬。

朝鲜2018年金日成走"学习的千里路"95周年精制纪念银币

20元（Won）

999银（31克）

金日成走"学习的千里路"95周年（95th Anniversary of the 250-mile Journey for Learning Made By President Kim Il Sung）

CCN-0538

金日成走"学习的千里路"

　　金日成走"学习的千里路"95周年在朝鲜国内有重大的历史与政治意义,在这一年朝鲜全国学生少年参观学习行军队正式启程,重走金日成当年走过的千里路。

　　金日成年少有为,其学习的千里路是12岁时启程的,当时遵循其父金亨稷的意旨,踏上学习与光复的千里路,锤炼革命意志同时培养自己的革命能力,为未来的革命业绩打下良好的基础。

　　纪念币表面除了有金日成故居万景台外,其余设计如地图坐标一般,一条路线贯串币面,标注了金日成走"学习的千里路"的起点万景台乃至一路上重要的地点与终点。

朝鲜2018年伟大的祖国解放战争胜利65周年精制纪念银币
20元(Won)
999银(31克)
伟大的祖国解放战争胜利65周年(65th Anniversary of the Victory in Great Fatherland Liberation War)
CCN-0539

朝鲜2018年致敬伟大时代-伟大的祖国解放战争胜利65周年精制纪念银币
20元(Won)
999银(1盎司)
致敬伟大时代-伟大的祖国解放战争胜利65周年(Tribute Paid to Great Ages-65th Anniversary of the Victory in Great Fatherland Liberation War)
CCT-0675

以伟大的祖国解放战争胜利65周年为题的各类纪念币表面雕塑为朝鲜平壤祖国解放战争胜利纪念馆前的人民军战士雕塑。每到伟大的祖国解放战争胜利重大周年之际,朝鲜党、国家和军队领导人均会参观祖国解放战争胜利纪念馆,也会组织社会各界人士与外国驻朝使馆人员及海外来朝人员参观该馆。

祖国解放战争胜利纪念馆

朝鲜2018年快乐小蜜蜂精制纪念银币
20元(Won)
999银(1盎司)
快乐小蜜蜂(Happy Bee)
CCT-0676

以吉姆·罗杰斯千金为名的朝鲜钱币

朝鲜快乐小蜜蜂纪念币,分为银币与金币两种材质,一般俗称为"小蜜蜂"纪念币,主题图案是蜜蜂在花卉中央采蜜的情景,与朝鲜一贯"严肃活泼团结紧张"的纪念币风格明显不符,并且不能把其完全当做一般的动物主题纪念币来看待,因其具有独特的发行背景。

这枚快乐小蜜蜂纪念币与前文所提到的世界级投资大鳄吉姆·罗杰斯有关，就是那位当年定居新加坡疯狂购买收藏朝鲜现代纪念币尤其纪念金币的罗杰斯，罗杰斯世界级的知名度与影响力造成了"朝鲜币神话"，有关其购买收藏朝鲜贵金属纪念币的新闻，不亚于使朝鲜现代纪念币上了一次网络热搜。

吉姆·罗杰斯这种世界名人收藏购买朝鲜现代纪念币所带来的跟风效应与话题热度自然是无以伦比的，此前朝鲜现代纪念币至少在钱币圈以外总是默默无闻。据知情人士透露，此朝鲜快乐小蜜蜂主题纪念币，就是为吉姆·罗杰斯的两位千金发行的，只是比较低调，在蜜蜂主题上暗含了其两位千金的名字，颇有些东方"藏头诗"的意味。罗杰斯两个女儿的名字分别为大女儿希尔顿·奥古斯塔·帕克·罗杰斯[①]和小女儿碧兰·安德森·帕克·罗杰斯[②]；纪念币正好以大小两位千金的姐妹顺序组成币面主题"快乐小蜜蜂"。

值得一提的是吉姆·罗杰斯的两位千金"快乐"与"小蜜蜂"都能使用流利的中文汉语普通话交流，因此在亚洲尤其是中国的互联网上知名度极高且拥趸众多。朝鲜快乐小蜜蜂纪念币2018年首发，2019年继续发行，币面设计图案等依旧，只是年份有所变化。

吉姆·罗杰斯一家

---

① 别称快乐·罗杰斯
② 别称小蜜蜂·罗杰斯

朝鲜2018年12世纪高丽青瓷堆花草花纹瓢形注子·承盘精制金银双金属纪念币

20元（Won）

999银999金（银1/28盎司/金1/10盎司）

双金属（Bimetallic）

12世纪高丽青瓷堆花草花纹瓢形注子·承盘（12th Century Koryo Celadon Gourd-shaped Ewer and Stand with Inlaid Grass and Flower Design）CCT-0677

虽然这并非第一枚高丽青瓷主题的金银双金属纪念币，但依旧非常精彩，上一枚高丽青瓷主题的金银双金属纪念币是青瓷与白瓷。这枚主题为12世纪高丽青瓷纪念币上的瓷器正式名称为堆花草花纹瓢形注子·承盘，今天藏于韩国国立中央博物馆，馆藏番号"德寿6236"，亦是韩国第1930号国宝。

高丽青瓷堆花草花纹瓢形注子·承盘，略呈葫芦形，金银双金属币也是一种本色币，其上看不出更多堆花草纹工艺之细节，实际这是带有黑白镶嵌技法所雕刻出的菊花瓣纹饰，这种青瓷常被称为铁画青瓷，围绕菊花瓣纹饰还有装点花枝的一圈唐草纹，这种唐草纹也是高丽青瓷的炫技之法，需先用白土画成圆带，再理出图案部分，烧制后青瓷的底色就展现出所设计的图案，总之这件高丽青瓷使用了诸多具有代表性的青瓷制造技法。注子的把手也烧制成葡萄藤之状，这也是很多知名高丽青瓷烧造的经典技法。

高丽青瓷堆花草花纹瓢形注子·承盘

另外币面双金属的金银材质衔接处，使用了一种过去朝鲜金银双金属币不曾出现的花纹，类似麻绳状，也被一些钱币收藏者认为是向高丽青瓷注子烧成的葡萄藤状把手致敬，毕竟这是一种经常在高丽青瓷上出现的代表技法。但这只是一种坊间传闻或一厢情愿，确实此币金银材质衔接处的绳状浮雕花纹有些类似注子的把手，但须知2018年朝鲜发行所有的金银双金属纪念币，金银材质衔接处都是这种浮雕花纹，包括同年发行的中朝友谊塔、千里马雕塑与三千里锦绣江山等主题的金银双金属纪念币。它们或与政治、历史乃至国际关系有关，但唯独与高丽青瓷并无关系。

朝鲜2018年朝中友谊-友谊塔精制金银双金属纪念币

20元（Won）

999银999金（银1/28盎司/金1/10盎司）

双金属（Bimetallic）

朝中友谊-友谊塔（DPRK-China Friendship-Friendship Tower）

CCT-0678

"中朝友谊"那些币

在中朝友谊这个主题下朝鲜发行过一些纪念币与纪念邮票，且与部分以往朝鲜现代纪念币的设计类似，经常参考或引用纪念邮票上已有的设计图案。这枚"中朝友谊"主题首枚纪念币以中朝友谊塔为题，后续还发行第二枚友谊桥主题纪念币。2016年底至2017年因国际局势的变化，朝鲜也加强中朝两国沟通与协作，并且再度重提"朝中血盟"，反映到纪念币层面也不再是仅发行"抗美援朝"主题的纪念币，无论"朝中血盟"或"朝中友谊"都属于以此为题发行的纪念币。

朝鲜朝中友谊双金属纪念币朝中国旗框架设计参考的原型朝鲜纪念邮票

中朝两国都有许多纪念抗美援朝的建筑物与纪念碑，朝鲜平壤的一座抗美援朝英雄纪念碑①，碑顶的一颗大五角星非常醒目，这就是这枚双金属纪念币上选用的主题。币面框架设计参考朝鲜有关"中朝友谊"的朝鲜纪念邮票②，内圈金属部分象征两国友谊的标志性建筑物中朝友谊塔居中设计，两国国旗两侧环绕，外圈银质部分则饰以简单大方的菱形图案与线条以及朝中友谊的朝文文字；与不少国家两国友好、两国文化年或建交周年等纪念币章类似，发行国多将友好国家主题元素居左设计，自己国家一方主题元素居右设计，以示尊重，但此参考的原型朝鲜纪念邮票上设计也颇有意思，邮票上朝鲜国旗、朝鲜人民与北京天安门居左，中国国旗、中国人民与平壤人民大学习堂居右，以示两国友谊不分你我。

---

① 也称友谊塔

② 此"朝中友谊"主题金银双金属系列纪念币首枚上的两国国旗是参考朝鲜往昔发行的"中朝友谊"纪念邮票进行再设计，是笔者建议给朝方设计人员参考的，被采纳认可遂成定制，在此后的"朝中友谊-中朝友谊桥"金银双金属纪念币与纪念铜币上都有类似的国旗设计

朝鲜2018年千里马精制金银双金属纪念币

20元（Won）

999银999金（银1/28盎司/金1/10盎司）

双金属（Bimetallic）

千里马（Chollima）

CCT-0679

　　朝鲜各种贵金属材质纪念币中，千里马主题从未缺席过。

朝鲜2018年三千里锦绣江山精制金银双金属纪念币

20元（Won）

999银999金（银1/28盎司/金1/10盎司）

双金属（Bimetallic）

三千里锦绣江山（One Korea-A Golden Tapestry of 3000Ri）

CCT-0680

三千里锦绣江山图被朝鲜多次发行使用

　　朝鲜发行纪念币讲究因陋就简，与过去香港电视剧一人分饰多角类似，朝鲜过去纪念币上的三千里锦绣江山图案一直作为三千里锦绣江山与《6·15共同宣言》主题纪念币的通用图案，这幅图案全面展示了朝鲜半岛的三千里江山、名胜古迹与自然风光。但毕竟这幅三千里锦绣江山图使用了多次，三千里锦绣江山与《6·15共同宣言》不同材质纪念币与各类样币都有使用，该有全新设计的朝鲜半岛三千里江山全图了。

　　全新设计的三千里锦绣江山图用于这枚金银双金属纪念币之上，周遭不再添加人文与自然景观，突出以朝鲜半岛全图居中展示①，当然独岛也非常明显，币面朝文"三千里锦绣江山"纵向书写。

　　三千里锦绣江山是朝鲜一直对内对外所宣扬的国土雅称，因此意义重大，用在贵金属金银双金属纪念币之上更显重视。

---

① 一般朝鲜现代纪念币中涉及朝鲜半岛全图者均不会出现朝韩分界线

朝鲜2018年反美精制纪念银币

50元（Won）

999银（2盎司）

反美（Destroy the United States The Only Answerr）

CCT-0681

朝鲜2018年致敬伟大时代-伟大的祖国解放战争胜利65周年精制纪念银币

100元（Won）

999银（5盎司）

致敬伟大时代-伟大的祖国解放战争胜利65周年（Tribute Paid to Great Ages-65th Anniversary of the Victory in Great Fatherland Liberation War）

CCT-0682

朝鲜2018年朝鲜建国建军70周年精制彩色纪念银币

100元（Won）

999银（5盎司）

朝鲜建国建军70周年（70th Anniversary of the Founding of the DPRK and Korean People's Army）

CCT-0683

朝鲜2018年朝鲜建国70周年精制彩色纪念银币
100元（Won）
999银（5盎司）
朝鲜建国70周年（70th Anniversary of the Founding of the DPRK）
CCT-0684

朝鲜2018年快乐小蜜蜂精制纪念金币
200元（Won）
999金（1盎司）
快乐小蜜蜂（Happy Bee）
CCT-0685

错币（Mint Error） CCE（CCEN/CCET/CCEO）

朝鲜2018年国徽精制纪念银币合面错币
无面值（No Face Value）
999银（31克）
错误（Mint Error）：合面（Two Obverses）
CCEN-0008

朝鲜2018年两国最高首脑们意味深长的会面精制纪念铜币文字错币

10元（Won）

两国最高首脑意味深长的会面（Kim-Xi Meeting）

错误（Mint Error）："们"（Chinese Character）

CCEN-0009

2019年

常规币（Coin） CC（CCN/CCT/CCO）

朝鲜2019年生肖猪年精制纪念铝币

2元（Won）

生肖猪年（Year of the Boar）

CCT-0686

朝鲜2019年生肖猪年精制纪念铜币

5元（Won）

生肖猪年（Year of the Boar）

CCT-0687

朝鲜2019年恭贺新禧精制纪念银币
5元（Won）
999银（1/4盎司）
恭贺新禧（Happy New Year）
CCT-0688

朝鲜贺岁纪念币

不知朝鲜是否受到中国3元福字币即贺岁金银纪念币中8克银币的启发，于2019年开始首发小规格贺岁纪念银币，主题为恭贺新禧，精制本色工艺，按一年一枚年初①发行。贺岁春节主题的纪念邮票朝鲜往年亦有所发行，但作为贺岁小规格贵金属纪念币的发行，尚属首次，且设计风格有所转变，一改往日严肃，以朝鲜传统服饰之卡通化人物设计为主，体现一种贺岁讨喜之感。对于全新系列贺岁纪念币的这种发行模式，想必也是以中小规格银币降低成本来降低售价，以求薄利多销，同时在各同年尾年初的纪念币贺岁档占据一席之地。

中国发行贺岁纪念银币②

朝鲜2014年恭贺新禧纪念邮票

① 实际上与各国生肖纪念币类似上一年末已发行
② 俗称"福字币"

朝鲜2019年中国党和国家卓越领导人-周恩来精制纪念铝币
10元（Won）
中国党和国家卓越领导人-周恩来
（China Excellent Leader of the Party and the State-Chou Enlai）
CCO-0038

朝鲜2019年立足本国，放眼世界精制纪念铝币

10元（Won）

立足本国，放眼世界（Proceeding From Country Realities and Developing A Global Vision）

CCO-0039a

CCO-0039b 背逆（Rotated Dies）

朝鲜2019年朝鲜半岛无核化精制纪念铜币

10元（Won）

朝鲜半岛无核化（Denuclearization of the Korean Peninsula）

CCN-0540

复杂的朝鲜半岛无核化

朝鲜半岛局势多变，影响着世界格局，朝鲜半岛无核化也是在反反复复中进行的。

几乎每次朝鲜大型的核试验，都会引发朝核危机。朝鲜也为自己的各类导弹发行了多种纪念币。

朝鲜无核化的进程与不断反复的对外政策也是耐人寻味。无核化这枚纪念币设计也很有朝鲜特色设计采用，类似朝鲜常见的政治宣传画上的画风，这类画风也被使用在朝鲜很多纪念邮票与少部分纪念币之上[1]。币面具体图案是多只有力的大手，合力去摧毁一枚核弹，导弹弹身上有象征核弹的简称"N"字母[2]。

① 如朝鲜"反美"主题纪念币
② 核弹英文Nuclear missile

朝鲜2019年中国党和国家卓越领导人-周恩来精制纪念黄铜币

10元（Won）

中国党和国家卓越领导人-周恩来（China Excellent Leader of the Party and the State-Chou Enlai）

CCO-0040

朝鲜2019年立足本国，放眼世界精制纪念黄铜币

10元（Won）

立足本国，放眼世界（Proceeding From Country Realities and Developing A Global Vision）

CCO-0041a

CCO-0041b 背逆（Rotated Dies）

朝鲜2019年金日成故居万景台-金日成花精制纪念铜币

10元（Won）

金日成故居万景台-金日成花（President Kim Il Sung's Birthplace in Mangyondae-Kimilsungia）

CCT-0689

朝鲜2019年金正日故居白头山密营-金正日花精制纪念铜币

10元（Won）

金正日故居白头山密营-金正日花（Chairman Kim Jong Il's Birthplace in the Paektusan Secret Camp-Kimjongilia）

CCT-0690

朝鲜2019年金正淑故居会宁-金达莱花精制纪念铜币

10元（Won）

金正淑故居会宁-金达莱花（Anti-Japanese War Heroine Kim Jong Suk's Birthplace in Hoeryong-Jindallae）

CCT-0691

朝鲜领导人故居与领导人"三花"系列纪念币合二为一

　　朝鲜领导人故居系列纪念币与象征领导人三种花卉[①]系列纪念币，主题均为朝鲜现代纪念币中与朝鲜政治颇具渊源的币种。在朝鲜现代纪念币发行元年的1987年，就有领导人故居主题的金日成故居万景台铜镍合金纪念币，还分为精制币与普制币两种工艺。最早的领导人故居系列纪念币并非几位领导人故居主题并列发行，至2001年才开始以两位领导人的故居，即金日成故居万景台与金正日故居白头山密营主题并列发行纪念币，而包含金正淑故居会宁在内三位领导人故居主题并列发行纪念币则始于2004年。

　　以朝鲜领导人命名或说代表领导人三种花卉，分别为金日成花、金正日花与代表金正淑的金达莱花；最初在2002年的流通硬币上出现；而三位领导人花卉主题并列发行纪念币亦始于2004年。

---

① 俗称"三花"

这两个系列纪念币涉及重大政治与历史题材还与朝鲜领导人息息相关,因此一直备受钱币收藏者的瞩目,遗憾的是2004年发行的这两套领导人故居系列与领导人花卉主题系列纪念币中的纪念银币赶上了令朝鲜现代纪念币跌入无底深渊的"超发事件"[1]。

就币论币而言,这套朝鲜领导人故居系列纪念币与1987年首枚该故居题材纪念币在设计上变化不大,哪怕之后逐步加入另外两名领导人故居主题亦属中规中矩,且不同材质在该主题纪念币上多次使用,多年未有改变。领导人花卉系列纪念币不同于流通币的花卉设计,以大篇幅展示纯粹的花卉图案为主,但受制于铸币工艺,花卉浮雕细节精美程度有限,虽然在不同材质该主题纪念币上多次出现,但多年来工艺亦未有改变。

可能因朝鲜币"超发事件"的冲击,而后再度发行相关题材之纪念币仍用此图有些说不过去,亦防止严重审美疲劳,于是2019年再发行的该类主题纪念币则将领导人故居与领导人所代表的花卉合二为一,成为"故居+花卉"的全新主题模式系列纪念币。

虽然朝鲜近年铸币工艺有所提高,包括后续纪念币将花卉设计在故居之上的细节也算可圈可点,对故居建筑物轮廓等细节的优化也比较明显,但领导人故居的设计模式还是换汤不换药。虽然是故居加花卉组合而成的新系列纪念币,但本质上仍旧是"老瓶装老酒"。

---

[1] 还有一种涉事纪念币为2003年发行的爱国名将系列纪念银币

朝鲜2019年板门店北南首脑会晤1周年精制纪念铜币

10元(Won)

板门店北南首脑会晤1周年(1st Anniversary of the Panmunjom for Inter-Korean Summit)

CCT-0692

北南首脑会晤与"金文会"

在朝鲜的政治语境中是不能存在"韩朝首脑会晤",朝方正式的称谓是"北南首脑会晤",就是常说的以朝韩双方领导人命名的"金文会"[1]。

真正迎来首次北南首脑会晤这极具历史性的交流是在2000年,朝鲜领导人金正日与韩国总统金大中在朝鲜平壤举行会谈。此次北南首脑会晤是朝鲜半岛分裂55年之久的首次首脑交

---

[1] 韩国一方则会称"文金会"

流,也是双方签署《6·15共同宣言》的会谈,对于北南双方无论历史还是现实意义巨大,《6·15共同宣言》这一主题朝鲜也多次为之发行纪念币,足见对其重视程度。

韩国印钞造币公社"金文会"纪念章

2018年北南首脑会晤再度开启,因双方首脑为金正恩与文在寅,该会晤也被称为"金文会"。值得一提的是,与"金特会"的话题性十足类似,"金文会"亦影响世界走势,包括韩国在内的部分国家与地区还发行了以"金文会"为主题的纪念章,如韩国官方铸币单位印钞造币公社在首尔发行带有金文二人握手图案的半岛和平主题纪念章,再如那家并非美国国企的白宫礼品商店也开发了相关纪念章,甚至他国还出现了相关主题的臆造币①,其上也出现了金文会晤的场景②。只是不少媒体不懂币章之分,在宣传介绍之时多有"纪念币"之错误称谓③。

美国白宫礼品商店"金文会"纪念章

---

① 一般认为是俄罗斯钱币商的臆造行为
② 这套臆造币为金正恩与各国首脑会晤主题,收录入本书当年臆造币一栏中
③ 无论官方媒体、商业媒体及自媒体都经常出现"币章不分"之失误

朝鲜2019年《卖花姑娘》精制纪念铜币

10元（Won）

《卖花姑娘》（Kotpanum chonio）

CCT-0693

金正日执导的经典电影《卖花姑娘》

《卖花姑娘》本是朝鲜著名的歌剧，讲述的是朝鲜日治时期朝鲜本土卖花姑娘一家的命运，后来根据歌剧拍摄了同名电影《卖花姑娘》，主演是朝鲜著名的电影表演艺术家洪英姬，导演则更负盛名，两位导演之一是后来获得金日成奖的朴学，另一位就是金正日本人。《卖花姑娘》歌剧与电影都获得了相当的成功，广泛输出到不同国家与地区进行展播，歌剧已在全世界40多个国家演出超过1400余场，电影亦在中国大陆地区广受好评，还获得第18届国际电影节特别奖与特等奖等。

朝鲜的各类优秀文艺作品无论历史上的还是当代创作的其实并不少，但搬上纪念币者确实非常有限。

经典电影《卖花姑娘》剧照

朝鲜2019年中国党和国家卓越领导人-周恩来精制纪念紫铜币

10元（Won）

中国党和国家卓越领导人-周恩来（China Excellent Leader of the Party and the State-Chou Enlai）

CCO-0042

朝鲜2019年立足本国，放眼世界精制纪念紫铜币

10元（Won）

立足本国，放眼世界（Proceeding From Country Realities and Developing A Global Vision）

CCO-0043a

CCO-0043b 背逆（Rotated Dies）

朝鲜2019年彻底清算日本帝国主义精制纪念铜币

15元（Won）

彻底清算日本帝国主义（Urges Japan to Settle Its Past Crimes）

CCO-0044

朝鲜与日本帝国主义

发行这类"彻底清算日本帝国主义"纪念币，被称之为"反日"纪念币。币面之上，是被正义刺刀吓破胆的日军，日军丢盔弃甲做惊恐状，手持的步枪也脱了手。插有刺刀的步枪上有被撕裂的日本国旗，类似抗日宣传画的风格，同时此币亦有非贵金属与贵金属等多种规格发行。

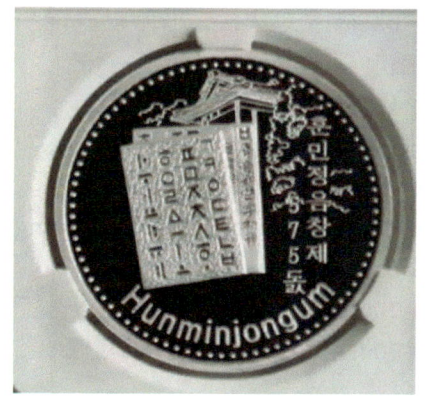

朝鲜2019年《训民正音》创立575
周年精制纪念银币
20元（Won）
999银（31克）
《训民正音》创立575周
年（575th Anniversary of the
Hunminjongum）
CCN-0541

朝鲜2019年朝鲜半岛无核化精制
纪念银币
20元（Won）
999银（31克）
朝鲜半岛无核化
（Denuclearization of the Korean
Peninsula）
CCN-0542

朝鲜2019年中国党和国家卓越领导人-
周恩来精制纪念银币
20元（Won）
999银（31盎司）
中国党和国家卓越领导人-周恩来
（China Excellent Leader of the Party
and the State-Chou Enlai）
CCO-0045

朝鲜2019年立足本国，放眼世界精制纪念银币
20元（Won）
999银（31盎司）
立足本国，放眼世界（Proceeding From Country Realities and Developing A Global Vision）
CCO-0046a
CCO-0046b 背逆（Rotated Dies）

朝鲜2019年快乐小蜜蜂精制纪念银币
20元（Won）
999银（1盎司）
快乐小蜜蜂（Happy Bee）
CCT-0694

朝鲜2019年朝中友谊万古长青-中朝友谊桥精制金银双金属纪念币
20元（Won）
999银999金（银1/28盎司/金1/10盎司）
双金属（Bimetallic）
朝中友谊万古长青-中朝友谊桥（DPRK-China Friendship-Friendship Bridge）
CCT-0695

中朝友谊万古长青

随着近年朝鲜加强中朝两国沟通与协作,中朝友谊纪念币也继续发行,继友谊塔之后,以中朝友谊万古长青为题的第二组金银双金属纪念币友谊桥[①]纪念币也随之发行。设计模式及构图框架与第一组相同,友谊桥布局居中,两国国旗设置依旧,也是源自朝鲜"朝中友谊纪念邮票"的再设计。但与第一组细节略有不同的是,"朝中友谊"文字不再是纯朝文书写,为中朝文字并列,与中朝国旗顺序一致,左侧中文汉字,右侧朝鲜文字,且把"朝中友谊"增至"朝中友谊万古长青"八字。纪念币上双金属部分图案之处理也与以往大有不同,以往朝鲜的双金属币会以不同金属独立铸造展示该部分的图案[②],而这枚中朝友谊桥主题的金银双金属币直接以金银材质共同组成币面全部图案,双金属衔接部分跨越桥身、桥墩与水面部分,这对铸币工艺的要求更加之高,难度也大于一般两处独立图案的双金属币,尤其是贵金属双金属币,这也是朝鲜贵金属材质金银双金属币中首现,此前这种图案衔接只有瑞安中学建校周年主题的铜铝双金属币上出现过[③]。

横跨鸭绿江的友谊桥是两国友谊的重要见证,过去称之为鸭绿江大桥,其实并非只有一座桥。鸭绿江大桥还分为下桥与上桥,我们今天说的友谊桥主要是上桥部分,下桥部分历史更悠久,始建于中国清朝宣统年间,最初由日本驻朝鲜总督府铁道局修建,当时除了定时开放通过往来船舶功能外,还与安奉线铁路对接,使当时朝鲜的部分铁路与中国东北的铁路相连,形成贯穿中国东北与朝鲜半岛的一条重要的运输线。上桥也是日本侵略者二战后期所修建的,是在下桥上游百米处修建的,是日本侵略者对中国和朝鲜掠夺资源的主要通道之一,战时两桥都遭受了反复的战火洗礼,断断续续的经常性维修。战后苏军将此桥交给中朝双方共同管理,始建于清末的下桥老桥,遗弃被称为"鸭绿江断桥"[④],上桥被修复,至今还在使用,1990年中朝双方商议命名此桥为中朝友谊桥。

中朝友谊桥

---

① 也称中朝友谊桥
② 一般朝鲜非贵金属双金属币均为铜铝双金属币
③ 朝鲜2015年12—14世纪高丽青瓷与白瓷香炉金银双金属币的金银衔接处花边组合亦属不易铸造
④ 中国对自己一侧的部分断桥进行维修并作为旅游景点与爱国主义教育基地投入使用。后成为全国重点文物保护单位,而朝方对自己一侧的残留断桥进行拆除,现仅存桥墩

朝鲜2019年彻底清算日本帝国主义精制纪念银币

40元（Won）

999银（62.2克）

彻底清算日本帝国主义（Urges Japan to Settle Its Past Crimes）

CCO-0047

朝鲜2019年《卖花姑娘》精制纪念银币

50元（Won）

999银（2盎司）

《卖花姑娘》（Kotpanum Chonio）

CCT-0696

朝鲜2019年金日成故居万景台-金日成花精制纪念银币

50元（Won）

999银（2盎司）

金日成故居万景台-金日成花（President Kim Il Sung's Birthplace in Mangyondae-Kimilsungia）

CCT-0697

朝鲜2019年金正日故居白头山密营-金正日花精制纪念银币

50元（Won）

999银（2盎司）

金正日故居白头山密营-金正日花（Chairman Kim Jong Il's Birthplace in the Paektusan Secret Camp-Kimjongilia）

CCT-0698

朝鲜2019年金正淑故居会宁-金达莱花精制纪念银币

50元（Won）

999银（2盎司）

金正淑故居会宁-金达莱花（Anti-Japanese War Heroine Kim Jong Suk's Birthplace in Hoeryong-Jindallae）

CCT-0699

朝鲜2019年朝鲜古典文学名著-《春香传》精制纪念银币

100元（Won）

999银（155.5克）

朝鲜古典文学名著-《春香传》（Korean Classical Literature-Chunhyangjeon）

CCO-0048

开放式结局爱情故事《春香传》

从纪念币上情侣的郎才女貌便知《春香传》是讲述爱情故事的名著，币面人物就是成春香与李梦龙，《春香传》正是他们一见钟情的爱情故事，也是以"春香"之名命名的著作。

其实看到这类古典文学名著里的爱情故事就有不妙之感，古今中外东方西方，一般传世千古涉及爱情的名著多是悲欢离合，从不是合家欢式的谈情说爱。但《春香传》并非典型的爱情悲剧，因其出现时间较早，朝鲜高丽王朝恭愍王时期即14世纪已出现雏形，相对完整成书要到18世纪末19世纪初，跨度好几百年，经过人们心口相传，自然版本众多与剧情复杂，才最终形成这种开放式结局。

因为在朝鲜半岛乃至亚洲其他国家与地区流传版本的不同，《春香传》迎来了开放式结局，主人公成春香的结局有合家欢式的"上对花轿嫁对郎"幸福美满，亦有最终含恨自杀的悲剧收场。

《春香传》可能是被改编成各类文艺作品最多的朝鲜古典文学名著，不光在朝韩两国，在中日等亚洲国家亦有许多《春香传》改编的文艺作品，无论文学、歌舞、影视以及动漫领域。

《春香传》电影海报

朝鲜2019年朝鲜古典文学名著-《沈清传》精制纪念银币

100元（Won）

999银（155.5克）

朝鲜古典文学名著-《沈清传》（Korean Classical Literature-Simchungjeon）

CCO-0049

孝女故事《沈清传》

《沈清传》纪念币上只有一位人物，是以其名命名著作的沈清。《沈清传》是一部励志故事，有着完美的结局，主人公沈清舍身尽孝，无奈遇人不淑，境遇坎坷，但历经千难万险后好人终有好报。

《沈清传》一般认为源自民间传说故事，成书基本在18世纪，因广为流传至19世纪已有改编的剧目上演。故事内容主要为，沈清自幼丧母与盲父相依为命，日子艰难却也有滋有味，但好景不长，沈清因尽孝想让盲父重见光明，遂听信梦云寺僧人①之说辞，以为捐献大量供米感动神明可换取其父复明。沈清家贫凑不出经费，于是就出现了纪念币上沈清牺牲自己充当海神祭品乘船出海的场景。但《沈清传》的结局是圆满的，沈清的孝道感动苍天，之后父女重逢，老父复明，一说后来沈清还做了王后。

《沈清传》知名度亦不低，朝鲜两国以外，其他国家亦有对其的各种艺术作品改编，如韩国动画电影《王后沈清》，再如中国的《沈清传》话剧，但改编量远不如《春香传》。

《沈清传》电影海报

---

① 韩国研究者一说书中梦云寺原型为弘法寺，并指出沈清并非其原名，是卖身中国浙江商贾沈国公后从夫姓而改名沈清的，且沈清运输的是佛像并非供米

朝鲜2019年朝鲜古典文学名著-《兴夫传》精制纪念银币
100元（Won）
999银（155.5克）
朝鲜古典文学名著-《兴夫传》
（Korean Classical Literature-Heungbujeon）
CCO-0050

善恶有报《兴夫传》

《兴夫传》也是源于朝鲜民间传说而逐步成书的，因其中含有神话情节且主要包含"善有善报，恶有恶报"的人生规律，更似一则寓言故事；尤其在古代人们更加相信因果报应，因此广为流传，亦有改编为唱剧与童话等诸多形式。《兴夫传》主要讲什么，相信了解故事后肯定不觉得陌生；《兴夫传》是以其中人物之一的兴夫命名的，兴夫与孬夫本是两兄弟，从两兄弟名字上的"兴"与"孬"就能看出两兄弟的人性。果不其然，孬夫好吃懒做还恶人先有理，霸占家族为数不多的财产后连打带骂地将兴夫赶走；兴夫流浪人间却不改本性良善，虽自己朝不保夕还搭救了一只受伤的燕子。不可思议的是这是一只有法力的燕子，燕子报恩给兴夫一些葫芦种子，兴夫耕种后结出如纪念币上一人高的巨大葫芦，本要锯开葫芦取得果实却发现里边全是金银珠宝。孬夫很快得到了消息，为贪图财宝他也如法炮制，甚至故意折断了燕子的双腿再进行治疗，以求燕子报恩[①]；颇具法力的燕子给了本故事一个善恶有报的结局，孬夫最终变得一无所有，流落街头。

《兴夫》（《兴夫传》）电影海报

类似的寓言故事东方与西方都有不少，与《兴夫传》颇为类似的是日本的民间童话故事《舌切雀》[②]，也是一只麻雀被善良老爷爷收养却遭到恶毒老奶奶恩将仇报的故事[③]。另外中国也有《渔盆的故事》[④]，西方伊索寓言中也有《樵夫与赫尔墨斯》[⑤]的故事，都是这类善恶有报的寓言

---

① 因此《兴夫传》又名《燕之脚》与《兴夫与孬夫》等
② 又名《剪舌麻雀》与《割掉舌头的麻雀》等
③ 因原著故事结尾老奶奶的下场比较恐怖，所以部分儿童故事图书修改了这一情节
④ 别名《渔童》
⑤ 俗称《金斧子》

故事。类似《兴夫传》的故事在朝鲜半岛还有许多，多年前韩国一部动画片《很久很久以前》更是将朝鲜民族诸多的童话寓言故事搬上电视荧幕。

平心而论，这几枚朝鲜古典文学名著主题纪念币中，《兴夫传》是更具神话传说色彩的故事，这枚纪念币设计上还是以神话传说为主，但从铸币情况来看，朝方的纪念币设计水平和想象力方面与主流铸币大国的造币能力相比尚有较大差距，不足之处也十分明显。几乎一人高的葫芦是《兴夫传》故事的重要看点，但纪念币上被设计得有些像鸭梨，另外也许是设计时为求对称则出现两只"燕子"，很不明显且占比非常之小，要知道"燕子"可是《兴夫传》中不可或缺的重要角色。

朝鲜三大古典文学名著

《春香传》《沈清传》与《兴夫传》被誉为朝鲜三大古典文学名著，在朝韩家喻户晓，广负盛名。将朝鲜历史文化搬上纪念币，也是今天朝鲜现代纪念币发行中的一大重点，一改过去的"严肃紧张"开始"团结活泼"起来。《春香传》《沈清传》与《兴夫传》均为5盎司规格银币①，超大篇幅地展示朝鲜历史上的古典文学名著。不可否认的是近年朝鲜铸币水平确有提高，在处理5盎司规格银币的精制镜面与图案喷砂上，虽然与主流造币大国或造币大厂的工艺水平差距甚远，但比起过去部分颇为粗糙不堪的朝鲜精制贵金属币亦有不小的提高。

这套朝鲜古典文学名著系列纪念币国名一面也是看点，国名面并未采用过去常用的"朝鲜国徽"或"大同门"，而是与近期"反日"等纪念币②一致，国名一面图案采用朝鲜半岛全图，这种形制最早出现在《东医宝鉴》主题的各种纪念币之上。

值得一提的是《春香传》《沈清传》与《兴夫传》虽为朝鲜古典文学名著但流传甚广，历史上朝（韩）中日等亚洲国家多有流传，更被改编为多种艺术形式，仅朝鲜旧时就将三部著作等分别改编为《春香歌》《沈清歌》与《兴夫歌》等形式，并成为朝鲜半岛传统曲艺形式中的代表曲目。中国的京剧中也有《春香传》这一经典剧目，另外俗称为"小人书"的连环画上亦有《春香传》的身影③。及至近现代，三部名著也多次被改编成电影；当代亦有影视作品、歌舞作品与动漫作品等改编形式。

---

① 亦有发行极少数量之大规格铝样币
② "反美"纪念币国名一面亦是"大同门"
③ 部分年代久远、存世稀少且保存完好的连环画已经成为一种收藏品，西方国家亦有收集旧版漫画书之风气

朝鲜2019年《金刚山传说》精制纪念银币
650元（Won）
999银（1公斤）
《金刚山传说》（Legend of Mount Kumgang）
CCT-0700

最大规格之朝鲜金刚山纪念币

金刚山题材一直都是朝鲜现代纪念币中重要的组成部分,对金刚山题材发行纪念银币[1],也是朝鲜对本国文化乃至自主铸币工艺的一种自信,诚然客观上讲朝鲜近年铸币工艺水平确有提高,但总体而言在世界各国主流铸币工艺水平中仍处于中下游水平。

《金刚山传说》是朝鲜著名的神话传说故事,故事主要由金刚山八仙女、樵夫与小梅花鹿组成,这枚纪念银币上将金刚山传说的人物与梅花鹿汇集一堂,其中与樵夫相拥而立的仙女就是八仙女之一,那名私自下凡与樵夫私定终身的仙女。不得不说的是朝鲜《金刚山传说》神话故事,颇有些类似中国《牛郎织女》)的神话传说[2]。

朝鲜2019《金刚山传说》
纪念币原设计图

金刚山仙女与樵夫的传说主要在金刚山中上八潭这个位置,因为樵夫住在附近,起因是樵夫救了一头被猎人盯上的小梅花鹿。其实小梅花鹿来自天庭,并非凡间之物,小梅花鹿为报恩告知樵夫金刚山仙女们集体下凡沐浴的时间,也许是被金刚山秀丽的风景所吸引,仙女们忘记了时间,直到天色变暗才返回天庭,但其中一位仙女遗失了服饰,其实也是按小梅花鹿指引被樵夫给藏了起来,于是仙女只得留在凡间,却被樵夫所吸引,从而私定终身结为夫妻。仙女为樵夫生儿育女,直到有一天樵夫自己揭发了当年藏匿仙女服饰的过往,仙女并未生气只是思念天庭便带儿女返回。之后樵夫孤身一人,思念妻儿甚为可怜,小梅花鹿再次出现,告知樵夫如何上天庭一家团聚之法,于是樵夫如法炮制终于一家团聚共享天伦之乐,但经年累月居住天庭又思念金刚山的风光,遂一家人下凡金刚山,从此只做男耕女织的凡间之人而过此一生。故事内容确实与牛郎织女类似,但似乎朝鲜的天庭对仙女与樵夫的"自由恋爱"与"上天入地"悉听尊便,并未过多地横加阻拦。

值得一提的是此枚《金刚山传说》纪念银币,实物与当初设计图亦有一些差异,如币面原本是中朝两国文字"金刚山传说",但实际发行则去掉中文汉字改为朝文居中的"金刚山传说"。再如朝鲜仁丰钱币会社的厂标"I",设计图上是有的,实物铸币也取消了。另外金刚山山体的设计,不知当初是想以略高的浮雕做出山峦叠嶂之感,还是仅仅如实物铸币这般以浮雕线条勾勒金刚山的山峦轮廓。

---

[1] 亦有发行极少数量之大规格铝样币
[2] 中国民间四大神话传说之一

朝鲜2019年《白雪公主和七个小矮人》精制纪念铝样币

500元（Won）

《白雪公主和七个小矮人》（Snow Beauty and Seven Dwarfs）

CCST-0357

并非迪士尼的《白雪公主和七个小矮人》

《白雪公主和七个小矮人》，乍一看这枚纪念币的主题，几乎不敢相信这是一枚朝鲜现代纪念币，因为《白雪公主和七个小矮人》总会令人联想到美国迪士尼，朝鲜怎么会为死对头美国发行相关主题的纪念币[①]。但这枚少见的椭圆形且铸工尚可的《白雪公主和七个小矮人》纪念币，很快备受关注，由此也引来各方非议。

《白雪公主和七个小矮人》是童话故事中的世界顶级IP之一，出现在若干本童话书之中，人们除了极其熟悉故事情节外，也一定会联想到迪士尼，因为早在1937年美国就上映了一部《白雪公主和七个小矮人》动画电影，一般认为这是世界上第一部彩色动画长片，当年票房火爆，影响力极广。人们心目中白雪公主与七个小矮人的形象也由迪士尼定义出来，多年以来无论何种画风大体类似，不说其他的文艺作品，就迪士尼本身也反复重制《白雪公主和七个小矮人》的相关作品，白雪公主也是迪士尼公主中的一员[②]。

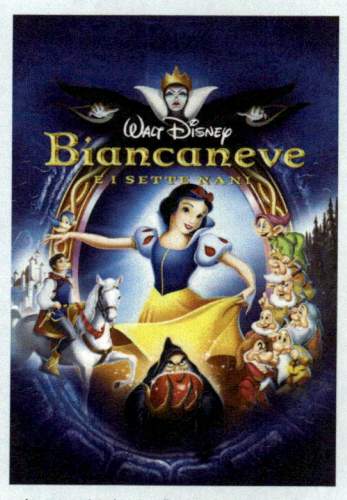

迪士尼版本的《白雪公主和七个小矮人》

虽然《白雪公主和七个小矮人》为迪士尼带来了无限的荣耀，人们也肯定迪士尼的优秀制作，且世人心目中这个善恶有报故事中的主角们的形象永远定格为迪士尼给出的人物形象。但《白雪公主和七个小矮人》本身并非迪士尼所专属，《白雪公主和七个小矮人》改编自格林兄弟的童话集《格林童话》中的《白雪公主》篇章，《格林童话》更是家喻户晓，是世界童话的经典之作，无数人都是看着《格林童话》成长的，《格林童话》中的故事更被无数次的改编与引用。其实《格林童话》也是格林兄弟对各类德国民间儿童文学作品与传说进行整理与归纳的成果，《白雪公主》类似的故事在欧洲民间亦早有传说。

---

① "金特会"以来即便朝美关系缓和，朝鲜也仅仅是暂停了尚未全部发行的"反美"纪念币，而并无与美国有关之题材的纪念币发行

② "迪士尼公主"本为迪士尼作品的女主角，有时亦被集合展示，名为"公主"但实际这些女主角剧情之中有公主亦有王妃身份，只有来自中国的迪士尼公主花木兰身份特殊，本身并非公主出身

当然朝鲜发行这枚《白雪公主和七个小矮人》的纪念币，抛开与美国的政治对立因素外也确有不妥之处，很多收藏者担心其中的"版权纠纷"问题确实存在，不过也许朝方亦有顾虑而使用了一些"小聪明"，显然并不算高明，此币也没有如愿以偿地打开德国或欧洲钱币收藏市场。按照正式作品名称迪士尼的《白雪公主和七个小矮人》英文为"Snow White and the Seven Dwarfs"，可朝鲜这枚纪念币上的英文为"Snow Beauty and Seven Dwarfs"，仅为一词之差，但"Snow White"全世界都知道是白雪公主，可"Snow Beauty"主要指一种名为"雪姣"的花卉，另在日本资生堂护肤品中亦有名为"Snow Beauty"的产品，一般多翻译为"心机雪花"，并无指代"白雪公主"之意。币面的朝文已经告诉我们这是《白雪公主和七个小矮人》，但英文又使用不准确，令人不知是将计就计还是朝英翻译水平有限。客观而论，就纪念币的椭圆形应用与设计，还是可圈可点的，椭圆形延展了币面可展示空间，很从容地将白雪公主和七个小矮人共计8位人物列于币面之上，毫不局促。

英文名称还只是一方面，最主要的币面白雪公主和七个小矮人这些人物的形象，完全是迪士尼《白雪公主和七个小矮人》角色们的形象翻版，尤其是白雪公主本人，非常好辨识；即便朝美是对立关系且《白雪公主和七个小矮人》是改编自《格林童话》，但如此设计不免有侵权之嫌。

不知是否因为涉嫌侵权等因素，使得这枚主打西方童话风情的纪念币未能如愿以偿地打入欧洲市场，最终以夭折收场，此币实物仅存铝质样币，原本计划发行的大规格纪念银币并未发行。

错币（Mint Error） CCE（CCEN/CCET/CCEO）

朝鲜2019年立足本国，放眼世界精制纪念铝币合面错币

10元（Won）

立足本国，放眼世界（Proceeding From Country Realities and Developing A Global Vision）

错误（Mint Error）：合面（Two Obverses）

CCEO-0013

朝鲜2019年立足本国，放眼世界精制纪念黄铜币合面错币

10元（Won）

立足本国，放眼世界（Proceeding From Country Realities and Developing A Global Vision）

错误（Mint Error）：合面（Two Obverses）

CCEO-0014

朝鲜2019年立足本国，放眼世界精制纪念紫铜币合面错币
10元（Won）
立足本国，放眼世界（Proceeding From Country Realities and Developing A Global Vision）
错误（Mint Error）：合面（Two Obverses）
CCEO-0015

朝鲜2019年立足本国，放眼世界精制纪念银币合面错币
20元（Won）
999银（31盎司）
立足本国，放眼世界（Proceeding From Country Realities and Developing A Global Vision）
错误（Mint Error）：合面（Two Obverses）
CCEO-0016

样币（Essai） CCS（CCSN/CCST/CCSO）

朝鲜2019年立足本国，放眼世界精制纪念铝样币
10元（Won）
立足本国，放眼世界（Proceeding From Country Realities and Developing A Global Vision）
CCSO-0020a
CCSO-0020b 合面（Two Obverses）

朝鲜2019年立足本国，放眼世界精制纪念黄铜样币

10元（Won）

立足本国，放眼世界（Proceeding From Country Realities and Developing A Global Vision）

CCSO-0021a

CCSO-0021b 合面（Two Obverses）

朝鲜2019年立足本国，放眼世界精制纪念紫铜样币

10元（Won）

立足本国，放眼世界（Proceeding From Country Realities and Developing A Global Vision）

CCSO-0022a

CCSO-0022b 合面（Two Obverses）

朝鲜2019年立足本国，放眼世界精制纪念银样币

20元（Won）

999银（31盎司）

立足本国，放眼世界（Proceeding From Country Realities and Developing A Global Vision）

CCSO-0023a

CCSO-0023b 合面（Two Obverses）

臆造币(Fantasy) CCF (CCFN/CCFT/CCFO)

朝鲜2019年金正恩与习近平会晤精制纪念铜币
1元（Won）
金正恩与习近平会晤（Supreme Leader Kim Jong Un Meets President Xi Jinping）
俄罗斯臆造（Russia Fantasy）
CCFN-0001

朝鲜2019年金正恩与文在寅会晤精制纪念铜币
1元（Won）
金正恩与文在寅会晤（Supreme Leader Kim Jong Un Meets President Moon Jae In）
俄罗斯臆造（Russia Fantasy）
CCFN-0002

朝鲜2019年金正恩与弗拉基米尔·弗拉基米罗维奇·普京会晤精制纪念铜币
1元（Won）
金正恩与弗拉基米尔·弗拉基米罗维奇·普京会晤（Supreme Leader Kim Jong Un Meets President Vladimir Vladimirovich Putin）
俄罗斯臆造（Russia Fantasy）
CCFN-0003

朝鲜2019年金正恩与唐纳德·约翰·特朗普会晤精制纪念铜币

1元（Won）

金正恩与唐纳德·约翰·特朗普会晤（Supreme Leader Kim Jong Un Meets President Donald John Trump）

俄罗斯臆造（Russia Fantasy）

CCFN-0004

臆造币亦可获奖？克劳斯闹乌龙实在不应该

　　朝鲜臆造币种类很少，除了韩国那套臆造币以外也就是这套俄罗斯臆造币，但这套臆造币虽然破绽明显却名气更大，因其居然瞒天过海地混入了2021年克劳斯世界硬币大奖赛获奖币的入围选项中。

　　臆造币的诞生不外乎钱币商抓住钱币收藏者猎奇的心态，凭空捏造出一些本身并不存在的各类钱币。

　　克劳斯世界硬币大奖赛是钱币界一年一度的豪门盛宴，世界上还有其他钱币奖项，有世界性的也有局部地区性的，但影响力上实在望其项背。克劳斯的钱币奖项堪称钱币界的奥斯卡,该奖项是1984年由美国克劳斯出版社和《世界硬币新闻》联合发起的,旨在表彰为钱币的艺术性、实用性及外观的改善做出贡献的造币单位。

这套朝鲜臆造币的入围因克劳斯世界硬币大奖赛评选包括10个单项奖与一个总的年度奖即年度最佳硬币奖（Coin of the Year）,而每个单项奖又有10枚候选币作为入围,这套臆造币之一的一枚正是入围最佳时事币的单项奖,其实不一定获得单项奖与年度奖,很多钱币仅仅入围克劳斯世界硬币大奖赛单项奖范围已然"洛阳纸贵"。

这十个单项奖最初分别为①,最佳金币奖(Best Gold Coin)、最佳银币奖(Best Silver Coin)、最佳贸易币奖(Best Trade Coin)、最受欢迎币奖(Most Popular Coin)、最佳历史意义币奖(Most Historically Significant Coin)、最佳时事币奖(Best Contemporary Event Coin)、最佳克朗币奖(Best Crown Coin)、最佳艺术币奖(Most Artistic Coin)、最佳创意币奖(Most Innovative Coinage Concept)、最富激情币奖(Most Inspirational Coin)。后来取消最佳贸易币奖与最受欢迎币奖,取而代之的是最佳流通币奖(Best Circulation Coin)与最佳双金属币奖(Best Bi-Metallic Coin)。

因为全世界经历了2020年特殊的新冠肺炎疫情的一年,克劳斯获奖币的评选委员会也是通过线上会议决议的,也许因克劳斯评委会对朝鲜现代纪念币的神秘背景了解有所欠缺或其他原因才使得本身脉络清晰的现代钱币评选中闹了一场乌龙。当然钱币界假币与臆造币也是道高一尺魔高一丈,任何相关组织与个人还应提高自身对钱币的研究鉴别水平与能力。

这套俄罗斯钱币商的臆造币很容易辨识,本次入围克劳斯的虽只有一枚,但其实这是个系列臆造币,本身4枚一套,均为金正恩与各国首脑会晤之主题,分别为韩国、中国、俄国与美国。本次混入克劳斯最佳时事币入围的是金正恩与唐纳德·约翰·特朗普会晤的纪念铜币,克劳斯还煞有介事地为其增加目录编号"KM-1322"。此币破绽明显且问题多多,因发行此等涉及朝鲜领导人主题之币以朝方今时今日的铸币发行方针是断然不会进行的,况且此币形制与风格均与朝方一贯风格严重不符,更重要的是国名也出现严重错误,正常朝鲜币的币面朝文朝鲜民主主义人民共和国（조선민주주의인민공화국）被改为朝鲜共和国（조선공화국）还画蛇添足地增加纪念（기념품）字样,同名一面形成怪异的"朝鲜共和国纪念"这种不伦不类的名词等！朝鲜哪怕铸币工艺水平有限,设计图案比较质朴但也不会把自家国名搞错,这是无比重要的问题。

值得一提的是混入克劳斯评选的这枚臆造币还与包括美国阿波罗11登月50周年在内的各国纪念币共十种共同入围最佳时事币。

最终2021这届克劳斯世界硬币大奖赛,美国阿波罗11登月50周年纪念银币获得克劳斯最佳时事币奖与最佳银币奖两个单项奖,更获得2021年度最佳硬币大奖。中国的书法艺术纪念金币15年后再度获得克劳斯世界最佳金币奖,而这枚入围的朝鲜臆造币则不了了之,再无下文。

美国2019阿波罗11登月50周年纪念银币

---

① 单项奖排名不分先后

2020年

常规币（Coin） CC (CCN/CCT/CCO)

朝鲜2020年恭贺新禧精制纪念银币
5元（Won）
999银（1/4盎司）
恭贺新禧（Happy New Year）
CCT-0701

2020新冠肺炎疫情年的首发朝鲜纪念币

  2019年底世界开始不再太平，新冠肺炎疫情逐步肆虐全世界，至今余威未减；新冠病毒传染性极强，全世界纷纷开始了自我隔离，世界各国百业凋敝，钱币行业自是雪上加霜。

  虽然偶有国家疫情之初发行一些抗疫主题的纪念币，但更多国家对此题材颇为谨慎，并无相关纪念币章与纪念邮票之发行，之后有部分国家发行相关纪念币章或邮票也多是2020年中后期疫情略有减弱后才开始的。

  我们知道很多纪念币发行都有"偷跑"[①]现象，在纪念币发行中，其实这种所谓并不严谨，主要是为了提前做好准备以便如期发行，尤其是生肖主题或新年贺岁[②]主题；如不在前一年，提前设计与铸造做好准备，就如同电影贺岁档一样，就那么一段时间，错过就没有了；好比春节联欢晚会都是提前很早做好各种预演与准备的。

  朝鲜2020年恭贺新禧贺岁主题纪念银币正是因此"因祸得福"，因2019年下半年就做好准备发行，所以此币成品得以从朝鲜出口，后因疫情严峻，朝鲜国门紧闭，发行纪念币之事也就一推再推了。2020年应该是朝鲜自1987年现代纪念币发行元年以来，发行纪念币品种最少的一年。

  这枚2020年朝鲜恭贺新禧主题纪念银币是自2019年朝鲜贺岁纪念币首发后的第二枚，纪念币上的朝文与2019年那枚贺岁银币有所不同，但是与朝鲜2014年那枚恭贺新禧主题以平壤冬景为图案的纪念邮票上的朝文完全一致。

  2020年除了此币外朝方并非没有其他动作，且2020年是朝鲜战争的大日子大周年，是"朝中血盟"中国人民志愿军抗美援朝保家卫国出国作战70周年的重大纪念周年。朝鲜20世纪90年代以来发行了诸多"抗美援朝（朝鲜战争）"主题的纪念币，虽然主要设计图案只有

[①] 电子游戏经常有这个概念，即在正式发行日期之前如实体游戏卡带与光盘等因部分经销商提前售贩而被视为"偷跑"

[②] 包括圣诞节

志愿军与纪念碑两种①，但经过多年反复发行亦成系列。

　　2020年中国人民志愿军抗美援朝保家卫国出国作战70周年主题的纪念币，朝鲜方面流出了设计图，且透露仍旧发行多种规格材质纪念币，但实际铸币实物尚未出现，是否铸币实物与设计图有所改动亦不可知②。这枚纪念币设计图上采用中朝军民相拥而立的场景，背景有鸭绿江、中朝友谊桥与两国国旗等图案，国旗的形式也类似过往朝鲜发行过的"朝中友谊"主题纪念币与纪念邮票上的旗帜形式，还有抗美援朝保家卫国70周年字样的中朝文字与年代"1950-2020"年等等。

朝鲜2020年抗美援朝保家卫国70周年纪念币设计稿

① 2018年的抗美援朝与"朝中血盟"主题纪念币则重新再度设计
② 朝鲜发行纪念币不按套路出牌是经常出现的，与原计划设计图出入较大之铸币亦有先例，如建国建军70周年的纪念铝币与银币的彩色部分，受制于工艺与成本，纪念铝币干脆从彩色变本色

无年份（No Date）

常规币（Coin） CC (CCN/CCT/CCO)

朝鲜生肖-子鼠精制彩色纪念铜币
20元（Won）
生肖-子鼠（Chinese Zodiac-Rat）
CCT-0702

朝鲜生肖-丑牛精制彩色纪念铜币
20元（Won）
生肖-丑牛（Chinese Zodiac-Ox）
CCT-0703

朝鲜生肖-寅虎精制彩色纪念铜币
20元（Won）
生肖-寅虎（Chinese Zodiac-Tiger）
CCT-0704

朝鲜生肖-卯兔精制彩色纪念铜币
20元（Won）
生肖-卯兔（Chinese Zodiac-Rabbit）
CCT-0705

朝鲜生肖-辰龙精制彩色纪念铜币
20元（Won）
生肖-辰龙（Chinese Zodiac-Dragon）
CCT-0706

朝鲜生肖-巳蛇精制彩色纪念铜币
20元（Won）
生肖-巳蛇（Chinese Zodiac-Snake）
CCT-0707

朝鲜生肖-午马精制彩色纪念铜币
20元（Won）
生肖-午马（Chinese Zodiac-Horse）
CCT-0708

朝鲜生肖-未羊精制彩色纪念铜币
20元（Won）
生肖-未羊（Chinese Zodiac-Goat）
CCT-0709

朝鲜生肖-申猴精制彩色纪念铜币
20元（Won）
生肖-申猴（Chinese Zodiac-Monkey）
CCT-0710

朝鲜生肖-酉鸡精制彩色纪念铜币
20元（Won）
生肖-酉鸡（Chinese Zodiac-Rooster）
CCT-0711

朝鲜生肖-戌狗精制彩色纪念铜币
20元（Won）
生肖-戌狗（Chinese Zodiac-Dog）
CCT-0712

朝鲜生肖-亥猪精制彩色纪念铜币
20元（Won）
生肖-亥猪（Chinese Zodiac-Boar）
CCT-0713

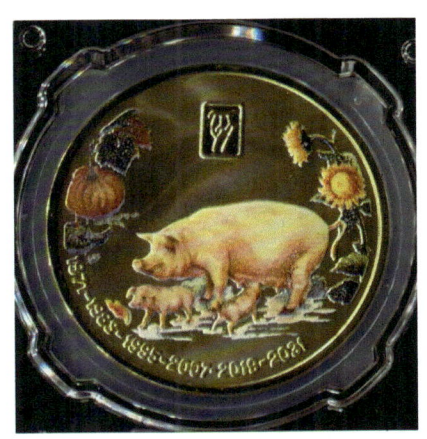

发行一枚管六十年一甲子的朝鲜十二生肖纪念币

朝鲜发行的生肖纪念币中有一种很有特色、币面无具体年份，但把十二生肖每种生肖的一甲子的年份分别列于币面之上，整体时间跨度从1962－2033年，每一种生肖是间隔一轮12年的6个年份，等于朝鲜把未来的生肖纪念币也发行了，时间跨度上管前也管后，可谓"继往开来"不用每年铸造某种生肖对应之纪念币，方便长期铸造与销售，这种"一劳永逸"模式应为朝鲜之首创。

这套朝鲜的十二生肖纪念币是彩色铜币，设计上非常喜庆，除了生肖龙以外都是写实的生肖动物形象，还有每种生肖所对应的地支中文汉字的篆字写法。但确实铸造工艺水平有限，尤其当时彩色币技术并非特别过关，经常有脱色等情况出现。

朝鲜（2002年）大型团体操和艺术表演《阿里郎》-金刚山仙女精制纪念银币
5元（Won）
999银（15克）
大型团体操和艺术表演《阿里郎》-金刚山仙女（Mass Gymnastics and Artistic Performance"Arirang"-Fairy of Mt.Kumgang Playing Flute）
CCN-0543

朝鲜（2002年）大型团体操和艺术表演《阿里郎》-五一体育场精制纪念银币
5元（Won）
999银（15克）
大型团体操和艺术表演《阿里郎》-五一体育场（Mass Gymnastics and Artistic Performance"Arirang"-May Day Stadium）
CCN-0544

朝鲜（2002年）大型团体操和艺术表演《阿里郎》-祖国统一三大宪章纪念塔精制纪念银币
5元（Won）
999银（15克）
大型团体操和艺术表演《阿里郎》-祖国统一三大宪章纪念塔（Mass Gymnastics and Artistic Performance"Arirang"-The Monument to Three Charters of National Reunification）
CCN-0545

朝鲜（2002年)大型团体操和艺术表演《阿里郎》-金太阳精制纪念银币
5元（Won）
999银（15克）
大型团体操和艺术表演《阿里郎》-金太阳（Mass Gymnastics and Artistic Performance"Arirang"-Sun）
CCN-0546

朝鲜（2002年）大型团体操和艺术表演《阿里郎》-陆海空三军精制纪念银币
5元（Won）
999银（15克）
大型团体操和艺术表演《阿里郎》-陆海空三军（Mass Gymnastics and Artistic Performance"Arirang"-Army,Navy and Air Force）
CCN-0547

朝鲜（2002年）大型团体操和艺术表演《阿里郎》-农乐舞精制纪念银币
5元（Won）
999银（15克）
大型团体操和艺术表演《阿里郎》-农乐舞（Mass Gymnastics and Artistic Performance"Arirang"-Nongakchum）
CCN-0548

无年份

朝鲜（2002年）大型团体操和艺术表演《阿里郎》-千里马精制纪念银币
5元（Won）
999银（15克）
大型团体操和艺术表演《阿里郎》-千里马（Mass Gymnastics and Artistic Performance"Arirang"-Chollima）
CCN-0549

朝鲜（2005年）金刚山观光旅游纪念-鬼面岩精制纪念银币
20元（Won）
999银（31克）
金刚山观光旅游纪念-鬼面岩（Memories of Mt.Kumgang-Gwimyeonam）
CCN-0550

朝鲜（2005年）名画-李庆胤《竹与鹤》精制纪念银币
20元（Won）
999银（31克）
名画-李庆胤《竹与鹤》（Famous Painting-Ri Kyong Yun-Bamboo and Crane）
CCN-0551

朝鲜(2005年)名画-张承业《雉》精制纪念银币
20元(Won)
999银(31克)
名画-张承业《雉》(Famous Painting-Jang Sung Op-Pheasant)
CCN-0552

关于无年份钱币的表述

如前文所言,无年份的钱币确实存在,但无论何种类型与属性的无年份钱币都需要一种合理与科学的表述,从而方便对这类钱币进行整理与归纳。

各种无年份钱币一般在钱币评级鉴定或钱币目录工具书中有描述,如无确切年份,无论中英文表述,不标记年份或年份标记"无"或"No Date"即可;如知晓具体年份,则可标记"无(XX年)"后方"(XX年)"内注明所知晓的具体年份即可,这种表述同样适用于一些币面未有直接列明年份,但的确有一些与纪念主题所相关的年份,却并非钱币实际铸造年份的情况。

朝鲜(2019年)钱币司令(张绍龙)《世界现代纪念币收藏研究》精制长方形纪念铜币
5元(Won)
钱币司令(张绍龙)《世界现代纪念币收藏研究》(Coin Commander(Chang Shaolung)-World Modern Commemorative Coins Collection Research)
CCT-0714

图书纪念币上的"朝鲜通宝"看朝鲜古代货币

这是一枚以笔者《世界现代纪念币收藏研究》一书为题的朝鲜现代纪念币,在下不才享受了登上朝鲜法定面值纪念币的荣耀。

这是一枚长方形的精制纪念铜币,由朝鲜仁丰钱币会社[①]铸造发行。纪念币国名一面为朝鲜现代纪念币上经常采用的大同门城楼图案,纪念币主题一面则是《世界现代纪念币收藏研究》图书封面,当然与原书相比稍作了一些改动与设计优化。

关于此书的内容就不过多扩展叙述了,此书2018年1月1日在清华大学出版社出版,列一段清华大学出版社对此书的简介"《世界现代纪念币收藏研究》一书是集作者多年对现代国外纪念币的研究、参展与经验所成的一本关于国外现代纪念币的收藏研究成果。书中内容旨在为广大钱币、纪念币收集爱好者提供更丰富的相关知识、参考内容及经验分享。书中主要包含经典国外现代纪念币、著名获奖国外纪念币、有代表性的国外不同工艺纪念币等,并附有各国著名纪念币展览信息。望能借此传承钱币发行历史,增强读者审美辨伪的价值判断能力。

《世界现代纪念币收藏研究》图书封面

书中亦有一段专门章节来讲述朝鲜现代纪念币的来龙去脉与各类轶事,并对如何收藏研究朝鲜现代纪念币提出一定的指导意见,指出了问题所在,亦有肯定之处;并且首次向国内外以"亲历者"之身份披露了朝鲜当代纪念币中重要的"超发事件",从偶然性事件到必然性出现的根本原因,及"超发事件"为朝鲜现代纪念币发行所带来的深刻教训。朝方钱币发行部门从朝鲜富强钱币会社到朝鲜仁丰钱币会社的部分人员皆品读过此书,对书中相对客观的评价朝鲜现代纪念币予以肯定,亦为后续发行此枚纪念铜币打下良好基础。

看到图书封面便知,虽然纪念铜币主题图案是以《世界现代纪念币收藏研究》图书封面为主,但亦做了一些改动与设计优化。原本此书封面图案纪念币为帕劳2015年所发行的矿物

帕劳2015年矿物艺术−北京紫禁城仿古镶嵌琥珀纪念银币

[①] 币面无厂标"I";关于朝鲜仁丰钱币会社的"I"字厂标,此厂标该会社未有明确使用标准,有些纪念币带有,有些纪念币未有,并无规律

艺术系列北京紫禁城主题之仿古镶嵌琥珀纪念银币。"矿物艺术系列"仿古镶嵌纪念银币是当年帕劳即"蒂凡尼系列"①仿古镶嵌纪念银币后的又一力作。该系列自2009年起每年发行一枚，2015年这枚北京紫禁城主题纪念银币是其中重中之重，后续年份还发行了特殊版本大规格之5盎司与公斤纪念银币②；此币天圆地方之格局③，将东西方文化巧妙结合，由中央美术学院建校100周年纪念币的设计者、中国金币总公司项目负责人马涛先生设计④，笔者亦全程参与此币的策划与设计，包括接洽马涛先生设计此币，因此图书封面选取此币，以示纪念意义之重大。

但朝鲜方面出于本国法定面值纪念币的发行与本国铸币工艺水平有限的考虑，遂将图书封面的帕劳北京紫禁城纪念银币改为朝鲜历史铸币汉字钱文的朝鲜通宝；首先朝鲜通宝为朝鲜历史上的重要货币，历史悠久更符合朝方宣传自己历史文化价值观之取向，这也是朝鲜通宝首次出现在朝鲜现代纪念币之上；其次符合原本天圆地方之意，朝鲜古代除部分时期朝鲜官方明令禁止使用中国的钱币外⑤，相当长的时间里都将中国方孔制钱与朝鲜本土货币及其他国家货币混合使用，同时朝鲜铸币亦是这种方孔制钱模式为主，也同样使用至近代机制币传入才逐步停用；更重要的是出于现实考虑，朝鲜的铸币工艺水平有限，不足以在长方形铜币的方寸之间，再复刻出工艺高超的帕劳紫禁城纪念银币图案⑥，便以朝鲜通宝图案替代。

其余改动不多，多为优化设计，如对《世界现代纪念币收藏研究》图书封面上原本书名的上下花饰的改动，原本花饰精美繁复印刷清晰，但到朝鲜设计铸造的纪念铜币上便对其线条进行了简化，以方便铸造，简化后还算优美依旧，倒是无伤大雅。再如清华大学出版社的社名，此书16开开本，篇幅较大，出于封面设计美观因此出版社名称字样较小。到了纪念币上，本身篇幅非常有限，便将比例调整，明显看出清华大学出版社字样被放大多倍。最后是关于作者名字的变化，原本署名"钱币司令"，也许因朝鲜现任领导人金正恩的职务之一为朝鲜民主主义人民共和国武装力量最高司令官⑦的缘由，朝方将币面作者署名处改为笔者本名。

这应是世界首枚图书外观形式的纪念币，受制于朝鲜铸币工艺并没有完全体现出书籍的立体形态；是首枚纪念中国钱币著作的外国法定面值纪念币；亦是首部登上外国法定面值纪念币的中国钱币学著作。

言至此处，尤其看到纪念币上复刻呈现的中文汉字朝鲜通宝，却也引发出一个疑问，朝鲜古代究竟使用什么货币，使用中国货币的情况如何，机制币又是如何传入的，由此我们简单整理下朝鲜古代货币的脉络。

首次朝鲜现代纪念币上出现的朝鲜通宝，虽然这种朝鲜古代货币很有代表性资格也很古老，更与今天朝鲜国名一致确实更具标志性⑧，因此用作《世界现代纪念币收藏研究》这枚纪念币上朝鲜古代钱币的代表；但常平通宝才是朝鲜李朝后期200多年持续流通的货币，韩国银行所著《韩国货币史》⑨上甚至把这种钱币称为"李氏朝鲜最早出现的规范铸币"。常平通宝按韩国银行著作的结论是肃宗四年（1678年）正式发行的，相当于中国的清朝康熙年间，但实际上常平通宝于仁祖十一年（1633年），相当于中国的明朝崇祯初年始铸，这里的"常平"指的是朝鲜古代官营的名称，即"常平厅"⑩；不过因不少官员的反对，这次所铸的常平通宝不久就停铸了。而过了四十余年的肃宗四年常平通宝被再次铸造，且成为惯例制钱，一

---

① "蒂凡尼系列"纪念币最初由利比里亚发行后因故停发一年后改由帕劳发行
② 5盎司与公斤银币镶嵌物改为玛瑙，因特殊版本以示区别
③ 亦致敬中国古代至近代沿用两千余年的方孔制钱
④ 币面有其名字"MT"缩写的之微雕暗记，属于一种现代纪念币上的"签字版"
⑤ 亦有屡禁不止之情况
⑥ 帕劳此币为德国梅耶造币厂代铸，亦是当世顶尖铸币工艺之一
⑦ 旧称朝鲜人民军最高司令官
⑧ 应是朝鲜货币史上唯一带有国号的方孔制钱货币
⑨ 常平通宝为《韩国货币史》中文版封底图片
⑩ 属中央直属机构

无年份

直使用到李朝末期的高宗时期，相当于中国的清朝光绪中期，而后机制币引入朝鲜[1]，传统铸币式微，常平通宝前后发行总计260余年，时间跨度非常之大。朝鲜通宝更有类似情况，亦是断断续续发行。朝鲜通宝首次铸造发行被认为是太宗十五年（1415年），相当于中国的明朝永历年间，当时官方宣布这种名为朝鲜通宝的新货币与纸币[2]共同使用。但好景不长，仅4天官方就叫停了朝鲜通宝的铸造发行，前后铸造不足5天，加之朝鲜历代严重缺铜[3]，且当时铸币水平亦十分有限，对于是否真正铸造出了朝鲜通宝以及实际铸造数量，乃至留存至今的何类朝鲜通宝是这种"太宗版本"，至今未有定论，是朝鲜货币研究者们各执一词的研究话题。值得一提的是，朝鲜通宝的命名被认为学习参考中国唐朝的开元通宝。而朝鲜通宝的再度正式发行，并延续后世，是在世宗五年（1423年），相当于中国的明朝永历年间，与初次试发行间隔不到十年，这次铸造发行主要是为了平息纸币使用不当所带来的严重通货膨胀。朝鲜通宝此后铸造亦比较广泛，版式也众多，个别时期因铜材严重不足还有朝鲜通宝铁钱出现，但随着后来常平通宝的广泛使用后逐步退居幕后，再度出山已是李朝末年的高宗十八年（1881年），相当于中国的清朝光绪初年，这一时期的朝鲜通宝铸币是背"武"字钱币，是武卫所所铸造的[4]。

至于远古时期的朝鲜使用什么货币，这与各国远古时期的交流交易都极其类似，都是以物易物，生产力极其低下，以物易物的物品便是实物货币了。货币是商品生产与交换发展的产物，在生产与交换都无从保证的远古时代或者说史前时代是不会出现今天这种成熟货币体系的。

朝鲜（韩国）的历史源自檀君神话，本身以传说为主，这种传说也传说到了钱币之上，朝鲜在檀君朝鲜之后有箕子朝鲜时期，箕子是中国商朝的旧王室，其带领中原移民来到朝鲜半岛建立国家，至箕子时中国已是周朝，商周时期中国的青铜器已经十分成熟，韩国的部分史书就提到箕子朝鲜铸造有朝鲜最古老的子母青铜币，但朝鲜地区当时仍然是以粮食与布帛进行实物交换为主，亦无与中原的过多交流，远未有达到需要货币交易的发展程度，所谓的箕子朝鲜子母青铜货币，未有具体形制，未有实物出土，仅见于传说，当属后人附会之物。类似的上古钱币传说，中国亦有不少，如三皇五帝时期的铸造金币，再如尧舜时期的尧舜通宝[5]，多是仅见于想象传说或即便有实物也是后世仿造拙劣的假币，类似这类行径民国时期的中国钱币著作上已有批判与正名。相当于中国商周时期的朝鲜亦有贝币这种原始货币存在。至卫满朝鲜时期，后来的考古发掘已证明这个时期出现了中国的明刀刀币，不过部分韩国钱币学家认为此时中国的刀币是朝鲜本地边民与携带刀币的中国人交换而来的，但交换目的并非是商品消费与市面流通，更多是作为装饰之用或认为是珍宝进行收藏。等到了汉四郡时期，对朝韩而言是他们的前三国时代，这时期中国的货币才开始批量逐步进入朝鲜半岛，并起到一定的流通作用，也可以说随着汉四郡流入的中国方孔制钱汉五铢也成为当时朝鲜半岛的通行货币。至高丽时期，中国货币流入甚多，还在朝鲜半岛出土了大量做工拙劣的中国宋钱，中国宋朝国富民强，制钱铸币尤为精美，不少钱文亦由士大夫名家甚至皇帝题写[6]，书法价值与历史文化价值极高，因此更为古今钱币集藏者与研究者所喜好，精美者更堪称国宝；出现这类拙劣做工的宋钱，据推测极有可能是朝鲜本地流通使用依赖这些中国货币，但

---

① 常平通宝亦有同款钱文典圜局所铸之圆孔机制币
② 朝鲜古代纸币又称楮币或楮货
③ 不少时间内需与中国或日本等国购买旧铜钱或进口铜料
④ 亦有韩国货币研究者认为过去被认为是前代所铸的朝鲜通宝背"户"字一钱大钱也同为此时期武卫所所铸
⑤ 一说为元宝或重宝
⑥ 士大夫苏轼书写钱文的"元丰通宝"；士大夫司马光书写钱文的行书"元祐通宝"；帝王赵恒书书写钱文的"咸平元宝""景德元宝""祥符元宝""祥符通宝"与"天禧通宝"；帝王赵光义书写钱文的隶书、行书与草书"淳化元宝"与"至道元宝"；帝王赵佶书书写钱文的瘦金体"崇宁通宝"与"大观通宝"等

由中国运输成本较高,供给不畅,干脆本地仿造之,当时高丽亦无相关假币管制条例①,因此做这种一本万利生意的高丽人应该不少。但无论根据记载还是实物出土,高丽时期朝鲜半岛确实开始了自己的铸币,包括仿制宋朝货币在内,当时还有一种方孔但无钱文的所谓"无文钱",相比中国铸币也是铸造工艺水平极为有限的产物。古时朝鲜半岛缺乏铜材,生产力有限,铸币即使开始,也无法大规模供给世面,粮食与布匹仍是重要的实物交换货币,以至于官方要推广货币使用还需颁布禁止使用布匹交易的条令。

朝鲜开始模仿中国铸造方孔制钱后,也逐步有了自己钱文的货币,与其他亚洲国家古代朝鲜类似,称量货币银两也在日常经济生活中占据重要地位,与此不同的是朝鲜的银两货币走出了不同的风格,与很多国家存在的银条、银锭与银块(砖)不同,朝鲜是一种葫芦形的大银瓶,极具特色,还根据体积的大小,分为大银瓶与小银瓶②,与银锭类称量货币类似,也有官方铸造与民间铸造之分,官铸的大银瓶最巨者达到一斤之重,在当时绝对是一种超大面值的称量货币;不过后来无论官私铸造银瓶都大量掺杂铜料集体作弊,根本达不到发行之初宣称的"纯银",自己给自己来了一个由上自下的"劣币驱逐良币"。葫芦形式据悉是根据朝鲜高丽时期地图形态而为之,但因出土有限③,相关研究成果亦十分有限,但在世界古代货币史中也的确是极为罕见的一种形式。

朝鲜所用纸币最早也来自中国,自中国宋朝④开始出现世界最早的纸币形式交子并逐步成熟,至中国元朝时期,大一统的大元王朝涵盖蒙古帝国幅员辽阔,在今天朝鲜半岛及相关地区分别设置了征东行省⑤与辽阳行省⑥,正因此元朝纸币至元宝钞与中统宝钞大量流入朝鲜半岛,朝鲜半岛所用最早纸币即中国元朝纸币,虽然古代纸币极易通货膨胀,统治阶级未必有良好的纸币发行准备金素养,但朝鲜统治者很快学会了纸币这种一本万利的发行模式,只不过经常性玩砸,需要同时发行铜币以平抑物价,稳定市值。总体而言高丽时期的朝鲜半岛货币经过了较大的发展,但纳税纳贡还是以实物货币粮食与布匹为主,朝鲜古代货币的繁荣顶峰时期还是在后来的李朝时期。

高丽王朝末期迎来了朝鲜自己首发的纸币,恭让王3年(1391年),相当于中国的明朝洪武中后期,高丽不再以布匹作为官方直接的货币支付手段,废除相关的机构,开始印刷自己的纸币;这一时期印刷发行纸币并非政府敛财,还有因铜材严重不足无法支撑大量铸造方孔制钱的情况⑦。但恭让王的纸币发行计划仅不到一年就因李成桂"陈桥兵变",黄袍加身,自立为王而不得不告罄。

李朝又称朝鲜王朝,是朝鲜最后一个统一封建王朝,时间跨度极长,享国500余年,后脱离清朝属国自立大韩帝国,而后落得日韩合并之亡国下场,至二战光复才迎来民族解放,却也因阵营不同发生内战,故而一北一南,一边一国,成为今天的朝鲜与韩国。李朝开国之初,太祖李成桂便颁布诸多有关货币的法令,包括对前朝货币的留存使用等等。李朝初期几代国王,对货币发行仍在探索中进行,普通百姓仍旧使用粮食与布匹作为实物货币进行各种支付,布匹一直是朝鲜使用的实物货币,所用之广完全可称为"布币"。这一时期包括禁止

---

① 钱币防伪法令也难以在朝鲜半岛实行
② 小银瓶本为挽救掺铜过多的大银瓶而发行的,后期亦不少掺铜
③ 据说从未出土过整体完整的大小银瓶
④ 北宋
⑤ 全称征东等处行中书省;有羁縻性质,但高丽国王均为元朝驸马
⑥ 全称辽阳等处行中书省;元朝直辖
⑦ 古代亚洲国家一般较少铸造铁钱,铜材不足出现钱荒才迫使铸造铁钱,甚至经常把铸造铁钱与王朝衰败联系到一起视为"亡国之兆";其实如宋朝四川铁钱大量铸造就有其特殊成因,不同时期的铁钱出现也有不同成因不能一概而论

使用称量货币高丽大小银瓶①，发行新纸币②与重铸新品方孔制钱③，都在逐步进行中。李朝时期的货币种类非常丰富，从硬币类的方孔制钱到称量货币银两一类再到纸币均有发行，由于历史因素等特殊原因，中国与日本等国的方孔制钱与称量货币也在朝鲜半岛使用，后期西风东渐，与中日等国类似，西方机制币铸造技术引入，逐步取代了传统制钱所沿用的翻砂铸币技术④，同时与中国类似也对原本应该传统翻砂工艺铸币的方孔制钱进行了机制化铸币，如常平通宝的圆孔机制版本，只是对传统制钱的机制代范围远没有中国广泛⑤。机制币的传入更为过去的称量货币带来变化，与中国类似，朝鲜在此前也已广泛流入各国机制银币了，并且本国也有类似银饼一类的银两，所以在半机制币到机制币过渡中也产生了很有趣的大东银币，这套大东银币诞生于高宗十九年（1882年），相当于中国清朝的光绪年间，整体铸造工艺古朴，颇具朝鲜特色，币面带有"户"字，意为户曹所铸，"户"字处还有珐琅彩着色，这是一种原始的彩色币，一般认为有黑、蓝、绿与浅绿⑥四色以及无着色的本色款⑦。这套过渡时期的半机制币由满文转写发明人穆麟德⑧从中国购入的30000两马蹄银为原料铸造。而后朝鲜设立典圜局，在机制币发行尚未成熟之际也机制传统货币中的方孔与圆孔制钱，再如朝鲜历史上著名的机制货币大朝鲜开国495年与497年金银币⑨，即是典圜局所铸，由于稀少与样币属性，后世流传无几，朝鲜以正反面全部复刻当年该币形态，国名、年份与面值居于币边再度发行了相关主题的现代纪念币。

一般认为朝鲜国产机制币的元年为高宗二十二年（1885年），相当于中国的清朝光绪中前期，还是穆麟德从中接洽⑩，访问日本与日本造币局⑪达成协议并聘请造币局前工作人员多名，开始试铸朝鲜国产机制币⑫；而后随着朝鲜本土典圜局的逐步发展与扩大生产，典圜局也增至多处，朝鲜机制币也自成系列，虽受当时中日两国之影响，却也自有特色，部分钱币后世早已成为稀见珍品。

不过自朝鲜脱离清朝属国自封帝国后一直到日韩合并亡国，朝鲜半岛的货币发行就一直在日本监督与笼罩之下，这是一种政治上的控制，亦是经济上的掠夺，朝鲜货币里的日本影子也越来越深，至日韩合并后的日治时期，日本更加肆无忌惮地在朝鲜货币上指手画脚。直到二战胜利，朝鲜半岛光复，但内战接踵而来，朝鲜战争后南北一边一国，一边一套货币，各有自己的体系，亦各有不同的纪念币发行，在亚洲诸国纪念币中可算形式鲜明，各具特色。

---

① 高丽后期大小银瓶含银量均已严重不足，市场信誉度较差
② 旧有高丽恭愍王新印发之纸币与印版等早在李成桂政变之后便已废止
③ 李朝初期实际并未铸造发行新币，仅有计划发行新币之记录留存以至于朝鲜通宝被误解始铸于此时
④ 翻砂工艺铸币之前使用范铸工艺铸币，近年研究翻砂工艺铸币被认为最早可追溯至中国北魏的太和五铢
⑤ 中国清朝光绪与宣统两朝方孔制钱中不少已进行机制化铸币，并大量正常用于流通使用；亦有部分光宣之前的清朝年号钱被机制化铸造，但多为海外造币厂广告宣传展示币、试铸样币或后铸币等情况
⑥ 也称浅蓝
⑦ 无着色版本一般被认为是样币
⑧ 此时李鸿章已推荐其成为朝鲜王室顾问
⑨ 金币为样币
⑩ 高宗二十一年，即前一年穆麟德已成为朝鲜典圜局总管
⑪ 今日本财务省独立行政法人造币局，过去亦有大藏省造币局等名称
⑫ 亦有部分试铸机制币据推测由俄罗斯所代铸

样币（Essai） CCS (CCSN/CCST/CCSO)

朝鲜（2014）年朝鲜民族文化遗产-新罗时期庆州瞻星台单面精制彩色纪念铜样币
无面值（No Face Value）
朝鲜民族文化遗产-新罗时期庆州瞻星台（Korean National Cultural Heritage-Silla Period Cheomseongdae）
单面币（Uniface）
CCSO-0024

纪念章(Medal) CCM (CCMN/CCMT/CCMO)

朝鲜金刚山八潭仙女精制纪念铝章
金刚山八潭仙女（Fairy of Mt.Kumgang Paldam）
CCMO-0001

朝鲜现代纪念币之出路

为朝鲜现代纪念币的出路开方子与提建议并非容易之事，所谓"冰冻三尺非一日之寒"，朝鲜现代纪念币不光经历"超发事件"这种危机自身信誉之事，还有一些铸币发行上耍"小聪明"的模式更应摒弃；可以说朝鲜现代纪念币本身的发展策略、发行模式、再到发行渠道与定价及宣传都有不小的问题。

对于朝鲜需要提高铸币工艺与设计水平是老生常谈了，没有优秀的铸币工艺，再精美的设计与天马行空的想法也无法落到实处，还应改掉过往发行纪念币上得过且过的习惯，把握新方向、新动态与新潮流，用字规范，无论哪国文字，不要再出现以文字出现偏差与实务而蹭"错币"热度这种"小聪明"，可以复刻本国历史名币或世界历史名币，但不要对过往发行过的本国纪念币尤其一些经典钱币反复同图发行，同时系列纪念币也要慎用续集效应，该

库克2020年《憨豆先生》首播30周年精制彩色纪念银币

发行新项目就应当机立断。纪念币主题选取与设计风格上摒弃"闭关锁国"的旧有风气；不能总在政治主题上停留，积极与各国钱币组织及相关从业人员展开合作，全球化视野尊重本国历史也尊重他国文化，开发各类新品纪念币，同时引入新技术，多与外国设计人员合作，吸纳良好意见。互联网时代，流量为王，很多国家甚至不惜推出一些看似恶搞的纪念币，也是为了博取眼球，宣传自己，把握好尺度，本无可厚非，还带来了极高的人气。开发过去没有的新品纪念币，同时也可与他国经典IP进行联动联名合作发行。各类镶嵌、发声币与香味币等立体层面展示主题的纪念币，朝鲜往昔从不考虑，但这些并非不能与朝鲜文化主题相结合；既然有高丽参纪念币，亦完全可以有朝鲜泡菜纪念币，以鲜艳的珐琅彩着色，再带上香味工艺，既符合朝鲜文化又轻松有趣，还宣传推广了朝鲜土特产品，类似的设计还可以有很多很多。另可恢复过去的合作开发与代理铸造纪念币之模式；帕劳、库克、纽埃、蒙古与诸多非洲国家的不少纪念币都是由他国代铸，合理合法亦十分精彩，也诞生了很多经典钱币。新中国首套金银贵金属彩色纪念币也是由瑞士方面代铸①，朝鲜亦可借助外部力量，引进先进技术逐步提高朝鲜国产铸币能力。与大品牌大IP的知识产权联名授权与合作开发也是当下纪念币发行的热门与趋势之一，世界上诸多国家都有相关主题模式之纪念币，把联名合作玩得不亦乐乎。

当然朝鲜过去种种的纪念币发行惯性还会存在多年，增加公信力与严控发行量以增强朝鲜现代纪念币真正的稀有度与收藏价值才是当下的第一要著。

---

① 负责代铸中国首套彩色金银纪念币的为瑞士瓦尔冈比造币厂、瑞士休格纳造币厂与瑞士庞博贵金属公司

尾言

做一本开放的目录是本书的初衷,现阶段本书还有诸多不足之处,包括很多朝鲜纪念币有更多更具体的版别或其他信息,限于篇幅等因素,将在后续更新版本中陆续增加与完善。其实朝鲜现代纪念币过于庞杂,收藏研究之不易是显而易见的。作为原本目录书基础上重新创作的书籍,其实截然不同了,是在钱币目录这种工具书基础上,增加了朝鲜钱币与世界钱币的文化知识要点内容及相互比较,并对先前一些不准确之处进行修改与调整,整体更为全面与系统。

出版之际,简单说说本书的情况。求全、求整还是求特色,受制于人力物力恐怕鱼和熊掌不可兼得,求特色的选择也许更显而易见。本书钱币目录部分从评级鉴定的操作角度出发,并以"傻瓜式"的分类与编号模式来整理,提出一种对朝鲜现代纪念币的整理归类方式。另外对于很多朝鲜现代纪念币的确切主题,过去人云亦云,使很多朝鲜钱币解读上存在一定问题。因文化的差异,翻译上的不确切,都容易造成钱币内容表述的失真,这方面的经验教训不少,不少第三方钱币评级鉴定机构在日常评级鉴定工作中也经常出现朝鲜现代纪念币认定上的一些失误;随着本书的推出,对很多钱币评级鉴定工作也能起到更好的辅助作用;同时对钱币文化内容的增加,使读者无论对朝鲜钱币本身还是钱币发行的背景故事,乃至各类钱币常识都有更深层次的了解。

书中以年份为单元,以钱币编号后缀字母区别"国徽"与"大同门"等版本，以钱币面值递增与非贵金属到贵金属材质的顺序排序，以钱币属性不同来分类，既符合国际惯例也适合朝鲜现代纪念币的特性。之后在一些颇具收获意义与历史价值之钱币上展开讲解相关内容，这类内容均结合钱币本身情况出发，并非完全生硬的"就事论事"的"百科体"，如此这般形成本书整体结构。

对于一直比较庞杂甚至可说混乱的朝鲜现代纪念币能提供一种相对科学规范的分类解决方案，也算留下点有价值的东西，也希望能帮助到更多朝鲜纪念币与世界纪念币收藏爱好者了解这些钱币更多的内容。

每一枚钱币都是一本书，都需要慢慢去品慢慢去读。现在钱币收藏群体更多的还是追求钱币的经济价值，对一枚币的经济价值珍贵与否乃至利润几何再到变现难易的重视程度远超过对钱币本身的探究。对于朝鲜现代纪念币也有很多藏家期待朝鲜体制上的变化，乃至被未来朝鲜半岛局势等因素所左右，去刻意地追求一些政治相关主题的纪念币，认为未来能够大大增值。也曾有报道包括国际金融大鳄吉姆·罗杰斯也收藏有许多朝鲜纪念币，我们不知其收藏的朝鲜现代纪念币偏向何种主题，想来鸡蛋也不能放在一个篮子里；所以钱币收藏者更不应被各种风声鹤唳弄得草木皆兵，对于朝鲜现代纪念币的收藏完全可以有自己的集藏主题，搞自己的收藏序列，毕竟一国的政治经济体制到国运的变化与天时地利人和都分不开，并非一朝一夕之事。

书中对于朝鲜现代纪念币的命名，包括重要钱币信息的中英文互译，以尊重币面原有英文为准，部分如"奥运会""FIFA世界杯"与"某某周年"等写法采用前后一致的英文形式，更多英文翻译参考来自朝鲜中央通讯社等；部分朝鲜历史上的文化遗迹与文物名称信息的英文翻译则参考韩国国立中央博物馆等。因朝鲜的国情特色，有些英文翻译看起来比较奇特或并不准确，但确是以朝方的口吻来叙述，选用这类英文翻译也是兼顾朝韩文化与常用习惯。中文表述方面，如朝鲜一方在中文汉字表述中从不提"朝韩"，一般都以"北南"表述，如"北南离散家属""北南首脑会议"等等。还有部分涉及朝鲜历史文化方面的名称，因朝鲜与韩国两方使用朝文（韩文）上有一定差异，在表达上做了一些取舍，力求体现准确与本意。

值得一提的是，朝鲜有些纪念币上的英文名词用法并不统一，前后不一致是经常性的行为，甚至有些近似的主题或相同的人物与地名等，朝韩的表述也不尽相同。关于英文名词的前后不一致，是朝鲜发行纪念币政策变化无常加之本身造币相关人员的水平有限所致。而相同或近似主题朝韩两国表述不同一方面原因是文化有差异，另一方面原因是双方采用的转写方案标准不同所致①。朝鲜主要使用的是马科恩-赖肖尔式拉丁文字转写法②，而韩国采用的是其文化观光部2000年式拉丁文字转写法③，一般认为韩国采用的文化观光部2000年式拉丁文字转写法是马科恩-赖肖尔式拉丁文字转写法的修正版本，当然一些着重修改也是基于韩语的发音而来；同时朝韩两国一些英文译名的转写方法亦未完全准确遵循以上标准，想必也是有些名词早已约定俗成所致。

其实朝鲜现代纪念币的种类极多，如果抛开材质，抛开版别，抛开珍稀与否，仅以文化属性了解研究也会非常有趣，部分事物还与我国历史上有一定交集。不再限于工具书的设定与篇幅的限制，本书以朝鲜现代纪念币结合历史文化知识对这些内容一一展开说明。

本书的编著过程中也得到一些志同道合人士与相关机构的帮助，在此以作鸣谢。

感谢机构：中国钱币学会，中国钱币博物馆，北京市钱币学会，中华钱币学会（香港），全国钱币收藏联盟外国钱币委员会，中国收藏家协会（中国收藏家协会钱币收藏委员会），澳门钱币学会，信泰评级（CSIS-GREAT），CIT列支敦士登硬币投资公司（经典钱币），朝鲜仁丰钱币会社（朝鲜富强钱币会社），经济日报出版社，清华大学出版社，中华文献出版社，《中国钱币》杂志，《金融博览》（《金融博览·财富》）杂志，《中国收藏》（《中国收藏·钱币》）杂志，《中国金币》（《中国金币·金融博览》）杂志，《中国钱币界》杂志，西安高陵钱币博物馆，上海毛泽东像章藏馆，北京市古代钱币展览馆，北京航空航天大学金融俱乐部，瑞路中国大学百强榜，广银阁，麦稀奇，首席收藏网等（排名不分先后）。

感谢个人：马铭阳（本书原目录书责任编辑），马涛，卞一冰（本书原目录书作后记者），王彪，李志东（为本书题写书名者），宋建伟（本书原目录书封面设计者），吴屹挺，周璠（本书编辑），周志巍，张瓒绅，张李宝静，张京辉，张振龙，贾英华（为本书题跋者），黄瑞勇（本书原目录书作序者），黄正，程程，戴志强（为本书作序者）等（排名不分先后，按姓氏笔画排序）。

未来还将对本书进行内容扩充与版本更新，期待更多各界有识之士的合作与参与！

---

① 并非韩朝所有名词完全不同
② 朝鲜官方从未指明使用该转写方案标准，币面部分转写亦有采用与韩国相同的转写法
③ 过去亦采用略有改动的马科恩-赖肖尔式拉丁文字转写法

조선민주주의  인민공화국

주화발행증서

| 점면 | 액면 |

등록번호: 2-14010
주 화 명: 조선민족문화유산(루각무늬향로)
발행년도: 주체102(2013)년
액   면: 15000 원
재   질: Au999
규   격: 직경:32mm
무   게: 15.55g
발행수량: 99 개

조선민주주의인민공화국 중앙은행

주체103(2014)년 9월 26일

조선민주주의 인민공화국

주화발행증서

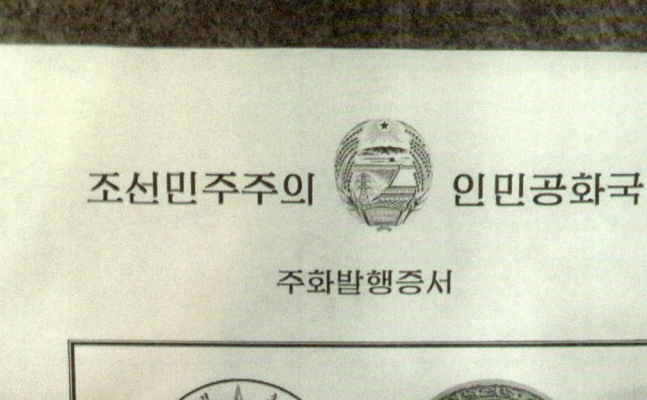

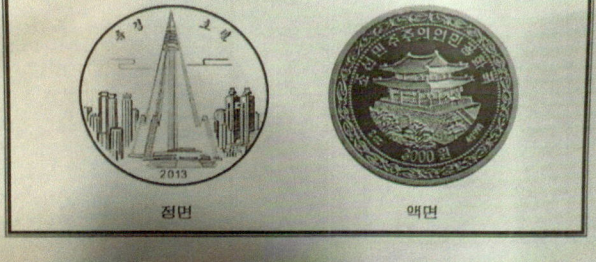

정면   액면

등록번호: 2-14011
주 화 명: 류경호텔
발행년도: 주체102(2013)년
액   면: 3,000원
재   질: Ag999
규   격: 직경:50mm
무   게: 62.2g
발행수량: 299개

조선민주주의인민공화국 중앙은행
주체103(2014)년 6월 26일

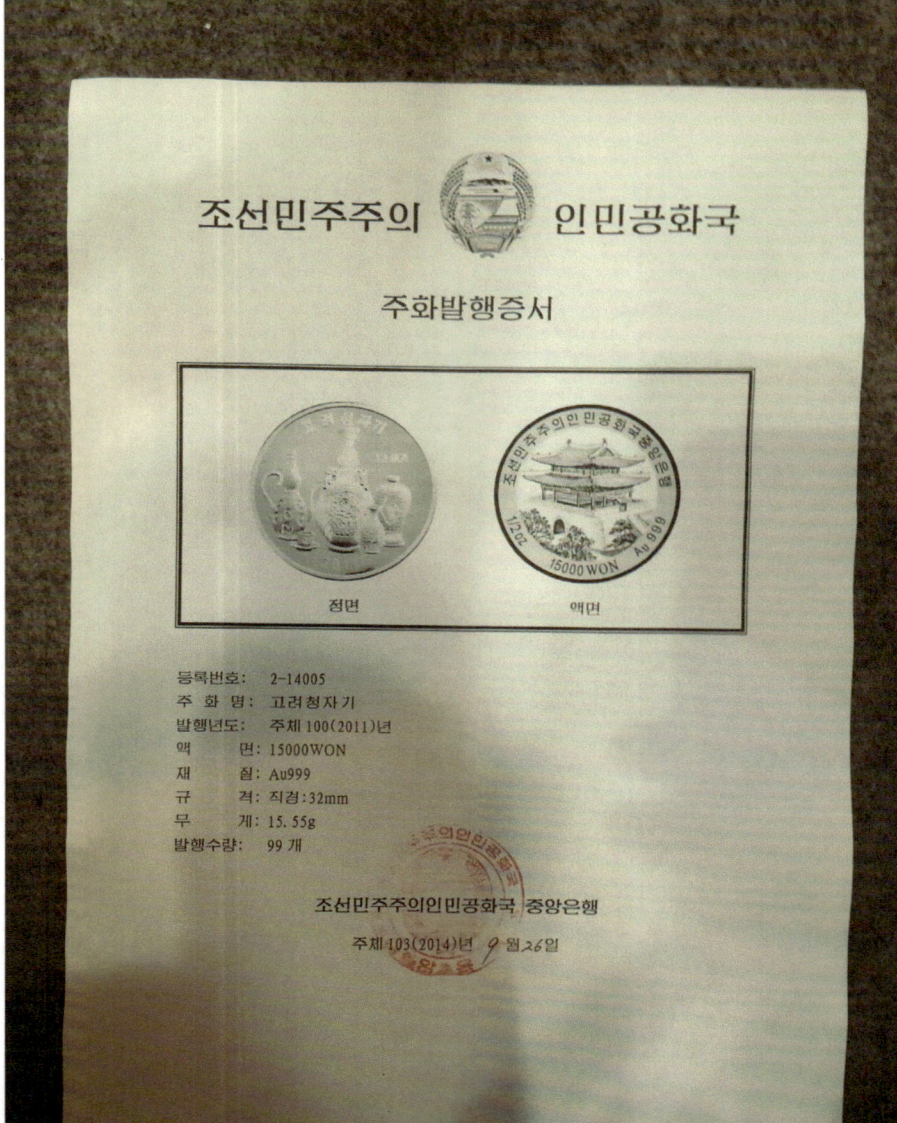

조선민주주의 인민공화국

주화발행증서

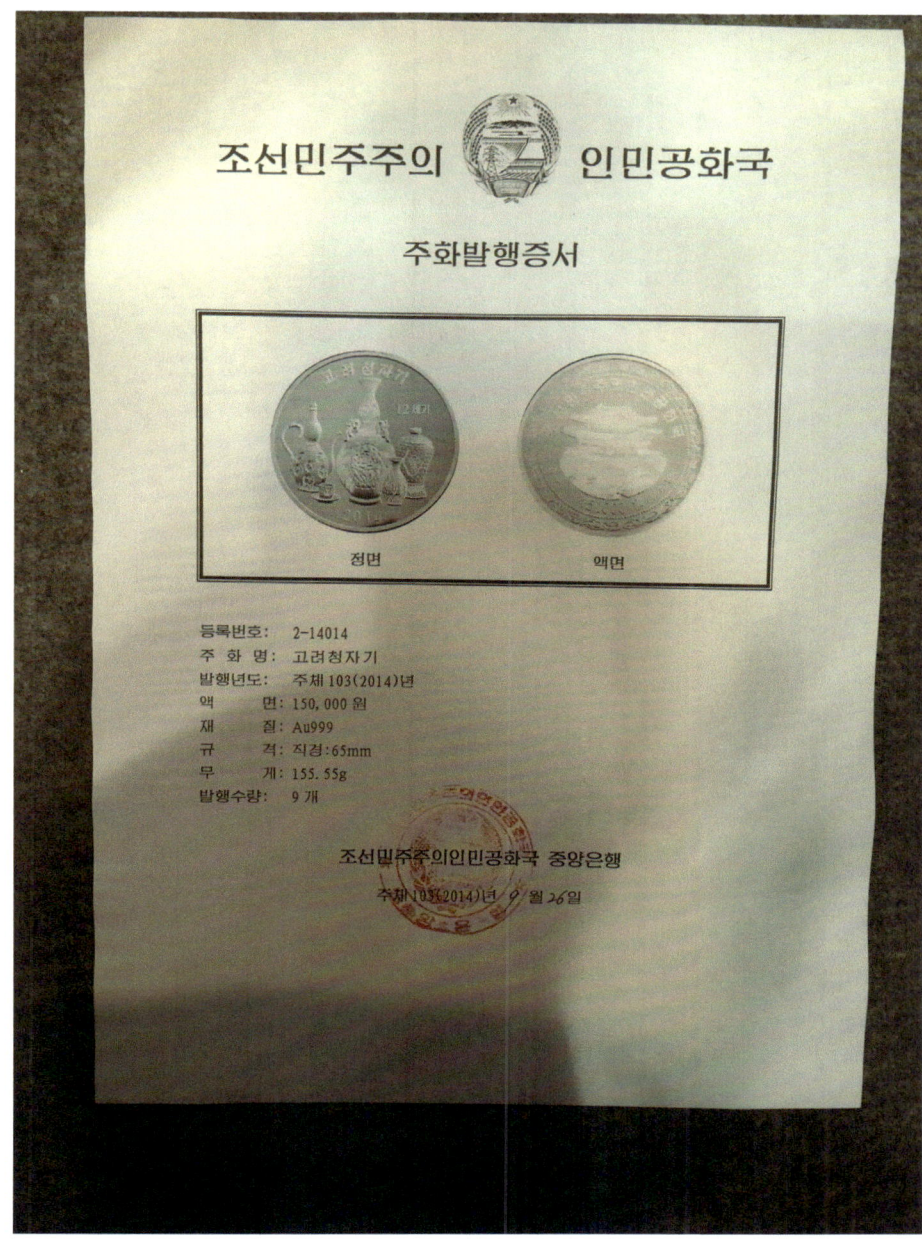

등록번호: 2-14014
주 화 명: 고려청자기
발행년도: 주체103(2014)년
액   면: 150,000원
재   질: Au999
규   격: 직경:65mm
무   게: 155.55g
발행수량: 9개

조선민주주의인민공화국 중앙은행
주체103(2014)년 9월 26일

조선민주주의 인민공화국

주화발행증서

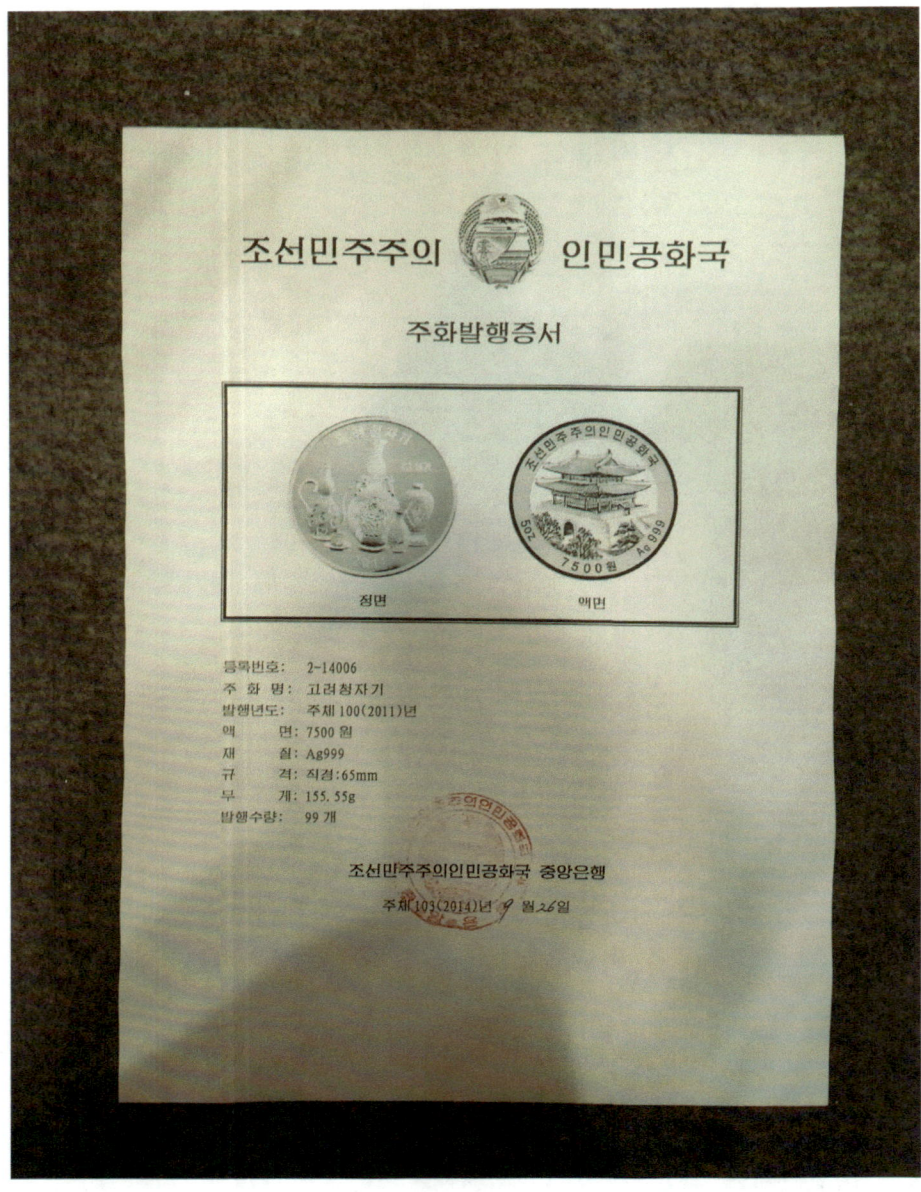

등록번호: 2-14006
주 화 명: 고려청자기
발행년도: 주체100(2011)년
액   면: 7500 원
재   질: Ag999
규   격: 직경:65mm
무   게: 155.55g
발행수량: 99 개

조선민주주의인민공화국 중앙은행

주체103(2014)년 9월 26일

조선민주주의 인민공화국

주화발행증서

정면   액면

등록번호: 2-14007
주 화 명: 중국귀금속협회
발행년도: 주체100(2011)년
액 면: 7500 원
재 질: Ag999
규 격: 직경:65mm
무 게: 155.55g
발행수량: 99 개

조선민주주의인민공화국 중앙은행
주체103(2014)년 9월 26일

조선민주주의 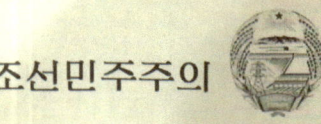 인민공화국

주화발행증서

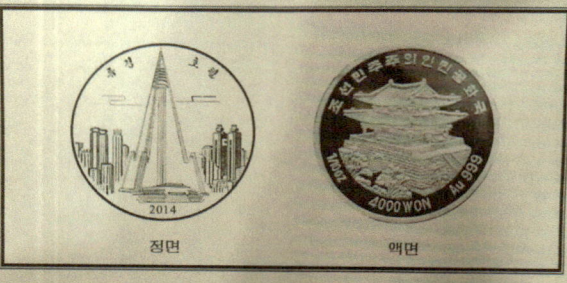

정면   액면

등록번호: 2-14013
주 화 명: 류경호텔
발행년도: 주체103(2014)년
액   면: 4,000WON
재   질: Au999
규   격: 직경:18mm
무   게: 3.11g
발행수량: 199개

조선민주주의인민공화국 중앙은행
주체103(2014)년 9월 26일

조선민주주의  인민공화국

주화발행증서

정면　　　　　　　액면

등록번호: 2-14008
주 화 명: 조선민족문화유산(백제시기 반가사유상)
발행년도: 주체102(2012)년
액　면: 150,000원
재　질: Au999
규　격: 직경:65mm
무　게: 155.55g
발행수량: 9개

조선민주주의인민공화국 중앙은행
주체103(2014)년 9월26일

주화발행증서

| 정면 | 액면 |

등록번호: 2-14009
주 화 명: 조선민족문화유산(신라시기 석가여래좌상)
발행년도: 주체 103(2011)년
액   면: 15,000WON
재   질: Au999
규   격: 직경:32mm
무   게: 15.55g
발행수량: 99 개

조선민주주의인민공화국 중앙은행

주체 103(2014)년 9 월 26일

조선민주주의  인민공화국

주화발행증서

정면   액면

등록번호: 2-14012
주 화 명: 조선의 민족문화유산(첨성대)
발행년도: 주체 103(2014)년
액   면: 3,000 원
재   질: Ag999
규   격: 직경:50mm
무   게: 62.2g
발행수량: 299 개

조선민주주의인민공화국 중앙은행

주체103(2014)년 9월 26일

조선민주주의  인민공화국

주화발행증서

앞면　　　　　　　　　액면

등록번호:　　8010
주 화 명:　　천리마 (2018)
발행년도:　　주체 107 (2018) 년

액　　면:　　20 원
재　　질:　　Au 999 + Ag 999
직　　경:　　23mm
무　　게:　　Au 3.11g + Ag 1.1 g
발행수량:　　118 개

조선민주주의인민공화국 중앙은행
주체 107 (2018) 년 4 월 10 일

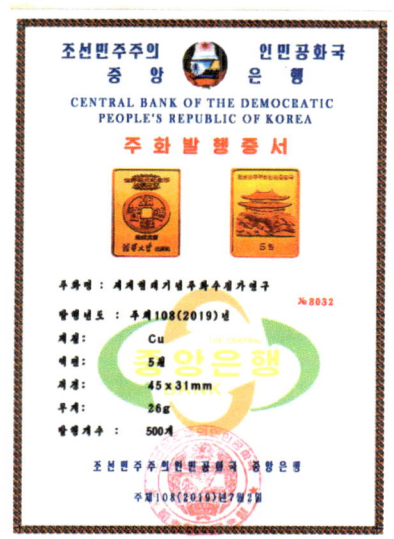

朝鲜现代纪念币发行文件（一般常见为两种，黑白打印加盖公章，彩色打印加盖公章）

钱币司令

2021年3月8日

参考书目

《克劳斯世界硬币目录》，克劳斯出版社

《中国币图说汇考（金银镍铝）》，耿爱德著，钱屿、钱卫译，龙小农审校，金城出版社。

《韩国货币史》，韩国银行著，石俊志主编，李思萌、马达译，中国金融出版社。

《世界现代纪念币收藏研究》，钱币司令著，清华大学出版社。

《韩国的故事——一个日本人眼中的韩国历史》，水野俊平著，李景珉审，于雷译，中国友谊出版公司。

《近代朝鲜与日本》，赵景达著，李濯凡译，新星出版社。

《从汉城到燕京》，吴政纬著，上海人民出版社。

《朝鲜民主主义人民共和国纪念币2017北京国际钱币博览会（精品选）——纪念国家货币发行70周年暨纪念币发行30周年》王彪 编 朝鲜民主主义人民共和国中央银行造币厂。

《朝鲜货币研究》，李尧、吕明辉、陈耀光编著，澳门中国纸币学会。

《日本货币》，日本货币商协同组合。

《韩国货币价格图录》，金仁植著，湖亭、林钟文监修，(주) 오성 K&C。

《大韩民国货币价格图录》，大光社。

《看韩国官廷剧十倍乐趣！朝鲜王朝的历史解谜》，康熙奉著，游韵馨译，远足文化。

跋
——张绍龙《朝鲜现代纪念币标准目录》问世

贾英华

钱币虽小,实可映天下之文化。

古人谓之"泉",可汲古,可掘史,更可溯源数千载,实不可谓之"毫末",亦万不可小觑。

张绍龙著《朝鲜现代纪念币标准目录》的问世,显然弥补一阙国际钱币史的空白。此书堪称中国第一部中英文对照的朝鲜现代纪念币工具书。作者不仅对于朝鲜现代纪念币作了深入研究,且作了一番梳理,发前人所未发,功莫大焉。

溯古至今,钱币都是一个热门话题。千百年来,经久不衰。众所周知,朝鲜与中国毗邻,一衣带水,深受中国文化浸染,钱币文化也概莫能外。古代,中朝钱币曾一度通用,无论古高丽或李朝,其钱币亦无不效仿天朝。

此书显著特点,乃是张绍龙多年来搜集朝鲜纪念币实物,加以精心研究,且依年代时序编目,颇下了一番苦功夫。此书图文并茂,亦为钱币研究者及爱好者提供了一个收藏捷径及研究线索。

值得一提的是,此书考证并论证了1987年开始首发朝鲜现代纪念币;1987年发行的纪念1986年墨西哥世界杯的银币,乃是朝鲜现代首枚贵金属纪念币,遂破解了钱币爱好者及世人的种种疑惑。

有人物才灵动,但凡艺术无不如此。此书亦引进了一些中外朝鲜现代纪念币收藏领域的新概念，自然与朝鲜历届领导人及国家历史休戚相关。尤为难得的是，书中还记述了朝鲜历史上闻名世界的民族英雄"忠武公"——李舜臣的抗倭事迹；世界各国也不乏李舜臣的影视和动漫作品；朝鲜还发行了以李舜臣发明龟船（据张绍龙考证：李舜臣不过改造了历史上已有的龟船）为主题的纪念币。以至库克群岛还发行了美国漫画家以李舜臣为题材的一套银币。

作者煞费苦心，使此书丰富翔实，确让读者并不感觉枯燥而兴趣盎然。在内容上，作者还将朝鲜与南韩这一对无法割裂的民族的钱币，作了题材和表现形式方面的比较，探究了朝鲜币由瑞士造币厂代铸，这一并不为所有世人所知的历史事实，以及采用的亚光磨砂这一精铸工艺。细微至此，足以令人钦叹。

此书述今溯古，不乏知识性趣味性。诸如，作者提及"大朝鲜开国"机制币上的纪年模式，曾引起当年袁世凯不满，其任清政权"驻扎朝鲜总理交涉通商事宜"之际，不再允许铸币上使用"大朝鲜"字样。这种情形直到朝鲜摆脱清朝宗藩体制为止。仅以一个历史细节，足窥作者之匠心独具。

不得不说，在当今功利凸显的浮躁年代，难能可贵有张绍龙这么一位年轻人，潜心于一冷门研究且著书立说，遂被业内人氏称之为"钱币司令"。其精神足可嘉，其行为足可赞。

兹以业外人士及爱好者身份，向世人荐之，赞之。

匆匆于辛丑年初春

注：贾英华，央视《百家讲坛》主讲人，晚清研究学者，中国作协第六、七、八届全委。著有《末代皇帝的后半生》等"末代皇帝系列"十几部书。曾为末代皇帝溥仪捉刀题写墓志，为末代太监孙耀庭撰题碑文。